主　编　叶　青

副主编　吴　羽　陈海锋　王晓华　方　臻

撰稿人（以撰写章节先后为序）

叶　青　王小光　吴　羽　蔡　艺

程　衍　王晓华　孔祥伟　周馨雨

孙　宇　方　臻　孙　波　陈海锋

彭建波　吴思远　卢　莹

Juvenile Criminal Procedure Law

未成年人刑事诉讼法学

叶 青——主编

北京大学出版社
PEKING UNIVERSITY PRESS

图书在版编目(CIP)数据

未成年人刑事诉讼法学/叶青主编. —北京：北京大学出版社，2019.9
ISBN 978-7-301-30700-7

Ⅰ. ①未…　Ⅱ. ①叶…　Ⅲ. ①青少年犯罪—刑事诉讼法—法的理论—中国
Ⅳ. ①D925.201

中国版本图书馆 CIP 数据核字(2019)第 170514 号

书　　名　未成年人刑事诉讼法学
WEI CHENGNIANREN XINGSHI SUSONG FAXUE
著作责任者　叶　青　主编
责任编辑　尹　璐
标准书号　ISBN 978-7-301-30700-7
出版发行　北京大学出版社
地　　址　北京市海淀区成府路 205 号　100871
网　　址　http://www.pup.cn　　新浪微博：@北京大学出版社
电子信箱　sdyy_2005@126.com
电　　话　邮购部 010-62752015　发行部 010-62750672　编辑部 021-62071998
印 刷 者　三河市北燕印装有限公司
经 销 者　新华书店
730 毫米×980 毫米　16 开本　23 印张　338 千字
2019 年 9 月第 1 版　2019 年 9 月第 1 次印刷
定　　价　66.00 元

序

当今世界，人们普遍认识到未成年人的身心具有不同于成年人的特点，因而处理未成年人犯罪的诉讼程序应当区别于普通刑事诉讼程序。我国 2012 年修改的《刑事诉讼法》增设了“未成年人刑事案件诉讼程序”专章，这是对处理未成年人犯罪问题诉讼程序需求的立法回应，也是我国未成年人刑事诉讼立法的标志性成果，它进一步推进了我国未成年人刑事司法制度的完善与发展。

《刑事诉讼法》在“未成年人刑事案件诉讼程序”专章中明确规定了办理未成年人刑事案件的基本方针原则、主要制度和程序，这既是对我国三十多年来未成年人刑事司法改革实践和理论研究成果的总结，也为今后未成年人刑事司法工作规范化、体系化提供了法制保障。然而，“未成年人刑事案件诉讼程序”专章的规定仍较为原则和宏观，未成年人刑事诉讼法的具体问题还有待于进一步研究。

在我看来，由华东政法大学叶青教授带领他的研究团队编写的《未成年人刑事诉讼法学》一书，其写作目的即力图完整地构建我国未成年人刑事诉讼法的基本框架与主要内容，并使之学术化。这是我国法学界一本系统地专门以未成年人刑事司法制度为研究对象的著作，具有里程碑意义。本书有三个显著特征：

第一，系统、全面地探讨了未成年人刑事诉讼法的主要内容。作为解决未成年被追诉人刑事责任的未成年人刑事诉讼法，理应包含普通刑事诉讼法的基本内容。一般而言，刑事诉讼法学既要研究刑事诉讼制度的历史沿革、刑事诉讼的基本原则、刑事诉讼中的专门组织、刑事证据制度、刑事强制措施、刑事辩护制度等具有总论性质的内容，也要探讨侦查、起诉、审判、执行等具体程序规范的内容。本书从未成年人刑事诉讼的角度出发，对上述内容进行了相应的研究。同时，当今世界逐渐形成了未成年人刑事司法国际准则，本书对《儿童权利公约》等相关国际法律文件也进行了梳理。可以说，本书系统而全面地探讨了未成年人刑事诉讼法的基本内容，这将有助于提升我国学术界对未成年人刑事诉讼法领域研究的广度与深度。

第二，从理论与实践两个维度对未成年人刑事诉讼展开研究。近年来，我国学术界和实务界对未成年人刑事诉讼领域的诸多理论问题展开了讨论，但仍有诸如未成年人案件刑事诉讼办案组织、未成年人刑事证据制度、未成年人刑事执行程序等问题尚待深入研究；同时，近三十年来，我国在未成年人刑事司法领域进行了一些富有成效的改革创新，虽然有些实践做法并没有明确规定在《刑事诉讼法》之中，但它们体现了未成年人刑事诉讼的基本精神，如程序分离、圆桌审判、亲情会见等。对此，本书对未成年人刑事诉讼领域中的重要理论与实践问题进行了研究，这无疑有助于促进学术界和实务界对未成年人刑事诉讼中的基本问题达成共识，凝练出具有中国特色的未成年人刑事司法制度。

第三，对域外未成年人刑事诉讼立法与实践进行了梳理。回望我们自己走过的路，再比较别人走过的路，才能远眺我们继续前行的路。人们一般认为，现代意义上的未成年人刑事司法肇始于19世纪末，百余年来，未成年人刑事司法取得了重要成就。当今世界，不少国家和地区在未成年人刑事诉讼立法和实践运作两个方面都形成了一些特色制度和程序，因此，合理地借鉴域外成功经验是有必要的。为此，本书对美国、英国、德国、法国、意大利、日本等国家和地区的未成年人刑事诉讼立法和实践运作进行了评介，这有助于我们拓展视野。

少年强，则国强。未成年人是国家的未来、民族的希望。健全未成年人刑事司法体系是儿童最大利益原则、国家亲权理念的重要体现，也是保护未成年人、预防未成年人犯罪的重要前提。然而，未成年人刑事司法体系的完善与发展需要法制的保障，其中，未成年人刑事诉讼法对于构建一套富有成效的未成年人刑事司法体系发挥着关键作用。在全面深化司法体制改革的时代背景下，本书的出版恰逢其时。本书立足于我国未成年人刑事司法改革进程中的立法需求，集中探讨了未成年人刑事诉讼法的基本内容，这些研究对我国今后未成年人刑事诉讼相关立法工作和未成年人刑事司法制度改革完善具有重要的借鉴价值。

是为序。

宋英辉[①]

2019年1月

① 宋英辉教授，现为北京师范大学刑事法律科学研究院副院长、博士生导师，兼任中国刑事诉讼法学研究会副会长、少年司法专业委员会主任委员。

CONTENTS

目录

绪　论

我国现代未成年人刑事司法制度的起源，可以说是以20世纪80年代上海市长宁区人民法院的一次法庭审理案件分类改革作为标志的，这一将未成年人刑事案件从普通刑事案件中分离出来由专门法庭审理的改革做法，经媒体宣传报道，引起了最高人民法院的高度关注。1988年5月，最高人民法院在上海召开全国法院审理未成年人刑事案件经验交流会，总结和推广了对未成年人犯罪案件实行分类分庭审理改革的做法。之后，江苏、北京、福建等地积极仿效上海的做法，少年法庭于是在全国各地纷纷建立。故而，从1984年10月我国第一个少年法庭在上海市长宁区人民法院正式诞生起，我国未成年人刑事诉讼实务与相关制度的建设也走过了三十多年的历程。三十多年来，我国法院、检察院坚持理论创新、制度创新、方法创新、专业创新，使得未成年人刑事司法制度取得了极大的发展，具体表现为从最初的分庭审理、分案审理、改造法台、重设席位，进而采取“圆桌式”审判方式，到如今少年刑事审判理念也发生了革命性的变革，形成了一些具有中国特色的少年刑事司法制度，如圆桌审判制度、分案审理制度、社会调查制度、心理疏导制度、法庭教育制度、家长出庭制度、羁押未成年人“三分别”制度、附条件不起诉制度、犯罪记录封存制度等，构建了相对独立的少年检察、审判工作体系，建立了专业化的少年检察官、法官队伍，在预防和矫治未成年人犯罪、维护未成年人权益、保护未成年人健康成长等方面发挥了重要作用。

从立法体例上看，美国伊利诺伊州于1899年通过了世界上第一个处理未成年人违法犯罪的专门立法——《少年法院法》，规定了未成年人案件的专门办理机构、审理程序、处理办法和管辖对象等内容，标志着未成年人司法制度的正式形成。之后，欧洲和亚洲的许多国家纷纷效仿，颁布了未成年人法和未成年人法庭法，逐步建立了完善的未成年人（或者称为“少年”）司法制度。第二次世界大战后，未成年人犯罪急剧上升，与环境污染、吸毒贩毒并称为当今世界三大公害。未成年人犯罪成为世界各国共同面临的严重的社会问题，由此推动了预防与控制未成年人犯罪的立法。国际社会特别加强了对未成年人司法保护方面的立法。1966 年联合国《公民权利及政治权利国际公约》是第一个确定少年刑事司法国际准则的具有约束力的国际性文件。在此基础上，1989 年联合国《儿童权利公约》确定了“儿童最大利益原则”，即凡涉及儿童的一切事务和行为，都应首先考虑以儿童的最大利益为出发点。之后联合国分别通过了 1957 年《联合国囚犯待遇最低限度标准规则》、1985 年《联合国少年司法最低限度标准规则》（简称《北京规则》）、1990 年《联合国预防少年犯罪准则》（简称《利雅得准则》）、1990 年《联合国保护被剥夺自由少年规则》等国际公约。[①] 上述由联合国制定的有关预防未成年人犯罪、未成年人司法管理和保护被拘押未成年人权利的法律文献，构成了联合国少年司法准则体系。联合国少年司法准则体系包括从刑事责任年龄、少年在各个诉讼阶段的权利（如无罪推定、指控罪状通知本人、保持沉默、延请律师、要求父母或监护人在场、与证人对质和上诉等）作出了明确规定。我国已经承认并且签署了这些国际公约，完善未成年人刑事司法制度既是我国应遵循的国际义务，也是适应未成年人特殊司法保护的发展潮流趋势。

我国少年立法肇始于清末刑制改革时期，1911 年 1 月 25 日颁布的《大清新刑律》采用西方近代刑罚体系，立足轻刑原则，在各省设立感化院，对少年犯改用矫正感化教育。[②] 一百多年以来，既有辉煌也有低谷。现有的“两法一

---

① 参见程味秋、〔加〕杨诚、杨宇冠编：《联合国人权公约和刑事司法文献汇编》，中国法制出版社 2000 年版，第 10 页。

② 参见王立民主编：《中国法制史》，上海人民出版社 2003 年版，第 388 页。

专章”式[①]的少年法体系还不健全，许多规定散见于其他部门法之中。整体而言，我国至今并没有形成完整的、成体系的未成年人刑事司法制度，更没有类似于国外单独立法的少年法。从世界范围来看，各国少年立法模式可归纳为附属条文模式、半独立的立法模式和独立立法模式三种。结合我国国情和少年司法实践，不少专家学者强烈呼吁制定一部独立的司法型少年法典，其内容应当涵盖少年犯罪、少年严重不良行为的认定、刑罚或保护措施的适用等实体问题，也应当规定少年犯罪案件、严重不良行为案件的侦查、起诉、审理等程序问题，同时还应规定少年法院和少年法庭的组织机构。概言之，这是一部集实体法、程序法、组织法为一体的特别法，它将为未成年人犯罪案件的处理提供全面的、系统的、可操作的立法依据。

然而，少年法立法的滞后性，一定程度上制约了作为专门调整与规范办理未成年人犯罪案件的程序法律制度的建设与发展。长期以来，我国刑事司法实践中，一直沿用成年人犯罪案件的诉讼程序处理未成年人犯罪案件。直到2012年3月14日，第十一届全国人民代表大会常务委员会第五次会议表决通过了《关于修改〈中华人民共和国刑事诉讼法〉的决定》，其中一大修改即是以专章的形式规定了“未成年人刑事案件诉讼程序”。专章共十一个条文，初步构建了我国未成年人刑事诉讼程序的基本框架，其主要内容包括“教育、感化、挽救”方针、“教育为主、惩罚为辅”原则、社会调查制度、严格限制适用逮捕措施、羁押未成年人的“三分别”制度（分别关押、分别管理、分别教育）、合适成年人在场制度、附条件不起诉制度、不公开审理制度、犯罪记录封存制度等。《刑事诉讼法》中未成年人刑事诉讼程序专章的设置对于我国未成年人司法制度建设乃至整个刑事司法制度的发展均具有重大的意义。有学者指出，专章的设置使长期处于边缘状态的未成年人刑事司法制度正式“登堂入

① “两法一专章”式具体指1991年9月4日第七届全国人民代表大会常务委员会第二十一次会议通过的《未成年人保护法》、1999年6月28日第九届全国人民代表大会常务委员会第十次会议通过的《预防未成年人犯罪法》和2012年3月14日第十一届全国人民代表大会常务委员会第五次会议通过的《刑事诉讼法》第五编第一章“未成年人刑事案件诉讼程序”。

室”，未成年人刑事司法制度不仅仅在刑事诉讼法中而且也在整个刑事司法制度中终于获得了一席之地。[①]

然而，由于立法的原因，未成年人刑事诉讼法学科化建设进程十分缓慢，至今也没有标志性的成果问世。与肇始于20世纪80年代的青少年犯罪学科化建设相比，未成年人刑事诉讼法学的研究已经不适应现代司法的现实要求。由时任中国青少年犯罪学研究会会长、华东政法学院副院长曹漫之教授主编的《中国青少年犯罪学》一书于1987年12月出版，标志着中国青少年犯罪学科化的开始，该书基本确立了中国青少年犯罪学的学科体系。该书将青少年犯罪学的体系分为九篇三十一章，九篇分别是：绪论篇、对象篇、特征篇、原因篇、类型篇、预防篇、综合治理篇、司法篇、青少年犯罪与精神医学篇。该书对以后的青少年犯罪学科建设起到了重大的影响作用，其奠定的学科体系至今也没有被超越。从另一个角度上讲，这也为未成年人刑事诉讼法学科化之路提供了可资借鉴的有力素材。

近年来，未成年人犯罪存在低龄化、低文化的趋势，特别是流动人口，其中流浪未成年人犯罪率比较高，而且呈现了组织化、成人化、暴力化的倾向。针对这些情况，如何加大对未成年人的司法保护，如何预防和减少未成年人犯罪，不仅是法学界需要研究的重大问题，也是摆在司法机关面前的一项重要课题。近些年，最高人民检察院高度重视未成年人刑事诉讼法律制度的建设和未成年人检察工作机制的创新。在2016年6月2日召开的全国检察机关未成年人检察工作三十年座谈会上，时任最高人民检察院检察长曹建明同志明确提出：未成年人检察是检察机关不可或缺的重要业务，是我国未成年人司法的重要组成部分。核心要求是坚持未成年人权益的特殊、优先保护，这是未成年人司法得以区别于成人司法的根本意义所在。未成年人司法的政策原则、职责范围、工作模式和制度构建要以此为起点来展开，检察机关办理涉及未成年人的案件也要遵循这个原则。工作模式是坚持审查逮捕、审查起诉、诉讼监督、犯

① 参见姚建龙：《青少年犯罪与司法论要》，中国政法大学出版社2014年版，第361页。

罪预防一体化，执行适合未成年人身心特点的特殊程序和特殊制度。发展方向是促进建立不同于成年人案件审理的程序法和实体法、未成年人司法机构并完善社会支持体系，以实现对未成年人的全面系统保护。我们注意到，最高人民检察院于2019年2月制定下发的《2018—2022年检察改革工作规划》明确规定，正式成立未成年人检察厅，并以此为新起点，提出采取一系列新的举措，进一步加强和完善未成年人检察工作。具体而言，一是以全面综合司法保护为导向，规范捕、诉、侦、防一体化工作机制；二是深化涉罪未成年人的教育感化挽救工作，探索建立罪错未成年人临界教育、家庭教育、分级处遇和保护处分制度，推行未成年被害人“一站式”询问、救助机制，建立健全性侵害未成年人违法犯罪信息库和入职查询制度；三是促进法治进校园活动制度化，进一步推进检察官法治副校长、未成年人法治教育基地建设等工作；四是开展未成年人检察社会支持体系建设试点工作，推动专业化和社会化的有效衔接。

我国“少年司法”领域知名专家、中国刑事诉讼法学研究会少年司法专业委员会主任委员、北京师范大学刑事法律科学研究院博士生导师宋英辉教授多次撰文指出：少年司法的产生和发展虽然以“童年”观念形成为基础，以“国家亲权”为指导，并深受“人道主义运动”的推动，但其从成人刑事司法中分离出来，并走向独立的根本原因是少年的特殊性。未成年人大脑发育不成熟，不具备情绪控制和行为控制能力，认知能力不足，易受环境因素影响。正是少年身心的特殊性决定了少年犯罪的特殊性，决定了需要建立不同于成人刑事司法的独立的少年司法，以更好地体现对少年的特殊保护或特殊控制。通过立法设立独立、专门性的少年法院，推动少年审判制度深化改革，进一步提高未成年人司法保护水平，是对未成年人进行全面司法保护的需要。宋教授继而认为，我国对未成年人权益的保障有待加强，《未成年人保护法》《预防未成年人犯罪法》等少年保护法的效能远未能发挥，其重要原因即没有一个专门性、权威性的司法机构，少年法院可补此空白；社会的发展要求给予未成年人更全面的司法保护，而少年法庭因受制于普通法院成人司法理念和成人司法思维方式的局限，很难承担起对未成年人进行全面司法保护的需要；当前人民法院设立的少年法庭，仅受理未成年人犯罪案件，受理范围狭窄，如果建立少年法院，把未成年人犯罪的案件以及同未成年人权益保护密切相关的案件，如涉及变更监护人、追索抚养费等案件纳入专门的少年法院来处理，对于全面保障未成年人的权利将发挥重要作用；建立少年法院，有助于全面、有效地保障未成年人的合法权益，有利于把我国对未成年人的司法保护提高到一个新水平。① 少年司法不仅仅是一个国家文明法治化程度的重要标尺，也是维护社会治安、控制犯罪的基础性制度。1899 年，美国伊利诺伊州建立了世界上第一个“少年法院”，虽然起初它只是相当于巡回法院的一个具有特殊管辖范围的部门，但后来逐步发展成为独立的少年法院。我国台湾地区从 1955 年起就在“少年法”草案中提出建立少年法院的设想，虽然多次被否决，但是经过四十余年的不懈努力，最终还是迎来了高雄少年法院的建立。从许多国家和地区少年审判机构的发展历史中可以发现，尽管从依附到独立的过程中充满争议和曲折，但是少年法院最后不会缺席。不少学者认为，在我国设立少年法院不仅顺应了少年司法制度本身的特殊性，还切合防控未成年人犯罪和适应世界少年司法发展潮流的需要。② 这也为未成年人刑事诉讼法学科提供了专门的研究对象和现实课题。

刑事诉讼法学是以刑事诉讼立法和刑事司法实践经验为研究对象的法学分支学科。未成年人刑事诉讼法学是刑事诉讼法学的一个重要组成部分。在我国，它以研究公安司法机关办理 14 周岁以上不满 18 周岁未成年人犯罪案件而适用的原则、法理和一系列诉讼制度及其实践为主要对象。具体而言，未成年人刑事诉讼法学的研究对象主要包括：（1）未成年人刑事诉讼的基本理论、制度与原则；（2）我国现行的刑事诉讼法和其他有关未成年人法律法规中关于未

---

① 参见宋英辉：《未成年人刑事司法的模式选择与制度构建》，载《人民检察》2011 年第 12 期；李天琪：《我们为什么需要少年法院？——专访“少年司法”领域知名专家宋英辉教授》，载《民主与法制》2017 年第 46 期。

② 参见姚建龙等：《中国未成年人刑事司法制度的完善》，载《国家检察官学院学报》2011 年第 4 期。

成年人犯罪案件的程序规定；(3) 最高人民法院、最高人民检察院、公安部、司法部和其他有关机关在法律授权范围内，对具体应用刑事诉讼法所作的司法解释、行政解释和规章、规定；(4) 未成年人刑事司法实践中的经验和教训；(5) 联合国和外国关于未成年人刑事诉讼（少年司法）的国际公约、法律文件和司法实践。本书依据未成年人刑事诉讼法学的研究对象设计了编写体例，也初步搭建了一个学科化的理论框架，具体包括：绪论、未成年人刑事诉讼法的历史发展、未成年人刑事诉讼的基本原则、未成年人刑事诉讼的办案组织、未成年人刑事辩护制度、未成年人刑事诉讼证据制度、未成年人刑事诉讼强制措施制度、未成年人刑事侦查程序、未成年人刑事起诉程序、未成年人刑事审判程序、未成年人刑事执行程序、未成年被害人制度和未成年人刑事诉讼国际准则等专章内容。一方面，我们希望本书的编写出版可以为未成年人刑事诉讼法学科的建设和发展作一些努力与探索；另一方面，希望本书可以为高等政法院校独立开设新的教学科目“未成年人刑事诉讼法学”提供可用的教材。

未成年人是祖国的未来，是中华民族的希望。保护未成年人，促进未成年人健康、安全、幸福成长是我们法学界义不容辞的责任。当前中国特色社会主义进入了新时代，党的十九大报告明确提出：“青年兴则国家兴，青年强则国家强”，并号召“全党要关心和爱护青年，为他们实现人生出彩搭建舞台”。我们愿意以此书的编写出版，为促进我国未成年人的健康成长和维护未成年人合法权益的全面实现做出一些贡献。

第一章
未成年人刑事诉讼法的历史发展

第一节　未成年人刑事诉讼法的客观基础与理论依据

未成年人具有不同于成年人的特殊性，未成年人犯罪的原因也更为复杂，为此，应设置有别于成年人刑事诉讼程序的未成年人刑事诉讼专门程序。未成年人刑事诉讼程序的设计和运作既要以未成年人身心特点为其客观基础，还受到刑罚理论变迁和国家亲权理论的重要影响。

一、未成年人身心的特殊性

专门设置未成年人刑事诉讼程序首先是基于未成年人与成年人具有不同的生理、心理特征。一方面，未成年人虽然具有一定的辨识和控制能力，但其身心、智力还处于发育中，看待问题、处理事情还不够成熟、全面，可能因容易冲动、叛逆、辨识能力差被误导等而走上犯罪道路。另一方面，未成年人的人生观、价值观尚未完全形成，具有重塑改造的可能性，能够对其教育、感化、挽救。而未成年人一旦被贴上“坏孩子”或“罪犯”的标签，容易受到其他同龄人和社会的排斥、歧视，不利于未成年人身心发育和重新回归社会。此外，由于未成年人心智还不够成熟，一旦脱离其熟悉的生活、学习环境，面对公检法机关，容易在心理上、精神上受到极大的冲击，可能无法准确理解公检法机关提出的问题和做出不符合实际情况的回答。为此，要尽量减少未成年人进入刑事诉讼程序，如果对未成年人启动刑事诉讼程序，也要给予其特殊的关注和照顾，尽量减轻刑事诉讼程序对未成年人身心造成的冲突和影响。

基于未成年人身心特点的考虑，未成年人刑事诉讼程序应不同于成年人刑事诉讼程序，有必要通过设立更为人性化的刑事政策、诉讼程序、审理模式、执行方式等，实现刑罚的一般预防和特殊预防目的。例如，严格限制对未成年人适用逮捕等羁押性措施，让未成年人生活在熟悉的环境里；讯问未成年人时应有法定代理人或其他人员在场，帮助未成年人更好地理解侦查人员的提问，缓解其紧张情绪；规定未成年人刑事案件的强制辩护制度，为未成年犯罪嫌疑人、被告人提供专业的法律帮助；未成年人刑事审判程序强调非对抗性，实现庭审的缓和性，采用不公开开庭审理方式，减轻未成年人对庭审的恐惧；看守所羁押、监狱服刑注重将未成年人与成年人隔离，防止未成年人基于强烈的求同归属感，与其他有相同感受的犯罪嫌疑人、被告人或罪犯产生“相群性”[①]而产生“交叉感染”，从而加大改造的难度和再犯的可能性。司法实践中，部分未成年人在羁押或服刑过程中，从同监室其他人员身上学习掌握了新的犯罪方法、反侦查能力，与其他人员结成“志同道合”的犯罪团伙，均反映出刑事诉讼程序对未成年人有可能产生的一些不利影响。

未成年人进入刑事诉讼程序后，心理活动会随着诉讼阶段的进展而发生改变。在侦查阶段，未成年人刚进入刑事诉讼程序，甚至失去了人身自由，会产生一种与外界联系被隔断的无助感，一方面担心自己的罪行被揭发而坐立不安，另一方面又担心自己被司法机关处理会成为坏人从而感到羞耻，内心焦灼。公安机关办案人员应当准确把握未成年人的心理变化，寻求侦查突破口。在审查起诉阶段，未成年人对自己的犯罪行为有了较为深刻的认识和反省，对

---

① 徐美君：《未成年人刑事诉讼特别程序研究——基于实证和比较的分析》，法律出版社2007年版，第26页。

自己是否会被起诉、刑期长短会在心理上产生变化。在法庭审理阶段，未成年人需要接受控辩双方的讯问、质证，心理可能再次产生波动。因此，基于未成年人身心的特殊性和复杂性，司法机关应安排熟悉未成年人身体、心理特点，并掌握一定的未成年人心理学知识的专人办理未成年人犯罪案件，这有利于更好地疏导未成年人的紧张、抗拒情绪，使其配合司法机关办案，推进未成年人刑事诉讼的顺利进行，也能更好地教育、感化未成年人，让未成年人意识到自己行为错误的同时，也能感受到司法的关怀和温度，坚定接受改造重新回归家庭、学校和社会的信心和决心，从而实现挽救未成年人的目的，达到良好的诉讼效果。

二、刑罚理论的变迁

刑罚理论的变迁对未成年人刑事诉讼法有着直接的影响。在“以牙还牙，以眼还眼”的同态复仇时期，私人报复是朴素的刑罚观念。随着国家和社会的发展，国家报应取代了私人报复。18、19 世纪刑事古典学派提出报应刑罚理论。19 世纪末，刑事实证学派逐渐兴起，从生理、心理、精神等方面探索犯罪原因，提出刑法谦抑性、法益保护主义、自由主义等刑法理论，发展和形成了不同于古典报应刑罚理论的新的刑罚观，即强调惩罚、震慑不是刑罚的唯一功能，还应注重刑罚的预防功能。随着刑罚观念的变迁，“非犯罪化理论”“非刑罚化理论”“刑罚个别化理论”和“轻刑化理论”等新的现代刑罚理论，极大地推动了未成年人刑事诉讼立法和司法实践的演变。[①]

非犯罪化理论强调将一些本应作为犯罪处理的行为不再作为犯罪对待和处理，改采行政处罚或是不追究责任。犯罪学研究表明，对于未成年人犯罪，家庭、学校、社会等各方面都有责任，从这个角度而言，涉罪未成年人既是加害人也是受害者，社会应当以矜恕之心待之，不能一味强调惩罚。非犯罪化理论

---

① 参见翁跃强、雷小政主编：《未成年人刑事司法程序研究》，中国检察出版社 2010 年版，第 12—13 页。

要求未成年人刑事诉讼法应抛弃惩罚为主的立法理念，坚持教育为主的理念，实行教育、感化、挽救的基本方针，设定缓起诉、附条件不起诉，通过刑事和解不起诉或免予刑事处罚，减少未成年人进入刑事诉讼程序。1998 年《最高人民法院关于审理盗窃案件具体应用法律若干问题的解释》第 6 条第 2 款规定，已满 16 周岁不满 18 周岁的未成年人盗窃公私财物虽已达到“数额较大”的起点，但情节轻微的，可不作为犯罪处理。[①]

由于受刑事实证学派的预防刑罚观点的影响，刑罚个别化理论认为为实现特殊预防目的，应当以被告人犯罪行为的社会危害性为基础，先考虑被告人的人身危险性再确定具体刑罚。因此，通过建立专门的未成年人刑事司法制度，在未成年人刑事诉讼中实行社会调查制度，根据未成年人的性格、成长背景、犯罪原因等制定个性化对待措施，均是刑罚个别化理论对未成年人刑事诉讼法产生的深刻影响。美国自建立少年司法系统之后，针对未成年人的个体特征和犯罪原因，制定和发展了“未成年人训练营”“父母培训计划”“高端学前计划”“观护制度”等一系列极具个性化色彩的刑罚替代措施，避免了给未成年人贴上罪犯标签，帮助其重新回归社会，使其成为再犯和累犯的可能性降低，有力地解决了未成年人犯罪问题。

非刑罚化理论认为监禁违反人性，会削弱罪犯的人格，并不能达到减少再犯的目的，因而强调通过非刑罚化、非监禁刑的方法来改造和挽救罪犯。轻刑化理论则强调根据刑法谦抑性原则，依法或酌情对被告人从轻、减轻处罚。针对未成年人教育、改造、犯罪预防等，各国建立了更生保护制度，设置少年教养院，实行以罚金、赔偿、不拘禁的强制劳动等非刑罚方法代替短期自由刑等。根据非刑罚化理论和轻刑化理论，我国《刑事诉讼法》在“未成年人刑事案件诉讼程序”一章中规定了对未成年人减少审前羁押措施的适用，设立附条件不起诉制度；针对未成年罪犯，《刑法》规定了缓刑的适用，采用社区矫正、基

---

① 该解释虽已被 2013 年《最高人民法院、最高人民检察院关于办理盗窃刑事案件适用法律若干问题的解释》所废止，但其中考虑未成年人非犯罪化的司法理念具有重要意义。

地帮教等措施让未成年人早日回归社会，并针对免予刑事处罚的未成年人，规定了可采用训诫或者责令具结悔过、赔礼道歉、赔偿损失，或者由主管部门予以行政处罚或者行政处分等非刑罚处分措施。

三、国家亲权理论及其修正

国家亲权理论（*parens patriae*）为未成年人刑事司法制度的建立提供了正当基础，它也是英美法系国家未成年人刑事司法制度的重要理论基础。国家亲权理论认为未成年人身心发育还不成熟，需要得到父母的照顾，国王是一国之君，国王亲权高于父母亲权，因而国家对那些没有能力照管自己及财产的未成年人，有最终的保护责任和干预权力。但是，国家介入未成年人刑事诉讼程序的目的是为给未成年人提供帮助而非控告其构成犯罪，国家应当为未成年人提供个性化的对待而非惩罚或报应。[①] 国家亲权理论在吸收刑罚个别化等刑罚理论基础上，关注未成年人的福利，以追求实现未成年人的最大利益为原则，构建有别于成年人刑事诉讼程序的未成年人刑事诉讼程序。例如，为了避免给未成年人贴上罪犯标签，未成年人刑事诉讼有独特的术语，如将“犯罪”（crime）改为“罪错”（delinquency），“逮捕”（arrest）改为“收押”（take into custody），“起诉”（indictment）改为“诉求”（petition），“判决”（sentence）改为“事实判断”（disposition）。又如，设立独立的少年法院、少年法庭来处理未成年人刑事案件，组建专业的侦查人员、检察官、法官、观护人员等办案队伍，推行仅适用于未成年人的社会调查制度、圆桌审判的非正规性庭审方式等。同时，未成年人刑事诉讼法还创设了观护、教养院、庇护所、培训计划等非刑罚替代措施和矫正设施。可见，在未成年人刑事诉讼程序中，未成年人的法律地位和成年人存在明显的区别。

中世纪时期，英国大法官法庭首先开始将国家亲权理论作为干预未成年人

① See Julian W. Mack, The Juvenile Court, 23 *Harv. L. Rev.* 104 (1909); Herbert A. Block, Frank T. Flynn, *Delinquency: The Juvenile Offender in America Today*, Random House, 1956, pp. 305-307.

刑事诉讼程序的合理化根据。[①] 早期美国少年司法制度中规定的非对抗性刑事诉讼程序、优势证据规则证明标准、严格保护未成年人犯罪信息、将未成年人与成年人分别关押、各种特色的矫正措施都充分体现了国家亲权理论指导下的福利色彩。需要指出的是，虽然国家亲权理论是未成年人刑事诉讼立法的重要理论基础，但该理论并不适用于那些实施严重犯罪、暴力犯罪和惯犯的未成年人。英美等国家通过管辖弃权、放松移送成年人刑事司法系统的年龄限制等条件，将那些严重犯罪、暴力犯罪和屡教不改的未成年人排除在少年法院的管辖范围之外。

受国家亲权理论的指导，英美等国家逐渐将未成年人从成年人刑事司法系统中脱离出来，为未成年人提供了有别于成年人的特殊刑罚措施、审判方式、执行措施等保护措施，使得未成年人在刑事诉讼中的地位有了根本改变。但是，国家亲权理论在指导未成年人刑事诉讼立法和司法方面也存在一定限制，并产生了一些弊端，从而遭到部分学者和社会公众的批评和质疑。美国少年司法制度将未成年人身份罪错行为（如旷课、违反宵禁）也纳入少年法院的管辖范围，由于受案范围过于宽泛，致使很多因身份违法的未成年人受到刑事干预而被贴上罪犯标签，影响到未成年人的健康成长。同时，国家亲权理论过于强调关注未成年人的福利，忽视了未成年人本应享有的正当刑事诉讼权利；部分矫正机构的环境恶劣，矫正措施并不能有效发挥教育改造效果。因此，为消除国家亲权理论造成的理论与司法实践的脱节，美国相继引入了责任理念、司法模式，对国家亲权理论进行修正，美国联邦最高法院也通过一系列判例确立了未成年人在刑事诉讼中享有的正当诉讼权利和宪法权利，实现了未成年人刑事诉讼福利色彩和司法色彩的融合。

---

① 参见姚建龙：《国家亲权理论与少年司法——以美国少年司法为中心的研究》，载《法学杂志》2008 年第 3 期。

第二节　中外未成年人刑事诉讼法的立法演进

通过追溯中外未成年人刑事诉讼法的立法演进，梳理未成年人刑事诉讼程序立法和司法的历史脉络，可以借鉴和吸收优秀改革成果，更好地确立未成年人刑事诉讼的发展方向，进一步建立和完善未成年人刑事司法制度。

一、中国未成年人刑事诉讼法的立法演进

（一）我国古代未成年人刑事诉讼法

受“恤幼”思想的深刻影响，我国古代对未成年人讯问、强制措施、诉讼权利等作了特殊规定。

第一，逮捕方面。汉平帝元始四年（公元 4 年）下诏：“妇女非身犯法，及男子年八十以上，七岁以下，家非坐不道，诏所名捕，他皆勿得系。”汉光武帝建武三年（公元 27 年）颁布了“男子八十以上，十岁以下，及妇人从坐者，自非不道，诏所名捕，皆不得系”的诏令。

第二，刑讯方面。根据秦墓出土的竹简，对未成年人讯问不能随便施加拷掠，未成年人回答有矛盾，反复讯问仍不如实交代的，方可用竹片轻刑责打。[①] 汉景帝后元三年（公元前 141 年）颁布了对 8 岁以下未成年人不加刑具的“颂系”诏令，即“年八十以上，八岁以下，及孕者未乳师、侏儒鞫系者，颂系之”。汉平帝元始四年颁诏，对八岁以下未成年人不使用刑具。《唐律疏议》规定，禁止对 15 岁以下未成年人使用刑具进行刑讯逼供，违反有关规定的，要被追究故意或过失的法律责任，即“诸应议、请、减，若年七十以上，十五以下及废疾者，并不合拷讯，皆据众证定罪。违者以故失论”。《宋刑统》规定，“老幼不及，疾孕不加”，将 15 岁以下的未成年人排除在刑讯对象之外。

---

① 参见沈志先主编：《未成年人审判精要》，法律出版社 2012 年版，第 68 页。

明清时期沿袭了唐宋时期禁止对未成年人使用刑具进行刑讯逼供和判决后未成年人不戴刑具的“老幼不拷讯”“散收”等规定。

第三，诉讼权利方面。1906 年，沈家本等人起草的《大清刑事民事诉讼法（草案）》设立了律师制度，即如果被告人有不满 12 岁等情形且没有聘请律师的，审判衙门或检察官应为其指定律师。[①] 不过，我国古代未成年人刑事诉讼立法也对未成年人部分诉讼权利进行了限制。例如，汉代《具律》《告律》对 10 岁以下未成年人的告诉权和上诉权作了限制。《具律》规定：“年未盈十岁为气（乞）鞫，勿听。”《告律》规定：“年未盈十岁及毄者、城旦舂、鬼薪白粲告人，皆勿听。”

第四，刑罚执行方面。明朝时期已经将未成年罪犯与成年罪犯分别羁押，如《明会典》记载：“洪武元年令，禁系囚徒，年七十以上，十五以下及废疾、散收、轻重不许混杂。”清朝末年在承袭“恤幼”思想的基础上，提出了对未成年人实行教育、矫正的观念。1911 年《大清新刑律》规定，对未成年人改用惩治、感化教育，将 18 岁以下的未成年人拘禁于特设监狱。

（二）我国近代未成年人刑事诉讼法

近代是我国未成年人刑事司法制度转型的初级阶段。在程序立法方面，1935 年，国民政府颁布《审理少年案件应行注意事项》，其中规定了指定未成年人案件审理法官、慎重起诉、判前调查、不公开审判、审理方式弹性化、尽量不予羁押、与成年犯隔离等 15 个方面内容。[②] 在刑罚执行方面，1922 年，国民政府司法部颁布了《感化学校暂行章程》，设立了专门的感化院和少年监狱。[③] 1931 年，国民政府开始组织各省建立未成年人监狱，配备专门的管理人

---

① 参见沈志先主编：《未成年人审判精要》，法律出版社 2012 年版，第 68—69 页。可惜的是，因遭到各地守旧派的反对，《大清刑事民事诉讼法（草案）》最终被搁置，但它毕竟是我国法律史上第一次引入律师制度。

② 参见姚建龙：《长大成人：少年司法制度的构建》，中国人民公安大学出版社 2003 年版，第 60 页。

③ 参见宋英辉、甄贞主编：《未成年人犯罪诉讼程序研究》，北京师范大学出版社 2011 年版，第 18 页。

员。1946年，国民政府颁布《监狱行刑法》，进一步改善未成年人的教育改造。1931年《赣东北特区苏维埃暂行刑律》、1932年《湘赣省苏区惩治反革命犯暂行条例》、1934年《中华苏维埃共和国惩治反革命条例》、1939年《陕甘宁边区抗战时期惩治盗匪条例（草案）》《陕甘宁边区抗战时期惩治汉奸（条例）》和《晋察鲁豫边区违警处罚暂行办法》对抗日战争时期未成年人犯罪案件实施感化教育、减免刑、不予处罚等作了有关规定。例如，年龄在14岁以下80岁以上者犯罪得减刑；年龄在14岁以下80岁以上者充当汉奸，应当减刑或免除其刑；未满13岁者犯罪不予处罚等。①

（三）中华人民共和国成立后未成年人刑事诉讼法

中华人民共和国成立后，对未成年人刑事司法制度进行了有益的探索和实践，制定和出台了有关法律和司法解释，对办理未成年人刑事案件的基本原则和方针以及侦查、起诉、审判、执行程序等作了较为详尽的规定。

1954年《劳动改造条例》规定了未成年人和成年人分别关押、分开改造的制度。1956年《全国人民代表大会常务委员会关于不公开进行审理的案件的决定》规定，对不满18周岁的未成年犯不公开审理。1960年《最高人民法院、最高人民检察院、公安部关于对少年儿童一般犯罪不予逮捕判刑的联合通知》规定，对一般少年儿童违法犯罪的人，不予逮捕判刑。1962年，公安部发布的《预审工作细则（试行草案）》第21条规定，可以邀请未成年人父母、其他监护人、所在学校的代表人参加审讯。

1979年《刑事诉讼法》从法定代理人、不公开审理、指定辩护三方面对未成年人刑事诉讼程序作了较为系统的规定。其中，第10条第2款规定："对于不满十八岁的未成年人犯罪的案件，在讯问和审判时，可以通知被告人的法定代理人到场。"第27条第2款规定："被告人是聋、哑或者未成年人而没有委托辩护人的，人民法院应当为他指定辩护人。"第111条第2款规定："十四岁以上不满十六岁未成年人犯罪的案件，一律不公开审理。十六岁以上不满十八

① 参见刘金霞主编：《未成年人法律制度研究》，群众出版社2007年版，第76—80页。

岁未成年人犯罪的案件，一般也不公开审理。”

1990 年《看守所条例》第 14 条规定了对未成年人和成年人分别羁押制度。1991 年《最高人民法院关于办理少年刑事案件的若干规定（试行）》就设立未成年人刑事案件的专门审判组织、诉讼权利、审判程序、刑罚执行程序等作了较为详细的规定。在审判组织方面，规定了专门的审判组织即少年法庭（少年刑事案件合议庭），有条件的也可以建立与其他审判庭同等建制的少年刑事审判庭，并要求合议庭成员熟悉少年特点，且审判人员中应当有女审判员或者女人民陪审员。[①] 在诉讼权利方面，赋予了未成年人案件不公开审判、指定辩护、法定代理人参与庭审等内容。在审判程序方面，规定审前进行必要的调查和家访，庭审中注重和缓法庭气氛、注重疏导防止诱供、设置了专门的法庭教育等。在刑罚执行方面，规定法院协助少年管教所做好帮教、改造工作。同年，《最高人民法院、最高人民检察院、公安部、司法部关于办理少年刑事案件建立互相配套工作体系的通知》发布，该通知就看守所未成年犯与成年犯分别羁押、检察院和法院设立专门机构或者指定专人办理未成年人刑事案件、指定辩护律师、少年管教所认真贯彻执行“以教育改造为主，轻微劳动为辅”的方针，以及适度放宽未成年犯的减刑、假释程序等内容作了进一步的强调。

1991 年《未成年人保护法》明文规定未成年人刑事诉讼实施“教育、感化、挽救”方针，坚持“教育为主、惩罚为辅”的基本原则，强调了设置专门机构或指定专人办理未成年人刑事案件，并将分别羁押、不公开审判等制度吸收进立法。之后，1991 年《公安部关于学习贯彻〈中华人民共和国未成年人保护法〉的通知》、1992 年《最高人民检察院关于认真开展未成年人犯罪案件检察工作的通知》、1994 年《监狱法》、1995 年《最高人民法院关于办理未成年人刑事案件适用法律的若干问题的解释》、1995 年《公安部关于印发〈公安机关办理未成年人违法犯罪案件的规定〉的通知》分别就未成年人刑事案件侦查、审

① 1984 年 11 月，上海市长宁区建立了我国第一个少年法庭专门审理未成年人刑事案件。参见宋英辉、甄贞主编：《未成年人犯罪诉讼程序研究》，北京师范大学出版社 2011 年版，第 20 页。

查起诉、审判和执行阶段如何贯彻落实《未成年人保护法》有关规定作了详细规定。

1996年《刑事诉讼法》在未成年人刑事诉讼程序方面并没有大的立法进步，在保留讯问和审判时法定代理人在场、指定辩护、不公开审判三项规定基础上，仅在第213条增设了“对未成年犯应当在未成年犯管教所执行刑罚”。

1999年《预防未成年人犯罪法》第六章从办理未成年人刑事案件方针和原则、保障未成年人诉讼权利、法制教育、由熟悉未成年人身心特点的审判员或者审判员和人民陪审员依法组成少年法庭审判、不公开审理、分别关押、分别管理、分别教育、帮教措施以及复学、升学、就业等同等对待等方面对未成年人刑事司法制度作了规定。

2001年《最高人民法院关于审理未成年人刑事案件的若干规定》、2006年《最高人民法院关于审理未成年人刑事案件具体应用法律若干问题的解释》，分别对1991年《最高人民法院关于办理少年刑事案件的若干规定（试行）》、1995年《最高人民法院关于办理未成年人刑事案件适用法律的若干问题的解释》作了进一步的修改完善。例如，《最高人民法院关于审理未成年人刑事案件的若干规定》第26条规定了未成年人刑事诉讼中强制辩护制度，第35—37条规定了未成年人刑事案件的简易程序。

2006年修订的《未成年人保护法》在完善1991年《未成年人保护法》基本内容的基础上，强调公检法机关在办理未成年人刑事案件和未成年人权益保护案件时，应增强对未成年人权益的保护，一方面强调讯问、询问未成年人时“应当通知监护人到场”，另一方面强调加强对性侵案件中未成年被害人名誉的保护。2012年《全国人民代表大会常务委员会关于修改〈中华人民共和国未成年人保护法〉的决定》再次对未成年人保护立法作了修改完善。其中，考虑到司法实践中监护人难以联系或是不愿意到场等情况，该决定将《未成年人保护法》第56条此前的应当通知“监护人”到场修改为应当依照刑事诉讼法的规定通知“法定代理人或者其他人员”到场，进一步完善了合适成年人在场制度。

2010年，中央综治委预防青少年违法犯罪工作领导小组、最高人民法院、最高人民检察院、公安部、司法部、共青团中央联合发布了《关于进一步建立和完善办理未成年人刑事案件配套工作体系的若干意见》，该意见再次强调公检法机关建立专门机构、专门队伍办理未成年人刑事案件，要求迅速办理未成年人刑事案件，分开起诉和审判，讯问、审判时应当通知法定代理人或其他合适成年人在场，对未成年人尽量使用非羁押性强制措施，采取拘留、逮捕等羁押性强制措施的负有及时通知义务，实行社会调查报告制度，注重查明未成年人真实年龄等，加强对未成年人刑事案件司法工作系统建设，极大地完善了我国未成年人刑事司法制度。

2012 年修正《刑事诉讼法》时对未成年人刑事诉讼特别程序作了专章规定。一是规定了办理未成年人刑事案件的方针和原则。包括实行“教育、感化、挽救”的方针、“教育为主、惩罚为辅”的原则、办案人员专业化、不公开审理原则。二是完善未成年人诉讼权利。包括指定辩护权、严格限制适用逮捕措施、讯问审判时合适成年人在场、与成年人案件分案处理。三是设置了特有的诉讼制度。包括社会调查制度、附条件不起诉制度、犯罪记录封存制度。《刑事诉讼法》和相关司法解释充分体现了对未成年人的特殊保护，符合未成年人刑事司法制度的发展趋势，值得肯定和鼓励。此后，陆续出台的《最高人民检察院关于进一步加强未成年人刑事检察工作的决定》《人民检察院刑事诉讼规则（试行）》《最高人民法院关于适用〈中华人民共和国刑事诉讼法〉的解释》《公安机关办理刑事案件程序规定》对有关司法解释、部门规定进行了修订，进一步完善和细化了未成年人刑事诉讼程序的规定。

2018 年修正《刑事诉讼法》时增设了认罪认罚程序和速裁程序，但考虑到法庭审理过程也是帮教、感化未成年人的过程，因此将未成年人犯罪案件排除在了速裁程序适用范围之外。

二、国外未成年人刑事诉讼法的立法演进

（一）美国未成年人刑事诉讼法的立法演进

1861 年，美国芝加哥设立了特别委员会以专门审理 6 岁至 17 岁的未成年

人轻微犯罪案件，从诉讼程序上将未成年人案件和成年人案件予以区分。1870年，波士顿颁布法令要求单独审理未成年人案件。1899年，美国伊利诺伊州制定了世界上第一部专门处理未成年人违法犯罪的立法，即《少年法院法》。受这一时期“国家亲权”思想的影响，该部立法具有以下福利色彩：① 少年司法的目的在于“康复”而非惩罚。② 少年法院对16岁以下无人抚养儿童、被遗弃儿童和罪错少年均具有管辖权，管辖权广泛。③ 少年法院诉讼程序具有非刑事化特点，以简易、圆桌的方式审理案件。④ 为未成年人设立单独的拘禁处所。⑤ 干预措施主要是考虑未成年人的需要而非行为，并为此设立了观护制度。美国伊利诺伊州《少年法院法》的诞生对其他国家未成年人法律制度产生了重要影响。[①]

20世纪六七十年代，美国进入少年权利时期。在该时期，美国联邦最高法院通过几个著名判例确立了涉罪未成年人的一系列诉讼程序权利。1966年的肯特案（Kent v. United States）中，联邦最高法院指出并不能以国家亲权理论否定未成年人刑事诉讼程序的正当性程序要求，应当保障未成年人聘请律师及律师阅卷的权利。1967年的高尔特案（In re gault）中，联邦最高法院指出未成年人刑事诉讼程序中应当贯彻控诉告知权、获得律师帮助权、不自证其罪权、对质权、上诉权。1970年的温士普案（In re Winship）中，联邦最高法院要求审理未成年人刑事案件应当适用“超过合理怀疑”的证据标准。1971年的麦克凯案（McKeiver v. Pennsylvania）中，联邦最高法院认为未成年人不享有陪审团审判的权利。1975年的琼斯案（Breed v. Jones）中，联邦最高法院又确立了“禁止双重危险原则”适用于未成年人刑事案件。

20世纪七八十年代，美国未成年人犯罪尤其是暴力犯罪问题的日趋严重化，加之媒体的渲染，引起社会的恐慌，民众开始要求严厉打击未成年人犯罪，未成年人刑事诉讼法制转向强硬立场。主要体现在：① 自20世纪70年

① 参见宋英辉、甄贞主编：《未成年人犯罪诉讼程序研究》，北京师范大学出版社2011年版，第11—12页。

代起，许多州通过管辖弃权、起诉弃权和法定弃权等方式放松将未成年人移送至成年人司法系统的条件。② 允许法庭作出同时融合未成年人和成年人的矫正措施的混合判决，设定强制性最短刑期判决，[1] 允许对未成年人适用死刑。③ 通过修法降低少年法庭管辖案件的最大年龄以限制少年法庭的司法管辖权。④ 修改不公开审理、犯罪记录封存查询等保护性规定。但是，这些旨在治理未成年人暴力犯罪问题的强硬政策并未取得预期效果，反而引起未成年人再犯比例提高、拘捕泛滥等问题，并几乎动摇了美国少年司法建立的国家亲权理论基础，引发了美国社会各界对少年法庭存废的激烈讨论。美国学者福克斯（Sanford J. Fox）甚至预言："本世纪（指 20 世纪——引者注）美国少年法庭将寿终正寝。"[2]

20 世纪八九十年代，基于此前未成年人强硬司法政策的失效和被害人意识、未成年人应当负责的责任意识的觉醒，美国开始实施恢复性司法模式，并逐步由审前程序扩展到审判阶段。恢复性司法模式强调在未成年人刑事诉讼程序中通过平和的赔礼道歉、赔/补偿被害人经济损失、双方调解和解、社区服务等方式解决纠纷，让被害人损失得到弥补、社区秩序恢复安宁、涉罪未成年人重新回归社会。2002 年，美国制定了《少年司法与犯罪预防法》，其中第 5633 条"州计划"鼓励法院发展和实施调解、赔偿、社区服务、健康、心理卫生、教育、工作培训等配套性措施，这体现了恢复性司法模式因素。[3]

（二）加拿大未成年人刑事诉讼法的立法演进

1908 年，加拿大颁布《未成年人罪错法》作为专门处理未成年人犯罪案件的法律依据。该法具有浓厚的福利色彩，强调不应将未成年人作为罪犯处理对

---

① 在马萨诸塞州，年满 14 岁的青少年受到一级谋杀指控的，必须判处 15 年以上刑期，受到二级谋杀指控的，必须判处 10 年以上刑期。See P. Torbet, L. Szymanski, State Legislative Responses to Violent Juvenile Crime: 1996—97 Update, *Juvenile Justice Bulletin*, November 1998.

② 〔美〕桑德斯·J. 福克斯：《美国少年法庭的过去、现状与未来》，姜永琳译，载《国外法学》1988 年第 1 期。

③ 参见汪燕、张鸿巍：《美国联邦〈未成年人司法及预防未成年人犯罪法〉介译》，载《预防青少年犯罪研究》2015 年第 4 期。

待，要为未成年人提供帮助、鼓励、引导和适当的监管，并设定了罚金、赔偿、社区服务令、缓刑、受儿童福利机构的领导或管理者监督、移交给培训学校等独特的处置措施。1984年，加拿大颁布《青少年罪犯法》，确立了未成年人在刑事诉讼程序中享有获得律师帮助、上诉、确定刑、量刑适当等正当程序权利。

基于未成年人严重暴力犯罪问题的加剧，1995年，加拿大对立法进行修正，将保护社会作为未成年人刑事诉讼法的主要目的，并借此将被指控谋杀、故意杀人、谋杀未遂、加重的性侵害罪行之一的16岁至17岁的未成年人移出未成年人法院，对犯罪的未成年人采取更为严厉的处罚措施。[①]

2002年，加拿大《青少年刑事司法法》树立了保护未成年人和保护社会的双重保护理念，创设了针对非暴力犯罪未成年人的司法外措施，且认为只要足以让未成年人对自己的犯罪行为负责，即便罪行轻微的未成年人之前曾被定罪，也可以适用。司法外措施强调弥补犯罪行为对被害人和社会造成的损害，鼓励被害人、未成年人家庭成员、社区人员参与，符合条件的可以不再起诉、由警察作出非正式的警告、由警察作出更为正式的告诫。《青少年刑事司法法》的另一项重要改变是减少未成年人被羁押的比例，减少监禁刑的适用，规定除非所有其他可能的替代措施都已经用尽，对暴力犯罪和严重的累犯的未成年人以外的其他未成年人一般不适用监禁刑。[②]

（三）德国未成年人刑事诉讼法的立法演进

1908年，德国柏林、法兰克福、科隆等地陆续成立少年法院，设立承办未成年人刑事案件的专门法官。1912年，维特里希设立德国第一所将未成年人和成年人分离的少年监狱。1922年，德国制定《少年福利法》，创设了监护事务的法官，并制定了保护约束和养护教育的管教措施。1923年，德国第一

① 参见徐美君：《未成年人刑事诉讼特别程序研究——基于实证和比较的分析》，法律出版社2007年版，第54—57页。

② 同上；王志亮等：《加拿大〈青少年邢事司法法〉述评》，载《青少年犯罪问题》2005年第6期。

部《少年法院法》正式规定了未成年人刑事司法制度，其重要内容包括：少年法院仅管辖 14 岁以上 18 岁以下的未成年人犯罪案件；设定“以教代刑”的科刑原则；提高未成年人刑事责任能力年龄至 14 岁；扩大缓刑适用范围；实施人品社会调查制度等。[①] 1943 年《帝国少年法院法》赋予法官有权消除未成年人刑事犯罪前科记录，规定了教育、惩戒、刑罚三种制裁方式，将刑事责任年龄下降至 12 岁，且排斥缓刑的适用。1953 年，德国对《少年法院法》进行修正，恢复了未成年人犯罪案件缓刑制度的适用，将刑事责任年龄调回到 14 岁，并建立管束辅助机构等。[②] 1990 年，德国《少年法院法》规定刑事和解制度。1994 年以来，基于刑事和解制度，法院可根据被告人赔偿被害人损失情况对被告人减轻处罚、适用缓刑，或对一年以下自由刑和罚金免除处罚。1998 年修正的德国《少年法院法》又赋予检察官可对无科处少年刑罚必要的未成年人免予追诉的权力，法官可终止诉讼程序。

（四）意大利未成年人刑事诉讼法的立法演进

1934 年，意大利制定了《未成年人法庭的机构与功能》，并据此成立了统一审理涉及未成年人的民事、刑事案件的少年法院，要求为未成年人设置特殊的刑事诉讼程序，规定了处置罪错未成年人的特殊理念和部分措施，组建了办理未成年人案件的法官队伍，规定 18 岁以下重复越轨行为的未成年人需要接受道德矫治。1988 年，意大利颁布了第一部《未成年人刑事诉讼法》，以专门立法的形式确立了未成年人刑事诉讼程序。这部法律以教育和保护为立法理念，规定了充分性原则、最小伤害原则、去污名化原则，并在此基础上规定了未成年人司法服务的行政管理机构，确立了刑事诉讼程序中的司法主体，细化了起诉、初步调查、预审、庭审等诉讼程序，制定了针对未成年人审前特别羁押措施，以及分流程序、保护措施、刑罚替代措施等各方面内容，体现了司法

---

① 参见赵国玲主编：《未成年人司法制度改革研究》，北京大学出版社 2011 年版，第 58—59 页。

② 参见沈银河：《中德少年刑法比较研究》，五南图书出版股份有限公司 1988 年版，第 12 页。

保护和福利的双重色彩。[①]

（五）英国未成年人刑事诉讼法的立法演进

1908 年，英国制定了《儿童法案》，并建立了独立的少年法庭，审理 7—16 岁未成年人的民事和刑事案件。英国成立审查未成年人犯罪案件的专门委员会，该委员会提出处理未成年人犯罪案件应当坚持福利原则，对他们进行适当的教育和培养，建议将刑事责任年龄提升至 8 岁，选任特别的治安法官任职少年法庭，上述建议均被 1933 年《儿童和青少年法案》所采纳。[②] 1963 年《儿童和青少年法案》又将刑事责任年龄提高至 10 岁。1969 年《儿童和青少年法案》通过后，因该法案在施行时保守党上台掌握政权，该部法案中关于对 14 岁以下的未成年人适用刑事诉讼程序的规定最终被废除，当中的一些福利条款也未真正实施。1991 年《刑事审判法》将少年法庭更名为青少年法庭。1998 年《犯罪和妨害治安法》强调未成年人应当为自己的行为负责，对未成年人量刑应当让其意识到自己行为对被害人和社会造成的损害后果，认为未成年人刑事诉讼应当追求司法效率。根据该法规定，英国成立了未成年人犯罪管理所（YOTs）负责协调未成年人法律援助事宜。1999 年《青少年审判和刑事证据法》体现了恢复性司法的内容，重视通过补偿被害人损失，动员被害人、未成年人及其家庭、社区、其他专业人士等共同参与，帮助未成年人回归社会。在刑罚执行方面，英国设立了社区令、监管令、管教令、少年管教所等。虽然英国成立了专门的青少年法庭审理未成年人犯罪案件，但对于涉及杀人、未成年人与成年人共同犯罪、严重暴力犯罪等案件，一般移送刑事法庭审理。[③]

---

① 参见杨旭：《意大利〈未成年人刑事诉讼法〉评析与启示》，载《青少年犯罪问题》2016 年第 6 期。

② 参见〔英〕麦高伟、杰弗里·威尔逊主编：《英国刑事司法程序》，姚永吉等译，法律出版社 2003 年版，第 368—369 页。

③ 参见张鸿巍：《英国少年司法政策变化之研究》，载《河北法学》2005 年第 2 期；赵勇：《英国青少年司法体系的改革及启示》，载《中国青年政治学院学报》2003 年第 5 期；赵琪：《英国青少年司法最新进展及启示》，载《西南民族大学学报（人文社会科学版）》2010 年第 5 期。

（六）法国未成年人刑事诉讼法的立法演进[①]

1912年，法国颁布了《青少年保护观察法》，建立了少年儿童法院专门审理未成年人犯罪案件。1945年法国颁布的《未成年人犯罪法》规定了专门的未成年人刑事诉讼程序，旨在强化对犯罪的未成年人的教育保护，设立专门审判法官，赋予未成年人获得法律帮助的权利，坚持不公开审理、媒体不得公开未成年人信息等原则，实行社会人格调查制度。1951年，法国成立未成年人重罪法庭，旨在强化对未成年人的保护。在1987年的法律改革中，立法者禁止对轻罪案件中13—16岁的未成年人适用临时羁押措施。1993年，法国增加修复性措施，要求未成年人修复自己的违法犯罪行为对被害人和社会造成的损害，极大地改变了传统未成年人刑事诉讼教育理念。2002年《司法指导和计划法》（2002-1138号）放宽了对10—13岁未成年人进行司法留置的条件，使得司法控制寄养成为可能，并创设了“封闭式教育中心”，以收容13—18岁接受司法监管或被判处缓刑接受假释考验的未成年人。2004年《关于与犯罪变化相适应的司法调整法》（2004-204号）提高了监禁替代性惩罚措施的有效性，比如假释考验、强制带电子手镯的收容办法、公益劳动等。2004年《贝尔本二号法律》、2007年《犯罪预防法》（2007-297号）、2007年《强化与成年及未成年累犯抗争的法律》（2007-1198号）等对未成年人刑事诉讼程序进行进一步的改革，弱化了未成年人刑事诉讼程序的特殊性，在未成年人刑事诉讼中引入速决机制、调解程序。

第三节　未成年人刑事诉讼法的立法理念

未成年人是较为特殊的社会群体，为更好地维护未成年人的合法权益，我

① 本部分内容参见施鹏鹏：《法国未成年人刑事程序法述评：制度与演进》，载《青少年犯罪问题》2012年第2期；王娜：《法国未成年人司法制度的变迁——兼论对中国未成年人司法制度完善的启示》，载《青少年犯罪问题》2013年第3期。

国古代未成年人刑事诉讼体现了“恤幼”思想，这些思想逐步融合到近现代未成年人刑事诉讼立法和司法程序中，并逐步确立了“教育、感化、挽救”的方针和“教育为主、惩罚为辅”的原则。世界范围内，保护理念和教育理念也是未成年人刑事诉讼法的重要立法理念，并以此为基础制定和实施了特有的未成年人刑事诉讼程序、未成年人犯罪处置方式等。

一、“恤幼”思想

我国古代尊崇“恤幼”思想，认为未成年人是具有“少智力，且身体幼弱”的特殊性，若对他们进行处罚有违恻隐之心，与“仁政”伦理相悖，[①] 强调对未成年人给予特殊保护。

“恤幼”思想对我国未成年人刑事司法制度的影响最早体现在刑事责任能力年龄的设定上，并将年龄幼小作为减免刑罚的重要依据。例如，《礼记·曲礼上》记载：“八十、九十曰耄，七年曰悼。悼与耄，虽有罪，不加刑焉。”战国时期魏国李悝所著《法经》规定：“罪人年十五以下，罪高三减，罪卑一减。”《魏书·刑罚志》规定：“年十四以下，降刑之半，八十及九岁，非杀人不坐。”《唐律疏议·名例律》规定：“十五以下，及废疾，犯流罪以下，收赎。八十以上，十岁以下，及笃疾，犯反、逆、杀人应死者，上请；盗及伤人者，亦收赎。”同时，“恤幼”思想在未成年人逮捕、讯问、诉讼权利、刑罚执行等各方面都有所体现。例如，汉景帝后元三年颁布诏令：“年八十以上，八岁以下，及孕者未乳、师、侏儒鞠系者，颂系之。”《宋刑统》规定：“老幼不及，疾孕不加。”《明会典》记载：“洪武元年令，禁系囚徒，年七十以上，十五以下及废疾、散收、轻重不许混杂。”不过，古代社会受君主统治、人治而非法治的影响，君主颁布具有“恤幼”内容的诏令、立法等有时更多是为了巩固其政治统治，一旦危及其政权，“恤幼”思想便受到极大的限制。例如，《唐律疏议·名例律》规定：“九十以上、七岁以下，虽有死罪，不加刑”，但又规定：“缘坐应

① 参见张利兆主编：《未成年人犯罪刑事政策研究》，中国检察出版社2006年版，第88页。

配没者不用此律”。另外，《唐律疏议·名例律》规定：“缘坐应配没者，谓父祖反、逆，罪状已成，子孙七岁仍合配役。”

我国古代历朝历代在未成年人刑法、刑事诉讼立法、司法方面一脉相承地体现了“恤幼”、仁爱等儒家传统思想，是我国未成年人刑事诉讼的宝贵立法理念，在预防未成年人犯罪、改造未成年罪犯、促进未成年人健康成长等方面都发挥了重要的作用。我国《刑事诉讼法》在“未成年人刑事案件诉讼程序”专章中的多个条文继承并发展了“恤幼”思想。首先，不公开审理制度、犯罪记录封存制度在一定程度上体现了“恤幼”的立法精神，有利于保护未成年人的隐私，弱化犯罪标签效应，帮助未成年人重新回归社会。其次，在强制措施和刑罚执行方面，“对未成年犯罪嫌疑人、被告人应当严格限制适用逮捕措施”“对被拘留、逮捕和执行刑罚的未成年人与成年人应当分别关押、分别管理、分别教育”等内容体现了对“恤幼”思想的继承。不仅如此，在继承“恤幼”思想基础上，我国又提出处理未成年人刑事案件坚持教育为主、惩罚为辅的原则，坚持儿童利益最大原则。在此基础上，又规定了附条件不起诉、分案处理制度等，从而有利于未成年人刑事司法的非犯罪化和非刑罚化，加强对涉罪未成年人的人格矫正。

二、保护理念

保护理念认为，犯罪和具有不良行为的未成年人都是社会弊端的受害者，国家有义务照料、矫治并帮助他们重新回归正常生活道路。[①] 因此，从长远利益看，应当注重对未成年人的保护和引导，促进他们健康成长。公检法司等机关在处理未成年人犯罪案件时，应当注重保护未成年人的诉讼权利。在传统的纠问式诉讼模式中，被告人只是诉讼客体而非诉讼主体，对未成年人和成年人犯罪后的诉讼程序也未作区分。在现代刑事诉讼中，针对未成年人身心不成熟、心理素质更为弱化、价值观重塑性较强等特性，逐步建立了专门的未成年

① 参见赵国玲主编：《未成年人司法制度改革研究》，北京大学出版社 2011 年版，第 16 页。

人刑事诉讼程序。在保护理念指导下，要求以保护未成年人为中心，在侦查、起诉阶段对未成年人案件进行分流，能不立案的不立案，能不起诉的不起诉；进入刑事诉讼程序后，要将未成年人视为诉讼主体，注重保护其正当程序权利，设置符合未成年人身心特点、有助于其重新融入社会需要的诉讼程序、处置措施，如分案处理、社会调查制度、单独羁押、特殊的庭审方式等。

美国、意大利等国家的未成年人刑事诉讼立法和司法实践体现了对未成年人的保护。美国伊利诺伊州 1899 年《少年法院法》规定，设置未成年人刑事诉讼程序的目的在于为未成年人提供照顾、保护以及道德、精神和身体全方面发展的机会。少年法院有法官曾指出："任何未满 16 周岁的未成年人都不应当被当作罪犯对待或考虑，更不应当像一个罪犯一样被逮捕、起诉、定罪或惩罚。"[①] 意大利 1988 年《未成年人刑事诉讼法》规定了心理帮助、父母到场等内容，以确保未成年人获得情感和心理帮助；同时，采取拘捕措施时，警察有及时通知义务等保护性措施。

不仅如此，许多国际公约也对保护理念予以确认。《经济、社会及文化权利国际公约》第 10 条第 3 款规定："应为一切儿童和少年采取特殊的保护和协助措施"。《公民权利及政治权利国际公约》规定了未成年人和成年人分开起诉、审判以及分别羁押的原则，以争取囚犯改造和社会复员为基本目的，程序设计应考虑未成年人的年龄和帮助他们重新做人的需要。《儿童权利公约》赋予了未成年人享有不受酷刑、不被任意剥夺自由、有权获得法律援助、无罪推定权、知情权、迅速公正的审理权、沉默权、诘问权、上诉权等诉讼权利。《北京规则》规定了少年司法的目的之一为"增进少年的幸福"，规定了实现办案人员专业化，采用非监禁刑等内容。《利雅得准则》强调"正规的社会管制机构只应作为最后的手段来利用"。《联合国非拘禁措施最低限度标准规则》对未成年人规定了更为广泛的非拘禁措施。《联合国保护被剥夺自由少年规则》再次强调"主

---

① 转引自赵国玲主编：《未成年人司法制度改革研究》，北京大学出版社 2011 年版，第 20 页。

管机构应不断致力，使公众认识到，照料好被拘留的少年，让他们为重返社会作好准备，是一项非常重要的社会服务”。

虽然强调在刑事诉讼立法和程序中贯彻保护未成年人的理念，但不能只强调保护未成年人，也要注重对社会公共秩序和社会利益的维护，让未成年人对自己的犯罪行为承担相应的责任，尤其是对实施严重犯罪和惯犯的未成年人依法追究责任，实现法律效果和社会效果的统一。受此影响，各国逐渐形成了保护未成年人和维护社会利益的双重保护理念。我国“未成年人刑事案件诉讼程序”置于《刑事诉讼法》中，同样担负着《刑事诉讼法》规定的打击犯罪和保障人权的双重刑事诉讼任务，所以应坚持双重保护的立法理念。因此，未成年人刑事诉讼立法强调加强对未成年人的保护，但并不能完全放任未成年人犯罪问题，如果保护、改造措施已无法挽救未成年人，导致未成年人犯罪问题日趋严重，危害社会安全底线，则对此类未成年罪犯的保护力度应有所降低，服从打击犯罪、维护社会安全的刑诉目的。

三、教育理念

刑罚或许可以得到短暂的震慑效果，但在未成年人刑事诉讼中，作为追诉对象的未成年人的生理、心理均具有特殊性，决定了不能只追求刑罚的惩罚功能，更应注重刑罚的教育、改造功能，应对犯罪的未成年人的性格、人生观、价值观、行为等进行矫治，防止未成年人再犯，帮助其早日回归正常的生活、学习，回归社会。未成年人刑事诉讼立法和程序的立足点应当是未成年个体及其需要，而非未成年人犯罪行为及其严重程度，以此实现教育和康复的目的。以教育理念为指导，未成年人刑事诉讼立法应坚持“教育为主、惩罚为辅”的基本原则，实行“教育、感化、挽救”的基本方针，由熟悉未成年人身心特点的专业队伍办案，营造有利于缓解未成年人紧张情绪的侦讯环境、审理方式，创设有助于未成年人改造的观察保护、更生保护、社区服务、社区矫正等非刑罚替代措施。

教育理念强调通过刑罚设置的个别化实现刑罚的特殊预防功能。为作出明智的判决、制定有针对性的矫正措施，在审前阶段，要对未成年人的年龄、性格、生活环境、教育条件、在校表现、犯罪原因、有无前科、监护情况等进行全面调查，为对症下药奠定基础。例如，法国《关于少年犯罪的法令》第 8 条规定："少年法官通过社会调查收集所有有关未成年人家庭财产和道德状况以及未成年人性格、前科、学校出勤率、学业态度和他的生活或被抚养环境。"《北京规则》第 16.1 条也规定："所有案件除涉及轻微违法行为的案件外，在主管当局作出判决前的最后处理之前，应对少年生活的背景和环境或犯罪的条件进行适当的调查，以便主管当局对案件作出明智的判决。"同时，教育理念强调法官对涉罪未成年人的法理、情理的教育应体现在法庭教育和裁判文书说理中，使涉罪未成年人更好地理解犯罪事实认定，认识到犯罪的错误行为，认罪悔罪，并能从中反思自己犯罪的原因，吸取教训，防止再犯。再者，司法机关要注重做好判后跟踪帮教、缓刑定期回访等工作，为未成年人提供心理辅导，以此体现司法机关对未成年人的关怀，增强其改造的决心和信心。

除了强调公检法司等机关承担教育未成年人的责任之外，未成年人刑事诉讼程序还应注重将未成年人的家庭、学校、所在社区乃至政府等全部纳入治理未成年人犯罪的系统工作中，发挥父母、老师、妇联、工会、共青团等个体和相关部门的综合治理功能，共同完成合适成年人在场、教育、挽救和帮教等工作，扩大教育保护的格局。无论是司法机关、个体还是其他相关部门，在承担未成年人教育职责方面，都应当注重教育手段的缓和，营造缓和的办案氛围和教育氛围，淡化未成年人被追诉的强迫感，让未成年人在更为轻松的氛围中感受到被教育、感化。

但是，教育理念并不完全排除对犯罪的未成年人适用审前羁押、监禁刑等强制性教育措施。结合未成年人犯罪原因、人身危险性等因素，对实施严重犯罪、暴力犯罪等主观恶性大的未成年罪犯，以及前科累累无矫治可能性的未成年罪犯，应当实施强制性司法处遇措施，实现强制性教育目的。20 世纪七八十年代，美国少年法院放弃对部分严重未成年人犯罪案件的管辖权，在一定程度上体现了此种强制性教育理念。我国刑事诉讼法中，未成年人在附条件不起诉考验期限内重新犯罪或者违反相关监管规定的，应当起诉，也在一定程度上体现了对知错不改的未成年人的强制教育。

第四节　未成年人刑事诉讼法的立法模式

在立法技术方面，未成年人刑事诉讼法主要采用了单行立法和专章立法的不同立法体例；在立法内容方面，未成年人刑事诉讼法主要有福利模式和司法模式，并逐步出现融合。各国应当结合各自的背景、理念和配套制度等，选择和实行合适的未成年人刑事诉讼立法模式。

一、单行立法和专章立法

从立法技术看，目前关于未成年人刑事诉讼法的立法模式主要有两种①：

一是以单行法律法规来规定未成年人刑事诉讼程序的立法模式，即通过单行立法对未成年人刑事诉讼程序的具体内容进行专门规定，使未成年人刑事司法制度成为一个协调有序的整体。该模式又分为两种类型：一种是单行程序立法，即规定未成年人刑事案件的办理原则、办案组织、未成年人的诉讼权利以及具体办案诉讼规则等；另一种是虽为单行立法方式，但内容上兼具实体法和程序法，既规定处理未成年人刑事案件的法律依据，又为处理未成年人刑事案件提供了指导方向和程序指引。前者如1988年意大利的第一部《未成年人刑事诉讼法》，即以专门立法的形式确立了未成年人刑事诉讼程序；后者如美国伊利诺伊州《少年法院法》、德国《少年法院法》、日本《少年法》、加拿大《未成年人刑事司法法》，规定了办理未成年人犯罪的实体法依据和程序法依据。

二是在刑事诉讼法中专章设立特殊程序的立法模式，即按照教育、保护未

---

① 也有学者认为，未成年人刑事诉讼立法模式主要包括附属条文模式、半独立立法模式和独立立法模式三种。参见姚建龙：《刑事诉讼法修订与少年司法的法典化》，载《预防青少年犯罪研究》2012年第5期。

成年人的理念，确立未成年人刑事诉讼程序的基本方针、基本原则和基本制度，并兼顾该章节与刑事诉讼法整体之间的关系。这种模式既能照顾到未成年人的特殊利益，又能兼顾刑事诉讼法的总体目的和整体价值，但作为刑事诉讼法的专章特殊程序，不可避免地会受到成年人刑事司法制度的影响，且限于篇幅和整体章节的协调性，内容可能不够全面。《俄罗斯联邦刑事诉讼法典》、南斯拉夫《刑事诉讼法》都采用了专编规定未成年人刑事诉讼的立法方式，我国也是在《刑事诉讼法》中设立特别程序的专章立法模式。

在我国2012年修正《刑事诉讼法》前，针对未成年人刑事诉讼立法问题，有学者提出单行立法和专章立法的不同建议，最后考虑到我国立法中采用法律、法规、司法解释、其他规范性文件等不同位阶立法相结合的立法惯例，以及我国当前并不具备单行立法的内外在条件，没有采纳单行立法的建议，而是采用了在《刑事诉讼法》中专门规定未成年人刑事诉讼程序的立法模式。针对1979年和1996年《刑事诉讼法》中未成年人刑事诉讼条文太少、内容松散、针对性不强等问题，2012年修正的《刑事诉讼法》采用较为集中的专章立法模式规定了未成年人刑事司法制度，将此前分散于其他法律、法规、司法解释及学理讨论中关于未成年人刑事诉讼程序的内容提炼出来，进行了较为系统、全面的规定，既体现了刑事诉讼法的完整价值和系统性，又体现了我国未成年人刑事诉讼程序的特殊性，有利于加强对未成年人诉讼权利的保护，是立法的重要进步。2018年修正的《刑事诉讼法》继续沿用了该立法模式。不过，未成年人刑事案件诉讼程序的内容存在着过于原则、抽象的问题，需要在司法解释中进一步细化，有待进一步完善。从国际发展主流趋势看，可考虑在条件成熟时逐步采用单行立法的模式，以单行立法方式，对未成年人刑法调整的犯罪、刑罚制度、刑罚执行及办理未成年人刑事案件的理论基础、基本原则、专门组织机构、司法程序等进行系统全面的规定。

二、福利模式和司法模式

从立法内容看，国内外关于未成年人刑事诉讼程序的立法主要有福利模式和司法模式两种，并逐渐在立法演变中出现两种模式的融合。

在很长一段时期内，各国多采用具有福利色彩的立法模式。福利模式以国家亲权理论为基础，坚持儿童最大利益原则，一般由少年法院专门管辖未成年人犯罪、轻微违法、身份违法等案件，警察、检察官、法官具有广泛的自由裁量权，诉讼程序具有非对抗性色彩，并将心理学者、其他社会工作者、相关部门工作人员等都纳入诉讼程序中，强调根据未成年人的人身危险性对未成年人进行矫治而非惩罚，严格保护未成年人的信息，限制媒体对未成年人信息的报道。例如，美国伊利诺伊州《少年法院法》、加拿大《未成年人罪错法》等都体现出浓厚的福利色彩。但采用福利模式的未成年人刑事诉讼法在实施过程中逐渐显露出一些弊端，受到批判，其中主要是，福利模式剥夺了未成年人在刑事诉讼活动中应享有的正当程序权利，如辩护权、获得书面指控权、反对自证其罪权、上诉权、证明标准过低。美国联邦最高法院法官曾在审理肯特案中感慨道："或许有足够的理由相信孩子们受到了两个不同世界最坏的对待，他们既未能得到给予成年人的保护，也没有得到专为未成年人提供的特殊照顾和程序改善。"[①]

自 20 世纪 70 年代开始，受未成年人暴力犯罪的增加、媒体渲染、新古典主义犯罪学兴起等因素的影响，许多国家未成年人刑事诉讼立法和司法逐步采用司法模式。司法模式以责任理念为基础，强调未成年人刑事诉讼立法和司法应当让未成年人认识到自己的不法行为，并为此承担相应的法律后果。例如，德国是传统的司法模式国家，一方面强调注重对未成年人采用教育手段，另一方面又强调采取严厉的惩罚措施。司法模式强调未成年人司法程序应当具有刑事化和正规化特征，强调赋予未成年人应有的诉讼程序权利。就美国而言，1966 年的肯特案、1967 年的高尔特案、1970 年的温士普案、1971 年的麦克凯案、1975 年的琼斯案等一系列判例，对未成年人刑事诉讼程序中未成年人的

---

① Joseph J. Senna, Larry J. Siegel, *Juvenile Law: Cases and Comments*, West Publishing Company, 1992, p. 107.

重要诉讼权利作出了规定，逐步强调了未成年人刑事诉讼法的“司法”色彩。同时，司法模式强调法官科刑的确定性、相当性，法官的自由裁量权受到极大限制，且科刑更为严厉。

福利模式和司法模式在理论基础、诉讼程序特征、诉讼程序权利等方面有所不同，各国未成年人刑事诉讼立法采用不同立法模式反映了其不同的价值取向和立法理念。福利模式认为未成年人犯罪是社会弊端造成的，国家应当通过更为缓和的诉讼程序来教育、感化、改造、挽救未成年人；司法模式则认为未成年人具有理性和认知能力，应当为自己的行为负责，强调通过刑罚的震慑功能达到保护社会的目的。两种立法模式各有特色：福利模式符合刑罚个别化、非犯罪化等刑罚理念，有利于实现对未成年人的保护和教育；而司法模式在惩罚犯罪、维护社会秩序等方面更具有优势。但不可否认，两种模式又都有一定的片面性。随着权利保障意识和维护社会秩序意识的增强，各国未成年人刑事诉讼立法逐步出现相互融合的趋势，一些原本采用福利模式的国家（如美国）逐步吸收司法模式的因素，传统上采用司法模式的国家（如德国）也借鉴了福利模式的一些内容。我国当前未成年人刑事诉讼法也兼具了福利色彩和司法色彩，体现在我国提出了“教育、感化、挽救”的方针、“教育为主、惩罚为辅”的原则，规定了严格限制适用强制措施，建立附条件不起诉制度、社会调查制度等，同时又规定了针对未成年人的强制辩护、讯问时合适成年人在场等程序权利。

第二章

未成年人刑事诉讼的基本原则

未成年人具有特殊的心理和生理，因而未成年人犯罪行为有别于成年人犯罪行为。国际社会逐渐形成了儿童最大利益、国家亲权、恢复性司法、刑罚个别化等理念，因此，相对于成年犯罪人，对涉罪未成年人需要给予特殊的司法保护，以教育、矫治涉罪未成年人，促使其重新回归社会。显然，未成年人刑事诉讼基本原则应当符合未成年人及其犯罪行为的特殊性。

第一节　未成年人刑事诉讼基本原则的内涵解读

一般而言，未成年人刑事诉讼基本原则，是指贯穿于未成年人刑事诉讼全过程或主要程序阶段，为国家专门机关和诉讼参与人所必须遵循的基本准则。当前，我国学术界和实务界对于未成年人刑事诉讼基本原则的认识并未达成一致，尤其是未成年人刑事诉讼应当包括哪些原则仍是见仁见智。[①] 对此，我们

---

① 例如，有学者认为，未成年人刑事案件诉讼基本原则包括：全面调查原则；分案处理原则；保障未成年犯罪嫌疑人、被告人诉讼权利原则；迅速简化原则。参见温小洁：《我国未成年人刑事案件诉讼程序研究》，中国人民公安大学出版社 2003 年版，第 76—109 页。有学者认为，我国少年司法确立了四大基本原则：保护社会与保护少年相统一原则；预防为主、减少司法干预原则；教育为主、惩罚为辅原则；共同参与、综合治理原则。参见姚建龙：《少年司法制度基本原则论》，载《青年探索》2003 年第 1 期。有学者认为，未成年人犯罪诉讼程序基本原 （转下页）

需要进一步对未成年人刑事诉讼基本原则的内涵予以阐释，以明确未成年人刑事诉讼基本原则的主要内容。

一、基本原则确立的理论根据

未成年人刑事诉讼法基本原则确立的理论依据是儿童最大利益、国家亲权、恢复性司法、刑罚个别化等理念。在现代社会，维护儿童最大利益是未成年人刑事诉讼的主要目标，同时也是未成年人刑事诉讼基本原则确立的核心基础。① 儿童最大利益，又称为“儿童最佳利益”，它是指未成年人不应为其不当行为接受惩罚，相反鉴于其年幼无知的现实，各国政府提供高效的儿童保育、矫正、教化等措施来纠偏。② 未成年人刑事诉讼活动应以维护儿童最大利益为精神指引，在很大程度上是由未成年人的特殊身心所决定的，“社会福利最大的受益人群是各个弱势群体，即自救能力比较弱的人。儿童因其特殊的生理、心理特点必然成为其中之一”③。

当前，儿童最大利益原则不仅被相关国际公约所确认，也体现在各国的法

（接上页）则包括：教育为主、惩罚为辅原则；分案处理原则；保障未成年人依法享有的诉讼权利原则；全面调查原则；迅速简易原则。参见宋英辉、甄贞主编：《未成年人犯罪诉讼程序研究》，北京师范大学出版社 2011 年版，第 47—63 页。有学者认为，未成年人刑事司法指导原则包括：教育为主、惩罚为辅原则；充分保障诉讼权利原则；社会参与原则；全面调查原则；非羁押原则；分案处理原则。参见宋英辉、何挺、王贞会等：《未成年人刑事司法改革研究》，北京大学出版社 2013 年版，第 29—52 页。有学者认为，我国未成年人刑事司法基本原则包括：双向保护原则；预防为主、减少司法干预原则；教育为主、惩罚为辅原则；迅速简约原则；全面调查原则；分案处理原则。参见贾宇、舒洪水等：《未成年人犯罪的刑事司法制度研究》，知识产权出版社 2015 年版，第 34—42 页。有学者认为，未成年人刑事案件诉讼程序原则包括：教育、感化、挽救原则；分案处理原则；全面调查原则；保障未成年犯罪嫌疑人、被告人诉讼权利原则；迅速简化原则；双向保护原则。参见谢安平、郭华主编：《未成年人刑事诉讼程序探究》，中国政法大学出版社 2015 年版，第 26—45 页。

① 在很大程度上，国家亲权、恢复性司法、刑罚个别化等理念也旨在最大限度地维护儿童利益。

② 参见张鸿巍：《少年司法通论（第二版）》，人民出版社 2011 年版，第 309 页。

③ 贺颖清：《福利与权利——挪威儿童福利的法律保障》，中国人民公安大学出版社 2005 年版，第 12 页。

律规定和司法实践中。一方面，有关国际公约明确了儿童最大利益原则。例如，《公民权利及政治权利国际公约》第 24 条第 1 款规定："每一儿童应有权享受家庭、社会和国家为其未成年地位给予的必要保护措施"。《儿童权利公约》第 3 条第 1 款规定："关于儿童的一切行动，不论是由公私社会福利机构、法院、行政当局或立法机构执行，均应以儿童的最大利益为一种首要考虑。"《联合国保护被剥夺自由少年规则》第 1 条规定："少年司法系统应维护少年的权利和安全，增进少年的身心福祉，监禁办法只应作为最后手段加以采用。"《北京规则》第 5 条明确了"少年司法的目的"，即"少年司法制度应强调少年的幸福，并应确保对少年犯做出的任何反应均应与罪犯和违法行为情况相称"。《利雅得准则》第 3 条规定："为诠释本《准则》的目的，应遵循以儿童为中心的方针"，同时该准则第 5 条又规定："应认识到制定进步的预防少年违法犯罪政策以及系统研究和详细拟订措施的必要性和重要性。这些政策措施应避免对未造成严重损害其发展危害他人行为而给儿童定罪和处罚。这种政策和措施应包括……维护所有青少年的福利、发展、权利和利益。"上述国际公约均强调儿童最大利益原则，这无疑是各国进行未成年人刑事诉讼时应当秉持的基本理念。

另一方面，当今各国在有关法律和司法实践中也强调儿童最大利益原则。例如，新西兰 2010 年修订的《儿童抚养法》第 3 条指出，该法颁行之目的是"通过确保相应监护权及关爱之落实，推动未成年人福利及儿童最佳利益、促进未成年人（身心）发展；确认未成年人某些权利"[①]。英国少年司法工作的基础和出发点是强调儿童福利（welfare）和儿童权利（rights）。少年司法工作的根本目的和最终目标是增进儿童福利和维护当事人权利，以在青少年和社会之间建立良好的关系，减少青少年中的反社会行为，降低对青少年的监禁比例，减少或降低青少年犯罪和再犯罪率。[②] 可见，当前大多数国家在未成年人保护工作中坚持儿童最大利益原则，尤其是在司法领域，更加注重对未成年人

---

① 张鸿巍：《少年司法通论（第二版）》，人民出版社 2011 年版，第 309 页。

② 参见陈卫东：《英国少年司法工作模式研究》，载郭开元主编：《我国未成年人司法制度的实践和探索》，中国人民公安大学出版社 2014 年版，第 195 页。

的特殊司法保护。我国《刑事诉讼法》在特别程序中专章规定了“未成年人刑事案件诉讼程序”，从该章的条文来看，其立法宗旨是维护儿童最大利益，如第277条第1款规定：“对犯罪的未成年人实行教育、感化、挽救的方针，坚持教育为主、惩罚为辅的原则。”最高人民检察院发布的《人民检察院办理未成年人刑事案件的规定》第2条也明确指出：“在严格遵守法律规定的前提下，按照最有利于未成年人和适合未成年人身心特点的方式进行，充分保障未成年人合法权益。”

因此，未成年人刑事诉讼基本原则的宗旨是最大限度地保护未成年人的合法权益，从另一个角度而言，儿童最大利益原则也促进了未成年人刑事诉讼基本原则的形成与发展。未成年人刑事诉讼各项原则虽然具有很大的差异性和独立性，所规范的领域也有所不同，但它们的价值取向是一致的，它们紧密相连，共同构筑维护未成年人最大利益的保障体系。

二、基本原则确立的法律依据

未成年人刑事诉讼基本原则的法律根据既来源于国内法，又来源于国际法。

一方面，未成年人刑事诉讼基本原则的国内法根据的主要来源有两个方面：一是刑事诉讼法，如我国《刑事诉讼法》以及《法国刑事诉讼法典》《俄罗斯联邦刑事诉讼法典》、《荷兰刑事诉讼法典》等都规定了进行未成年人刑事诉讼应当遵循的基本原则；二是有关未成年人的专门立法，如我国《未成年人保护法》《预防未成年人犯罪法》，以及日本《少年法》、德国《少年法院法》等都有关于未成年人刑事诉讼的立法规定。在普通刑事诉讼法中，“原则只能由法律明确规定，那些在法律适用过程中所应普遍遵循的政治或理论原则，只要没有在刑事诉讼法中明确规定，就不属于刑事诉讼法中的基本原则”[①]。就我国而言，

① 陈光中主编：《刑事诉讼法（第五版）》，北京大学出版社、高等教育出版社2013年版，第89页。

《刑事诉讼法》在“未成年人刑事案件诉讼程序”一章中的多个条文规定了开展未成年人刑事诉讼时应当遵循的基本原则，这些原则主要包括：教育、感化、挽救原则；教育为主、惩罚为辅原则；保障未成年人诉讼权利原则；分别关押、分别管理、分别教育原则等。

另一方面，一些国际公约也确立了未成年人刑事诉讼基本原则。20 世纪 80 年代至 90 年代，联合国陆续制定了《北京规则》《儿童权利公约》《联合国保护被剥夺自由少年规则》《利雅得准则》等影响深远的公约、准则、规则，同时，《公民权利及政治权利国际公约》《联合国囚犯待遇最低限度标准规则》等也有关于少年司法的规定，上述公约、准则、规则构成了未成年人刑事司法国际准则。[①] 未成年人刑事司法国际准则包含大量的未成年人刑事诉讼基本原则，这些基本原则大多规定在我国相关立法中。我国为《公民权利及政治权利国际公约》《儿童权利公约》的缔结者，以及《北京规则》《利雅得准则》的赞成并通过者。[②] 根据“约定必须遵守”的习惯法原则，在进行未成年人刑事诉讼时应当遵循有关国际公约的要求，因此，我国未成年人刑事诉讼基本原则理应与公约的有关规定保持一致。

三、基本原则的特殊属性

未成年人刑事诉讼基本原则具有不同于成年人刑事诉讼基本原则的特性。这是因为，相对于成年人来说，涉罪未成年人特殊的生理和心理特质造成他们的犯罪行为有许多区别于成年人的犯罪行为。卢梭在《爱弥儿（上卷）》一书中

---

① 未成年人刑事司法国际准则，是指以联合国为代表的国际组织制定的有关应对未成年人犯罪问题的政策、原则、标准和规则的总称。未成年人刑事司法国际准则明确了处理未成年人刑事案件的基本原则和主要制度，它对世界各国的未成年人刑事立法和刑事司法发挥了重要的指导作用，引领了世界各国制定和修改未成年人刑事法律的基本方向，是世界各国处理未成年人刑事案件的最低限度要求。参见吴羽：《未成年人构罪标准体系建构之理据》，载《青少年犯罪问题》2016 年第 6 期。

② 参见谢安平、郭华主编：《未成年人刑事诉讼程序探究》，中国政法大学出版社 2015 年版，第 17 页。

曾指出，“长大到16岁的少年能够懂得什么叫痛苦了，因为他自己就曾经受过痛苦；但是他还不大清楚别人也同样地遭受痛苦：看见别人的痛苦而自己没有那种痛苦的感觉，是不明白别人的痛苦是怎样一回事情的”①。随着自然科学和社会科学的不断进步，人们发现，人的大脑发育直至青少年时期仍在进行，未成年时期是人逐渐由“本能”走向“理智”、由“生物人”走向“社会人”的时期，“人们对青春期的习惯见解也许大都遵循着发育这一认识路径：该群体里的每一个体都处于从儿童期向成人期发育的阶段——他们既非儿童也非成人”②。可见，未成年人的生理与心理呈现出一定的矛盾性，他们的认识能力、控制能力与理解能力并未真正地成熟起来，他们缺乏理性的认知能力和有效的控制能力，他们负责控制与认知的能力仍在发育的过程中。因此，人们开始区别对待未成年人犯罪行为与成年人犯罪行为，不仅认为未成年人犯罪行为与成年人犯罪行为“存在数量上的区别”，且“在性质上有本质区别”。从另一个角度说，作为介乎于儿童期与成年期之间的阶段，未成年人处于社会化的进程中，他们的易变性强，具有可塑性，“与成年人相比，少年一般尚未成熟，且富有可塑性，因此，即便在实施了犯罪的情况下，也要受到与成年人不同的处遇，这是必要的且合理的。不论古今中外，都广泛地认同这一见解”③。

总之，未成年人及其犯罪行为具有特殊性，未成年犯罪人具有可矫治性，因而未成年人刑事诉讼基本原则必然要符合未成年人及其犯罪行为的特殊性，并应有别于普通刑事诉讼基本原则。可以说，教育为主、惩罚为辅原则以及全面调查原则、分案处理原则等是未成年人刑事诉讼中的特有原则。需要指出的是，未成年人刑事诉讼基本原则作为特有原则只是相对意义上的，而非是绝对意义上的。例如，无论是普通刑事诉讼，还是未成年人刑事诉讼，都强调对犯

---

① 〔法〕卢梭：《爱弥儿（上卷）》，李平沤译，商务印书馆1978年版，第304页。

② 〔美〕伊丽莎白·S. 斯科特：《儿童期的法律建构》，载〔美〕玛格丽特·K. 罗森海姆、富兰克林·E. 齐姆林、戴维·S. 坦嫩豪斯、伯纳德·多恩编：《少年司法的一个世纪》，高维俭译，商务印书馆2008年版，第130页。

③ 〔日〕川出敏裕、金光旭：《刑事政策》，钱叶六等译，中国政法大学出版社2016年版，第267页。

罪嫌疑人、被告人的权利保障，将保障未成年人诉讼权利作为未成年人刑事诉讼基本原则，是为了表明未成年人在刑事诉讼中将获得比成年人更多的特殊司法保障。

四、基本原则贯穿于诉讼的全过程性

未成年人刑事诉讼基本原则具有贯穿于未成年人刑事诉讼的全过程的特质，它体现在两个方面：一是它对整个未成年人刑事诉讼活动进行调整，适用于未成年人刑事诉讼的各个程序阶段，或者至少是主要程序阶段；[①] 二是它是国家专门机关及其工作人员，以及各诉讼参与人都应当遵守的基本原则。

在未成年人刑事诉讼活动中，如果只是适用于某一程序阶段或者某一专门机关或诉讼参与人的具体原则，就不能被视为未成年人刑事诉讼基本原则。例如，在适用强制措施时，对未成年人应以非羁押性措施为原则，以羁押性措施为例外。对此，《儿童权利公约》第 37 条（b）项规定："对儿童的逮捕、拘留或监禁应符合法律规定并仅应作为最后手段，期限应为最短的适当时间。"我国《刑事诉讼法》第 280 条第 1 款也规定："对未成年犯罪嫌疑人、被告人应当严格限制适用逮捕措施。"由于强制措施主要适用于审前阶段，因此，非羁押性原则一般不能作为未成年人刑事诉讼基本原则。又如，审理未成年人案件应遵循不公开审理原则。对此，《公民权利及政治权利国际公约》第 14 条第 1 款

---

① 一般认为，未成年人刑事诉讼基本原则应当贯穿于未成年人刑事诉讼全过程。例如，有学者认为，贯穿全局性是指作为未成年人案件诉讼程序的原则，必须能够贯穿于未成年人刑事诉讼程序的始终，是未成年人刑事诉讼进行的各个阶段都要遵循的基本原则，它是整个未成年人刑事诉讼的总原则。参见谢安平、郭华主编：《未成年人刑事诉讼程序探究》，中国政法大学出版社 2015 年版，第 25 页。还有学者认为，少年司法制度的基本原则必须贯穿于整个少年司法的始终，而为少年司法的各个阶段所必须遵循，它是整个少年司法制度的法治总原则。参见姚建龙：《少年司法制度基本原则论》，载《青年探索》2003 年第 1 期。有学者也认为，未成年人刑事诉讼基本原则可以是贯穿于未成年人刑事诉讼程序的主要阶段。参见宋英辉、甄贞主编：《未成年人犯罪诉讼程序研究》，北京师范大学出版社 2011 年版，第 45 页。同时，在界定刑事诉讼基本原则适用的程序阶段时，有学者认为刑事诉讼基本原则贯穿于刑事诉讼的主要诉讼阶段。参见陈光中主编：《刑事诉讼法（第五版）》，北京大学出版社、高等教育出版社 2013 年版，第 430 页。因此，从广义上看，未成年人刑事诉讼基本原则可以是贯穿于未成年人刑事诉讼的主要程序阶段。

规定："所有的人在法庭和裁判所前一律平等。在判定对任何人提出的任何刑事指控或确定他在一件诉讼案中的权利和义务时，人人有资格由一个依法设立的合格的、独立的和无偏倚的法庭进行公正的和公开的审讯。由于民主社会中的道德的、公共秩序的或国家安全的理由，或当诉讼当事人的私生活的利益有此需要时，或在特殊情况下法庭认为公开审判会损害司法利益因而严格需要的限度下，可不使记者和公众出席全部或部分审判；但对刑事案件或法律诉讼的任何判刑决应公开宣布，除非少年的利益另有要求或者诉讼系有关儿童监护权的婚姻争端。"我国《刑事诉讼法》第285条也规定："审判的时候被告人不满十八周岁的案件，不公开审理。"然而，不公开审理原则适用于法庭审理阶段，其也不能作为未成年人刑事诉讼基本原则。由上可见，无论是非羁押性原则，还是不公开审理原则，它们都是适用于未成年人刑事诉讼的某一程序阶段，而不是适用于未成年人刑事诉讼的全过程，或者主要程序阶段，因此，不能将它们视为未成年人刑事诉讼基本原则。

五、基本原则实现的制度和程序保障性

未成年人刑事诉讼基本原则具有重要或普遍的指导意义，同时其精神实质也通过相关具体制度和程序予以实现。美国法学家德沃金（Ronald M. Dworkin）认为，法律原则是人们在一定情况下所必须考虑的，但它本身并不一定解决问题。[①] 法律原则不是法律规则，既没有规定确定的事实状态，也没有规定具体的法律后果，但在创制法律、理解或适用法律过程中，是必不可少的。法律原则不仅可以指引人们如何正确适用规则，而且在没有相应法律规制时，可以代替规则来作出裁决，即较有把握地应付没有现成规则可适用的新情况。[②] 实践中，未成年人刑事诉讼基本原则对司法活动起到重要的指导作用，当今世界各国也会通过一些具体制度和程序设置以实现未成年人刑事诉讼

---

① 参见沈宗灵：《现代西方法理学》，北京大学出版社1992年版，第100页。

② 参见沈宗灵主编：《法理学（第四版）》，北京大学出版社2014年版，第32页。

基本原则的精神实质，可以说“未成年人刑事案件诉讼程序的具体制度和程序均是围绕未成年人刑事诉讼原则的精神设计与安排的”[①]。究其原因，未成年人刑事诉讼基本原则作为指导原则和精神指引，需要通过一系列的具体制度和程序设置才能得到真正体现。例如，我国《刑事诉讼法》在“未成年人刑事案件诉讼程序”一章中规定了若干具体制度和程序，其本质是落实未成年人刑事诉讼基本原则的精神，这些制度和程序主要包括：办理未成年人案件的专业化建设、强制辩护制度、社会调查制度、适用逮捕措施时的程序要求（如听取辩护律师意见等）、合适成年人在场制度、附条件不起诉制度、不公开审理制度、犯罪记录封存制度等，同时司法实践中也广泛运用社会观护、亲情会见、帮扶教育等制度。

第二节　未成年人刑事诉讼基本原则的主要内容

未成年人刑事诉讼基本原则具体应当包括哪些内容？诚如前文所分析的，未成年人刑事诉讼基本原则的判定标准主要包括三点：一是该原则必须由国内法或者相关国际公约所明确规定；二是该原则应当属于未成年人刑事诉讼中的特有原则；三是该原则应当适用于未成年人刑事诉讼全过程或主要程序阶段。立足于我国《刑事诉讼法》及相关规范性文件，以及有关国际公约的规定，我国未成年人刑事诉讼基本原则主要包括教育为主、惩罚为辅原则、保障未成年人诉讼权利原则、全面调查原则、分案处理原则、双向保护原则和迅速简化原则。

---

① 谢安平、郭华主编：《未成年人刑事诉讼程序探究》，中国政法大学出版社 2015 年版，第 20 页。

一、教育为主、惩罚为辅原则

中华人民共和国成立以来，我国一直重视对未成年人犯罪的治理，并逐渐形成了一些较有成效的未成年人犯罪刑事政策。1979 年中共中央 58 号文件提出对违法犯罪的未成年人实行教育、挽救、改造的方针。1982 年 1 月 13 日中共中央《关于加强政法工作的指示》指出："必须坚决实行教育、感化和挽救的方针，着眼于挽救。"上述文件确立了我国教育为主、惩罚为辅的未成年人犯罪刑事政策。司法实践中，教育为主、惩罚为辅的未成年人犯罪刑事政策也发挥了积极作用，促进了未成年犯罪人悔过自新，重新回归社会。同时，教育为主、惩罚为辅的未成年人犯罪刑事政策经历了法典化的过程，且上升为一项法律原则。

一般而言，教育为主、惩罚为辅原则，是指在未成年人刑事诉讼中，基于未成年人及其犯罪行为的特殊性，对未成年犯罪人采取有针对性的教育和矫治，促使其改过自新，重新回归社会；只有在迫不得已的情况下才能采用必要的惩罚手段。① 在我国，有关法律明确规定了教育为主、惩罚为辅原则。例如，《未成年人保护法》第 54 条第 1 款规定："对违法犯罪的未成年人，实行教育、感化、挽救的方针，坚持教育为主、惩罚为辅的原则。"《预防未成年人犯罪法》第 44 条第 1 款规定："对犯罪的未成年人追究刑事责任，实行教育、感化、挽救方针，坚持教育为主、惩罚为辅的原则。"《刑事诉讼法》第 277 条第 1 款规定："对犯罪的未成年人实行教育、感化、挽救的方针，坚持教育为主、惩罚为辅的原则。"可以说，《刑事诉讼法》从刑事基本法的层面将教育为主、

① 参见陈光中主编：《刑事诉讼法（第五版）》，北京大学出版社、高等教育出版社 2013 年版，第 429 页；王爱立主编：《中华人民共和国刑事诉讼法释义》，法律出版社 2018 年版，第 584—585 页；卢琦：《中外少年司法制度研究》，中国检察出版社 2008 年版，第 68 页；宋英辉、何挺、王贞会等：《未成年人刑事司法改革研究》，北京大学出版社 2013 年版，第 30 页。

惩罚为辅的未成年人犯罪刑事政策上升为法律原则，其意义深远。[①] 由此，教育为主、惩罚为辅原则成为我国进行未成年人刑事诉讼应当遵循的基本原则。同时，当今世界各国在未成年人刑事诉讼中，也强调对未成年犯罪人采取教育为主的原则。例如，德国《少年法院法》第 2 条第 1 款规定："少年刑法的适用首先旨在遏制少年或者青少年的再犯。为实现此目的，法律后果以及考虑家长教育权利的司法程序，优先指向教育的理念"[②]；该法第 18 条第 2 款又规定："少年刑罚的量刑，应考虑必要的教育功能的实现的可能"[③]。日本《少年法》第 1 条规定："本法的目的是，为了少年的健康成长，对非行少年进行矫正性格和改善环境的保护处分，同时对少年的刑事案件采取特别的措施。"[④] 由此可见，中外立法都强调在未成年人刑事诉讼中坚持教育为主的立场，所谓"少年宜教不宜罚"。

教育为主、惩罚为辅原则是儿童最大利益的必然要求，那么，在未成年人刑事诉讼中应当如何理解"主"与"辅"的关系？我们认为，这可以从两个方面予以认识。

一方面，未成年人刑事诉讼活动要以"教育"作为其首要的价值取向。"未成年人应当得到帮助，而不是被控告，国家介入一个未成年人的生活时应

---

① 事实上，我国公安部、最高人民检察院、最高人民法院等机关陆续发布的一些部门规章、司法解释也明确规定了教育为主、惩罚为辅原则。例如，《公安机关办理刑事案件程序规定》第 306 条规定："公安机关办理未成年人刑事案件，实行教育、感化、挽救的方针，坚持教育为主、惩罚为辅的原则。"《人民检察院办理未成年人刑事案件的规定》第 2 条规定："人民检察院办理未成年人刑事案件，实行教育、感化、挽救的方针，坚持教育为主、惩罚为辅和特殊保护的原则。"《检察机关加强未成年人司法保护八项措施》第 3 条指出，贯彻国家对犯罪未成年人教育、感化、挽救的方针和教育为主、惩罚为辅原则。《最高人民法院关于适用〈中华人民共和国刑事诉讼法〉的解释》第 459 条规定："人民法院审理未成年人刑事案件，应当贯彻教育、感化、挽救的方针，坚持教育为主、惩罚为辅的原则，加强对未成年人的特殊保护。"

② 转引自卞建林主编：《未成年人刑事司法程序：外国刑事诉讼法有关规定》，中国检察出版社 2017 年版，第 27 页。

③ 同上书，第 32 页。

④ 转引自张凌、于秀峰编译：《日本刑事诉讼法律总览》，人民法院出版社 2017 年版，第 561 页。

当试图提供个性化的对待而不是惩罚或者报应"[1]，"如果司法政策能保护少年犯的前途、给他们以期待和机会，那么可能会更好地实现功利的目的"[2]。对此，德国学者阿尔布莱希特（Hans-Jörg Albrecht）认为，尽管未成年人也应对其犯罪（犯罪意图必须被证明）负责，但是最为根本的目的还是对其教育和使其康复。同时，对未成年人的处理不是建立在他的罪行或者罪行的严重程度之上，而是建立在未成年犯罪者和他或者她的需要上。[3] 德国弗莱堡地区法院少年法庭法官玛丽安·齐白（Marion Sieber）也指出，德国的少年刑法是以少年犯罪人为导向的刑法，我们的关注点是少年犯罪人本身。教育的目的被放在最重要的位置，并在法律条文的各个角落里都能得到体现。[4] 其实，未成年人刑事诉讼之所以从普通刑事诉讼中独立出来，在很大程度上是因为未成年人刑事诉讼的宗旨在于教育和矫治，"从确立独立的未成年人法院开始，未成年人司法体系的目的就是恢复（rehabilitate），而非惩罚（punishment）未成年人。未成年人的待遇，与成年人刑事司法体系完全不同"[5]。就我国而言，教育为主、惩罚为辅原则正是"对犯罪的未成年人实行教育、感化、挽救的方针"的题中应有之义，同时也是宽严相济刑事政策在未成年人刑事诉讼中的重要体现。

另一方面，在未成年人刑事诉讼中，对实施了严重犯罪行为且社会危险性大的未成年犯罪人要依法采取"惩罚"手段。"惩罚性司法政策是保护公共利

---

① 宋英辉、甄贞主编：《未成年人犯罪诉讼程序研究》，北京师范大学出版社 2011 年版，第 47 页。

② 〔美〕伊丽莎白·S. 斯科特：《儿童期的法律建构》，载〔美〕玛格丽特·K. 罗森海姆、富兰克林·E. 齐姆林、戴维·S. 坦嫩豪斯、伯纳德·多恩编：《少年司法的一个世纪》，高维俭译，商务印书馆 2008 年版，第 152 页。

③ 转引自宋英辉、何挺、王贞会等：《未成年人刑事司法改革研究》，北京大学出版社 2013 年版，第 30 页。

④ 参见梁根林主编：《当代刑法思潮论坛（第三卷）：刑事政策与刑法变迁》，北京大学出版社 2016 年版，第 263 页。

⑤ 徐美君：《未成年人刑事诉讼特别程序研究——基于实证和比较的分析》，法律出版社 2007 年版，第 27 页。

益、使少年罪错的社会成本最小化的一种最理想的手段”[①]，但是，惩罚手段应当作为最后的手段。根据犯罪学的研究，如果运用刑罚来惩罚犯罪人，再犯率会达到75%以上，因此，应尽量避免对少年犯罪人适用刑罚，而是将刑罚作为最后手段。[②] 进而言之，“‘少年刑法’的表述则有所不同，它是想清楚地表明，从案件的角度讲只是涉及范围广泛的‘少年监护权’的一部分，少年法官的干预只是‘最后手段’（*ultima ratio*）。虽然少年刑法是刑法的一个特殊领域，但相对于少年监护措施而言，如由不同机构基于少年的犯罪行为采取的照料和教养，少年法官科处犯罪少年刑罚只属于例外情况，即只有在少年监护措施因犯罪行为的严重性或少年行为人的犯罪倾向，尚不足以使其改邪归正的情况下，少年法官方能够科处少年行为人刑罚，也即所谓的‘最后手段’”[③]。就此而言，对未成年犯罪人并非要排除惩罚手段，“对犯罪的未成年人进行教育、感化和挽救，并不意味着对其犯罪行为的纵容和不处罚。既要与成年人犯罪区别对待，尽可能多地给予未成年犯罪人改过自新的机会，但同时也要防止对未成年犯罪人盲目减轻处罚，甚至不处罚的错误做法”[④]，所以“对待犯罪的少年犯不能像对成年犯那样首先立足于其罪行、罪责适用成比例、相适应的报应性刑罚”[⑤]。可见，对未成年犯罪人的惩罚也是为了教育、矫治，惩罚是开展教育、矫治的手段，即使对未成年犯罪人施以严厉的惩罚也是为了对其进行教育、矫治，甚至可以说，惩罚是最后的教育、矫治手段。因此，在未成年人刑事诉讼中，要摒弃报应刑理念，切不可将惩罚作为目的，如果将惩罚视为未成年人刑事诉讼的目的，则无疑会背离未成年人刑事诉讼的宗旨。

---

① 〔美〕伊丽莎白·S. 斯科特：《儿童期的法律建构》，载〔美〕玛格丽特·K. 罗森海姆、富兰克林·E. 齐姆林、戴维·S. 坦嫩豪斯、伯纳德·多恩编：《少年司法的一个世纪》，高维俭译，商务印书馆2008年版，第152页。

② 参见梁根林主编：《当代刑法思潮论坛（第三卷）：刑事政策与刑法变迁》，北京大学出版社2016年版，第254页。

③ 〔德〕汉斯·海因里希·耶赛克、托马斯·魏根特：《德国刑法教科书》，徐久生译，中国法制出版社2017年版，第14页。

④ 王爱立主编：《中华人民共和国刑事诉讼法释义》，法律出版社2018年版，第586页。

⑤ 梁根林：《当代中国少年犯罪的刑事政策总评》，载《南京大学法律评论》2009年第2期。

那么，在我国未成年人刑事诉讼活动中，教育为主、惩罚为辅原则是如何体现的？

其一，教育为主、惩罚为辅原则贯穿于未成年人刑事诉讼的全过程，即在侦查、起诉、审判、执行的各个环节，都要对未成年犯罪人进行教育和矫治。对此，2010年，中央综治委预防青少年违法犯罪工作领导小组、最高人民法院、最高人民检察院、公安部、司法部、共青团中央联合发布的《关于进一步建立和完善办理未成年人刑事案件配套工作体系的若干意见》明确规定："公安机关、人民检察院、人民法院、司法行政机关在办理未成年人刑事案件和执行刑罚时，应当结合具体案情，采取符合未成年人身心特点的方法，开展有针对性的教育、感化、挽救工作。"例如，在审判环节，司法实践强调"寓教于审"，如《关于进一步建立和完善办理未成年人刑事案件配套工作体系的若干意见》规定，"人民检察院派员出庭依法指控犯罪时，要适时对未成年被告人进行教育"，"在审理未成年人刑事案件过程中，人民法院在法庭调查和辩论终结后，应当根据案件的具体情况组织到庭的诉讼参与人对未成年被告人进行教育"。实践中，为了达到"寓教于审"的目的，各地采用的非对抗式的"圆桌审判"方式，实现了审判方式的和缓化，同时积极开展庭审教育和宣判教育，强调教育主体多元化、教育内容多样化，如《北京市海淀区人民法院未成年人司法保护工作办法》第8条规定："审判长是庭审教育的组织者，应引导公诉人、辩护人、法定代理人、人民陪审员和帮教席上成年亲属、基层组织代表、老师以及合适成年人、社会调查员、心理咨询师等不同身份的主体，适当分工，从法律、道德、亲情和友情等不同角度，形成合力，对未成年被告人进行多层次、多方位的教育。"

其二，处理未成年人案件应当尽量轻缓化。我国法律、司法解释和其他相关规范性文件也都明确规定处理未成年人犯罪案件要坚持轻缓化立场。例如，《刑法》第17条第3款规定："已满十四周岁不满十八周岁的人犯罪，应当从轻或者减轻处罚。"《未成年人保护法》第54条第2款规定："对违法犯罪的未成年人，应当依法从轻、减轻或者免除处罚。"《最高人民检察院关于进一步加强未成年人刑事检察工作的决定》第 5 条规定：“坚持依法少捕、慎诉、少监禁。要综合犯罪事实、情节及帮教条件等因素，进一步细化审查逮捕、审查起诉和诉讼监督标准，最大限度地降低对涉罪未成年人的批捕率、起诉率和监禁率。”《最高人民法院关于审理未成年人刑事案件具体应用法律若干问题的解释》第 12 条第 2 款也规定：“行为人在年满十八周岁前后实施了不同种犯罪行为，对其年满十八周岁以前实施的犯罪应当依法从轻或者减轻处罚。行为人在年满十八周岁前后实施了同种犯罪行为，在量刑时应当考虑对年满十八周岁以前实施的犯罪，适当给予从轻或者减轻处罚。”由此可见，在办理未成年人刑事诉讼案件时，轻缓化主要体现在两个方面：一是在审前阶段对未成年犯罪嫌疑人尽量采用非羁押性措施，减少批捕率，对符合条件的未成年犯罪嫌疑人依法作出附条件不起诉的决定；二是对未成年犯罪人依法从轻或者减轻处罚，尤其是“不能机械地强调处理结果与犯罪轻重相适应，而应当尽可能采用非刑罚化的处理方式”[①]。

值得说明的是，近年来，未成年人犯罪呈现出团伙化、暴力化、成人化的特征，一些学者立足于未成年人犯罪刑事政策的实效性，尤其是对未成年人犯罪中未成年被害人保护的立场，对教育为主、惩罚为辅的原则进行了反思。对此，有学者指出，如果从教育刑出发，对未成年犯罪人予以特殊待遇是基于其特殊的主体特征，但在强调对犯罪行为客观评价的报应刑理念下，犯罪行为及其后果并不因其主体特殊而有区别。因此，从报应刑出发，便没有对未成年犯罪人给予特殊待遇的理论根据。故而，“惩罚为辅”意味着报应刑在未成年人犯罪领域是必要的，但不可过分强调，否则无法体现法律对未成年人的特殊保护。[②] 显然，惩罚犯罪是制定刑事诉讼法的目的之一。20 世纪中叶以来，刑事政策领域开始了一场新社会防卫运动，新社会防卫运动吸收了刑事古典学派与

---

① 陈光中：《刑事诉讼法修改与未成年人刑事案件诉讼程序的创建》，载《预防青少年犯罪研究》2012 年第 5 期。

② 参见苏青：《未成年人犯罪“教育为主、惩罚为辅”刑事政策重述》，载《青少年犯罪问题》2018 年第 4 期。

刑事实证学派的各自优点，同时又力图克服刑事古典学派与刑事实证学派的固有缺陷，以平衡保障人权与防卫社会之间的关系。在新社会防卫运动背景下，未成年人刑事诉讼如何平衡教育、保护与惩罚之间的关系确实值得进一步探讨。如果立足于儿童最大利益原则，未成年人刑事诉讼必然要有所侧重，“应当确立少年利益优先原则，亦即在少年利益与社会利益冲突的时候，应当以少年利益为优先的选择，通过对少年利益的保护去实现社会利益的维护，而不能以牺牲少年的方式去实现社会防卫”[①]。当然，从某种角度上说，教育为主、惩罚为辅原则可以表述为对未成年人犯罪应当“宽容而不纵容”。

二、保障未成年人诉讼权利原则

保障未成年人诉讼权利原则，是指在未成年人刑事诉讼活动中，未成年人除享有普通刑事诉讼法所赋予的各项诉讼权利之外，还应享有一些特殊的诉讼权利。

当前，保障未成年人诉讼权利，尤其是未成年犯罪嫌疑人、被告人诉讼权利是未成年人刑事司法国际准则的重要内容。例如，《北京规则》第 7.1 条规定：“在诉讼的各个阶段，应保证基本程序方面的保障措施，诸如假定无罪指控罪状通知本人的权利、保持沉默的权利、请律师的权利、要求父亲或母亲或监护人在场的权利、与证人对质的权利和向上级机关上诉的权利。”《儿童权利公约》第 40 条更为详尽地规定了“触犯刑法的儿童”有权获得的各项权利，如无罪推定、被告知指控罪名、迅速审理、父母或者法定监护人在场、不强迫自证其罪、获得免费翻译、尊重隐私等。其实，从公约规定的内容来看，成年犯罪嫌疑人、被告人也同样享有上述绝大多数的诉讼权利。在我国，《刑事诉讼法》第 277 条第 2 款明确规定：“人民法院、人民检察院和公安机关办理未成年人刑事案件，应当保障未成年人行使其诉讼权利，保障未成年人得到法律帮助”。同时，其他相关法律或司法解释等也强调对刑事诉讼中未成年人诉讼权

---

① 姚建龙：《少年刑法与刑法变革》，中国人民公安大学出版社 2005 年版，第 58 页。

利的保障。[①] 然而，在《刑事诉讼法》第 14 条第 1 款已经规定“人民法院、人民检察院和公安机关应当保障犯罪嫌疑人、被告人和其他诉讼参与人依法享有的辩护权和其他诉讼权利”的情况下，为何还要再次通过《刑事诉讼法》第 277 条第 2 款的规定来强调保障未成年人的诉讼权利？显然，《刑事诉讼法》作如此规定并不仅仅是再次强调保障未成年人的诉讼权利，因为赋予未成年犯罪嫌疑人、被告人各项诉讼权利，旨在“促进其尊严和价值感并增强其对他人的人权和基本自由的尊重。这种待遇应考虑到其年龄和促进其重返社会并在社会中发挥积极作用的愿望”[②]。因此，未成年人享有普通刑事诉讼法所规定的诉讼权利之外，还应享有其他一些特殊的诉讼权利，也即与成年人相比，未成年人还享有一些特殊的诉讼权利。据此，我们可以将保障未成年人的诉讼权利视为未成年人刑事诉讼的一项基本原则。大体而言，刑事诉讼中未成年人主要享有强制辩护、合适成年人在场、不公开审理、犯罪记录封存等特殊的诉讼权利。

当今世界，未成年犯罪嫌疑人、被告人获得律师帮助权是基本共识，这已在多个国际公约中予以确认。例如，《儿童权利公约》第 37 条第 4 款规定：“所有被剥夺自由的儿童均有权迅速获得法律及其他适当援助”。《联合国保护被剥夺自由少年规则》第 18 条规定，未审讯少年拘留的待遇条件包括：这些少年应有权得到法律顾问，并应能申请免费法律援助（如有这种援助的话），并能经常与法律顾问进行联系。此种联系应保证能私下进行，严守机密。《北京规则》第 15.1 条规定：“在整个诉讼程序中，少年应有权由 1 名法律顾问代表，或在提供义务法律援助的国家申请这种法律援助。”显然，相较于成年犯罪嫌疑人、被告人，未成年犯罪嫌疑人、被告人在行使诉讼权利方面存在严重不足，辩护

① 例如，《预防未成年人犯罪法》第 44 条第 2 款规定：“司法机关办理未成年人犯罪案件，应当保障未成年人行使其诉讼权利，保障未成年人得到法律帮助，并根据未成年人的生理、心理特点和犯罪的情况，有针对性地进行法制教育。”《人民检察院办理未成年人刑事案件的规定》第 3 条规定：“人民检察院办理未成年人刑事案件，应当保障未成年人依法行使其诉讼权利，保障未成年人得到法律帮助。”

② 《儿童权利公约》第 40 条。

能力显著欠缺，倘若他们处于羁押状态，在不知所措、惶恐不安中更加无法充分地为自己辩护。[①] 我国《刑事诉讼法》也明确赋予未成年人享有获得律师帮助的权利，根据《刑事诉讼法》第278条的规定，“未成年犯罪嫌疑人、被告人没有委托辩护人的，人民法院、人民检察院、公安机关应当通知法律援助机构指派律师为其提供辩护”。对此条文，有学者称为强制辩护。[②] 强制辩护是大陆法系中一项重要的刑事司法制度，它是指在刑事诉讼程序中，国家有义务为某些特定案件中的犯罪嫌疑人、被告人指派辩护律师，无辩护律师参与下的诉讼活动将得到法律上的否定性评价。[③] 可以说，强制辩护既是国家的义务，同时也是未成年犯罪嫌疑人、被告人的权利。[④]

合适成年人在场，是指在未成年人刑事诉讼活动中，法定代理人或者其他合适成年人应当在场以维护未成年人合法权益。合适成年人在场是未成年人刑事诉讼的一项重要制度，也是未成年人的一项重要的诉讼权利。合适成年人在场制度已被有关国际公约所确认。例如，《儿童权利公约》第40条第2款(b)(三)项规定：“要求独立公正的主管当局或司法机构在其得到法律或其他适当协助的情况下，通过依法公正审理迅速作出判决，并且须有其父母或法定监护人在场，除非认为这样做不符合儿童的最大利益，特别要考虑到其年龄或状况。”同时，当今世界各国也在未成年人刑事诉讼中采用合适成年人在场制度。例如，英国是最早在未成年人刑事诉讼中采用合适成年人在场制度的国家之

---

① 参见吴羽：《论强制辩护在未成年人刑事案件诉讼程序中的适用——以〈刑事诉讼法〉第267条为中心》，载《青少年犯罪问题》2015年第4期。

② 从法律条文上分析，《刑事诉讼法》第278条只是规定“应当”为没有委托辩护人的未成年犯罪嫌疑人、被告人提供法律援助律师，并未明确规定如果没有为未成年犯罪嫌疑人、被告人提供法律援助律师时的制裁性后果，因此，严格意义上说，《刑事诉讼法》第278条的规定并不能称为强制辩护。

③ 参见吴羽：《论强制辩护——以台湾地区为中心及对大陆相关立法之借鉴》，载《西部法学评论》2011年第5期。

④ 需要指出的是，在采用强制辩护制度的国家，如日本、韩国等，强制辩护适用于被告人可能被判处三年以上有期徒刑的案件，就此而言，强制辩护并不适用于所有成年犯罪嫌疑人、被告人。然而它却适用于所有未成年犯罪嫌疑人、被告人。因此，对未成年犯罪嫌疑人、被告人而言，强制辩护是其基本诉讼权利。

一，“合适成年人”（appropriate adult）一词也被认为起源于英国。在英国，参与询问未成年人的合适成年人通常指被询问人的父母、监护人或保护儿童组织的社会工作者。如果没有以上人员，则可考虑找其他受过有关培训的成年人，但他不能是警察或警方其他成员。一般是在未成年人的父母或监护人联系不到，或他们本身卷入案件中（可能是受害者或者证人），或未成年人由于与他们无法沟通或关系疏远而反对由其父母或监护人担当合适成年人时，才由社会工作者等其他成年人担任合适成年人。[①] 1984 年，英国《警察与刑事证据法》（Police and Criminal Evidence Act）执法手册 C《警察拘留、处置及讯问嫌疑人的工作规程》第 11.16 条明确规定：“只有在特殊情况下，并经校长或校长指定的代理人同意后，才可以在未成年人的学校进行讯问。应尽量争取通知其父母或其他负责照顾该未成年人的合适成年人（如非其父母），并预留合理、充足的时间等待他们前来讯问地点。如果等待合适成年人的到达会造成过度的推迟，校长或校长指定的代理人可以在此讯问中担任合适成年人的角色，犯罪发生地为学校的除外。”[②] 另外，少年法院（和成人治安法院及皇室法院一样）有要求未成年人的父母或监护人出庭的权力。在被指控者年龄在 15 岁或以下时，法院应当要求此种出席，除非确信这样做不合理；在被指控者年龄在 16 岁或以上时，法院可以要求父母出席。[③] 在美国，《得克萨斯州未成年人司法法典》第 51.11 节（a）规定：“若儿童在少年法院出庭时，其父母或监护人并未到场，则法院应为其委任一名诉讼监护人以保护儿童利益。若儿童在父母或监护人陪同下出庭，则少年法院无须委任诉讼监护人。”[④] 我国《刑事诉讼法》也规定了合适成年人在场制度，《刑事诉讼法》第 281 条第 1 款规定：“对于未

---

① 参见刘芹：《“中欧少年司法制度——合适成年人参与制度研讨会”会议综述》，载《青少年犯罪问题》2003 年第 3 期。

② 彭勃编译：《英国警察与刑事证据法规精要》，厦门大学出版社 2014 年版，第 81 页。

③ 参见〔英〕约翰·斯普莱克：《英国刑事诉讼程序》，徐美君、杨立涛译，中国人民大学出版社 2006 年版，第 235 页。

④ 张鸿巍、闫晓玥、江勇等译：《美国未成年人法译评》，中国民主法制出版社 2018 年版，第 61—62 页。

成年人刑事案件，在讯问和审判的时候，应当通知未成年犯罪嫌疑人、被告人的法定代理人到场。无法通知、法定代理人不能到场或者法定代理人是共犯的，也可以通知未成年犯罪嫌疑人、被告人的其他成年亲属，所在学校、单位、居住地基层组织或者未成年人保护组织的代表到场，并将有关情况记录在案。到场的法定代理人可以代为行使未成年犯罪嫌疑人、被告人的诉讼权利。”根据本条规定，对于未成年人进行讯问和审判时，“应当”通知其法定代理人或者其他合适成年人在场。因此，对于有关机关而言，通知合适成年人在场是其法定义务，换言之，如果在讯问或者审判时未能通知合适成年人在场，应产生相应法律后果，如讯问获得的供述应当排除、审判行为应当无效。质言之，合适成年人在场制度有助于维护未成年人合法权益、保障刑事诉讼的顺利进行。[①]

在我国，审理不公开制度是指人民法院在开庭审理未成年人刑事案件时，不允许群众旁听，不允许记者采访，报纸等印刷品不得刊登未成年被告人的姓名、年龄、职业、住址及照片等。[②] 对未成年人刑事案件不公开审理，旨在保护涉罪未成年人，体现教育、感化、挽救的方针，促进涉罪未成年人重新回归社会。不公开审理是一项重要的未成年人刑事司法国际准则，也是当今世界各国通行的做法。例如，德国《少年法院法》第 48 条第 1 款规定：“法院的审理包括判决的宣布，均不予公开。”[③] 日本《少年法》第 22 条第 2 款规定：“审判，不予公开。”[④] 我国《刑事诉讼法》也明确规定了对未成年人刑事案件的不公开审

---

① 有实证研究指出，我国司法实践中合适成年人讯问时在场的参与阶段与次数存在两方面的问题：一是尚不能完整覆盖刑事诉讼的各个阶段，受各种因素的影响，各地的探索往往只覆盖或侧重于某一阶段；二是尚不能覆盖审前程序的每一次讯问，尤其是一些非常重要的讯问，如侦查阶段的首次讯问。参见何挺：《“合适成年人”参与未成年人刑事诉讼程序实证研究》，载《中国法学》2012 年第 6 期。

② 参见陈光中主编：《刑事诉讼法（第五版）》，北京大学出版社、高等教育出版社 2013 年版，第 430 页。

③ 卞建林主编：《未成年人刑事司法程序：外国刑事诉讼法有关规定》，中国检察出版社 2017 年版，第 41 页。

④ 张凌、于秀峰编译：《日本刑事诉讼法律总览》，人民法院出版社 2017 年版，第 569 页。

理制度，《刑事诉讼法》第285条规定："审判的时候被告人不满十八周岁的案件，不公开审理。"可见，我国是以"审判的时候"作为时间节点来判断被告人是否已满18周岁。

犯罪记录封存是对未成年犯罪人给予的特殊司法保护，它避免未成年犯罪人受到犯罪标签化的负面影响，以促进未成年犯罪人重新回归社会。当前，犯罪记录封存制度是未成年人刑事司法国际准则的一项重要制度。例如，《北京规则》第21.1条规定："对少年罪犯的档案应严格保密，不得让第三方利用。应仅限于与处理手头上的案件直接有关的人员或其他经正式授权的人员才可以接触这些档案。"同时，当今世界各国也通过立法确认了犯罪记录封存制度或前科消灭制度。例如，《法国刑事诉讼法典》第770条规定："对十八岁未成年人作出有罪判决后，通过再教育使之产生一定的效果，自判决生效之日起三年后以及未成年人已达到成年时，应检察院的要求或其本人的申请，青少年法庭应作出撤销其司法档案的决定。青少年法庭的决定是最后的决定。原判决的内容不再列入其司法档案。有关未成年人犯罪方面的记录应予撤销……当十八岁至二十一岁的人被定罪判刑后，如果表现出良好的行为，自判决生效之日起三年后，其司法档案也可以被撤销。"[①] 德国《少年法院法》第97条第1款规定："如果少年法院确信，被判处少年刑罚的少年通过无可挑剔的行为证实其已经为守法之人，少年法官可依职权，或经受有罪判决人、其监护人或其法定代理人的申请，宣布消除犯罪记录。亦可经检察官申请，或者受有罪判决人在提出申请时尚未成年的，经少年法院援助代表的申请，宣布消除犯罪记录。如果依据《刑法典》第174—180条或者第182条作出的有罪判决，则不得予以宣布消除犯罪记录。"[②] 日本《少年法》第61条规定："对于曾被交付家庭法院的少年或者在少年时因犯罪被提起公诉的人，不得在报纸等出版物上刊载可以通过姓

① 《法国刑事诉讼法典》，余叔通、谢朝华译，中国政法大学出版社1997年版，第303页。

② 卞建林主编：《未成年人刑事司法程序：外国刑事诉讼法有关规定》，中国检察出版社2017年版，第57页。

名、年龄、职业、住所、容貌等推知该人是该案件本人的报道和照片。”[①] 我国《刑事诉讼法》明确规定了犯罪记录封存制度，《刑事诉讼法》第 286 条规定：“犯罪的时候不满十八周岁，被判处五年有期徒刑以下刑罚的，应当对相关犯罪记录予以封存。犯罪记录被封存的，不得向任何单位和个人提供，但司法机关为办案需要或者有关单位根据国家规定进行查询的除外。依法进行查询的单位，应当对被封存的犯罪记录的情况予以保密。”可见，我国犯罪记录封存的适用对象是被判处五年有期徒刑以下刑罚的未成年罪犯。

三、全面调查原则

全面调查原则，是指在未成年人刑事诉讼活动中，除了要查清案件事实外，还要对未成年犯罪嫌疑人、被告人的性格特点、生理和心理特征、成长经历、教育背景、社会交往、家庭情况、生活环境、犯罪原因、监护条件、社会帮教情况等进行全面、细致的调查，必要时还可以进行医学、精神病学、心理学等方面的鉴定。[②] 作为未成年人刑事诉讼的一项基本原则，全面调查原则可以说是未成年人刑事诉讼中最具特色的原则。

当前，全面调查原则是有关国际公约确立的一项未成年人刑事诉讼基本原则。例如，《北京规则》第 16.1 条规定：“所有案件除涉及轻微违法行为的案件外，在主管当局做出判决前的最后处理之前，应对少年生活的背景和环境或犯罪的条件进行适当的调查，以便主管当局对案件做出明智的判决。”该规则在第 16.1 条的说明中指出：“在大多数少年法律诉讼案中，必须借助社会调查报告（社会报告或判决前调查报告）。应使主管当局了解少年的社会和家庭背景、学历、教育经历等有关事实。”同时，全面调查原则也是当今很多国家在未成

---

① 张凌、于秀峰编译：《日本刑事诉讼法律总览》，人民法院出版社 2017 年版，第 583 页。

② 参见温小洁：《我国未成年人刑事案件诉讼程序研究》，中国人民公安大学出版社 2003 年版，第 76 页；宋英辉、甄贞主编：《未成年人犯罪诉讼程序研究》，北京师范大学出版社 2011 年版，第 57 页；陈光中：《刑事诉讼法修改与未成年人刑事案件诉讼程序的创建》，载《预防青少年犯罪研究》2012 年第 5 期。

年人刑事诉讼中遵循的一项基本原则。例如，英国《治安法院（少年儿童）规则》第10条规定，法院必须考虑有关儿童的平常行为、家庭环境、学校档案和病史的资料，以便对案件作出最符合其利益的处理。[①] 德国《少年法院法》第43条第12款规定，“诉讼程序开始后，为有助于判断被告人有关心理、思想和性格的特点，应尽快调查其生活和家庭关系、成长过程、迄今的有关行为及其他有关事项，应当尽可能听取监护人、法定代理人、学校及职业培训机构的意见。如听取学校或职业培训机构的意见将对少年造成不利，尤其是可能失去培训或工作岗位的，可不听取其意见”；“如有必要，尤其为了其发育状况或其他对诉讼具有重要意义的特征，应当对被告人进行调查。如有可能，应委托对少年调查有经验的专家来执行调查命令”。[②]《俄罗斯联邦刑事诉讼法典》第421条第1款规定：“在未成年人实施犯罪的刑事案件进行审前调查和法庭审理阶段，除本法典第73条应予证明的情况外，还必须确定：(1)未成年人的年龄，出生年、月、日。(2)未成年人的生活与教育条件，心理发育水平和其他个人身份的特点。(3)年长的人对未成年人的影响。”[③]《荷兰刑事诉讼法典》第498条规定：“如果法院认为有必要对未成年犯罪嫌疑人的个人情况和社会情况进行调查，可以向儿童保护委员会寻求进一步信息。”[④] 日本《少年法》第6条之二规定，“① 警察从客观情况进行合理判断，发现有充分理由足以怀疑是第3条第1款第2项所列的少年时，在必要的情况下，可以对案件进行调查。② 前款调查的目的是，考虑保护少年的情操，查明案件真相，为少年的健康成长而采取措施”；该法第8条又规定，“① 家庭法院根据第6条第1款的通

① 参见温小洁：《我国未成年人刑事案件诉讼程序研究》，中国人民公安大学出版社2003年版，第77页。

② 参见卞建林主编：《未成年人刑事司法程序：外国刑事诉讼法有关规定》，中国检察出版社2017年版，第40页。

③ 《俄罗斯联邦刑事诉讼法典》，黄道秀译，中国人民公安大学出版社2006年版，第341页。

④ 转引自卞建林主编：《未成年人刑事司法程序：外国刑事诉讼法有关规定》，中国检察出版社2017年版，第85页。

告或者第1款报告，认为应当将少年交付审判时，应当对案件进行调查。交通法院受理由检察官、司法警察员、都道府县知事或者儿童咨询所所长移送的应当交付家庭法院审判的少年案件时，也应当对案件进行调查。② 家庭法院可以命令家庭法院调查官对少年、保护人或者参考人进行询问和其他必要的调查”。[①] 我国《刑事诉讼法》也明确规定了全面调查原则，《刑事诉讼法》第279条规定：“公安机关、人民检察院、人民法院办理未成年人刑事案件，根据情况可以对未成年犯罪嫌疑人、被告人的成长经历、犯罪原因、监护教育等情况进行调查。”综上可见，无论是基于国际公约，还是各国的国内立法，全面调查原则都是未成年人刑事诉讼活动应当遵循的基本原则。

在未成年人刑事诉讼活动中，对未成年人进行全面调查有着重要的意义。理论上而言，未成年人的生理与心理尚未成熟，仍处于发育阶段，易变性强，具有可塑性，他们即使实施了犯罪活动，如果进行及时、恰当、充分的教育感化，他们仍可能重新回归社会，“犯罪行为是‘少年生活中的正常部分’。可是，绝大部分少年罪错行为是‘限于青春期的’，也就是说，只要罪错少年能够挺过这个阶段，他们未来生活机会没有被终结，那么，他就完全有望发展成为一个有益于社会的公民（至少不是罪犯）”[②]。实践中，未成年人犯罪的原因是多方面的，特别是受到社会、学校、家庭中不良因素的影响，若由未成年人承担所有的责任则显得不够合理，这容易导致人们忽视社会、学校、家庭，乃至国家在未成年人犯罪问题中所应承担的责任。因此，办理未成年人刑事案件，不仅要查明案件事实真相，同时还要对未成年人进行全面调查。社会调查的内容是丰富的，如未成年人的性格特点、生理和心理特征、成长经历、教育

---

① 参见张凌、于秀峰编译：《日本刑事诉讼法律总览》，人民法院出版社2017年版，第563、565页。

② 〔美〕伊丽莎白·S. 斯科特：《儿童期的法律建构》，载〔美〕玛格丽特·K. 罗森海姆、富兰克林·E. 齐姆林、戴维·S. 坦嫩豪斯、伯纳德·多恩编：《少年司法的一个世纪》，高维俭译，商务印书馆2008年版，第152页。

背景、社会交往、家庭情况、生活环境、犯罪原因、监护条件、社会帮教等情况，[①] 通过社会调查以判定未成年人的主观恶性、再犯可能性，从而结合案情综合考虑，为采用何种强制措施、是否适用附条件不起诉、施以何种刑罚提供参考。[②] 可以说，对未成年人进行全面调查，是刑罚个别化的前提。在未成年人刑事诉讼活动中，刑罚个别化要求对未成年犯罪人适用有针对性的刑罚，这就需要充分考量未成年犯罪人的人身危险性与刑罚轻重之间的关联性，以未成年犯罪人的个性为依据确定刑罚，因而未成年人刑事诉讼要关注犯罪的未成年人，而不仅仅是未成年人犯下的罪行。唯此，才能对未成年犯罪人进行有针对性的教育和矫治，真正体现“教育为主、惩罚为辅”，促进未成年犯罪人重新回归社会。

在我国，《刑事诉讼法》及其相关规范性文件对社会调查作出了规定，社会调查制度在司法实践中也得到了广泛采用，但我们不难发现，社会调查制度仍存在需要进一步完善的地方。

（1）社会调查应该是选择性程序，还是必经程序？对此，目前存在三种情

---

① 关于社会调查的内容，各国一般通过立法予以明文规定。例如，我国《公安机关办理刑事案件程序规定》第 311 条、《人民检察院刑事诉讼规则（试行）》第 486 条、《最高人民法院关于适用〈中华人民共和国刑事诉讼法〉的解释》第 476 条、《关于进一步建立和完善办理未成年人刑事案件配套工作体系的若干意见》等规范性文件具体规定了社会调查的内容。日本《少年法》第 9 条规定：“前条的调查，努力对于少年、保护人及相关人员的品行、经历、素质、环境等，充分利用医学、心理学、教育学、社会学等专业知识，特别是充分利用少年鉴定所的鉴定结果。”参见张凌、于秀峰编译：《日本刑事诉讼法律总览》，人民法院出版社 2017 年版，第 565 页。

② 关于社会调查报告的法律性质，我国《刑事诉讼法》并没有予以明确规定。权威解读是，调查获得的信息形成材料，只能对司法机关办理未成年人刑事案件提供一定的参考，但不是定罪量刑的依据。参见王爱立主编：《中华人民共和国刑事诉讼法释义》，法律出版社 2018 年版，第 589 页。同时，有关司法解释、部门规范性文件对社会调查报告的性质作出了规定。例如，《人民检察院刑事诉讼规则（试行）》第 486 条和《人民检察院办理未成年人刑事案件的规定》第 9 条规定，社会调查报告是作为“办案和教育的参考”；《关于进一步建立和完善办理未成年人刑事案件配套工作体系的若干意见》第 3 条第 1 款第 3、4、5 项规定，人民检察院在办理未成年人刑事案件时，社会调查报告作为“教育和办案的参考”。人民法院在办理未成年人刑事案件时，社会调查报告作为“教育和量刑的参考”；执行机关在执行刑罚时，社会调查报告作为“对未成年罪犯进行个别化教育矫治”的依据。需要指出的是，也有观点认为社会调查报告属于证据。

形。一是社会调查属于必经程序。例如，《北京规则》等公约，以及英国《治安法院（少年儿童）规则》《俄罗斯联邦刑事诉讼法典》等国家的国内立法将社会调查规定为必经程序。二是社会调查在某些程序阶段属于必经程序，在另外的程序阶段属于选择性程序。例如，根据日本《少年法》的规定，“将少年交付审判时，应当对案件进行调查”；但在警察查明案件真相时，“在必要的情况下，可以对案件进行调查”。三是社会调查属于选择性程序。例如，德国《少年法院法》《荷兰刑事诉讼法典》对社会调查大体采用的是选择性程序，我国《刑事诉讼法》对社会调查也是采用选择性程序。全面调查原则是未成年人刑事诉讼的特有原则，其有助于对未成年犯罪人进行有针对性的处理。因此，今后《刑事诉讼法》再修订时，可以考虑将社会调查规定为未成年人刑事诉讼的必经程序。

（2）社会调查主体应当如何确定？根据我国《刑事诉讼法》及相关规范性文件的规定，社会调查主体为公安机关、人民检察院、人民法院，同时可以委托司法行政机关社区矫正工作部门、共青团组织或其他社会组织进行，可见，我国社会调查主体呈多元化特征。[①] 根据《北京规则》第 16.1 条的说明，“有些司法制度利用法院或委员会附设的专门社会机构和人员来达到这一目的。其他人员包括执行缓刑的人员，也可起到这一作用”。因此，要真正发挥社会调查的应有功能，需要有专门机构，通过专业人员进行中立和客观的调查。对此，有学者指出，如果由公安机关、检察机关进行调查，就会影响案件调查结果的真实性和客观性，其调查的性质也就转变为追诉犯罪；对于法院来说，由于法官的职责在于居中审理案件，作出公正判决，若由他们进行调查就会使他们在审理时带有先入为主的印象，从而影响案件判决的客观、公正。[②] 总之，社会调

① 有研究指出，实践中，我国社会调查的主体主要有五种形式：一是由控方或者辩方担任调查主体；二是由审判机关的承办法官担任调查主体；三是法院聘用专职社会调查员；四是建立一支特邀社会调查员队伍；五是由司法行政机关担任调查主体。参见桂林市中级人民法院课题组：《社会调查报告收集和审查机制的实证研究——以桂林市两级法院未成年人刑事案件为研究对象》，载《中国应用法学》2017 年第 6 期。

② 参见谢安平、郭华主编：《未成年人刑事诉讼程序探究》，中国政法大学出版社 2015 年版，第 35 页。

查对未成年人刑事诉讼的顺利展开意义深远，社会调查报告的制订必须要客观、公正，为此，今后应当构建中立、专业的社会调查主体。

四、分案处理原则

一般而言，分案处理原则，是指在办理刑事案件过程中，应当将未成年人刑事案件与成年人刑事案件分开处理，在侦查、起诉、审查环节进行程序分离，对未成年人和成年人进行分别关押、分别执行、分别教育、分别管理。

当前，分案处理原则是一项重要的未成年人刑事司法国际准则。例如，《公民权利及政治权利国际公约》第10条第2款（乙）项规定："被控告的少年应与成年人分隔开……"；第3款规定："……少年罪犯应与成年人隔离开，并应给予适合其年龄及法律地位的待遇。"2015年修订的《联合国囚犯待遇最低限度标准规则》第11条（d）项规定："青少年囚犯应同成年囚犯隔离"。《联合国保护被剥夺自由少年规则》第29条规定："在各种拘留机构内，少年应与成人隔离，除非他们属于同一家庭的成员。作为确经证明有益于所涉少年的特别管教方案内容的一部分，可在管制情况下让少年与经过慎重挑选的成人在一起。"《北京规则》规定审前拘留、关押需要分开，该规则第13.4条规定："审前拘留的少年应与成年人分开看管，应拘留在一个单独的监所或拘留在成年人监所的单独部分"；第26.3条又规定："应将被监禁的少年与成年人分开，应将他们关押在分别的一个监所或关押在成年人的监所的一个单独部分"。同时，当今世界各国也在立法中明确规定了分案处理原则。例如，在法国，如果受到指控人中有一名或数名16岁至18岁的未成年人，则属于一种特别亲情。在此情况下，上诉法院起诉审查庭应当决定是否将未成年人的案件分离，并且决定是否将未成年人移送"未成年人重罪法庭"，而所有的成年人仍然移送普通重罪法庭；或者相反，决定将参与了重罪的所有人全部移送未成年人重罪法庭；

但是，不论何种情形，年龄不满 16 岁的未成年人必须移送少年法庭进行审判。[①]《俄罗斯联邦刑事诉讼法典》第 422 条规定："对与成年人一起实施犯罪的未成年人的刑事案件，应依据本法典第 154 条规定的程序分出单独进行诉讼。如果不能分出单独进行诉讼，则对与成年人就同一刑事案件中被追究的未成年人适用本章原则。"[②]《意大利刑事诉讼法典》第 14 条规定："针对在行为时尚未成年的被告人的诉讼与针对成年被告人的诉讼不发生牵连关系。针对被告人在未成年时所犯之罪的诉讼与针对被告人在成年后所犯之罪的诉讼也不发生牵连关系。"[③] 日本《少年法》第 49 条第 1 款规定，"少年的犯罪嫌疑人或者被告人，应当与其他犯罪嫌疑人或者被告人分开处理，避免与他们接触"；该法第 49 条第 3 款还规定，"在刑事设施、留置设施和海上保安留置设施收容少年时，应当与成年人分离收容"。[④] 我国《刑事诉讼法》也明确规定了分案处理原则，其中第 264 条第 3 款规定，"对未成年犯应当在未成年犯管教所执行刑罚"；第 280 条第 2 款也规定，"对被拘留、逮捕和执行刑罚的未成年人与成年人应当分别关押、分别管理、分别教育"。[⑤] 综上，根据各国有关分案处理原则的立法规定，存在绝对分离模式和相对分离模式两种主要类型：前者是指只要存在未成年人和成年人的共同犯罪案件，就要分案处理；后者则是根据案件

---

① 参见〔法〕卡斯东·斯特法尼等：《法国刑事诉讼法精义》，罗结珍译，中国政法大学出版社 1999 年版，第 708—709 页。

② 《俄罗斯联邦刑事诉讼法典》，黄道秀译，中国人民公安大学出版社 2006 年版，第 342 页。

③ 《意大利刑事诉讼法典》，黄风译，中国政法大学出版社 1994 年版，第 9 页。

④ 参见张凌、于秀峰编译：《日本刑事诉讼法律总览》，人民法院出版社 2017 年版，第 581 页。

⑤ 我国有关法律及相关规范性文件也规定了分案处理原则。例如，《未成年人保护法》第 57 条第 1 款规定："对羁押、服刑的未成年人，应当与成年人分别关押。"《预防未成年人犯罪法》第 46 条规定："对被拘留、逮捕和执行刑罚的未成年人与成年人应当分别关押、分别管理、分别教育。"《公安机关办理刑事案件程序规定》第 317 条规定："对被羁押的未成年人应当与成年人分别关押、分别管理、分别教育，并根据其生理和心理特点在生活和学习方面给予照顾。"《关于进一步建立和完善办理未成年人刑事案件配套工作体系的若干意见》第 2 条第 1 款第 4 项规定："未成年人与成年人共同犯罪的案件，一般应当分案起诉和审判；情况特殊不宜分案办理的案件，对未成年人应当采取适当的保护措施。"

的具体情况，决定是否分案处理。《俄罗斯联邦刑事诉讼法典》规定的分案处理原则被认为属于典型的绝对分离模式。绝对分离模式和相对分离模式可以说各有利弊：前者能够彻底贯彻分案处理，在很大程度上有利于对未成年犯罪嫌疑人、被告人的权益保障，但其弊端可能会导致量刑不统一等问题；后者能够兼顾办案的实际需要，但如果运用不当，又有可能导致分案处理原则的虚置。

未成年人及其犯罪行为具有特殊性，未成年人刑事诉讼的主要目的在于对未成年犯罪人进行教育和矫治，促进其重新回归社会，对此，《北京规则》第2.2条（A）项规定，"少年系指按照各国法律制度，对其违法行为可以不同于成年人的方式进行处理的儿童或少年人"，显然，分案处理原则能够实现"以不同于成年人的方式"处理未成年人刑事案件，分案处理能使未成年犯罪嫌疑人、被告人免受成年犯罪嫌疑人、被告人的不良影响，这无疑有助于维护未成年犯罪嫌疑人、被告人的权益。究其原因，未成年人身心发育尚不成熟，易受外界环境和他人的影响，当其作为犯罪嫌疑人被拘押，作为刑事被告人被讯问、审判时，其所能承受的心理压力是有限的。初入监所的未成年人多数是涉世未深的初犯、偶犯，往往是经过一段时间的混合关押之后，不仅学会了多种作案技巧，亦学会了应付审讯的手法，其严重性不容忽视。[①] 又如，在审查起诉和审判过程中，有些成年犯罪嫌疑人、被告人避重就轻甚至当庭翻供、拒不认罪的种种表现，也很容易影响未成年犯罪嫌疑人、被告人的认罪、悔罪态度。[②] 因此，分案处理的直接作用在于避免未成年犯罪嫌疑人、被告人受到"交叉感染""法庭污染"等，促进对未成年犯罪嫌疑人、被告人的教育和矫治。

大体而言，分案处理原则可以体现在三个方面：一是程序分离，即对未成年人和成年人共同犯罪案件在侦查、起诉、审判、执行程序上进行分离；二是

---

① 参见陈光中主编：《刑事诉讼法（第五版）》，北京大学出版社、高等教育出版社2013年版，第430页。

② 参见宋英辉、甄贞主编：《未成年人犯罪诉讼程序研究》，北京师范大学出版社2011年版，第50—51页。

审前羁押的分离，主要表现为采取拘留、逮捕等羁押性措施时，应当将未成年犯罪嫌疑人与成年犯罪嫌疑人分别羁押；三是对未成年犯人应当在未成年犯管教所执行刑罚，即未成年犯人和成年犯人在不同监所执行分别关押和管理。就此而言，分案处理原则在程序上和内容上是非常广泛的。无论是根据相关国际公约，还是各国国内相关立法，对未成年人和成年人进行分别羁押、分别关押、分别看管基本达成一致，分别羁押、分别关押不仅有助于保护未成年人的合法权益，也可避免未成年人受到“二次污染”。例如，在英国，未成年人不得被监禁在警察局的监禁室内，除非因为没有其他安全的场所，并且羁押警官认为关押在监禁室有利于监管，或认为监禁室的条件比警察局内其他安全场所更舒适的，不得将未成年人与成年被羁押人关在同一监禁室内。[①] 事实上，我国《刑事诉讼法》也对分别关押予以明文规定。但是，就程序分离而言，未成年人和成年人共同犯罪案件在各个程序阶段是否都要采用分案处理的方式，各国立法的规定并不一致。在我国，相关司法解释和规范性文件规定了分案起诉、分案审理。目前，学术界和实务界对程序分离的探讨较为热烈，尤其是分案起诉和分案审理问题，具体分析如下：

其一，分案侦查。简言之，分案侦查是指对未成年人和成年人共同犯罪案件进行分案侦查，也即通过专门机构和专门人员对未成年人犯罪案件进行侦查。对此，有学者认为，侦查机关通过专门机构、人员对未成年犯罪案件进行分案侦查，可以在案件一开始，就有针对性地对未成年犯罪人和成年犯罪人加以区别对待，尽早地避免对未成年犯罪人的“交叉感染”，从而感化、挽救失足青少年，对其进行矫正和教育。[②] 但是，侦查程序是否应当绝对分离，学界仍有不同见解，有学者认为，对于程序分离原则应采取原则性和灵活性相结合的做法，既要考虑到保护未成年人的合法权益，又不能忽略迅速有效地查明案

① 参见彭勃编译：《英国警察与刑事证据法规精要》，厦门大学出版社 2014 年版，第 227 页。

② 参见宋英辉、甄贞主编：《未成年人犯罪诉讼程序研究》，北京师范大学出版社 2011 年版，第 52 页。

情、惩罚犯罪的需要，在未成年人与成年人系共犯或者有牵连的案件中，其犯罪事实往往是相互联系、相互印证的，在侦查阶段，如果案件分开侦查，反而不利于案情的查明，而且可能造成重复侦查。[①]

其二，分案起诉。简言之，分案起诉是指对未成年人和成年人共同犯罪案件，除特定情形外，检察机关应当将未成年人与成年人分案起诉。在我国，根据《人民检察院办理未成年人刑事案件的规定》第 51 条第 1 款的规定，在未成年人与成年人共同犯罪案件中，主要存在四种不予分案起诉的情形，即未成年人系犯罪集团的组织者或者其他共同犯罪中的主犯的；案件重大、疑难、复杂，分案起诉可能妨碍案件审理的；涉及刑事附带民事诉讼，分案起诉妨碍附带民事诉讼部分审理的；具有其他不宜分案起诉情形的。可见，对未成年人和成年人共同犯罪案件是否分案起诉，由检察机关依据相关司法解释性质的文件予以判定。实践中，由于司法解释对可以并案处理规定得相对宽泛，对未成年人分案起诉制度在适用标准的把握上还存在认识上的分歧，司法机关适用分案起诉制度随意性大，加之需要法院分案审理与之配合，出于提高办案效率、节省办案时间等方面的考虑，检察机关存在以各种理由并案处理的情况。[②] 其实，未成年人是不是犯罪集团的组织者或者其他共同犯罪中的主犯等问题只有在案件审理阶段才能最终确认，同时分案审理依赖于分案起诉，如果应分案之案件没有分案起诉，那么在审判阶段亦无法分案。[③] 总之，分案起诉是为了保护未成年人权益，虽然这也存在降低诉讼效率、增加诉讼成本的问题，但保护未成年人权益是更高的价值追求。如果基于这一立场，检察机关就应对未成年人和成年人共同犯罪案件分案起诉。可见，当前我国分案起诉制度在实际运作

---

① 参见温小洁：《我国未成年人刑事案件诉讼程序研究》，中国人民公安大学出版社 2003 年版，第 88—89 页。

② 参见柴娟、刘芳：《未成年人刑事案件分案起诉制度问题探究》，载《第九届国家高级检察官论坛论文集：其他》，2013 年；胡巧绒：《分案起诉制度的实体与程序规制——基于上海市 b 区基层检察院适用分案起诉的实践》，载《江西警察学院学报》2015 年第 1 期。

③ 参见管元梓：《未成年人与成年人共同犯罪案件分案审理制度研究——以分案审理模式为视角》，载《预防青少年犯罪研究》2015 年第 2 期。

中仍存在需要完善的地方。[①]

其三，分案审理。简言之，分案审理是指对未成年人和成年人共同犯罪案件，除特定情形外，对未成年人和成年人分开审理，或者采用专门的未成年人审判组织对未成年人犯罪案件进行审理。当前，一些国家和地区对分案审理制度进行了明确规定。例如，德国《少年法院法》第103条第1款规定："调查犯罪事实所需或者其他重要原因，可以根据普通程序法的规定，将少年的刑事案件与成年人的刑事案件合并审理。"[②] 日本《少年法》第49条第2款规定："对少年的被告案件，即使与其他被告案件有牵连，只要不妨碍审理，该程序就应当分离进行。"[③] 我国台湾地区"未成年人事件处理法"第72条规定："少年被告于侦查审判时，应与其他被告隔离。但与一般刑事案件分别审理显有困难或认有对质之必要时，不在此限。"可见，在未成年人与成年人共同犯罪案件中，原则上应进行分案审理，但因调查犯罪事实、对质需要等，可以合并审理。因此，分案审理为原则，合并审理为例外。一方面，对未成年人和成年人共同犯罪案件原则上应分案审理。分案审理确实存在一些潜在的问题，如有可能导致定罪量刑的不一致，客观上也会增加诉讼成本。但是，作为基本原则，分案审理还是具有诸多积极意义，如解决未成年人案件不公开审理原则和成年人案件公开审理原则之间的矛盾，促进对未成年被告人的教育和矫治，维护未成年被告人的合法权益。另一方面，未成年人和成年人共同犯罪案件合并审理是例外。问题在于，在未成年人和成年人共同犯罪案件合并审理中，如何保障未成年人的合法权益？对此，日本《少年审判规则》第31条规定："如认为公正审判需要，可以采取制止发言或者使少年以外的人员退席等恰当的措施。在审判过

---

① 关于分案起诉制度，本书第八章将予以详细论述。

② 转引自卞建林主编：《未成年人刑事司法程序：外国刑事诉讼法有关规定》，中国检察出版社2017年版，第58页。

③ 转引自张凌、于秀峰编译：《日本刑事诉讼法律总览》，人民法院出版社2017年版，第581页。

程中如认为发生了损害青少年德操的情况，可以使少年退席。”① 这种“暂时回避制度”是值得借鉴的。实践中，分案审理应当采用何种审理方式？对此，我国《最高人民法院关于适用〈中华人民共和国刑事诉讼法〉的解释》第464条规定：“对分案起诉至同一人民法院的未成年人与成年人共同犯罪案件，可以由同一个审判组织审理；不宜由同一个审判组织审理的，可以分别由少年法庭、刑事审判庭审理。未成年人与成年人共同犯罪案件，由不同人民法院或者不同审判组织分别审理的，有关人民法院或者审判组织应当互相了解共同犯罪被告人的审判情况，注意全案的量刑平衡。”对于“由同一个审判组织审理”应当如何理解？一般认为，如果立足于维护未成年人权益的利益，应尽量交由少年法庭审理，少年法庭对未成年人和成年人分别适用未成年人刑事诉讼程序和普通刑事诉讼程序。同时，为了便于对案件事实的认定，分案审理的两个案件之间的间隔时间不宜过长。②

分案处理原则的贯彻实施，实质上意味着未成年人刑事案件必须交由专门的办案机构和专业人员来处理，从另一个角度而言，分案处理原则必然要促进未成年人刑事案件办理的专业化发展，否则分案处理所欲达致维护未成年人利益的目标将难以实现。对此，《北京规则》第6.3条规定：“行使处理权的人应具有特别资历或经过特别训练，能够根据自己的职责和权限明智地行使这种处理权。”该规则第12.1条又进一步指出：“为了圆满地履行其职责，经常或专门同少年打交道的警官或主要从事防止少年犯罪的警官应接受专门指导和训练。在大城市里，应为此目的设立特种警察小组。”我国《刑事诉讼法》第277条第2款也规定：“人民法院、人民检察院和公安机关办理未成年人刑事案件……由熟悉未成年人身心特点的审判人员、检察人员、侦查人员承办。”同

① 转引自温小洁：《我国未成年人刑事案件诉讼程序研究》，中国人民公安大学出版社2003年版，第90页。

② 关于分案审理制度，本书第九章将予以详细论述。

时，我国有关规范性文件也强调了未成年人刑事案件办理的专业化建设。[①] 因此，如果要真正实行分案处理，就需要提高未成年人刑事案件办理的专业化水平，诚如《北京规则》第 22.1 条所要求的，“应利用专业教育、在职培训、进修课程以及其他各种适宜的授课方式，使所有处理少年案件的人员具备并保持必要的专业能力”。

五、双向保护原则

双向保护原则，是指在办理未成年人刑事案件过程中，既要保护社会的利益，也要保障未成年人的利益，尤其是未成年犯罪嫌疑人、被告人的利益，同时不能忽视对未成年被害人的保护，实现保护社会利益和保护未成年人利益的统一。有学者认为，双向保护原则是未成年人刑事诉讼的首要原则。[②]

当前，双向保护原则是一项重要的未成年人刑事司法国际准则。对此，《北京规则》第 1.4 条规定：“少年司法应视为是在对所有少年实行社会正义的全面范围内的各国发展进程的一个组成部分，同时还应视为有助于保护青少年和维护社会的安宁秩序。”该规则在第 5 条的说明中指出，“相称原则”作为限制采取惩罚性处分的一种手段是众所周知的，而这一原则在大多数情况下表现为对违法行为的严重性有公正的估量。不仅应当根据违法行为的严重程度而且也应根据本人的情况来对少年犯作出反应。罪犯个人的情况应对作出相称的反应产生影响。2004 年 9 月，在北京召开的第十七届国际刑法学大会通过的《国内法与国际法原则下的未成年人刑事责任决议》中也明确指出：“对年轻人的保护、他们的和谐发展和社会化极为重要，同时也应确保社会的安全，重视受害者的利益。”[③] 根据国际公约的有关规定，在未成年人刑事诉讼活动中，应当

---

① 例如，《公安机关办理刑事案件程序规定》第 308 条规定：“公安机关应当设置专门机构或者配备专职人员办理未成年人刑事案件。未成年人刑事案件应当由熟悉未成年人身心特点，善于做未成年人思想教育工作，具有一定办案经验的人员办理。”

② 参见姚建龙：《少年司法制度基本原则论》，载《青年探索》2003 年第 1 期；贾宇、舒洪水等：《未成年人犯罪的刑事司法制度研究》，知识产权出版社 2015 年版，第 34 页。

③ 转引自张青聚：《双向保护原则的价值冲突与平衡》，载《福建法学》2014 年第 1 期。

坚持双向保护原则，即保护社会利益和保护未成年人利益的有机统一。实践中，要践行双向保护原则，我们认为，还应当明确如下两个方面的问题：

一方面，从广义上而言，双向保护原则中理应包括保护未成年被害人的利益。根据《北京规则》的有关规定，双向保护原则是指在未成年人刑事诉讼活动中要保护社会利益和未成年人利益，人们所理解的保护未成年人利益主要是指保护未成年犯罪嫌疑人、被告人利益，盖因未成年人刑事诉讼取得相对独立的地位，主要也是立足于保障刑事诉讼中未成年犯罪嫌疑人、被告人之利益。当前，人们越来越关注未成年被害人的利益，即成年人犯罪案件中未成年被害人的利益和未成年人犯罪案件中未成年被害人的利益。其实，在双向保护原则中，社会利益必然包括未成年被害人的利益。《北京规则》第 1.4 条提到了“维护社会的安宁秩序”，对此，有学者认为，通过对未成年犯罪人施以刑事处罚来修复被破坏的社会秩序仅是保护社会利益的一方面，保护社会利益还应包括对被害人尤其是未成年被害人利益的保护，这是由犯罪行为侵害的客体具有二重性所决定的。[①] 同时，未成年人的利益也必然包括未成年被害人的利益。无疑，未成年被害人的利益是未成年人利益中的题中应有之义，将未成年人的利益仅仅理解为未成年犯罪嫌疑人、被告人之利益是一种狭隘的认识。

当前，世界各国都强调对未成年被害人利益的保护。例如，法国于 1998 年 6 月 17 日确立了未成年被害人的法律地位，规定为使性犯罪中的少年被害人免受更多精神伤害，其声音、视频记录可以作为证据使用，预审法官如果拒绝认定为证据，必须说明理由。[②] 在美国，目前全美境内已经成立了 350 多家被害儿童支持诊所，其目的在于帮助儿童被害人更轻松地应对相关司法程序。在这些诊所里，警察、儿童保护工作者、检察官，以及被害人支持者能够在“对儿童友好”的一致环境下采访被害儿童。有的时候采访者会对谈话进行录像，从而避免对被害儿童的重复询问；有的时候专业人员可以透过单向玻璃来

---

① 参见张青聚：《双向保护原则的价值冲突与平衡》，载《福建法学》2014 年第 1 期。

② 参见〔法〕皮埃尔·特鲁仕主编：《法国司法制度》，丁伟译，北京大学出版社 2012 年版，第 159 页。

观察整个访谈过程，进而保证访谈室中的儿童不被外界打扰。[①]

近年来，我国陆续制定的一些规范性文件强调了对未成年被害人的保护。例如，《关于进一步建立和完善办理未成年人刑事案件配套工作体系的若干意见》较为系统地规定了未成年被害人的权益保护。根据该意见，在办理未成年人刑事案件中，应当注意对未成年被害人进行心理疏导和自我保护教育；保护未成年被害人的名誉，尊重未成年被害人的人格尊严；对未成年被害人、证人进行询问时，应当依法选择有利于未成年人的场所，采取和缓的询问方式进行，并通知法定代理人到场；应当告知未成年被害人及其法定代理人诉讼权利义务、参与诉讼方式；未成年被害人、证人经人民法院准许的，一般可以不出庭作证，或在采取相应保护措施后出庭作证；推动未成年犯罪嫌疑人、被告人、罪犯与被害人之间的和解等。2012 年《最高人民检察院关于进一步加强未成年人刑事检察工作的决定》第 6 条明确指出，注重矛盾化解，坚持双向保护，如注重对未成年被害人的同等保护，充分维护其合法权益。2015 年《检察机关加强未成年人司法保护八项措施》第 1—2 条又从两个方面加强对未成年被害人的权益保护：一是严厉惩处各类侵害未成年人的犯罪；二是努力保护、救助未成年被害人，如避免在办案中对未成年被害人造成“二次伤害”等。因此，在刑事诉讼的各个程序阶段，都应加强保障未成年被害人的权益，尤其是未成年人犯罪中有未成年被害人的案件，需要平衡好未成年犯罪嫌疑人、被告人和未成年被害人之间可能存在的利益冲突，避免顾此失彼。

另一方面，双向保护原则中的保护社会利益和保护未成年人利益是有机统一的，它们的价值取向是一致的，但不排除在特定案件中有所侧重。保护社会利益和保护未成年人利益是双向保护原则的两个方面，它实质上要求在办理未成年人案件过程中，既要强调对社会利益的保护，同时也要强调对未成年人利益的保护，二者不可偏废。实践中，不能因为强调保护社会利益，而忽视对未

① 参见〔加拿大〕欧文·沃勒：《被遗忘的犯罪被害人权利——回归公平与正义》，曹菁译，群众出版社 2017 年版，第 103 页。

成年犯罪嫌疑人、被告人的保护；反之，也不能因为强调保护未成年犯罪嫌疑人、被告人的利益，而忽视对社会利益的保护。同时，还要特别强调对未成年被害人利益的保护。例如，对实施了严重犯罪行为且主观恶性较大的未成年犯罪人，要采取相称的惩罚措施，虽然对未成年犯罪人的惩罚也是为了教育，但从维护社会利益和被害人利益的角度出发，相称的惩罚是必要的。但是，对于犯罪情节较轻、人身危险性较小，尤其是初犯、偶犯、从犯、胁从犯、悔罪态度好的未成年犯罪人，就应尽量采用非刑事处遇措施或者从宽处理，而不能过分基于社会利益和受害人利益的考量，对此类未成年犯罪人不加区别地采用刑罚处罚措施，因为这一做法不仅不利于此类未成年犯罪人重新回归社会，最终也将损害整体的社会利益。可以说，平衡社会利益和未成年人利益是办理未成年人刑事案件中的关键问题。从一定程度上说，未成年人刑事诉讼中的双向保护原则与教育为主、惩罚为辅原则可谓异曲同工。虽然我国《刑事诉讼法》等法律并没有关于双向保护原则的明确表述，但其内在精神与教育为主、惩罚为辅原则具有高度的一致性，"'教育为主、惩罚为辅'原则体现了对社会的保护和对未成年人的保护的有机结合"[①]。因此，在双向保护原则中，要坚持惩罚犯罪与保护人权的和谐统一。进而言之，要兼顾社会利益与未成年人利益，既要惩罚犯罪以保护社会秩序的稳定，又要兼顾未成年人犯罪的特殊性，做到教育与保护相结合。[②] 同样，教育为主、惩罚为辅原则也是基于未成年人及其犯罪行为的特殊性，强调教育与惩罚的有机结合。当然，保护社会利益的内涵与外延是广泛的，惩罚未成年人犯罪行为，可以起到维护社会秩序的功能，从而维护社会利益，但不能就此认为，惩罚未成年人犯罪行为就实现了保护社会利益，盖因社会利益的范畴要大于社会秩序的范畴，惩罚未成年人犯罪行为只是保护社会利益的一个重要方面。

---

① 陈光中主编：《刑事诉讼法（第五版）》，北京大学出版社、高等教育出版社 2013 年版，第 430 页。

② 参见谢安平、郭华主编：《未成年人刑事诉讼程序探究》，中国政法大学出版社 2015 年版，第 16 页。

申言之，双向保护原则中的保护社会利益和保护未成年人利益是一个问题的两个方面，理论上而言，保护社会利益和保护未成年人利益所欲追求的价值目标是一致的。司法实践中，由于受到未成年人犯罪态势的影响，保护社会利益与保护未成年人利益常常产生冲突，如何平衡与处理保护社会利益和保护未成年人利益之间的关系，一直是人们探究的重要议题。诚如有研究指出的，从西方未成年人司法制度百余年的实践来看，未成年人违法犯罪并未因未成年人司法的建立而得到有效治理，反而日益恶化，给所在国家的社会安全和秩序造成严重危害，这一矛盾发展又走向另一个极端，使部分国家的未成年人司法出现了向成人司法靠拢的趋势，甚至由此引发了未成年人司法是否还有必要独立于普通刑事司法而存在的争论。[①] 我们认为，如果因为未成年人犯罪的高发，而出于保护社会秩序和社会利益的需要，就对未成年犯罪人强调惩罚，否定未成年人刑事诉讼程序的相对独立性，显然是忽视了未成年人及其犯罪行为与成年人及其犯罪行为的“质”的区别，同时也忽视了未成年人的犯罪行为是个人因素和社会因素综合作用的产物。双向保护原则意味着对未成年犯罪人是“宽容而不纵容”，对于实施了严重犯罪行为，且主观恶性较大的未成年犯罪人当然需要依法采取相称的惩罚措施，这既是出于对保护社会利益的需要，也是基于教育未成年犯罪人的考虑，就此而言，保护社会利益和保护未成年人利益具有辩证统一的关系。但是，保护社会利益和保护未成年人利益之间并非一种机械统一的关系，在特定条件下可以有所侧重。事实上，就未成年人司法制度从普通司法制度中独立出来的初衷来看，在一定程度上它是强调对于未成年人的保护的。[②] 因此，从整体上而言，保护社会利益和保护未成年人利益既要强调二者的有机统一，同时也要强调保护未成年人利益优先的思想，尤其是不能忽视对未成年被害人利益的保护。

---

① 参见张青聚：《双向保护原则的价值冲突与平衡》，载《福建法学》2014 年第 1 期。

② 参见姚建龙：《少年司法制度基本原则论》，载《青年探索》2003 年第 1 期。

六、迅速简化原则

迅速简化原则，也称为“迅速简约原则”“迅速简易原则”，它是指在未成年人刑事诉讼的各个程序阶段，基于保护未成年人利益的需要，应当迅速办理，以减少诉讼程序对未成年人的不利影响。有学者指出，所谓迅速，就是在诉讼进行的每个阶段，都尽可能地争取时间，缩短诉讼期限，尽早结案；所谓简化，就是指简化公安司法机关的内部报批手续，整个诉讼程序应当尽可能地从简。[①]

当前，迅速简化原则是一项重要的未成年人刑事司法国际准则。例如，《公民权利及政治权利国际公约》第 10 条第 2 款（乙）项规定：“被控告的少年……应尽速予以判决。”《北京规则》第 20.1 条规定：“每一案件从一开始就应迅速处理，不应有任何不必要的拖延。”同时，《北京规则》在本条说明中指出：“在少年案件中迅速办理正式程序是首要的问题。否则法律程序和处置可能会达到的任何好效果都会有危险。随着时间的推移，少年理智和心理上就越来越难以（如果不是不可能）把法律程序和处置同违法行为联系起来。”《联合国保护被剥夺自由少年规则》第 17 条规定：“……在不得已采取预防性拘留的情况下，少年法院和调查机构应给予最优先处理，以最快捷方式处理此种案件，以保证尽可能缩短拘留时间……”在未成年人刑事诉讼中强调迅速简化原则也是当今世界各国通行的做法。德国法官玛丽安·齐白指出，少年案件的处理是非常迅速的，无论是警察、检察官还是法官都有压力要快速地解决少年案件。统计数据显示，充当少年法官的刑事法官中通常案件的处理时间是 2.3 个月，如果案件稍微复杂一点，由参审法庭来审理，平均时间是 3.2 个月。[②] 我国《刑事诉讼法》虽未对迅速简化原则进行明确规定，但是，一些规范性文件要

---

① 参见温小洁：《我国未成年人刑事案件诉讼程序研究》，中国人民公安大学出版社 2003 年版，第 100 页。

② 参见梁根林主编：《当代刑法思潮论坛（第三卷）：刑事政策与刑法变迁》，北京大学出版社 2016 年版，第 266—267 页。

求在办理未成年人刑事案件时，应当秉持迅速简化的原则。例如，《人民检察院办理未成年人刑事案件的规定》第 4 条规定："人民检察院办理未成年人刑事案件，应当在依照法定程序和保证办案质量的前提下，快速办理，减少刑事诉讼对未成年人的不利影响。"《关于进一步建立和完善办理未成年人刑事案件配套工作体系的若干意见》第 2 条第 1 款第 3 项规定："办理未成年人刑事案件，应当在依照法定程序办案和保证办理案件质量的前提下，尽量迅速办理，减少刑事诉讼对未成年人的不利影响。"我国一些地方还通过制定规范性文件强调在未成年人刑事诉讼中贯彻迅速简化原则。例如，山东省青岛市中级人民法院与检察院、公安局联合制定的《关于在未成年人刑事案件中严格限制适用拘留、逮捕措施的实施意见》规定，对于已采取逮捕强制措施的未成年犯罪嫌疑人、被告人犯罪案件，侦查、检察和审判机关应尽快办结案件，尽可能减少羁押时间。[①]

贝卡利亚（Cesare Beccaria）在《论犯罪与刑罚》一书中专门论述了"刑罚的及时性"，"惩罚犯罪的刑罚越是迅速和及时，就越是公正和有益"[②]。对此，贝卡利亚指出："说它比较公正是因为：它减轻了捉摸不定给被告人带来的无益而残酷的折磨，被告人越富有想象力，越感到自己软弱，就越感受到这种折磨。"[③] 在贝卡利亚看来，刑罚的及时性是比较有益的，这是因为"犯罪与刑罚之间的时间隔得越短，在人们心中，犯罪与刑罚这两个概念的联系就越突出、越持续，因为，人们就很自然地把犯罪看作起因，把刑罚看作不可缺少的必然结果"[④]。可见，只有及时惩罚犯罪，才能更好地实现刑事诉讼的功能。显然，在未成年人刑事诉讼活动中，更应当遵循迅速简化的原则，这不仅意味着"公正和有益"，也是实现对未成年犯罪人的教育和矫治，维护未成年人的

---

① 参见马新、时满鑫：《青岛严格限制对未成年人适用拘留、逮捕措施》，载《人民法院报》2013 年 5 月 29 日第 4 版。

② 〔意〕切萨雷·贝卡利亚：《论犯罪与刑罚》，黄风译，商务印书馆 2017 年版，第 60 页。

③ 同上。

④ 同上书，第 61 页。

合法权益。对此，德国法官玛丽安·齐白也指出，迅速处理少年案件的理由包括：一是未成年人的变化很快，要尽快结束程序；二是要在尽可能短的时间内让未成年犯罪人认识到自己行为的违法性；三是防止未成年犯罪人实施新的犯罪行为。[①] 司法实践表明，未成年人在诉讼阶段停留的时间越长，矫正起来就越不容易，未成年人在诉讼中比成年人更为担心自己的处境。如果诉讼时间过长，很容易给未成年人造成被社会抛弃的感觉；反复的庭审，几周甚至几个月的监禁，都会对未成年人造成极大的心理创伤和危害，从而对未成年人形成“二次伤害”。[②]

未成年人刑事诉讼要合理运用迅速简化原则，不可将迅速简化原则的运用步入误区。办理未成年人刑事案件应当遵循《刑事诉讼法》规定的法定程序，如能够缩短诉讼期间，就应尽量缩短诉讼期间，但一味追求迅速简化则有可能损害未成年人的利益。尤其是不能为了追求诉讼效率，而超越法定程序或者随意采用简易程序。同时，未成年人刑事诉讼之所以有别于普通刑事诉讼，是因其存在诸多特殊的制度和程序，对于这些未成年人刑事诉讼特有的制度和程序，也不能一概简化，如为未成年犯罪嫌疑人、被告人指派法律援助律师、合适成年人在场、进行法庭教育等都不能简化。

---

① 参见梁根林主编：《当代刑法思潮论坛（第三卷）：刑事政策与刑法变迁》，北京大学出版社 2016 年版，第 266—267 页。

② 参见温小洁：《我国未成年人刑事案件诉讼程序研究》，中国人民公安大学出版社 2003 年版，第 102 页。

第三章

未成年人刑事诉讼的办案组织

第一节 我国未成年人刑事侦查机构

一、我国未成年人刑事侦查机构专业化探索

我国1996年修正的《刑事诉讼法》并未对未成年人犯罪案件的侦查机构作出特别的规定，2012年修正《刑事诉讼法》时，有学者呼吁在法律条文中增加相关规定，要求公安机关内部设立专门的侦查机构办理未成年人刑事案件，但该意见并未得到采纳。不过，修改后的《刑事诉讼法》用专章规定了“未成年人刑事案件诉讼程序”，并明确规定在办理未成年人刑事案件时，“应当保障未成年人行使其诉讼权利，保障未成年人得到法律帮助，并由熟悉未成年人身心特点的侦查人员承办”。2018年修正的《刑事诉讼法》并未增加对未成年人刑事案件诉讼程序的相关规定。不同于立法的滞后，司法实践中，各地早已开始探索成立专业的未成年人犯罪侦查组织。1986年，上海市公安局长宁分局建立了全国首个少年嫌疑犯专门预审组，并在次年通过的《上海市青少年保护条例》中得到认可。《上海市青少年保护条例》第42条规定：“公安机关、检察院和法院要分别组织专门的预审组、起诉组、合议庭，采取适合青少年特点的方式方法讯问、审查和审理青少年违法犯罪案件。”1994年，上海市公安局长宁分局在

预审组的基础上成立了少年案件审理科，专门负责办理未成年人案件。经历了30多年的实践探索，我国未成年人侦查机构的专业化建设已初具规模，形成了“杨浦模式”“海淀模式”和“钦南模式”。

在一定程度上，实践探索也促进了立法的发展。例如，《未成年人保护法》第55条规定：“公安机关、人民检察院、人民法院办理未成年人犯罪案件……应当照顾未成年人的身心特点……并根据需要设立专门机构或者指定专人办理。”1995年，公安部发布的《公安机关办理未成年人违法犯罪案件的规定》第6条规定：“公安机关应当设置专门机构或者专职人员承办未成年人违法犯罪案件。办理未成年人违法犯罪案件的人员应当具有心理学、犯罪学、教育学等专业基本知识和有关法律知识，并具有一定的办案经验。”2012年《公安机关办理刑事案件程序规定》再次明确公安机关在办理未成年人犯罪案件时，应当由专门机构或者专职人员负责。不过，由于不同地区之间的经济以及警力资源的差异较大，对于上述规定，只有部分地区公安机关予以贯彻。就全国范围来看，未成年人犯罪案件侦查机构的专业化建设在实践中仍未得到真正落实。

二、我国未成年人刑事侦查机构专门化建设困境与实现路径

在我国，建设专门的未成年人犯罪案件侦查机构是未来改革的趋势。对于如何建设，有学者提出应从侦查机构的专门化建设和侦查人员的专业化建设两方面着手。就侦查机构的专门化建设而言，最可行的方案是在各级公安机关成立专门的未成年人犯罪侦查局、处、科、组，只负责未成年人犯罪案件的侦查工作，不负责未成年人犯罪的预防和未成年人相关的其他工作。而侦查人员的专业化建设则是制定未成年人犯罪案件侦查人员的职业技能标准，确立未成年人犯罪案件侦查人员的专业资格制度。[①] 对于该学者提出的方案，我们认为有其合理之处。不过，就当前的司法实践来看，未成年人侦查机关的专业化建设仍需要以实际需要为导向，逐步推进。自1986年上海市公安局长宁分局建立

① 参见廖明：《未成年人犯罪案件侦查主体之专门化研究》，载《青少年犯罪问题》2009年第3期。

第一个少年嫌疑犯侦查组至今已有30多年，其间不少学者就建立专门的侦查机构办理未成年人犯罪案件进行了深入的研究和探讨，相关的法律规定也明确要求建立专门的未成年人犯罪案件侦查机构办理未成年人犯罪案件。因此，从理论和实践来看，我国基本上具备了建立专门的未成年人犯罪案件侦查机构的条件。但时至今日，实践中只有部分地区实现了由专门的侦查机构或专业的侦查人员办理未成年人犯罪案件，究其原因，我们认为有以下两点：

第一，设立专门的未成年人犯罪案件侦查机构的动力不足。就内部因素来看，负责刑事侦查工作的警察虽然是司法活动的重要参与者，但警察权属于行政权，以提高案件办理的效率为目标。在未成年人犯罪案件中，侦查工作强调的是对权利的保障，这就限制了侦查机关各项权力的行使，不利于其快速高效地侦破案件。因此，一些地方的公安机关推动未成年人犯罪案件侦查机构专门化建设的积极性并不高。就外部因素来看，设立专门的未成年人侦查机构的现实需要并不迫切。一方面，“由于我国儿童实施的违法案件以治安案件居多，且其所实施的刑事案件的危害性不大”[①]，从维护国家安全和社会稳定的角度考虑，很多地区的公安机关认为没有必要设立专门的未成年人犯罪案件侦查机构；另一方面，未成年犯罪嫌疑人在侦查阶段的权利保障并未在全社会范围内引起足够的关注，这也是专门的未成年人犯罪案件侦查机构迟迟未建立的一个重要原因。

第二，地区间经济发展不平衡导致警力资源分配不均，以及侦查人员观念上存在差异。在我国东部地区，经济较为发达，警力资源相对充足，因此公安机关有条件建立专门的侦查机构办理未成年人犯罪案件。但在一些经济欠发达地区，警力资源相对紧张，侦查人员在办理刑事案件时更侧重效率而非权利的保障。在这些地区，现阶段还不能达到设立专门的未成年人犯罪案件侦查机构的要求。

基于上述原因，我们认为在现行法律规定下，我国应分地区、分阶段建立

---

① 朱兆坦：《为孩子撑起一片蓝天——我国儿童警察机构的建设现状与基本构想》，载《中国犯罪学研究会第十四届学术研讨会论文集（下册）》，2005年。

专门的未成年人犯罪案件侦查机构。就当前来看，对于不具备条件的地区，应当要求在基层公安机关的治安部门组成专门的未成年人案件办理小组，由经验丰富的侦查人员和女性侦查人员组成，专门负责未成年人犯罪案件的侦查工作。由于治安警察承担辖区内的治安管理工作，拥有治安处罚权和侦查权，能够对处理的未成年人案件作出违法抑或犯罪的定性，因此“在非司法与司法制度间起到了‘看门人’的作用”[①]。在该部门下设立未成年人案件办理小组不仅能够节约警力资源，还有助于减少对未成年人案件的检控，达到未成年人案件办理的专业化和保护、感化涉案未成年人的双重目标。至于一些警力资源相对充足的地区，则可以在各级公安机关内部成立专门的未成年人犯罪案件侦查部门。当前公安机关内部已有经济案件侦查部门，其主要职责是侦查经济类犯罪案件，这为未成年人犯罪案件侦查部门的专门化建设提供了经验与借鉴，有助于未成年人犯罪案件专门机构的设置。不过，就长远来看，要贯彻保护原则，体现司法在处理未成年人案件时以“教育为主、惩罚为辅”的方针，公安机关仍需加强未成年人侦查机构的专业化建设，在全国建立系统化的未成年人犯罪案件侦查机构，最终实现“在各级公安机关成立专门的未成年人犯罪侦查局、处、科、组，只负责未成年人犯罪案件的侦查工作”[②] 的目标。

第二节　我国未成年人刑事检察机构

一、我国未成年人刑事检察机构发展概况

不同于未成年人刑事侦查机构的滞后发展，刑事检察机构的专门化建设则于 1986 年在上海市长宁区人民检察院成立全国首个少年案件起诉组后不断向

① 柯良栋等：《两岸四地少年警察制度初探》，载《青少年犯罪问题》2010 年第 3 期。

② 宋英辉、甄贞主编：《未成年人犯罪诉讼程序研究》，北京师范大学出版社 2011 年版，第 133 页。

前推进。1991 年《未成年人保护法》颁布，其中第 40 条要求公检法三机关可以根据需要设立专门机构或者指定专人办理未成年人犯罪案件。1992 年，最高人民检察院针对《未成年人保护法》的要求，发布了《最高人民检察院关于认真开展未成年人犯罪案件检察工作的通知》，该通知第 2 条明确要求各个省、自治区、直辖市的检察院有计划地逐步建立办理未成年人犯罪案件的专门机构。为贯彻通知的精神，各地检察机关纷纷开始着手设立专门的未成年人检察机构或成立专门的未成年人案件办理小组。然而，在短暂的繁荣之后，未成年人检察工作的专业化发展陷入了“低谷”。由于 1996 年修正的《刑事诉讼法》并未将未成年人检察专业化的探索以法律的形式确定下来，这就导致了很多地方的检察机关取消了原来设立的未检专门机构。为了保证未检工作的继续推进，2006 年最高人民检察院发布的《人民检察院办理未成年人刑事案件的规定》对未成年人刑事检察机构的专门化建设作了进一步的细化，该规定第 5 条要求，除了设立专门工作机构、专门小组或专人办理未成年人刑事案件，对于办理案件的人员也作出了规定，即“由熟悉未成年人身心发展特点，善于做未成年人思想教育工作的检察人员承办”。该规定使未成年人刑事检察机构的专门化建设获得了重新的发展。2012 年修正的《刑事诉讼法》在第五编特别程序中专章规定的“未成年人刑事案件诉讼程序”为未成年人检察工作的推进提供了法律依据，加快了未成年人检察工作专业化建设的进程。2012 年 10 月，最高人民检察院发布的《最高人民检察院关于进一步加强未成年人刑事检察工作的决定》第 3 条明确要求着力加强未成年人刑事检察队伍专业化建设，大力推进专门机构建设、科学设定专门机构的工作模式。2015 年最高人民检察院再次发布《最高人民检察院关于进一步加强未成年人刑事检察工作的通知》，强调要“进一步加强未成年人刑事检察专门机构建设，着力提升未成年人刑事检察队伍专业化水平”。在相关规范性文件的规定下，现阶段全国有 3000 多个检察机关设有未成年人犯罪检察处、科、组或专业人员，共有 6000 余名检察官从事未成年人犯罪检察工作。[①]

2019年1月，最高人民检察院完成了内设机构改革，成立了第九检察厅。第九检察厅专门负责未成年人犯罪和侵害未成年人犯罪案件的检察工作，以及开展未成年人司法保护和预防未成年人犯罪工作。相应地，各省、市级检察院内部设立了专门的检察部，负责办理未成年人犯罪和侵害未成年人犯罪案件的审查逮捕、审查起诉、出庭支持公诉、抗诉等工作；开展相关立案监督、侦查监督、审判监督以及相关案件的补充侦查；开展未成年人司法保护和预防未成年人犯罪工作。

二、我国未成年人刑事检察机构存在的问题

从机构的设置来看，我国未成年人刑事检察机构的专业化建设已基本实现，不过司法实践中仍存在一定的问题。

第一，一部分设立“未成年人犯罪检察科”的检察院在大部制改革中将检察院的未检科与公诉部门合并形成新的刑事检察部，背离了最高人民检察院倡导构建专门的未成年人检察机构的要求。我国当前未成年人检察工作机构主要有三种模式：一是独立建制的未检机构，包括科级、处级两个级别，名称不一，有以未检科（处）命名的，有以未成年人刑事起诉科（处）相称的，有冠之以未成年人刑事检察科（处）的，还有称为未成年人犯罪检察科（处）的等。二是依附于普通检察机构中，具有半独立性的未检组，具体名称和职能也各不相同。三是未检人员，即在不具备建立独立或半独立未检机构的地方，确立数名未检人员专门办理未成年人犯罪案件。[②] 大部制改革后，原来有独立建制的未检机构变为半独立性质的未检组，其办理案件的独立性变弱，在未来则难以实现更加专业化的发展。

---

① 参见田涛、李益明：《抉择与构想——利用刑诉法确立检察机关在未成年人司法中主导性地位的设想》，载《重庆城市管理职业学院学报》2008年第3期。

② 参见田宏杰、温长军：《超越与突破：未成年人刑事检察工作机制研究——兼及未成年人刑事案件公诉体系的构建》，载《法学杂志》2012年第11期。

第二，一些检察院中虽然设置了未成年人检察机构，但在刑事诉讼过程中对未成年人的保护不够，使机构设置流于形式。“教育为主、惩罚为辅”是检察机关办理未成年人犯罪案件所要遵循的一项重要原则。在该原则指导下，“少捕、慎诉、少监禁”是未成年人检察工作的基本导向。然而，在司法实践中，一些地区未成年人刑事案件的不捕比例并不高，不起诉的比例则很低。[①]因此并未体现未检工作专门化的优势，致使未成年人刑事检察机构的设置形式化。

第三，负责未成年人刑事案件的检察人员的专业化程度有待提高。“未成年人检察既有救赎犯罪少年的一面，亦有威慑其再犯的一面，以期达到社会长治久安的效果。而这些都需要对检察规律和未成年人特质有着一定的深度理解和把握。”[②] 除了具备法律知识，负责办理未成年人犯罪案件的检察人员还需要了解心理学、教育学、社会学等学科知识，全面把握未成年人的心理，在诉讼过程中切实帮助涉嫌犯罪的未成年人。但司法实践中，未成年人刑事检察机构的工作人员的专业化程度并不高，拥有其他相关学科背景的检察人员更是少之又少，因此在案件办理过程中能否真正实现对未成年人的“教育挽救”则令人担忧。

三、我国未成年人刑事检察机构的完善路径

针对我国未成年人刑事检察机构存在的问题，我们认为可以通过以下改革措施予以完善：

第一，探索成立专门负责未成年人刑事检察工作的检察官办公室。现阶段上海市检察机关内部正在探索成立“命名检察官办公室”。该办公室以“突出办案业务专业化和检察官队伍精英化为主导，由政治素质过硬、业务能力突出、检察经验丰富的检察官领衔，并在全市检察机关遴选，先行在公诉和未检

① 参见杨飞雪：《未成年人司法制度探索研究》，法律出版社 2014 年版，第 58 页。

② 张鸿巍：《未成年人刑事检察路径选择》，载《检察日报》2007 年 7 月 20 日。

条线设立”[①]。成立检察官办公室能够提升检察官办案的专业化程度，增强其荣誉感，有助于检察工作的推进，同时也符合未成年人刑事检察工作的需要。对于此项改革，我们认为待其发展成熟后可以推广至全国，以保证未成年人刑事检察工作的专业化，维护涉嫌犯罪案件的未成年人的利益。

第二，改革未成年人刑事检察工作的考核标准。未成年人刑事案件有其特殊性，不同于普通刑事案件以惩罚为目的，“教育、感化、挽救”未成年人是未检工作所要实现的重要目标。因此，在实践中，对于未成年人刑事检察工作的考核除了关注办案数量、办案质量等普通案件考核标准外，更需要关注办案效果、检察人员的专业化程度等。根据未成年人刑事检察的特点，改革检察工作的考核标准不仅能够充分调动检察人员的积极性，也有助于未成年人检察工作的专业化发展。

第三，加强未成年人刑事检察机构工作人员的专业化培训。未成年人刑事检察工作的专业化不仅要求形式上的专业化，即设立专门的检察机构或办案小组负责未成年人刑事案件，更需要实质上的专业化。所谓实质上的专业化，是指检察人员的专业化。在办理未成年人犯罪案件时，检察人员不仅是“国家公诉人”，同样是“国家监护人”，除了承担追诉职能，其还要根据未成年人的身心特点，有针对性地对涉嫌犯罪的未成年人进行思想教育，使其认清自己的过错，真诚悔罪。因此，需要对办理未成年人案件的检察人员进行培训，完善其知识储备、转变其工作思路，使他们切实贯彻“少捕、慎诉、少监禁”的工作方针，保障未成年人检察工作的顺利推进。

第三节　我国未成年人刑事审判机构

一、我国未成年人刑事审判机构的发展概况

1984 年，上海市长宁区人民法院率先在全国成立专门审理未成年人犯罪

---

① 陈颖婷、潘文婕：《上海成立“命名检察官办公室”》，载《上海法治报》2017 年 3 月 29 日。

案件的少年刑事案件合议庭，这标志着我国少年司法专业化探索的开始。三十多年来，我国少年审判机构经历了从无到有、从稚嫩到逐步完善的发展历程。该发展历程大致可以分为以下五个阶段：

第一，1984—1988年是我国少年法庭的初创时期。自上海市长宁区人民法院成立少年刑事案件合议庭得到最高人民法院的支持和肯定后，全国部分有条件的法院开始在内部探索成立少年法庭。截至1988年，全国已有11个中级法院和100多个基层法院先后成立了少年法庭。1988年5月，最高人民法院在上海召开了全国法院审理未成年人刑事案件经验交流会，会议明确指出"各地法院已经设立少年庭的，要继续实践，总结和创造新的更好的经验；还未设立少年庭的，要根据实际情况，创造条件，逐步推广"。

第二，1989—1994年是我国少年法庭快速发展时期。全国法院审理未成年人刑事案件交流会的召开，加快了少年法庭的发展进程。到1994年底，全国法院系统已建立的少年法庭有3300多个，其中独立建制的少年审判庭有800多个。

第三，由于受1996年《刑事诉讼法》修改的影响，最高人民法院在少年法庭建设的思路上发生了改变，1995—2004年，我国少年法庭建设陷入了撤销减少时期。

第四，2005—2009年，最高人民法院开始扭转少年法庭建设的颓势，之后少年法庭进入新的发展时期。[①] 2006年2月，全国法院第五次少年法庭工作会议在广州市召开。时任最高人民法院院长肖扬在会议中指出，"各级法院要善于把握机遇，勇于开拓创新，进一步改革和完善少年审判制度，充分发挥少年法庭的职能作用，把人民法院的少年法庭工作推上一个新的台阶，为构建社会主义和谐社会作出新的贡献"。同年7月，最高人民法院在黑龙江省哈尔滨市组织召开了"全国部分中级人民法院设立未成年人案件（综合）审判庭试点工作会议"，会议的主要议题是对在全国部分中院设立独立建制的未成年人案

① 参见刘瑜：《少年法庭：三十而立再出发》，载《浙江人大》2018年第1期。

件（综合）审判庭试点工作进行安排和部署。在最高人民法院的推动下，少年法庭建设又迎来了“新的春天”。

第五，2010年至今是少年法庭不断深化改革和完善时期。尤其是2012年修正的《刑事诉讼法》特别规定了“未成年人刑事案件诉讼程序”一章，这也为我国少年审判组织未来的发展提供了契机。

经过三十多年的探索与发展，我国少年法庭在实践中形成了四种组织形式：

一是少年刑事案件合议庭，即在刑事审判庭内，由熟悉少年审判经验的法官组成合议庭，在“教育为主、惩罚为辅”原则的指导下，针对未成年人所犯的刑事案件进行审理。

二是独立建制的少年刑事审判庭。该形式的审判组织独立于刑事审判庭，是审理少年刑事案件的专业化法庭。

三是少年综合案件审判庭。该形式的审判组织首创于江苏省常州市天宁区人民法院，该院在整合法院审判资源后，将涉及未成年人刑事、民事以及行政类案件都纳入该法庭审理。

四是少年案件指定管辖庭。该形式的少年审判组织是将一个地区的少年案件集中到一个或者几个区法院，由这些法院集中承担审理工作。[①]

上述四种审判组织形式各有利弊，鉴于未成年人刑事案件的案源有限，司法实践中不少法院设立了少年综合案件审判庭或少年案件指定管辖庭以符合实际需要。不过在实践中，少年案件指定管辖庭通常以“少年刑事审判庭”命名，譬如上海市高级人民法院在2018年8月将未成年人刑事案件指定由浦东新区法院、静安区法院、长宁区法院和普陀区法院集中管辖，名称仍为“少年刑事审判庭”。

---

① 参见李伟主编：《少年司法制度》，北京大学出版社2017年版，第279页。

二、我国未成年人刑事审判机构存在的问题

我国当前少年法庭建设已初具规模，少年法庭的运行也步入正轨，但要实现未成年人审判机构的专业化和制度化发展，仍有许多问题亟待解决。

（一）立法不完善

从我国现阶段颁布的法律来看，并没有一部法律就未成年人审判机构的设置作出系统的规定。2012 年修正的《未成年人保护法》第 55 条要求人民法院在办理未成年人犯罪案件或者涉及未成年人权益保护的案件时，应当根据未成年人身心发展的特点设立专门机构或者指定专人办理。但对于机构如何设置则并未细化。1999 年通过并实施的《预防未成年人犯罪法》虽然对少年法庭的组成作出了明确规定，即“人民法院审判未成年人犯罪的刑事案件，应当由熟悉未成年人身心特点的审判员或者审判员和人民陪审员依法组成少年法庭进行”[①]。不过，该法对于少年法庭如何建立、如何运行也未作出规定。2012 年修正的《刑事诉讼法》虽然专章规定了“未成年人刑事案件诉讼程序”，但法律条文的规定十分笼统，人民法院少年法庭的建设也并未提及。2018 年《刑事诉讼法》的再次修改也未对未成年人诉讼程序进行细化。未成年人刑事审判机构改革与完善的前提是“有法可依”，但少年法庭在我国的发展一直缺乏法律依据。因此，立法的缺失不仅影响着少年法庭的“命运”，同时也阻碍了未成年人审判机构的专业化建设。

（二）审判专业性不强

目前，少年综合案件审判庭已经成为少年法庭的主要模式。[②] 我国许多法院采用这种形式的少年审判庭有其合理性，一方面解决了案源不足的困境，另一方面又保证了未成年人案件审判的专业化。然而，我们认为，办理未成年人刑事案件的指导思想不同于民事案件和行政案件，由同一法官办理这些性质不

---

① 《预防未成人犯罪法》第 45 条。

② 参见李伟主编：《少年司法制度》，北京大学出版社 2017 年版，第 281 页。

同的案件并未在实质上实现未成年人审判的专业化。除此之外，审判人员的专业化程度也有待于提升。在我国的一些基层法院中，办理未成年人刑事案件的法官并非都具有相关的经验，有些少年法庭的法官更是直接从办理普通刑事案件的审判庭调入，因此专业化程度不高；即使一些少年法庭是由有未成年人刑事案件办案经验的法官组成，但这些人员大都只具备法律专业知识，对于心理学、社会学等其他学科的知识则知之甚少。这就导致了我国未成年人审判的专业性不强。

（三）地区发展不平衡

少年刑事案件合议庭、少年刑事审判庭和少年综合案件审判庭并行发展是我国少年法庭建设的一大特点。在一些经济发达地区，未成年人审判机构的形式以少年刑事审判庭或少年综合案件审判庭为主；在一些经济欠发达地区，有条件的法院在办理未成年人刑事案件时会成立少年刑事案件合议庭，然而也有一些法院直接将未成年人刑事案件交由普通刑事案件审判庭审理。在这种不平衡发展下，未成年人面临的司法处遇大不相同，如何平等地保障未成年人的合法权利，挽救涉嫌犯罪的未成年人则是当前需要解决的一个重要问题。

三、我国未成年人刑事审判机构的完善路径

（一）完善相关法律规定

少年的发展关乎国家未来，少年司法制度的建设更是“功在当代，利在千秋”。少年法庭作为少年司法制度的核心内容，“在司法改革中只能加强、不能削弱，只能前进、不能后退，应当坚持这个总方针不动摇”[①]。我国当前“两法一专章”式的未成年人刑事立法体系不能满足少年法庭改革的需要，也不能满足未成年人刑事审判机构专业化建设的需要。因此，我国未成年人审判机构未来的发展与完善首先需要法律的系统规定。对于如何完善相关法律规定，学

① 牛凯：《少年法庭改革的发展方向》，载《人民法院报》2018 年 7 月 11 日。

者们提出了不同的观点。有的学者主张制定一部专门的少年司法法[①]；有的学者主张在现有《刑法》基础上，单设少年犯罪的特殊章节，条件成熟时再制定少年刑法、刑事诉讼法、法院组织法和其他有关规定；有的学者主张为与《预防未成年人犯罪法》相配套，可以分别制定《未成年人刑事诉讼程序法》和《未成年人犯罪处罚法》，构建一个有中国特色的少年法律体系[②]。针对学者们的观点，我们认为，现阶段要在全国范围内继续推进少年法庭建设，应从修改法院组织法入手。少年法庭在改革过程中屡遭撤销与合并，究其原因则是该审判组织形式并未以法律的形式确定下来。当国家政策或者最高人民法院针对未成年人审判的思路发生改变时，少年法庭建设便陷入困境。因此，为了实现少年法庭的制度化发展，需要在法院组织法中就少年法庭的人员组成、职权范围以及审判所应遵循的原则作出系统的规定。

（二）强化少年法庭建设

地区间少年法庭的不平衡发展是我国未成年人审判专业化改革所要解决的重要问题。由于地区间经济的差异，最高人民法院在推进少年法庭建设时不能一概而论，应当根据不同地区的具体情况作出适当的规定。在一些经济欠发达的地区，可以在某些有条件的基层法院设立少年刑事审判庭，负责几个辖区内未成年人犯罪案件的审理工作。这既解决了审判的专业化问题，同时也保证了案源，有助于司法资源的充分利用。而在经济发达地区，尤其是在设立了少年综合案件审判庭的法院，应当由不同的审判人员办理不同性质的未成年人案件。另外，办理未成年人刑事案件的法官不宜再对涉及未成年人民事和行政的案件进行审理，从而保证审判的专业化。

（三）探索设立少年法院

设立少年法院是我国未成年人审判机构专业化改革的最终目标，同时也是

---

① 参见孙谦：《关于建立中国少年司法制度的思考》，载《国家检察官学院学报》2017 年第 4 期。

② 参见康均心：《我国少年司法制度的现实困境与改革出路》，载《中国青年研究》2008 年第 3 期。

少年司法制度发展的必然选择。2008年，最高人民法院提出上海市在加快建设国际现代化大都市的进程中，在探索建立包括少年法院在内的完善的少年司法制度上就可以考虑先行一步，为全国作出示范，积累经验。2016年9月，《最高人民法院关于进一步推进案件繁简分流优化司法资源配置的若干意见》明确提出推广专业化审判，确定审理类型化案件的专门审判组织，科学选任法官，实行繁简分流，优化资源配置。鉴于上述规定，我们认为，在上海等经济发达的地区可以先行就设立少年法院进行试点，待发展成熟后再推广至全国。不过，在探索设立少年法院时，应当首先明确审判机构模式、受案范围以及内设机构。

首先是审判机构模式。探索设立少年法院应先明确其机构模式。就少年审判机构的四种模式[①]来看，少年法院模式更适合我国现阶段未成年人审判改革的需要。原因有以下两方面：一是改革涉及的范围较小，有利于资源的整合。2016年以来，最高人民法院开始进行家事审判改革，在家事审判中，一些法院内部出现了家事审判与少年审判合一的趋势。在该趋势下，少年审判机构是否采取家事法院模式则值得思考。我们认为，家事法院模式虽然能够保证案源，但却涉及家事审判与少年审判两方面，而我国现阶段法院内部并未设立独立的家事审判庭，那么在成立家事法院时就需要对现有的法院系统重新进行整合，这会导致改革涉及面广、改革难度大，同时也不利于审判资源的整合。因此，少年法院模式更有助于试点工作的顺利推进。二是少年法院的独立性、专业性更强，能够起到“惩罚与教育并行”的目的。少年法庭由于设立在普通法院内部，不具有独立性；政府机构设立的处理少年案件的行政机构又过于偏重对少年的保护，而难以发挥遏制未成年人犯罪的作用；家事法院从保护未成年人的合法权益出发，专门处理涉及家庭关系和少年犯罪案件，意在通过处理家事案件来预防未成年人犯罪，但是采取这种模式的国家“很少有统计资料证明

① 少年法院模式、家事法院模式、少年法庭模式和行政福利模式。

能减少少年违法犯罪现象”[①]。不同于上述三种模式，少年法院由专业的人员专门处理未成年人刑事案件，独立性强、专业化程度高，能够更好地保护未成年人的合法权益。

其次是受案范围。对于少年法院的受案范围，理论上也有不同的探讨。有学者从案件范围角度出发，认为少年法院的受案范围分为“宽幅型”和“窄幅型”两种类型。“宽幅型”少年法院的受案范围较广，包括与少年合法权益相关的刑事、民事、行政案件。“窄幅型”少年法院与我国传统的少年法庭相似，仅受理未成年人刑事案件。[②] 也有司法实践工作者从少年法院发挥的功能出发，认为少年法院包含审判犯罪少年的功能、观护“虞犯少年”的功能、保护少年权益的功能，相应地，少年法院的受案范围应至少包括少年犯罪案件、“虞犯少年”案件以及少年权益保护案件。[③] 基于理论上的探讨，我们认为，试点少年法院的受案范围应先限定为未成年人刑事案件。一方面，我国少年刑事案件审判庭的运行为少年法院积累了审判经验，培养了较为专业化的审判人员，使他们能够胜任审判工作；另一方面，我国现阶段未成年人案件的办理主体较为分散，要完全实现办理未成年人案件的专业化，需要一定的时间来进行改革。鉴于此，试点少年法院设立初期可以先行办理刑事案件，在发展过程中逐步转变为办理少年案件的综合性法院。

再次是内设机构。我们认为，试点少年法院的内部设置应当包括立案庭、刑事审判庭、审判监督庭、执行庭、办公室和法警队。在未来发展中，可以增加民事审判庭和行政审判庭。由于试点少年法院设立的目的在于探索未成年人审判专业化的新模式，发现少年法院设立中可能出现的问题并解决这些问题，因此法院内设机构在试点过程中可以适当作出调整。至于人员的配备，可以直

---

① 翁跃强、雷小政主编：《未成年人刑事司法程序研究》，中国检察出版社2009年版，第161页。

② 参见姚莉：《未成年人司法模式转型下的制度变革与措施优化》，载《法学评论》2016年第1期。

③ 参见高维俭：《论我国少年法院的理想模式》，载《青少年犯罪问题》2001年第1期。

接在从事少年法庭工作的人员中遴选调配，实现审判的专业化。

最后是级别建制。我们认为，试点少年法院应当确定为基层人民法院，原因有以下两点：第一，未成年人刑事案件的社会危害性普遍不大，一部分案件还可以通过速裁程序快速审结。因此，将少年法院的级别设定为基层法院既符合案件的受理范围，也使一部分轻微的刑事案件能够快速审结，符合刑事诉讼效益的原则。第二，将少年法院确定为基层法院，由中级法院审理少年法院的上诉和抗诉案件，而无须再设立少年法院的二审法院。未成年人刑事案件以“教育为主、惩罚为辅”为原则，以“教育、感化、挽救”为方针，因此这类犯罪案件的上诉率并不高，设立专门的二审少年法院则可能造成司法的浪费。若将少年法院设定为中级法院，则此类案件的上诉法院即为高级法院，由高级法院审理少年法院的上诉、抗诉案件既分散了高级法院集中审理重大案件的审判力量，同时也不利于其对少年审判工作进行统一指导。综上，少年法院设定为基层法院更为合理。

第四节　我国未成年人刑事案件社会调查组织

一、我国未成年人刑事案件社会调查组织概述

2010年8月，中央综治委预防青少年违法犯罪工作领导小组、最高人民法院、最高人民检察院、公安部、司法部、共青团中央联合发布了《关于进一步建立和完善办理未成年人刑事案件配套工作体系的若干意见》，该意见对实施社会调查的主体作出了具体规定，即社会调查由未成年犯罪嫌疑人、被告人户籍所在地或居住地的司法行政机关社区矫正工作部门负责。司法行政机关社区矫正工作部门可以联合相关部门开展社会调查，或委托共青团组织以及其他社会组织协助调查。同时，司法行政机关社区矫正工作部门、共青团组织或其他社会组织应当接受公安机关、人民检察院、人民法院的委托，承担对未成年

人的社会调查和社区矫正可行性评估工作，及时完成并反馈调查评估结果。2012年1月，最高人民法院、最高人民检察院、公安部、司法部联合发布的《社区矫正实施办法》第4条第1款规定："人民法院、人民检察院、公安机关、监狱对拟适用社区矫正的被告人、罪犯，需要调查其对所居住社区影响的，可以委托县级司法行政机关进行调查评估"。《刑事诉讼法》第279条对未成年人刑事案件的社会调查主体作出规定，即公安机关、人民检察院、人民法院办理未成年人刑事案件，根据情况可以对未成年犯罪嫌疑人、被告人的成长经历、犯罪原因、监护教育等情况进行调查。根据上述规定，我国未成年人刑事案件的社会调查主体包括公安机关、人民检察院、人民法院、司法行政机关社区矫正工作部门、共青团组织以及其他社会组织。

二、我国未成年人刑事案件社会调查主体的争议

由于我国法律法规对未成年人刑事案件社会调查的主体规定得过于宽泛，为了保障未成年人刑事案件社会调查工作的顺利推进，许多地方出台了具体的规范性文件来完善社会调查制度的适用。相应地，司法实践中也形成了不同的社会调查主体模式。这些模式大体上可以分为四类：一是委托非营利性第三方机构进行社会调查模式，即公检法三机关将社会调查的任务交由青年保护组织或者其工作者、招募的社会志愿者执行；二是委托基层司法机关进行社会调查模式，即由司法行政机关社区矫正工作部门担任未成年人刑事案件的调查主体；三是控辩双方进行社会调查模式，即根据《最高人民法院关于审理未成年人刑事案件的若干规定》第21条的规定，控辩双方在开庭审理前可以分别将其调查的未成年人的相关情况交合议庭来确定，调查主体可以是检察官或者律师；四是委托法院内部专职社会调查员进行社会调查模式，在该模式下，社会调查员不仅对未成年人的相关情况进行评估，还要在法庭教育阶段开展对涉罪未成年人的法治教育工作，对具体适用刑罚作出建议。[①] 实践中，各地的差异

① 参见李伟主编：《少年司法制度》，北京大学出版社2017年版，第127—130页。

化实践也引起了理论界的关注与反思，对于公检法三机关应当由谁担任社会调查的主体，理论上也有不同的观点。有学者指出应当由公安机关作为社会调查的主体，因为侦查人员需要到犯罪发生地进行调查，因此对于未成年犯罪嫌疑人的犯罪事实和个人情况可以一并调查，并且侦查人员直接与未成年犯罪嫌疑人进行接触，在整个侦查活动中对未成年犯罪嫌疑人的行为和认罪态度有所了解，因此能够全面掌握未成年人的相关信息。也有学者认为应当由检察机关作为调查主体。我国法律规定检察机关应全面收集犯罪嫌疑人有罪或者无罪、犯罪情节轻重的各种证据。在此要求下，由检察机关担任社会调查主体更为合适。当然，还有学者认为应当由法院担任未成年人刑事案件社会调查主体，这样更能体现公正性。

在上述四种社会调查主体模式中，第一种模式中第三方机构人员的专业性和调查时间能否有保证成为学者们担心的主要问题。无论是青年保护组织的工作者，还是社会志愿者，其自身都有本职工作，而调查工作需要在集中的时间内对涉嫌犯罪的未成年人的相关情况进行全面的调查。在时间紧、强度大的压力下，如何保质保量地完成调查工作对这些人员是巨大的挑战。第二种模式虽然能够保证调查的效率和效果，但是司法行政机关的人员配备和人员的专业化培养仍需重视。就当前司法助理员出示的司法社会调查报告来看，“报告结论太过简单、直观，往往对法官的量刑不具有参考价值”①。第三种模式的调查主体的公正性则难以保证。在刑事诉讼中，控辩双方分别承担着追诉和辩护的任务，作为控方的检察官虽然有客观的义务，却难以保持中立，因此在调查未成年人个人情况、一贯表现和社会背景时可能会存在偏颇；而作为辩方的律师在诉讼活动中为保证胜诉也会趋利避害，使调查失去公正性。同样，第四种模式的社会调查主体的客观性也受到了学者们的质疑。

---

① 路琦、席小华主编：《未成年人刑事案件社会调查理论与实务》，中国人民公安大学出版社 2012 年版，第 166 页。

三、我国未成年人刑事案件调查主体的确定

针对上述争议，我们认为明确调查主体应当包括两方面内容，即专门调查机构的明确和专业调查人员的确定。

（一）明确专门调查机构

我国《刑事诉讼法》规定，公安机关、人民检察院和人民法院都可以作为社会调查的主体，也可以委托其他机构或者社会组织进行社会调查。为了保证调查活动的公正性与客观性，同时防止调查工作的重复进行，我们认为，我国社会调查的模式应当确定为，以公安机关在侦查阶段委托司法行政机关进行社会调查为主、人民检察院和人民法院补充调查为辅的调查模式。①

首先，由公安机关委托社会调查更符合刑事诉讼活动的要求。一方面，侦查阶段的任务在于收集犯罪嫌疑人犯罪的证据，对于能够证明犯罪嫌疑人有罪无罪、罪行轻重的证据都需要收集，因此公安机关需要对未成年犯罪嫌疑人的个人情况、成长过程、一贯表现等可能影响量刑的事项进行社会调查；另一方面，在侦查阶段对涉嫌犯罪的未成年人进行社会调查可以避免审查起诉和审判阶段的重复调查，节约司法资源。

其次，由司法行政机关担任社会调查主体更具合理性。一是司法行政机关独立于公检法三机关，因此在调查活动中能够中立地对未成年人的性格特点、家庭情况、社会交往、成长经历以及实施犯罪前后的表现作出客观的评价。二是司法行政机关作为国家机关，有财力、物力以及人力的支持，因此能够更好地开展调查工作。三是司法行政机关工作者既有法律基础知识，又有社区工作经验，因此进行社会调查拥有显著的优势。

（二）确定专业调查人员

我国当前司法行政机关承担未成年人社会调查的是社区矫正机构的工作人员。从未成年人调查制度的发展来看，需要分阶段地建立专门的社会调查队伍来承担此项工作。就现阶段来看，社会调查可以采取以下模式：由两名社会调

---

① 有关侦查阶段未成年人社会调查的论述，详见本书第七章。

查员进行，人员配置为“1+1”模式，即其中至少一名社会调查员为基层负责社区矫正的司法行政人员，一名其他社会调查员或者其他专业人士，如社会工作者、心理咨询师、志愿者等。[①] 此种模式既保证了队伍的专业性，也可以弥补社会调查人员的不足和专业知识的欠缺。在发展过程中，社会调查人员应当逐步专业化，具体则可以采取以职业证书认证的方式选拔社会调查工作者。

第五节　国外未成年人刑事诉讼办案组织

一、国外未成年人刑事侦查机构

在未成年人案件的整个诉讼程序中，警察是未成年人与司法制度接触的第一步。[②] 警察不仅承担着对刑事案件的侦查，还直接与涉嫌犯罪的未成年人进行接触，因此警察的作用至关重要。在侦查过程中，警察既要履行职责，收集关于未成年犯罪嫌疑人犯罪的证据，同时还要关心未成年人的心理，引导其认清所犯的罪行，教育、感化、挽救涉罪未成年人，并防止涉罪未成年人再实施犯罪行为。早在20世纪初，美国一些大的警察机构开始设立专门处理少年问题的组织机构，到20世纪中期，大多数大都市都建立了主要聚焦于犯罪预防的专门少年警察部门或警局。在日本，各都、道、府、县警察本部及警察署，分别设置了“少年警察课”或“少年警察股”，配备了包括少年案件承办人、妇女辅导员等在内的专职少年警察，专门处理少年案件。[③] 在英国和德国，警察机构内部也设有专管少年案件的部门。

世界各国对涉嫌犯罪的未成年人保护不断强化以及少年警察的逐步专业化

① 参见杨飞雪主编：《未成年人司法制度探索研究》，法律出版社2014年版，第119页。

② 参见温小洁：《我国未成年人刑事案件诉讼程序研究》，中国人民公安大学出版社2003年版，第149页。

③ 参见康树华、赵可：《国外青少年犯罪及其对策》，北京大学出版社1985年版，第174—175页。

也引起了联合国的关注。1955年，联合国第一届预防犯罪与罪犯处遇大会通过的《防止青少年犯罪决议》指出："警察机关是防止少年犯罪的重要部门，应重点加以改造，国家应积极督促它们设立少年科与对少年警察的训练、少年犯罪侦查的特殊研究和训练等，以便使他们对少年法规有通晓与实施的能力。尤其重要的是使他们有应用少年心理学的知识，以帮助提高他们对少年犯罪的侦查和防止的工作能力。"① 1985年《北京规则》第12.1条规定："为了圆满地履行其职责，经常或专门同少年打交道的警官或主要从事防止少年犯罪的警官应接受专门指导和训练。在大城市里，应为此目的设立特种警察小组。"1989年《儿童权利公约》第40条第3款也规定，"缔约国应致力于促进规定或建立专门适用于被指称、指控或确认为触犯刑法的儿童的法律、程序、当局和机构"。综上，从世界范围内来看，成立专业的警察小组或设立专门的侦查机关负责未成年人犯罪案件的侦查已成为共识。

二、国外未成年人刑事检察机构

在办理未成年人刑事案件的过程中，检察机关通常全程参与案件的处理，为了体现司法对未成年人的保护，许多国家对办理未成年人犯罪案件的检察官作了特别的规定。例如，德国要求起诉青少年犯罪案件的检察官要具备教育青少年的专门知识和相应的工作经验，不符合条件的检察官不能办理这类案件。② 在法国，由于审判机关和检察机关联合办公，检察院均设在各级法院中。基层法院在设有专门审理未成年人的法庭和法官的同时，也在检察院设立了专门办理青少年案件的检察官，以此来体现对未成年人的保护。除了大陆法系国家，英美法系国家同样重视未成年人检察工作。在美国，未成年人检察机构主要为郡市级地区检察院，其中部分检察院设有专门的未成年人检察科、儿童虐待检察科及儿童支持科。除了设有专门的少年检控部门外，不少地区检察

---

① 郭翔：《犯罪与治理论》，中华书局2002年版，第951—965页。

② 参见万春、黄建波主编：《未成年人刑事检察论纲》，中国检察出版社2013年版，第64页。

院内部设立的反家庭暴力部门也承担着一些未成年人检察工作。在机构设置之外，美国对办理未成年人刑事案件的检察官资格也作出了限制。根据《全美检察准则》，办理未成年人案件的检察官应接受专门培训以具备经验，检察长应基于其专业技能为少年法院选任检察官，挑选原则是基于候选人的少年法知识、对少年事业的兴趣、受教育程度及经验。同时，该准则还特别建议，担当未成年人检察业务的初任检察官的任职资格应与从事其他业务的检察官无异，且必须就未成年人实务接受专门培训。[①]

三、国外未成年人刑事审判机构

1899 年，美国伊利诺伊州芝加哥市设立了全世界第一个少年法院，自此之后专门的少年司法审判组织开始在世界范围内发展起来。1908 年，英国制定了第一部《儿童法》并在治安法院内部设立了少年法庭。同年，德国在科隆也建立了德国第一个少年法庭。经历了百年的发展历程，少年审判组织在世界范围内呈现出不同的发展模式。就当前各国的少年审判机构设置来看，大体可以分为四种模式：少年法院模式、家事法院模式、少年法庭模式和行政福利模式。（1）少年法院模式是在普通法院之外设立独立的审判机构专门审理未成年人案件，如美国部分州设立的少年法院。（2）家事法院模式是国家认识到少年和家庭之间密不可分的关系而设置的专门法院，未成年人案件是其管辖的一部分。日本家庭裁判所便是此种模式的法院。在该法院内设有三个庭，即少年庭、家庭庭和交通庭。在少年庭工作的人员是经过专门培训的法律工作者，具有与地方普通裁判所的法官同等的资格。（3）少年法庭模式是在普通法院内设立专门的少年法庭处理未成年人案件。德国《少年法院法》规定的少年法院的组织形式，即少年法庭、少年刑事合议庭和少年刑事法庭便属于该模式。（4）行政福利模式是由政府设立的专门行政机构处理未成年人案件，带有明显的社会

---

① 参见万春、黄建波主编：《未成年人刑事检察论纲》，中国检察出版社 2013 年版，第 69 页。

福利特征。不过，随着未成年人犯罪率的上升，许多国家开始认识到“惩罚与教育”在处理未成年人刑事案件中同等重要，因此逐渐放弃这种福利式的未成年人案件处理形式，改为司法机关审理。[①]

四、国外未成年人刑事案件社会调查组织

当前世界范围内许多国家都有未成年人刑事案件社会调查组织。美国各州的少年法院或者少年法庭除了设置少年法官，还设置了缓刑官员。当少年案件被诉至少年法庭后，先由缓刑官员启动对未成年人的社会调查程序，确定是否将未成年人提交法庭审判，只有那些涉嫌严重犯罪的未成年人才会被移交法庭接受正式审判。正式的刑事审判活动开始后，缓刑官员需要围绕量刑的要求对未成年人的相关信息进行收集，作出客观的评价并制作成调查报告，作为法官判决时的参考。不同于美国调查主体的单一化，英国承担未成年人社会调查的主体则较多，包括地方缓刑委员会官员、青少年违法犯罪工作组成员、地方当局社会服务部门的社会工作者等。德国未成年人社会调查是由少年刑事诉讼协理机构负责的。警察受理未成年人违法案件后，由该机构选派一名法官助理对未成年人相关情况进行社会调查，法官助理调查后将调查报告交予检察官和法官，以决定是否提起诉讼和给予处罚。在日本，未成年人案件由家庭裁判所专属管辖，在家庭裁判所内部，每个法官可以配备三至四名调查官就未成年人犯罪情况作出调查，法官则根据调查的结果对未成年人作出合适的处罚。[②]

---

① 参见姚莉：《未成年人司法模式转型下的制度变革与措施优化》，载《法学评论》2016 年第 1 期。

② 参见陈立毅：《我国未成年人刑事案件社会调查制度研究》，载《中国刑事法杂志》2012 年第 6 期。

第四章

未成年人刑事辩护制度

第一节　未成年人刑事辩护制度概述

一、未成年人刑事辩护的重要意义

世界范围内，各国刑事法律制度朝着精密化和专业化的方向不断发展。在实体方面，随着社会的发展，犯罪圈逐步扩大，犯罪构成也愈加精细。在程序法方面，源于程序公正和人权保障理念的推动，刑事诉讼程序更加复杂，被追诉人的权利也更加丰富。日益复杂的实体与程序规则，使得不具备专业知识的犯罪嫌疑人、被告人很难有效地参与到诉讼程序中来。在美国，刑事诉讼中存在着大量专业性极强的诉讼程序，被追诉人很难有效完成。例如，陪审员的挑选程序，如何对候选陪审员进行提问以发现其潜在的偏见需要相当的技巧；又如，对于辩诉交易制度，如果没有相关的经验很难作出定罪和量刑的准确判断，进而无法提出最合理的交易筹码；再如，证据开示程序和法庭上证据规则的运用等，也都需要丰富的专业知识和技能。在我国，《刑事诉讼法》中大部分与刑事辩护相关的权利都不能由犯罪嫌疑人、被告人独立行使，如第 40 条规定的对案卷材料进行查阅、摘抄和复制的权利；第 41 条规定的申请调取证据的权利等。上述权利的有效行使，关乎最终的诉讼结果，对于被追诉人来说至关重要。[①] 因此，辩护律师职能的发挥尤其重要，其以专业的法律知识为犯罪嫌疑人、被告人提供辩护，保障诉讼真实的同时维护了程序正义。

在未成年人案件中，辩护律师的参与更为必要。一方面，未成年人在生理和心理方面都尚未发育成熟，面对侦查人员、检察人员，更容易因为畏惧心理不敢行使权利、维护个人利益。如此，未成年犯罪嫌疑人、被告人也就成了诉讼的客体，这与现代诉讼理念背道而驰。另一方面，未成年人在社会阅历和法律知识方面存在不足，通常情况下其不能理解诉讼程序的意义，也就难以有效行使各项诉讼权利。因此，在未成年人案件中，保障其获得律师辩护的权利是必要也是必须的，这符合现代刑事诉讼基本价值理念，也是世界主要国家的通行做法。

二、未成年人刑事辩护的内容

从本质上分析，未成年人刑事辩护仍属于刑事辩护范畴，其内容与普通辩护具有普遍的共性。但是，独特的辩护对象，决定了未成年人刑事辩护内容方面具有一定的特殊性。

（一）未成年人刑事辩护的一般内容

未成年人刑事辩护与普通刑事辩护具有内容上的共同性，可具体划分为实体性辩护和程序性辩护。

1. 实体性辩护

实体性辩护，是指律师依据刑事实体法提出并论证无罪、罪轻或者减轻、免除刑罚的辩护活动。[②] 这也是我国《刑事诉讼法》对于刑事辩护的定义和基本要求。按照《刑事诉讼法》第 37 条的规定，“辩护人的责任是根据事实和法律，提出犯罪嫌疑人、被告人无罪、罪轻或者减轻、免除其刑事责任的材料和意

① 参见汪海燕：《贫穷者如何获得正义——论我国公设辩护人制度的构建》，载《中国刑事法杂志》2008 年 5 月号。

② 参见陈瑞华：《论刑事辩护的理论分类》，载《法学》2016 年第 7 期。

见，维护犯罪嫌疑人、被告人的诉讼权利和其他合法权益”。依照法律的规定，实体性辩护包括三项内容：无罪辩护、罪轻辩护以及量刑辩护。

无罪辩护是辩护人以完全推翻公诉人指控为目的所实施的辩护行为。就辩护目的而言，无罪辩护追求犯罪嫌疑人、被告人被无罪释放的诉讼结果。具体实现路径包括：第一，主张被指控犯罪行为并非被追诉人所实施；第二，依据刑法犯罪构成要件，主张被追诉人行为并不能构成犯罪；第三，提出和证明无罪抗辩事由；第四，在证据方面，主张现有证据不足以达到法定证明标准。罪轻辩护，是指辩护人在承认被告人实施了犯罪行为的前提下，认为公诉方起诉罪名过重，并说服法院对被告人适用较轻的罪名或者认定较少的犯罪事实。例如，被告人被起诉抢劫罪，而辩护方认为是抢夺罪，并以此展开辩护。量刑辩护，是指辩护律师在公诉方起诉罪名的框架内，积极提出量刑事实，说服法院对被告人作出从轻、减轻或免除处罚的辩护活动。

无罪辩护和罪轻辩护又可合称为“定罪辩护”，与量刑辩护相对应。我国刑事审判原来采取的是定罪与量刑合一的程序模式，法庭经过一场连续的审判既解决定罪问题又解决量刑问题，不存在前后阶段的划分。如此便置辩护人一方于困境之中：难以在提出无罪辩护意见的同时进行量刑辩护。因此，在庭审过程中，检察机关将公诉的重点放在促成有罪判决的作出上，而被追诉人一方也更专注于定罪辩护。在此情况下，量刑辩护并没有施展的空间，量刑结果往往是法庭通过书面审查这一间接审理的方式完成的。为了保障被追诉人的辩护权、限制法庭量刑裁量权，我国在2005年拉开了量刑程序改革的序幕。2010年，最高人民法院发布的《人民法院量刑指导意见》确立了“独立量刑程序”。根据该意见，在刑事审判中，定罪和量刑程序实现了阶段分离。至此，量刑辩护能够真正地发挥作用。①

---

①　参见李玉萍：《中国法院的量刑程序改革》，载《法学家》2010年第2期；陈瑞华：《论相对独立的量刑程序——中国量刑程序的理论解读》，载《中国刑事法杂志》2011年第2期。

2. 程序性辩护

程序性辩护，是指辩护人围绕刑事诉讼中的程序性问题而作出的辩护行为，旨在纠正程序性违法行为本身或者排除不利于辩方的程序性事项。

关于程序性辩护的内容，学界有广义和狭义之分。广义的程序性辩护是指所有依据《刑事诉讼法》而提出的程序性抗辩，包括管辖异议、回避申请以及因为法律援助、公开审判、合议庭组成不合法等事由而提出的上诉请求等。

狭义的程序性辩护则是指辩护人以说服法院实施程序性制裁为目的的辩护行为。具体说来，在刑事诉讼进程中，侦查、检察和审判机关的行为违反了法定诉讼程序，被追诉人一方向法庭或上级法院提出的，以宣告相关违法行为无效为目的的辩护行为。实践中主要包括两种情况，一是请求法庭确认侦查机关取证行为违法，并排除因此获得的相关证据，也就是非法证据排除规则；二是针对一审程序的违法事由，请求二审法院作出撤销原判、发回重审的裁定，如一审程序没有保障特殊群体的律师辩护权或者一审程序违反了公开审判原则等。

（二）未成年人刑事辩护的特殊内容

1. 充分考虑未成年人特殊生理和心理状态下的犯罪特性

未成年时期是介于儿童期与成年期的过渡阶段。处于未成年时期的少年，其认知能力和行为能力都比儿童时期有了明显的发展，能够在一定程度上独立思考并有效地采取行动。但与成年人相比，未成年人在各个方面仍处在发展阶段，在很多方面都尚未完全定型。他们容易受幼稚判断左右，这也决定了其在犯罪行为方面与成年人的明显差异。根据有关研究，未成年人犯罪的动机和目的具有不同于成年人犯罪的特征。例如，未成年人犯罪动机排前三位的是“一时冲动”“哥们义气”和“好奇心”，所占比例分别为30％、19.5％和11.7％。这与成年人犯罪完全不同。一些未成年人的犯罪目的是为了“一瓶饮料”的钱财，如在校园附近抢劫比自己年龄小的学生，他们即使采用了暴力手段，但常常达不到成年人在抢劫罪中的恶性。[①] 基于未成年人的特殊生理、心理状态，以及相关犯罪内容的特殊性，未成年人的辩护内容应当体现出不同于普通刑事辩护的特点。

2. 充分利用对于未成年人的特殊政策

第二次世界大战之后，未成年人犯罪与环境污染、毒品问题被视为危害世界的三大公害。未成年人犯罪的危害性不仅体现于对社会关系的破坏，更重要的是未成年人是国家的未来，未成年人犯罪实则是社会未来发展的障碍。因此，针对未成年人心理、性格可塑性强的特点，世界主要国家处理未成年人犯罪的政策大都是以挽救、教育为主，以惩罚为辅。以联合国为代表的国际组织也制定了一系列旨在处理未成年人犯罪问题的国际公约，包括《北京规则》《利雅得准则》《联合国保护被剥夺自由少年规则》等。其价值取向主要是帮助未成年犯"改过自新"，重新融入社会，而惩罚仅是次要手段。

辩护人在为未成年人提供辩护的过程中，应当充分认识和利用国家对于未成年人的特殊刑事政策，强调未成年人的可塑造性以及未来良好发展的可能性，积极为其谋取轻缓化的刑罚。与此同时，辩护人在与未成年人交流过程中，可对其进行相关教育，促其悔罪并重新走上生活正轨。

3. 强化未成年人社会调查报告的应用

我国《刑事诉讼法》第279条规定："公安机关、人民检察院、人民法院办理未成年人刑事案件，根据情况可以对未成年犯罪嫌疑人、被告人的成长经历、犯罪原因、监护教育等情况进行调查。"该条确立了未成年人犯罪社会调查制度，然而其中并没有为辩护人设定职责，但这实则是非常必要的。

相比于成年人，未成年人犯罪普遍恶性较低。导致未成年人犯罪的原因，除自身因素外，更多在于家庭、社会甚至学校问题。例如，未成年人接触的不良社会环境对其思想、行为产生了不当影响，再加上相关责任主体的监管失责，最终导致未成年人走向犯罪道路。然而，全面细致的社会调查工作，能够

① 参见吴羽：《论未成年人律师辩护的专业化》，载《青少年犯罪问题》2017年第3期。

从根源上发现导致未成年人误入歧途的原因。律师可依据调查结果制定有效的辩护策略。例如，恶劣的生活环境可作为有效的量刑辩护意见，证明未成年人犯罪是因为过多受到外界环境的影响，主观恶性不大，更换生活环境即可走入正轨。

关于社会调查方式，律师可依据案件轻重来具体确定调查范围及详略情况。对于犯罪情节较轻的案件，辩护律师可从未成年人犯罪原因、平日行为表现，以及家庭帮教情况进行调查，提出管制、拘役、缓刑或免予刑事处罚等量刑意见，为未成年被告人争取最大利益。对于情节较重的案件，辩护律师可从犯罪人矫正角度，以社会调查为基础，以教育、挽救的刑事政策为依据，提出相应的量刑意见。

第二节　未成年人刑事法律援助制度

一、未成年人刑事法律援助的重要意义

基于未成年人犯罪的特殊性质，在未成年人刑事诉讼程序中律师辩护必不可少。但是，随着民众法治意识的逐步提高，以及社会经济条件的不断发展，律师委托的费用在节节攀升。未成年人普遍不拥有财产，而未成年犯罪人的家庭通常并不富裕甚至比较贫穷。因此，实践中未成年人的辩护权保障主要依靠法律援助，以指定辩护的形式实现。我国《刑事诉讼法》第 278 条也明确规定："未成年犯罪嫌疑人、被告人没有委托辩护人的，人民法院、人民检察院、公安机关应当通知法律援助机构指派律师为其提供辩护。"依据学者的实证研究，在调研地区所有获得律师辩护的未成年人案件中，77%是以法律援助的形式实现的。可见，法律援助对于未成年人辩护权的保障至关重要。

二、未成年人刑事法律援助的实践困境

（一）未能实现“全覆盖”的法定标准

我国《刑事诉讼法》将未成年人列入法定法律援助的范围，在侦查、审查起诉和审判阶段，各专门机关应当确保未成年犯罪嫌疑人、被告人获得律师辩护，否则是违反诉讼程序的。但实践中未成年人案件的律师辩护率并不理想，主要表现在诉讼阶段覆盖不均。依据学者的实证调研，在侦查和审查起诉阶段获得法律援助的案件数量要远远低于审判阶段。未成年犯罪嫌疑人在审前阶段的律师辩护权难以得到保障，很多案件到了审判阶段才由法庭通知法律援助机构，更有个别案件直到开庭之时援助律师才被通知到庭。除此之外，仍有约6％的未成年被告人在审判阶段都没能获得律师辩护。[①]

基于未成年人案件的特殊性质，律师辩护是必要的，也是必须的，而且审前阶段的律师辩护往往更为重要。首先，侦查阶段涉及口供等相关证据的收集，未成年人心智尚未成熟，容易在侦查人员的威慑下作出不真实的供述。因此，在侦查阶段律师的参与必不可少，他可以帮助未成年人理解诉讼程序并有效行使各项诉讼权利。其次，未成年人社会调查为法庭定罪、量刑提供一定的参考。如果法律援助仅在审判阶段发生，那么援助律师并没有充足的时间进行社会调查，难以就相关内容提出有效的辩护意见。最后，《刑事诉讼法》第277条明确了处理未成年人案件的原则是以教育、感化、挽救为主，惩罚为辅，因而实践中有相当数量的未成年人案件被检察机关作出附条件不起诉，不会进入审判程序。所以，审前阶段的律师辩护是更为重要的，影响到检察机关是否作出附条件不起诉的决定，并在相关条件方面提出辩护意见。

（二）法律援助律师的勤勉态度难以保障

政府要保障未成年犯罪嫌疑人、被告人获得律师辩护，更要保障其获得有

---

① 参见曾利娟：《未成年人刑事辩护实证研究》，载《预防青少年犯罪研究》2017年第6期。

效的律师辩护，否则徒有形式的律师辩护仅是政府敷衍法律义务的手段。但是，在我国司法实践中，未成年人法律援助的质量却不容乐观，很多情况下其仅起到“过场性”的作用，真正的辩护效果较弱，这主要体现在两个方面：一方面，法律援助律师主观态度并不积极。不会见、不调查的情况普遍发生，甚至有的援助律师直到开庭时都不知道被告人是未成年人。[①] 另一方面，辩护意见套化、模式化的情况严重，不具有针对性，欠缺说服力。实践中的辩护意见多以量刑情节为主，像“被告人是未成年人”“自首”“坦白”以及“积极赔偿”这类显而易见的辩护理由充斥其中。事实上，上述情况即使辩护人没有提出，检察官也同样会向法庭说明。因此，上述模式化的辩护意见并没有任何实际价值。

（三）辩护意见缺乏针对性

未成年人案件具有明显的特殊性，而相应的法律援助工作也因此需要更具针对性：综合考虑未成年人的生理和心理、特殊的犯罪内容以及教育、感化的刑事政策，制定适合于未成年人案件的辩护意见。但实践中，未成年人案件的法律援助附随于普通案件，大部分法律援助律师对于未成年人的身心特点、犯罪构成以及法律和相关政策的适用并不具备专门的知识，辩护活动往往缺乏专业性，不能基于案件特点而作出有针对性的专业辩护，未成年人法律援助制度仍需进一步完善。

三、未成年人刑事法律援助制度的完善

（一）保障未成年人获得法律援助

未成年人法律援助制度的完善，以保障法律援助的获得为首要前提。针对实践中的困境，可以从以下三方面着手：

首先，建立未成年人法律援助专门通道，优先供给。实践中，我国法律援

① 参见谢宝虎、王晓刚：《法律援助未成年人 律师为何不积极》，载《检察日报》2014年7月9日。

助制度采取的是平均化的供给模式，即所有符合法律援助条件的案件同等分配。因此，未成年人案件在援助分配时间与援助资源占有方面，与普通类型案件并无区别，这在很大程度上影响了未成年人获得法律援助的机会与及时性。由于未成年人案件具有特殊属性，未成年犯罪嫌疑人、被告人对法律援助的获取往往更具紧迫性。因此，在现有法律援助供给制度的基础上，应建立未成年人法律援助专门通道。具体而言，在法律援助机构内新增部门，专门负责未成年人法律援助的指定、申请和指派工作，并在法律援助资源上给予一定的倾斜，保障未成年犯罪嫌疑人、被告人能够及时获取法律援助。

其次，强化程序性制裁理念在未成年人案件中的适用。“程序性制裁是通过对那些违反法律程序的侦查、公诉和审判行为宣告为无效、使其不再产生所预期的法律后果的方式，来惩罚和遏制程序性违法的行为。”① 根据《刑事诉讼法》的规定，在侦查、审查起诉和审判阶段各专门机关均应保障未成年犯罪嫌疑人、被告人的律师辩护权。但是，实践中，法律的规定并没有得到很好贯彻，仍有大量未成年犯罪嫌疑人、被告人没能获得律师辩护。究其原因，各专门机关怠于履行告知和通知义务，在很大程度上影响了法律援助机构的指派工作。对于专门机关怠于履行职责的行为，应以相应的惩戒措施予以纠正，而程序性制裁措施将起到威慑作用。具体而言，针对未成年犯罪嫌疑人身心不成熟、文化程度较低、法律意识薄弱的特点，可规定在侦查机关第一次讯问时必须有援助律师在场，否则所取得的供述将不具有可采性。这样的规定有助于让未成年人刑事法律援助真正能从侦查阶段开始。第一次讯问时律师在场，对于稳定未成年犯罪嫌疑人情绪，帮助其正确理解讯问过程中的法律问题，维护其诉讼权利都具有重要的意义。② 除此之外，在一审程序中未成年被告人没有获得律师辩护的，二审法院应当撤销原判，发回重审，以保障未成年被告人的律师辩护权。

---

① 陈瑞华：《程序性制裁理论（第三版）》，中国法制出版社 2017 年版，第 371 页。

② 参见叶青：《未成年人刑事法律援助的实践与新发展》，载《青少年犯罪问题》2013 年第 1 期。

最后，建立公检法机关法律援助衔接机制，明确责任主体。实践中，指定式法律援助以“阶段负责”的模式具体实施。在该模式下，公检法机关各自通知法律援助机构之后，法律援助机构为相应诉讼阶段分别指派律师。因此，完整的未成年人刑事诉讼程序，要经历侦查、检察、审判机关的三次法律援助通知，法律援助机构要指定三次援助律师。因此，在一个诉讼阶段完结之后，涉及法律援助的衔接，负责前一阶段的专门机关应当将相关事项及时通知后续机关，否则会导致法律援助的不及时甚至缺失。有效衔接机制的构建需以责任主体的明确为前提，即明确各个阶段承担法律援助相关事项的部门，告知后续衔接机关以及通知法律援助机构。只有明确了责任主体，才能够保障未成年人刑事法律援助不会被忽略。

（二）加强法律援助质量监管

律师是自负盈亏的市场经济主体，其凭借法律专业技能赚取收益。实践中，法律援助的经济补偿远远少于委托辩护报酬。因此，律师当然会将更多精力投入到为其赚取更多收益的委托辩护之中，而忽视法律援助案件。为保障法律援助质量，对于援助律师的监管必不可少。司法行政机关应当充分发挥监管职能，可以借鉴国外有益做法，要求法律援助律师在结案时提交一份详细的结案报告，报告的具体内容应包括：会见未成年人的时间与次数、调查取证和阅卷的情况、出庭的时间和次数，同时要求提交受援人和合适成年人对于该律师提供法律援助工作的评价，最终作为法律援助中心发放办案补贴的参考与年检注册的依据。在加强监督的同时，还可以通过表彰和宣传那些主动为未成年犯罪嫌疑人、被告人提供优质法律援助的人员的方式，来提升他们的荣誉感和自豪感，提高社会对他们的关注度，以发挥积极的引领示范效应。[①]

（三）建立未成年人法律援助专职队伍

基于未成年人案件的特殊性质，立法者构建了区别于普通程序的未成年人

---

① 参见叶青：《未成年人刑事法律援助的实践与新发展》，载《青少年犯罪问题》2013 年第 1 期。

刑事案件诉讼程序，并在《刑事诉讼法》第五编设专章规定，其中第277条第2款规定，人民法院、人民检察院和公安机关办理未成年人刑事案件，应由熟悉未成年人身心特点的审判人员、检察人员、侦查人员承办。而辩护人这一专门维护被追诉人利益的角色，其是否需要熟悉未成年人身心特点，并没有被提及。实践中，法院和检察院体系内部都建有未成年人审判和未成年人检察队伍，多地公安机关也都在探索建立“未成年人刑事案件侦办队”，以便专业化处理未成年人案件。[①] 而法律援助机构内部并没有建立专门的未成年人援助队伍，可以说忽视了未成年人的辩护问题，这与制度的发展进程不相匹配。

未成年人法律援助队伍的专业化建设，是保障未成年人辩护权有效行使的关键。在法律援助机构内部设置岗位，由专人负责未成年人案件。各地法律援助机构内部，普遍聘有法律援助专职律师。截至2014年年底，全国法律援助机构共有3263个，专业法律工作人员共有11517人。[②] 应从中挑选责任心强、熟知未成年人心理的人员，成立专职未成年人援助队伍并给予必要的培训和财政支持。未成年人法律援助的专业化，将能够更有针对性地保障辩护效果，进一步推动未成年人刑事司法制度的发展。

第三节　国外未成年人刑事辩护制度

未成年人辩护权的特殊保护问题在世界范围内广受关注，并在一系列国际条约中得到明确。随着时代的发展，在当今法治发达国家，其辩护制度发展已趋近成熟，无论犯罪嫌疑人、被告人是否未成年都同样以高标准保障其律师辩护权的实现。本部分对英美法系和大陆法系主要国家的未成年人辩护制度进行介绍，实则是对其总体辩护制度的介绍。

---

① 参见曾利娟：《未成年人刑事辩护实证研究》，载《预防青少年犯罪研究》2017年第6期。

② 参见吴羽：《论未成年人律师辩护的专业化》，载《青少年犯罪问题》2017年第3期。

一、国际公约中有关未成年人刑事辩护的规定

以联合国为代表的国际组织制定了一系列国际公约，如《北京规则》《利雅得准则》《联合国保护被剥夺自由少年规则》《儿童权利公约》等。上述公约明确了处理未成年人刑事案件的基本原则，并逐步形成了未成年人刑事司法国际准则。

有关未成年人刑事辩护的内容主要包括：《北京规则》第 15.1 条规定："在整个诉讼程序中，少年应有权由 1 名法律顾问代表，或在提供义务法律援助的国家申请这种法律援助。"可以看出，该规则没有在未成年人刑事辩护方面作出强制性规定，并未要求各国政府必须为未成年人提供辩护律师，而是规定了一种消极性义务，即各国政府不能阻止、妨碍未成年人获得辩护律师。《联合国保护被剥夺自由少年规则》第 18 条（a）款规定，被逮捕或待审讯的少年"应有权得到法律顾问，并应能申请免费法律援助（如有这种援助的话），并能经常与法律顾问进行联系。此种联系应保证能私下进行，严守机密"。该规则同样没有为各国政府设定强制性义务，在法律援助方面充分尊重各国立法的选择。《儿童权利公约》第 40 条第 2 款规定，所有被指称或指控触犯刑法的儿童至少应迅速直接地被告知其被控罪名，适当时可通过其父母或法定监护人获知，并获得准备和提出辩护所需的法律或其他适当协助。

二、英美法系国家的未成年人刑事辩护

（一）英国未成年人刑事辩护

在英国漫长的一段历史中，刑事被告人不被允许拥有律师，在那时，律师被认为是善于拨弄是非的角色，其存在会导致法庭作出不公正的裁判。直至 17 世纪末在英国爆发了光荣革命，为了阻止革命的步伐，当时的英国政府以叛国罪判处了众多的革命者，其中充斥着大量的肆意和妄为。为了阻止政府对于革命者的迫害，英国议会在 1695 年通过法案，允许被以叛国罪起诉的被告人拥有律师。但是，其他刑事案件的被告人就算面临死刑，律师辩护也是不被

允许的。在随后的近150年间，刑事辩护权在英国经历了缓慢的发展。被告人逐步被允许聘请律师，但是律师的作用仅限于证人的质证和就法律问题向法官提出意见。而关于事实问题，律师仍然不被允许向陪审团表达任何观点。[①]

之后，律师辩护权在英国又经历了不断的发展，《法官守则》规定："警察在讯问犯罪嫌疑人以前必须口头告知被羁押的人有权获得律师的帮助"。即警察将犯罪嫌疑人逮捕后，必须将其带到警察局才能进行讯问，并且必须告知他有聘请律师的权利。《警察与刑事证据法》第6.8—6.10条规定，讯问开始和进行过程中犯罪嫌疑人被允许咨询且有可能咨询律师，则必须允许该律师在询问过程中在场。如果犯罪嫌疑人提出要聘请律师，则警察的讯问必须等律师到场后才能进行。在律师到场以后，犯罪嫌疑人应被允许单独与律师交流。实践中，犯罪嫌疑人到达拘留所后，可以自己指定律师，或由值班律师为其提供法律服务。同样，上述辩护制度也适用于未成年人。

（二）美国未成年人刑事辩护

1791年《美国宪法》第六修正案规定，在一切刑事诉讼中，被告人有权取得律师帮助为其辩护。但是，依据联邦最高法院的判例，"宪法修正案"的效力仅能够约束联邦法院系统，对于绝大多数案件发生的州法院系统，为被告人提供律师辩护并不是其所必须履行的职责。自该修正案生效之后的近200年间，联邦最高法院通过判例不断强化律师辩护权，最终在1963年通过吉迪恩案[②]正式宣布律师帮助权作为一项基本人权受《美国宪法》第十四修正案的保护。自此，无论是在联邦法院系统还是在州法院系统，政府都应当确保有律师为被追诉人提供法律帮助，否则即是违反正当法律程序。

1966年，联邦最高法院通过米兰达案[③]确立了举世闻名的"米兰达规则"，将律师辩护权的保障范围扩展到审前阶段：在任何的羁押性讯问当中，除非犯

---

① See Charles S. Potts, Right to Counsel in Criminal Cases: Legal Aid or Public Defender, 28 *Tex. L. Rev.* 491 (1949-1950).

② See Gideon v. Wainwright, 372 U. S. 335, 340 (1963).

③ See Miranda v. Arizona, 384 U. S. 436, 86 S. Ct. 1602 (1966).

罪嫌疑人明确表示放弃律师辩护的权利，否则在律师到场之前侦查人员不得展开讯问，如果侦查人员违反这一规则，由此获得的相关证据不得呈现于法庭。1967 年，联邦最高法院通过高尔特案，将律师辩护权扩展至未成年人。总体来说，在美国对遭受拘押的犯罪嫌疑人，不论在指控前或指控后，讯问时都应当有律师在场。没有律师在场则讯问不得进行。即使犯罪嫌疑人先前表示放弃律师辩护权，但在讯问时又重新主张律师帮助的，讯问仍需中止，直至律师到场。

三、大陆法系国家的未成年人刑事辩护

（一）德国未成年人刑事辩护

《德国刑事诉讼法典》第 136 条第 1 款规定，初次讯问时应告知犯罪嫌疑人有权随时地，包括在讯问之前，与由他自己选任的辩护人商议。第 141 条规定了强制辩护，包括以下情况：州高级法院或者州法院第一审审判；被指控人被指控犯有重罪；程序可能导致禁止执业；根据法官的命令或在法官的许可下，被指控人至少度过了三个月并且至少是在审判开始的两周前不会被释放等[①]。

在侦查阶段，《德国刑事诉讼法典》对于辩护权的保障具有一定的限制性，即允许犯罪嫌疑人与辩护律师交流，但是在具体讯问过程中并不允许律师在场。这与英美法系国家有着明显的差别，这主要是为了侦查能够顺利进行。在审判阶段，德国强制性辩护的范围与美国相近，按照《德国刑法典》第 12 条的规定，重罪是指最低刑为 1 年或 1 年以上自由刑的犯罪，因而在德国，刑事法律援助的范围是非常广的。而同时，根据德国《少年法院法》第 68 条的规定，“如果犯罪嫌疑人未满 18 周岁，对该犯罪嫌疑人执行待审羁押或者根据《刑事诉讼法》第 126a 条的规定执行临时收容；此种情形，应当立即指定辩护人。”[②]

---

① 参见〔德〕克劳思·罗科信：《刑事诉讼法》，吴丽琪译，法律出版社 2003 年版，第 156—160 页。

② 转引自卞建林主编：《未成年人刑事司法程序——外国刑事诉讼法有关规定》，中国检察出版社 2017 年版，第 48—49 页。

（二）法国未成年人刑事辩护

《法国刑事诉讼法典》第70条规定，对现行重罪案件，如果预审法官尚未受理，共和国检察官可以向任何犯罪嫌疑人发出传票。共和国检察官应当立即讯问依此方式被传唤的人。如果被传唤的人是由律师陪同，则只能在律师在场的情况下对他进行讯问。第114条则规定，在预审法官讯问时，除非双方当事人的律师在场或者已经合法传唤，否则不得听取当事人陈述、讯问当事人或者让其对质，除非当事人公开放弃此权利。在法国，侦查阶段的律师辩护权保障仅限于检察官或预审法官主持的侦查讯问程序，对司法警察在初步侦查中的讯问，并未有相关规定。

1993年1月4日，法国通过的第93-2号法律对其讯问制度进行了重大改革，即“除当事人明确放弃之外，只有其律师在场或者按规定传唤律师到场的情况外，才能听取当事人陈述、进行讯问、令其对质”。这意味着，在刑事诉讼中，如果犯罪嫌疑人、被告人没有委托辩护人，警察、检察官、法官等就必须为其指定辩护人。[①] 同样，这一规定也适用于未成年人。

---

① 参见陈永生：《刑事法律援助的中国问题与域外经验》，载《比较法研究》2014年第1期。

第五章

未成年人刑事诉讼证据制度

第一节　未成年人刑事诉讼证据制度概述

一、未成年人刑事诉讼证据的特点

随着刑事诉讼的不断发展，未成年证人的地位在司法实践中日益提升，对于查清案件事实，认定刑事责任发挥着重要作用，特别是在性侵案、虐待案这些隐私性极强、证据种类单一的案件中。未成年人刑事诉讼中存在的证据和普通刑事诉讼并无太大的区别。从证据种类上看，未成年人刑事诉讼的证据同样可以分为物证、书证、证人证言、被害人陈述、被告人、被告人供述及辩解、鉴定意见、视听资料和电子数据等。在这些种类的证据中，对处理未成年人刑事案件存在特殊性的主要是言词证据，包括未成年犯罪嫌疑人、被告人供述和辩解，未成年证人证言，以及未成年被害人陈述。

一方面，从纵向层面来说，未成年人的言词证据按照陈述主体的年龄不同，有其不同的特点。在现有的研究中，“儿童证言”和“未成年人证言”往往混同使用，在对这两个概念的适用范围上并无明显的不同。我们认为，“儿童证言”和“未成年人证言”是两个不同的概念，两者存在包含与被包含的关系。现代儿童发展心理学的主流观点认为，儿童的发展不是被动地靠着成人的肯定或否定推动的，而是当儿童探索世界时，他们在积极地构建知识。“认知结构”被视为儿童认识事物的核心，它决定着儿童如何应对或解释某些经验。任何年龄的儿童，都是基于先前的认知结构来理解周围的世界。当先前的认知结构与现实之间发生矛盾时，儿童就会改变认知结构以符合新获得的经验，因此儿童的认知结构会随着年龄的增长而有所不同，这就促使了儿童智力的发展。皮亚杰（Jean Piaget）将儿童的认知发展分为四个阶段：一是感知阶段（0—2岁），这是儿童运用感知和运动来探索世界的开端。在这一阶段，婴儿的身体和大脑发生了显著变化，这些变化为他们的运动、感知和智力等方面的能力发展提供了支持；同时，语言能力也逐步形成，个体能与亲近的人结成亲密关系。二是前运算阶段（2—7岁），这是儿童认知发展为符号化的、不合逻辑的思维阶段。在这一阶段，个体的运动技能趋于精细，儿童变得更加自控和自理。假装游戏兴盛一时，并从各个方面为儿童的心理发展提供了支持。此时儿童的思想和语言以惊人的速度拓展，道德观更加清楚，能与同伴建立起联系。三是具体运算阶段（7—11/12岁），这是儿童认知被转换为更富有组织性的推理阶段。这段时期属于学龄期前期，儿童通过学习掌握了他们在成年后将要承担的责任。运动能力改善，思维更具有逻辑性，掌握了基本的读写能力，并且在自我理解、道德和友谊方面变得更加成熟。四是形式运算阶段（11/12岁以上），这是青少年思维逐渐形成和成年人一样复杂的、抽象的推理系统，并开始向成年期过渡的阶段。青春期发育使青少年更具备成年人般的身体和性方面的成熟，个体的思维更加抽象和理想化，并逐渐脱离家庭，形成自主意识，开始确定个人的价值和目标。[①] 就未成年人心智发展的阶段来看，12岁左右是一个比较明显的分界线。12岁以上的未成年人在思维模式、抽象思维能力、运算能力等方面逐步接近成年人，记忆力、表达能力也趋于成熟，对独立性的追求越来越强，相比低龄儿童，更不容易受到不合理的影响和诱导。因

---

① 参见〔美〕David R. Shaffer & Katherine Kipp：《发展心理学》，邹泓等译，中国轻工业出版社2009年版，第53页。

此，对于未成年人证言的研究不能一概而论，应当有一个年龄界限用来区分儿童证言和青少年证言，否则会产生以偏概全的错误，并且可能在司法实践中产生误导。[①] 综合儿童发展心理学的一般观点和社会实践来看，在研究未成年人言词证据的问题上，对未成年人应当划分为三个阶段：低龄儿童阶段（12 岁以下）；青春期青少年阶段（12—16 岁）；准成年人阶段（16—18 岁）。三个阶段的未成年人的心智发育水平和证言特点都有所不同，应当区别对待。

另一方面，从横向层面来说，未成年犯罪嫌疑人、被告人供述和辩解与另外两种言词证据还存在一定的区别。未成年犯罪嫌疑人、被告人供述和辩解主要存在于未成年人刑事案件中，而未成年证人证言、被害人陈述可能出现在任何刑事案件中。同时，由于我国刑事责任年龄的限制，未成年犯罪嫌疑人、被告人一定是年满 16 周岁（部分案件年满 14 周岁）以上的，处于青春期青少年阶段中后期及准成年人阶段，不存在低龄儿童的供述和辩解，从儿童发展心理学的角度来讲，未成年犯罪嫌疑人、被告人供述和辩解与一般成年犯罪嫌疑人、被告人供述和辩解的差别并无太大的区别。对未成年犯罪嫌疑人、被告人讯问的特殊规定更多是出于有利于未成年人的成长或人道主义的需要。

综上可见，本章主要讨论低龄儿童及早期青春期青少年在刑事诉讼中以证人或被害人身份所作的陈述。由于未成年被害人在诉讼中不具有完全的诉讼行为能力，他们无法独立地提出诉讼主张和法律适用意见，因此未成年被害人在刑事诉讼中的作用实际上等同于证人。据此，本章将未成年被害人陈述和未成年证人证言统一论述，为方便起见，统称为“儿童证言”。

二、儿童证言的证据能力

（一）儿童作证能力的特点

根据儿童发展心理学，影响儿童作证能力的因素主要包括以下三个方面：

---

① 比如，我国《民法总则》第 18 条第 2 款规定：“十六周岁以上的未成年人，以自己的劳动收入为主要生活来源的，视为完全民事行为能力人。”如果以低龄儿童的特点概括研究所有未成年人证言的特点，就会在司法实践中产生不合理的矛盾。

首先，儿童性格具有脆弱性。儿童处于生长发育期，其心理上和生理上都尚未发展成熟，相较于成年人而言，其对外界压力往往表现得极为敏感脆弱，容易受到伤害。当面对司法人员的询问时，封闭的侦查环境和严肃的法庭环境造成的陌生感会使敏感脆弱的儿童难以消除内心的屏障。同时，因年龄较小，社会经历少，儿童的抗压能力远远不如成年人，在外界压力之下会表现得更为焦虑、慌张，难以主动积极地配合侦查人员的询问。面对森严的询问室，其内心焦虑更甚，往往会表现得不知所措，无法正常陈述事实。这种脆弱性，在儿童以受害人身份接受询问时更为明显，如果询问过程处理不当，很可能导致询问无法进行。

其次，儿童记忆能力处在发展期。一般而言，人的记忆能力自婴儿时期开始随年龄增长而逐渐达至顶峰。儿童的年龄较小，难以获得全面完整的记忆印象，尤其是低龄儿童，常常因为相关常识和经验的不足，只注意事物的表面特征而忽视本质的、具有决定意义的信息，较不容易记住所观察到的事物，对事物的记忆以短期记忆为主。有研究指出，短期记忆与长期记忆相比，最重要的区别是信息保持时间相当有限：在未经复述的条件下，大部分信息在短期记忆中保持的时间只有 5—20 秒，最长不超过 1 分钟。因此，儿童在接受询问时往往难以将整个事件完整准确地复述，只能以不连续的各个片段进行叙述。

最后，儿童抵抗诱导能力存在薄弱性。儿童的认知能力处于成长阶段，心智尚未发展成熟，抗干扰能力较差，容易受到外界干扰而影响自己对案件事实的认识和陈述。同时，儿童在事件发生时感受到的信息量较少，在回忆时受到外界环境的影响，表达时对成年人又有依赖心思，证言容易在暗示和引导下发生变更，尤其是低龄儿童对自己想法来源的辨别力不强，极易受到侦查人员的引导性问题和暗示的影响。心理学家采用实验研究的方式，设计某些事件，采用自由联想和提示访问的办法，让儿童在一段时间之后回忆这些事件。研究发现，年幼的孩子在接受提问时更容易受到别人的影响。据古德曼（Goodman）与里德（Reed）的实证研究表明，未成年人受暗示的概率比成人高，其中低龄儿童更易受暗示性问题影响；被动旁观的儿童相对主动参与事件的儿童更易受暗示性问题影响。当被问到一些误导性的问题时，他们很容易被提问者吓到并因此改变回答。这种暗示感受性取决于很多因素，包括提问进行的方式、问题的类型和提问者被认为所处的地位。[①] 侦查人员的权威地位对儿童也有一定的影响。[②] 沃伦（Warren）等人研究发现，在面临权威的侦查人员时，儿童往往会不假思索地接受来自他们的暗示。儿童抵御和发现外界暗示的能力低，其证言更容易因受到外界暗示而发生错误。[③]

（二）儿童作证能力对其证言的影响

对于儿童的作证能力、证言证明力以及在证言没有得到完全相互印证的情况下是否适用补强规则等方面，理论界和实务界对此尚未形成统一意见。有观点认为，只要儿童能够感知、回忆并将感知和回忆的有关案件情况表述出来就可以认定其有作证能力，至于儿童是否能够“辨别是非”应该作为判断其证言是否具有可靠性的标准，儿童的表达是否正确则需经过刑事审判由法官予以认定，并作为判断其证明力的标准；[④] 有观点主张，儿童的作证能力不能照搬民事行为能力与诉讼能力的判断标准，应采取年龄标准与抽象内涵相结合的判断方法，就证明力层次而言，应在完善未成年证人质证规则的前提下，允许法院有自由判断证明力的空间。[⑤] 我们认为这两种观点都有可取之处，确定儿童证

---

① 参见〔英〕鲁道夫·谢弗：《儿童心理学》，王莉译，电子工业出版社2010年版，第241页；〔美〕劳拉·E. 贝克：《婴儿、儿童和青少年》，桑标等译，上海人民出版社2008年版，第4页。

② See G. Goodman, The Child Witness: Conclusions and Future Directions for Research and Legal Practice, 40 *Journal of Social Issues*, 157-175 (1984).

③ See A. R. Warren, K. Hulse-Trotter, E. Tubbs, Inducing Resistance to Suggestibility in Children, 15 *Law and Human Behavior*, 273-285 (1991).

④ 参见谢佑平、陈盈盈：《未成年人作证的若干问题研究》，载《青少年犯罪问题》2012年第1期。

⑤ 参见程捷：《未成年人作证规则之检讨——以刑事证据法为视角》，载《中国青年政治学院学报》2013年第3期。

人是否具有作证能力，应当从儿童所陈述的内容是否为其直接感知以及其年龄、记忆和表达能力等是否影响作证，作证程序是否合法等方面去判断，对于证明力的探讨应当通过庭审质证，交由法官自由心证审查裁决。儿童作证能力的上述特点对儿童证言存在以下影响：

首先，儿童证言的准确性与其对问题的理解程度密切相关。实验研究表明，如果问题复杂、抽象，出现儿童无法理解的词语、情境等，证言的准确性会大打折扣。即使无法理解问题，儿童依然会积极地作出回答，很少表示自己并不明白或者不清楚。[①] 有时儿童也会掩盖自己的真实情绪，尤其是儿童被害人大多不愿意再次回忆案发经过，在陈述时会出现语言重复、内容混乱、情绪激动的状况，无意识或故意省略、夸张案件细节，对案件侦破、定罪量刑造成困扰。

其次，儿童的表达主观、笼统。儿童在陈述时，往往会以自我为中心，对事件的描述和对他人的判断主观、笼统，如“他真好，给我许多糖吃”“我害怕他，他长得好可怕”等。心理学家从描述与解释他人两个方面，对儿童的思维方式进行了研究，发现儿童对他人的描述受年龄的影响在很多方面有所不同：年龄更大的儿童，能够意识到他人的心理特征，而不仅仅集中在外部特征上；年幼的孩子往往不能理解一个人的好坏，如果对方是一个外表斯文、言语温柔的人，那么他们就会认为是好人，随着年龄的增长，社会阅历更加丰富，他们会渐渐意识到人性的复杂性，知道辨别是非。

最后，儿童的陈述往往会将现实和想象混杂在一起。在美国一起离婚案件中，有一个关键的事件是女方是否在男方出去打猎的一个周末与她的同事乔治有通奸关系。五岁的女孩是那天唯一在家的第三人。周一的时候小女孩主动向她的保姆说她度过了一个非常美妙的周末。在她天真地描述细节时，小女孩说：“妈妈和乔治带我去了麦当劳，乔治给我带了软糖圣代。然后我们一起回

---

① 转引自杨伟伟、罗大华等：《国外心理学关于证人证言的研究及其启示》，载《证据科学》2007年Z1期。

家了，在我们去睡觉前，他们让我和他们依偎在一起。乔治在我家度过了一夜，因为他早上在我家吃了早饭。我自己做了小煎饼，我吃了 102 个。”当被问到她吃过小煎饼后干了什么时，小女孩说：“小狗吃了一大盘小煎饼，饱得像个气球一样飞到了天花板上。”妈妈承认那个周末带小女孩去了麦当劳吃饭，但否认见过乔治以及其他所有的事情。不过，她提到某一次偶然的机会她和小女孩出去的时候在麦当劳见过乔治。这一案件提出了一种可能性，即孩子混淆或者臆想出了那个关键的周末的事件。与成年人不同，儿童对于他们实际听闻的事件有可靠的宏观记忆，但缺少对细节进行推测的能力。推理研究强调，那些影响成年证人证言可靠性的因素在儿童证人身上不太会出现。研究表明，比起成年人，儿童似乎还没有能力去推理动机以及事件发生的原因。儿童虽然不会像成年人那样自发地使用推论来取代或支持其所观察的细节，但他们经常借用记忆中储备的东西来为他们的回忆添枝叶。在妈妈的过夜者的案例中，小女孩作为一个目击者在她记忆中留存的数百个相似的情景中提取了一个睡前例行公事的推测。在心理学术语中，这是孩子的“脚本记忆”。有研究表明，如果经历与确立的脚本知识相似，六岁的儿童比十岁的儿童经常更可能作出特定的推论。在评估这个五岁小女孩报告的可信性时，她的相似记忆脚本可能会有很大的影响：乔治是不是这家人的常客？他是不是经常睡前给她读故事并依靠着她睡觉，或者经常带她去吃麦当劳？孩子关于自己吃了 102 个小煎饼以及看到小狗吃饱了飞上天花板的陈述显然是一种臆想，这种臆想与孩子的其他陈述混杂在一起必然会对其证言产生负面的影响。①

因此，儿童心理对于其证言的可靠性有很大的影响，但是儿童依旧有能力扮演目击者的角色。我国《刑事诉讼法》第 62 条第 2 款规定：“生理上、精神上有缺陷或者年幼，不能辨别是非、不能正确表达的人，不能作证人。”这条规定中，生理上、精神上有缺陷或年幼是“不能辨别是非、不能正确表达”的一

---

① Luch S. McGough, *Child Witnesses: Fragile Voices in the American Legal System*, Yale University Press, 1994, p. 35.

个条件，而非作为证人的条件。判断低龄儿童是不是可以作为证人，年龄并不是关键因素，辨别是非和正确表达才是关键。至于儿童证人不具备完全的行为能力、心理状况不稳定、认识及感知事物的能力较弱、独立判断能力不强以及其证言的可靠性和可采性不高等问题，其实是儿童证言的证明力问题，应由法官在庭审中加以审查判断。[①]

第二节　未成年证人作证的程序要求

一、询问未成年证人的程序要求

（一）询问场所的特殊要求

儿童的脆弱性集中体现在抗压力弱上，当儿童承受较大心理压力时，会直接影响其对记忆的检索和提取，使其遗漏许多重要信息，最终影响证言的完整性。在询问正式开始之前，儿童首先接触的是询问活动进行的环境。陌生的环境容易增加儿童的心理压力，且一般的侦查询问场所都具有陈设简单、冷峻严厉的特征，二者都能够给初次接受询问的儿童心理产生极大压力，不利于其进行回忆和陈述。因此，世界各国普遍建议尽量在一个让儿童熟悉且适宜的环境中进行询问，确保其在轻松自然的状态下完成询问过程，同时需要排除会导致儿童记忆力降低，分散其注意力或者妨碍其全面陈述的环境影响因素。

1982 年，美国律师联盟全国儿童收养和保护法律援助中心在《关于增强家庭内部儿童性侵害案件的法律干预的建议》中提出了一项司法改革的意见表，这被认为是最早的改革构想。[②] 三年后，美国司法部发布了一份有关保护儿童

---

① 参见何杰：《英国儿童证人制度对我国未成年人作证之借鉴》，载《昆明学院学报》2010 年第 1 期。

② National Legal Resource Center for Child Advocacy and Protection American Bar Association, Recommendations for Improving Legal Intervention in Intrafamily Child Sexual Abuse Cases, 12 *National Criminal Justice Reference Service* 12 (1982).

证人的手册，其确立了三项基本原则：改变法庭环境以减少儿童在法庭上作证造成的心灵创伤；建立流线型刑事侦查程序；降低儿童证人庭外陈述可采性的门槛。

显然，最小化心灵创伤与法庭环境相关联是无可争议的，也是非常容易实现的。除了少年法庭外，所有的刑事和民事法庭都是按照成年人的标准来设计的。法庭的气氛是严肃的、正式的并且故意地有压迫性。成为一名证人，被孤立地限制在一小块地方可能成为一个成年人一生中所面临的最有压力的事件。而对一个孩子来讲，法庭往好了说是一个容易产生混乱的场所，往坏了讲是一个恐怖的世界。

因此，在美国的一些州，如加利福尼亚州就制定了法律简化法庭。儿童被允许和当事人、律师和法官在一张圆桌上提供证词，法官如果认为正式的服装可能会吓到小孩子，他们可以脱下长袍。在其他州，法官在有儿童作证时可以改变管理方针以让他们的法庭不要那么令人生畏。在马萨诸塞州，法官用小号的椅子给儿童坐，这样儿童的腿就不会悬在空中。在马里兰州，儿童如果表达有困难，他们可以通过画画来表述发生的事情。在密西西比州，如果孩子被吓呆了，他们被允许在检察官桌子底下作证。

我国也非常注重询问环境对未成年人尤其是儿童证人的影响。1984 年，我国第一家少年法庭在上海市长宁区建立。少年法庭一改传统的庭审席位布置，将审判庭改成圆桌法庭以降低未成年人在接受询问、审判时的心理压力。

（二）禁止诱导性询问

在法庭审判过程中，应当发挥法官保护儿童的作用。一般而言，在确保交叉询问的基础上，禁止被告人直接询问和诱导性询问。禁止诱导性询问是确保儿童证言的真实性，确认证明效力的重要庭审规范。诱导性询问是交叉询问制度中非常重要的一种询问手段。它对于揭露证人证言矛盾与逻辑漏洞有着不可替代的作用。在交叉询问规则中，禁止控辩双方对本方证人进行诱导性询问以避免串供，但允许对对方证人进行诱导性询问。然而，诱导性询问将证人摆在一个被质疑和攻击的地位，证人往往容易被提问者误导。相对成年人来说，儿童只有很短的时间才能够集中注意力，如果儿童被不停地要求回答同一个或者同类问题，他们很可能会为了寻求缓解，逃避询问来改变答案迎合提问者。长时间的诱导性询问也会使儿童证人发生思维混乱而影响其证言内容，破坏了儿童证言应有的可信度。因此，在有儿童证人作证的案件里，法官应当严格限制诱导性询问的使用并且在合适的时机宣布休庭，给予儿童休息的时间。我国《人民检察院刑事诉讼规则（试行）》第438条第1、2款规定："询问被告人、询问证人应当避免可能影响陈述或者证言客观真实的诱导性讯问、询问以及其他不当讯问、询问。辩护人对被告人或者证人进行诱导性询问以及其他不当询问可能影响陈述或者证言的客观真实的，公诉人可以要求审判长制止或者要求对该项陈述或者证言不予采纳。"

（三）合适成年人参与

要求合适成年人参与儿童证人作证，不仅是为了保障儿童的合法权益，也是为了完善陪伴功能，消除儿童作证时内心的恐惧感。合适成年人可以独立参与诉讼，不受司法机关干涉，在询问过程中有权与儿童单独交流。如果合适成年人认为司法机关的行为侵犯了儿童的合法权益，有权提出异议并向上级司法机关提出申诉。但是，合适成年人不得干扰正常司法秩序，不得在与儿童的单独交流过程中诱导、教唆儿童作虚假陈述，更不得向外界披露案件情况和个人信息。对于合适成年人的选定，我们认为不仅包括儿童的父母、法定代理人，也包括从事未成年人工作的社会组织、老师、近亲属或者其他合适的人。总之，只有那些能够获得儿童信任的人才可以作为合适成年人。

（四）强化儿童证人的作证保护

对儿童证人的作证保护不仅包括事后保护，更重要的在于事前预防机制的设置。扩大保护区间不仅能极大地限制并在很大程度上杜绝有加害意图的人员实施打击报复证人的行为，同时也扩大了证人保护的时间和打击对象，间接减少了事后保护的工作量。[①]

一方面，在传统证人保护的基础上，事前预防应当注重儿童证人的特殊性。在儿童出庭作证前，司法机关应当安排专业的心理医师，由后者向儿童解释作证程序，但是其不参与案件内容的讨论，确保询问人员提出的问题得到了充分的理解和真实的回答。澳大利亚强调需要形成受害人影响报告，该报告不仅能够使法庭知道罪行对儿童的影响，也能够帮助儿童更正自己的错误想法（一些犯罪嫌疑人会主张是儿童很有性吸引力才会犯罪，儿童对此也认为是自己的过错），还能够使侦查人员、公诉人和法官更加重视儿童受害情况及儿童受到保护的需要。同时，应当完善儿童被害人隐私保护机制，保护儿童被害人或证人的身份不被公开，司法人员、合适成年人或心理医师都不得向外界透露案件情况和个人信息，法庭审判也不对外公开。

另一方面，事后救济制度不仅在于提供一定的物质支持，更在于帮助儿童受害人康复，因为受过伤害的儿童经常说自己感到无助与孤单，让儿童感受到自己可以控制已发生的事情十分重要。确保审判结束后并没有给儿童留下心理阴影，能够正常进行日常生活，并且愿意接受外界帮助，不再压抑、掩盖内心的伤痛是儿童证人作证事后保护制度的重要内容。

二、未成年证人的出庭及其限制

对儿童证言的审查除了涉及儿童本身心智发育的问题外，还存在一个儿童保护与被告人质证权之间平衡的问题。无论是英美法系的交叉询问，还是大陆法系的轮替诘问，庭审中的发问都是充满对抗和火药味的。相对于成年人而言，儿童不管是作为被害人还是证人，都更容易在这种对抗性询问过程中受到不当影响。尤其是对于被害儿童而言，其因庭审询问受到二次伤害的可能性也较成年人更高。因此，针对儿童证人的特殊性，各国或地区都对儿童证人的询问实行了特别的规定，如日本《刑事诉讼法》规定审判人员可以在庭外询问脆弱

① 参见王进喜等：《未成年证人基本问题研究》，载《政法论丛》2016 年第 2 期。

证人。该法第158条规定："法院考虑到证人的重要性、年龄、职业、健康状况等情况和案件的轻重，听取检察官和被告人或者辩护人的意见后，认为有必要的，可以将证人传唤到法院外或者在证人所在场所当场进行询问。在前款的情况下，法院应当事先向检察官、被告人及辩护人提供了解询问事项的机会。检察官、被告人或者辩护人，可以请求在前款询问事项的基础上询问必要的事项。"[①] 同时，该法第159条规定："检察官、被告人或者辩护人在前条询问证人时没有在场的，法院应当向没有在场的人提供了解证人陈述内容的机会。前款证人的陈述是被告人难以预料的对其显著不利的陈述时，被告人或者辩护人可以请求对该必要事项再次进行询问。法院认为前款的请求没有理由时，可以予以驳回。"[②]

使用屏风隐蔽作证或庭前的录音录像也是很多国家或地区对儿童出庭作证的一种替代手段。但是，屏风只能在有限的范围内进行空间上的隔断，儿童依然清楚地知道屏风背后是被告人，在庄严肃穆的法庭环境下更是难以缓解紧张的情绪。录像作证方式是庭审实质化的充分体现，将儿童证人安置在另外一个房间里，法官、公诉人、被告人、辩护人都可以在屏幕里看见儿童，但是儿童所在房间里的屏幕显示角度避开了被告人，能在一定程度上缓解儿童的情绪，避免其为逃避紧张的对话氛围按提问者的意图回答问题。我国台湾地区"性侵害犯罪防治法"第16条第1款的规定值得借鉴，该条规定："对被害人之询问或诘问，得依声请或依职权在法庭外为之，或利用声音、影响传送之科技设备或其他适当隔离措施，将被害人与被告或法官隔离。"

但是，被告人对证人的质证权是其辩护权的重要组成部分。对证人的质证主要依靠证人出庭接受控辩双方的询问来完成。如果一概允许使用儿童在法庭外的证言，可能对被告人的质证权造成不必要的损害。在这一点上，美国的判例经历了一些变化的过程，值得我们参考借鉴。

---

① 转引自张凌、于秀峰编译：《日本刑事诉讼法律总览》，人民法院出版社2017年版，第43页。

② 同上书，第43—44页。

美国联邦最高法院对被告人质证权有两个方面的保障：其一，被告人有权对证人进行交叉询问；其二，这种交叉询问必须是“面对面”进行的。针对“面对面”的权利，各州在性侵害案件以及儿童作证的案件中或多或少存在一些限制，这些限制就成为联邦最高法院审查的对象。最早涉及这个问题的案件是 Coy v. Iowa，该案是一起性侵害未成年少女的案件。在审判中，两名被害人出庭接受了询问。根据爱荷华州 1985 年颁布的法律，当儿童性侵害案件的被害人出庭作证时，允许在证人和被告人之间放置一块大屏风以阻隔证人和被告人之间的视线。[①] 被告人只能看到证人的一个模糊影像，而法官和陪审团可以清楚地观察证人与被告人。Coy 被定罪后，向联邦最高法院上诉，声称爱荷华州法律所规定的这一特殊程序侵害了他的对质权，因为宪法中质证权条款的真实意思是赋予被告人与证人“面对面”对质的权利。联邦最高法院以微弱多数推翻了对 Coy 的定罪。多数意见认为，保护性侵害案件中的儿童被害人免受交叉询问所产生的二次伤害并不能成为限制被告人面对面对质证人的绝对理由。爱荷华州法律以概括规定剥夺被告人在此类案件中与证人的对质权构成违宪。多数派中两名法官并不同意质证权条款必然禁止对儿童证人使用特殊防护，他们在协同意见中认为，“如果在个案中的确存在必要并且符合州法律的规定，限制被告人对质权当然可以成为实现政府保护儿童证人权益的一个方法”[②]。这一判决使很多州的法律陷入了尴尬的境地。除了爱荷华州采取这样的物理隔绝以外，有些州还使用双向闭路电视（法庭和被告人都能看到证人作证，证人也能看到法庭情景）、单向闭路电视（儿童作证形象可以传输至法庭，但是儿童无法看到法庭情景）或者儿童证人庭前未经交叉询问的录音记录等方法来保障儿童免受出庭带来的痛苦。一些地方法院抓住了判决中的一些空子，提出尽管联邦最高法院认为被告人有与证人“面对面”的权利，但是并没有要求证人与被告人一定要有视觉接触。宾夕法尼亚州在儿童作证时让被告人离开

---

① See Iowa Code § 910A. 3 [i] .

② See Coy v. Iowa，487 U. S. 1012，1025. (1987) .

被告席，并指示儿童："你接受询问的时候可以看任何你想看的地方，但也可以不必去看任何你不想看的地方。"[①]

1990年，联邦最高法院在Maryland v. Craig案[②]中改变了Coy案的意见。法官们支持案件中涉及的马里兰州法律的合宪性。与爱荷华州法律不同的是，马里兰州法律要求在儿童作证以前进行一个听证程序，以决定儿童证人是否会因为与被告人面对面而"受到严重的精神痛苦以至于无法表达"。如果存在这种可能的话，法庭则有权通过单向闭路电视对儿童进行询问，而儿童则不会看到被告人。[③] 被告人能够畅通无阻地对证人进行交叉询问，法官和陪审团也能够通过闭路电视看到证人作证时的行为举止。多数派法官奥康纳（O'Connor）认为，质证权条款中的对质权要求的是一种"尽量但不是绝对的面对面的对质要求"。他提出："质证权条款中所使用的'对质'（confront）一词并不能被简单地解释为'面对面'的质证，因为质证权条款的目的在于通过要求不利于被告人的证人与被告人对质来禁止使用不利于被告人的传闻证据……我们应当认识到，政府保护性侵害案件中的未成年被害人免受作证所带来的二次伤害是一个非常具有说服力的理由。只要政府能够在个案中充分证明儿童被害人的身心发展存在保护的必要，这就足以成为限制被告人与受害人面对面对质的一个重要考虑因素。"[④] 多数意见指出，控方除了证明存在保护儿童的必要性以外，还必须满足以下三个条件方能限制被告人的对质权：（1）法庭必须聆听证词并决定是否存在儿童精神创伤；（2）精神创伤必须是因为被告人的出现而造成的，而不仅是因为害怕法庭设置、法官、陪审团或其他公众；（3）儿童遭受的精神痛苦必须是"超过最低限度"（more than deminimis），即不能仅仅是紧张（nervousness）、兴奋（excitement）或勉强作证（reluctance to testify）。[⑤] 限

---

① Commonwealth v. Groff（Pa. 1988），1249.

② See Maryland v. Craig，497 U. S. 836（1990）.

③ See Md. Ann. Code § 9-102 [1988 Cum. Supp.] .

④ Maryland v. Craig，497 U. S. 836，849-55（1990）.

⑤ Ibid.

制被告人的对质权并不能排除证人宣誓，被告人也应当有机会看到证人作证的过程，这也是 Craig 案中联邦最高法院多数意见支持原审判决的一个重要因素。

此外，美国一些州进一步提出，并不能简单地以儿童可能存在心灵创伤就限制被告人对质权的行使，控方必须能够证明这种潜在的精神创伤可能对儿童提供真实证言的能力造成影响。康涅狄格州高等法院认为，对儿童采用隐蔽作证以前，必须要有专家对儿童的作证能力进行评估。专家不仅要评估儿童是否会因为作证而受到精神创伤，还必须评估儿童的证言真实性是否会因为与被告人面对面而受到损害。在 Craig 案之前，康涅狄格州最高法院在 State v. Jarzbek 案中认为，是否要求儿童证人与被告人面对面对质，取决于儿童证言的可信性是否会受到影响。该案判决指出："我们认为质证权条款的目的主要是增强证言的真实性，由此出发，在一些特别的情况下，比如儿童指控性侵害案件中，不能过于严格地禁止控方提出的以隐蔽的方式让证人作证的要求。我们无法排除证人在被告人在场时会受到恐吓的可能性，或者某种理由造成的拘谨，从而影响证言真实性的可能。比如，一个年幼的受害者可能因为感受到了被告人的威胁或者内疚、紧张等因素而拒绝作证或者歪曲证言。在这种情况下，保障被告人面对面质证的权利应当让位于质证条款中真实发现的目的。"[①] 当然，在这种情况下，控方必须提出明确的证据证明儿童证人的证言真实性可能受到影响的情况。

事实上，即使是在非常强调证人出庭义务的美国，对于儿童出庭作证也是保持着一种比较谨慎的态度的。我们认为，经过法庭调查，如果儿童证人出庭作证不利于其身心健康成长的，不必强制其履行到庭义务，这在我国也有法律依据。《人民检察院办理未成年人刑事案件的规定》第 57 条第 2 款规定："公诉人一般不提请未成年证人、被害人出庭作证。确有必要出庭作证的，应当建议人民法院采取相应的保护措施。" 事实上，法官应当结合案情，多方面

---

① State v. Jarzbek (conn. 1987), 1255.

综合评判儿童出庭作证有无必要，如犯罪情节、儿童心理状况、证人重要性等因素，没有必要出庭的，可以通过审前证言录像、审前庭外询问等方式替代出庭作证，出庭作证的儿童也可以通过双向视听传输技术作证，尽最大可能在保障控辩双方质证权利、实现庭审实质化的基础上，将对儿童的伤害降至最低程度。

第三节　未成年证人证言证明力及其补强

一、未成年证人证言证明力的审查

儿童证言的证明力存在两个方面的特征：一方面，儿童证言是直接性与间接性的结合。若儿童是案件的亲历者或目击者，那么他对案件的感知是直接的、全面的，证言内容是案件情况的直接、客观的反映；若儿童并非直接遭遇犯罪，或未与犯罪嫌疑人发生接触，其证言只能间接反映案件内容。在一起猥亵儿童案中，[①] 证明被害人 B（女，7 岁）被侵害事实的证据里，有证人 C（女，7 岁）的证言，C 陈述道："……有时 A 老师惩罚学生时，会让其他学生全部转过去，并且让我们把眼睛蒙起来，然后我就会听到好像有打人的声音，其中有过一次我偷偷转过去看到 B 在那里好像快要哭出来了。A 老师打 B 的脸和屁股，打得她脸上都有红印子了，还把内裤脱下来，后来我看到就害怕得把脸转过去了……" 在 C 的证言里出现了"好像""害怕得把脸转过去了"等词语，将 A 的行为描述成"老师在惩罚学生时……打 B 的脸和屁股"，说明他没有直接意识到被告人是在对 B 实施猥亵等行为。即使儿童是直接亲历者或目击者，由于其感知、表述能力尚不成熟，记忆容易发生篡改，有些情况下，儿童对案件的陈述也会从直接转向间接，如被害人 B 母亲的证言提到，"……我在得知女儿可能被侵害的情况后，问过她是不是有类似的事情，她只是说过 A

① 参见（2014）浦刑初字第 949 号刑事判决书；（2014）沪一中刑终字第 1506 号刑事判决书。

老师碰过她”，并没有直接陈述被侵害的事实。

另一方面，儿童证言存在着主观失真的风险。在上述案件中，被害人在整个询问过程中，精神状态平静，情绪自然、客观，但在被问及被猥亵的情况时就表现出了严肃、不愉快、吞吞吐吐、躲避、不愿交流的情况，降低了证言内容的真实性。其实，即便是成年证人，也有可能因为与案件之间的利害关系，或者心理调节能力较差，不直接或拒绝陈述，即使这是陈述者本人认为的客观事实。如果儿童不是案件的亲历者而仅仅是目击证人，在面对行为人时也会因逃避、紧张、害怕等心理不愿意陈述，被害人家长有时也会因报复、主动掩盖等心理引导儿童作不实陈述。对于证据真实性的判断，可借助儿童被询问时的情态表现作为判断虚假证据的线索，比如年幼的儿童在撒谎时，因为不熟练往往会语言混乱、眼神闪烁、逃避对视。当然，观察情态表现也存在一定缺陷，随着年龄的增长，心理能力和表达能力的逐渐增强，儿童掩饰谎言会更加熟练，表现得更加逼真，通过情态表现来判断陈述真实性的难度会更大，因此借助庭审质证审查判断必不可少。

二、未成年证人证言证明力的补强

在性侵、虐待儿童等儿童证言较多的案件中，直接证据本身比较少，一般仅有被害人陈述这样的单一证据，而儿童证言的证明力较为薄弱，需要依靠其他证据佐证补强证明效力。有学者认为，被害人之证言，虽属证人本身之内心的意识，唯有以被害人于被害当时内心的事实之证言，为其重要资料；有关于被害感情之事实，于刑之量定上亦极关紧要。不过，此项事实，系直接依据被害人之证言而为证明时，在证据法上应防止其有夸张之危险。英美法就此证言，须有补强证据，以担保其真实性，如性犯罪。我国台湾地区“刑事诉讼法”就此虽无明文加以限制，唯实例上仍有些趋向。[①]

① 参见陈朴生：《刑事证据法》，海天印刷厂有限公司1979年版，第534页。

（一）明确前提：陈述细节非本案亲历者不能描述

儿童证言的真实性往往是控辩双方争议的焦点，侦查人员和父母有没有夸大或错误引导儿童作虚假陈述是不能直接判断的，需要结合具体陈述内容。例如，性侵犯案件中被害人对行为人身体部位的特征描述，前述案件中就有儿童被害人提到了被告人实施猥亵行为时手指间的细微动作，以及被告人施暴时对儿童生殖器形状的评价等。虽然儿童对他人实施的侵害行为性质不清楚，但其对基本行为和事实是能够认知的，并非完全不能陈述，并且陈述细节非常的私密、具体，能够用自己的语言、动作予以表达或演示，如果不是案件的直接亲历者或接触者，是无法作出这些描述的。

（二）佐证内容：有多名被害人或证人之间相互印证

如果一起案件有多名被害人或证人，法官可以通过证言之间的相互印证审查判断儿童陈述内容的证明力。如果儿童证人没有串通、相互影响或者被诱导，证言应当不是整齐一致的，除了基本的犯罪行为外，报案时间、具体的行为方式不同，犯罪的时间、地点应当也不一样。如果是只有单独被害人没有目击证人的案件，可以借助被告人与被害人陈述内容的细节吻合度和矛盾可能性证实陈述的真实性与关联性。例如，在一起虐待儿童案中，被告人对被指控的犯罪行为予以否认，但是儿童被害人能够清楚地说出被告人的行为特征、犯罪工具或是环境特点等，合理有据，与案发情况吻合，法官可以借此认定儿童的陈述具有证明效力。

（三）补强方式：相关联的间接证据证明案发符合常理

一方面，根据儿童被害人的年龄、陈述的状态、取证的程序，予以判断采信。在询问过程中应当有合适成年人在场，帮忙向儿童解释问题，询问并交流具体内容，但是关键部分需要由儿童本人作出清晰、明确的陈述，不得代为回答。一般而言，正常沟通状态下儿童的精神状态是自然、客观的，但在被询问到具体受害经过时，其情绪会变得激动、主观，不愿意回忆或拒绝陈述，这种情感上的变化能够证明犯罪行为发生的可能性。法官可以通过庭外核实询问儿童被害人的录像资料，结合书面陈述笔录，判断儿童证言的可采性与证明力，避免直接询问对儿童心理造成的伤害。

另一方面，伤害后果间接证明犯罪行为存在。儿童的心理承受能力一般来说较为脆弱，受到外界伤害后产生心理阴影的可能性很大，在前述案件中被害人父母证实，“……看到他（受害儿童之一）独自一人在房间内看以前班级的照片，指着被告人自言自语，说一些‘这个老师经常骂我’‘活该被抓起来’的话”，“……疼痛、尿床、脾气暴躁，甚至不敢带孩子去博物馆，因为害怕小朋友看到生物体的肛门引起心理痛苦”，可见伤害后果是确实发生的，间接证明了犯罪行为的存在。

（四）排除伪证：确认父母没有诱导、串通的可能

低龄儿童对父母的心理依赖性极强，受害儿童父母有时会基于报复性心理，或者掩盖事实的心理，相互串通、影响并夸大或错误引导儿童作虚假陈述，因此排除作伪证的可能性对于确认儿童证言的真实性与可采性十分重要。在前述案件中，家长之间虽有联络，但都属于正常的提醒和关心的范围，没有提及具体的猥亵情节，儿童陈述内容里有关被侵害的内容细节并不是整齐一致的，说明受害儿童父母之间没有相互串通影响儿童作证。对于诱导行为的判断，可以根据询问时父母与儿童之间的情态表现、动作交流以及儿童的陈述内容等推断，如被害人与案件的实际利害关系，询问时父母是否有向儿童发出不正常的动作信号，儿童陈述是否过于完美，脱离自身实际能力，内容是否不符合常理。

（五）儿童陈述中部分没有得到印证的事实，不能说明行为不存在

我们无法要求犯罪事实像所期待的那样，留下本应当存在的充分客观证据。虽然在部分案件中，儿童证人的地位关键、重要，但是由于其心理不成

熟，感知、记忆、表达能力尚不健全，陈述的部分内容是无法得到印证的，如在前述案件中有儿童没有认可被猥亵的事实，但这并不能直接说明受害儿童陈述遭受的猥亵行为是不存在的。直接证据并不是证明犯罪的唯一条件，心理咨询报告、伤情检验报告、受害儿童父母证言等证据都是可以间接证明案件事实的，只要证据之间能够形成完整的证据链并且相互印证。

第六章
未成年人刑事诉讼强制措施制度

一般认为，我国刑事诉讼中的强制措施，是指为了保证刑事诉讼的顺利进行，公安机关、人民检察院和人民法院依法对犯罪嫌疑人、被告人的人身自由予以限制或者剥夺的各种强制性方法。就此而言，未成年人刑事诉讼中的强制措施，是指为了保证未成年人刑事诉讼的顺利进行，公安机关、人民检察院和人民法院依法对未成年犯罪嫌疑人、被告人的人身自由予以限制或者剥夺的各种强制性方法。“少年犯罪构成上的特殊性还直接影响到少年刑事诉讼程序区别于普遍刑事诉讼程序的特点”①，从相关国际公约以及各国和地区的立法和司法实践来看，未成年人强制措施的适用有别于成年人。目前，我国未成年人刑事案件中存在逮捕率过高、捕后轻刑、羁押替代性措施适用率低等问题，今后我国应进一步完善未成年人逮捕、取保候审的适用条件，以减少审前羁押率，保障未成年犯罪嫌疑人、被告人的合法权益。

第一节　未成年人刑事诉讼强制措施的立法规定与适用现状

我国《刑事诉讼法》规定了拘传、取保候审、监视居住、拘留、逮捕五种强

① 徐建主编：《青少年法学新视野（上）》，中国人民公安大学出版社2005年版，第277页。

制措施，这五种强制措施对人身自由限制或者剥夺的程度有所不同。其中，取保候审、监视居住属于非羁押性措施，拘留、逮捕属于羁押性措施。[①] 近三十年来，我国未成年人刑事司法的理论研究与实践探索不断发展，人们达成基本共识：未成年人及其犯罪行为具有特殊性，与成年人及其犯罪行为相比具有“质”的区别。因此，未成年人刑事诉讼有从普通刑事诉讼中独立出来之趋势。然而，就未成年人刑事诉讼强制措施而言，我国相关立法规定仍过于原则，“在中国处理未成年人案件的司法实践中，未成年人的特殊性并没有受到足够的重视”[②]。未成年人群体是社会中的一个特殊群体，对他们要尽可能采取一些不同于成年人的刑事处理，但现行的未成年犯罪嫌疑人、被告人审前羁押制度却没有能体现出与成年人的区别，逮捕措施适用普遍，且并不重视对未成年人适用取保候审，[③] 由此导致对未成年犯罪嫌疑人、被告人审前羁押率过高、捕后轻刑等问题。

一、未成年人适用强制措施的立法规定不足

为了实现对未成年人的特殊司法保护，我国《刑事诉讼法》专设了“未成年人刑事案件诉讼程序”一章，这使得未成年人刑事诉讼程序开始在立法层面具有相对独立性。但是，“未成年人刑事案件诉讼程序”仅对未成年人逮捕措施的适用作出了原则性规定，实践中，未成年人适用强制措施大体准用成年人标准。

（一）未成年人适用逮捕措施的立法规定过于原则

一般而言，我国的未成年人逮捕制度，是指为了保证未成年人刑事诉讼的

---

① 需要说明的是，我国的逮捕措施不能等同于国外的逮捕措施。在一些西方国家，逮捕和羁押是两个独立的程序，逮捕为短暂地剥夺人身自由，羁押为较长时间剥夺人身自由，因而逮捕和羁押的适用条件和程序亦有所不同。例如，德国刑事诉讼法规定了三种限制人身自由的措施：为查明身份而责令停止、暂时逮捕和审前羁押。参见〔德〕托马斯·魏根特：《德国刑事诉讼程序》，岳礼玲、温小洁译，中国政法大学出版社 2004 年版，第 92 页。如无特别说明，本章在进行比较研究时，逮捕主要指西方国家刑事诉讼中的羁押。

② 卢建平：《刑事政策与刑法变革》，中国人民公安大学出版社 2011 年版，第 298 页。

③ 参见贾宇、舒洪水等：《未成年人犯罪的刑事司法制度研究》，知识产权出版社 2015 年版，第 75 页。

顺利进行，公安司法机关依法对未成年人采取剥夺人身自由，予以羁押的强制措施。逮捕是最为严厉的一种强制措施，盖因逮捕不仅是短暂地剥夺人身自由，而且还通常意味着被逮捕人要被羁押至法院判决生效之时。1996 年《刑事诉讼法》对逮捕的规定过于简单，导致审查批准逮捕程序中的裁量权过大，“最高人民检察院对于未成年人的批捕工作作出了一些特殊规定，但由于刑事诉讼法对于未成年人逮捕条件并无特殊的规定，而是套用与成年人相同的标准，使得对未成年人的‘慎捕’难以落实”[①]。现行《刑事诉讼法》对逮捕条件、逮捕程序、羁押必要性进行了具体规定，[②] 以期保证正确适用逮捕措施，防止侵犯被追诉人的合法权益。《刑事诉讼法》第 280 条第 1 款规定，“对未成年犯罪嫌疑人、被告人应当严格限制适用逮捕措施”，该条文是对未成年犯罪嫌疑人、被告人适用逮捕措施的原则性规定，其凸显了保护未成年人的立法意图，也是教育为主、惩罚为辅原则的重要体现，符合未成年人刑事诉讼的发展潮流，同时，这一立法意图也进一步体现在有关司法解释或司法解释性质文件之中。[③]

---

① 王敏远：《论未成年人刑事诉讼程序》，载《中国法学》2011 年第 6 期。

② 《刑事诉讼法》第 81 条是有关逮捕条件的规定、第 88 条是有关人民检察院审查批准逮捕程序的规定、第 95 条是关于羁押必要性的规定等。

③ 例如，《人民检察院刑事诉讼规则（试行）》第 488 条规定：“对于罪行较轻，具备有效监护条件或者社会帮教措施，没有社会危险性或者社会危险性较小，不逮捕不致妨害诉讼正常进行的未成年犯罪嫌疑人，应当不批准逮捕。对于罪行比较严重，但主观恶性不大，有悔罪表现，具备有效监护条件或者社会帮教措施，具有下列情形之一，不逮捕不致妨害诉讼正常进行的未成年犯罪嫌疑人，可以不批准逮捕：（一）初次犯罪、过失犯罪的；（二）犯罪预备、中止、未遂的；（三）有自首或者立功表现的；（四）犯罪后如实交代罪行，真诚悔罪，积极退赃，尽力减少和赔偿损失，被害人谅解的；（五）不属于共同犯罪的主犯或者集团犯罪中的首要分子的；（六）属于已满十四周岁不满十六周岁的未成年人或者系在校学生的；（七）其他可以不批准逮捕的情形。”同时，《最高人民检察院关于进一步加强未成年人刑事检察工作的决定》第 5 条规定：“要综合犯罪事实、情节及帮教条件等因素，进一步细化审查逮捕、审查起诉和诉讼监督标准，最大限度地降低对涉罪未成年人的批捕率、起诉率和监禁率。对于罪行较轻，具备有效监护条件或者社会帮教措施，没有社会危险性或者社会危险性较小的，一律不捕；对于罪行较重，但主观恶性不大，真诚悔罪，具备有效监护条件或者社会帮教措施，并具有一定从轻、减轻情节的，一般也可不捕；对已经批准逮捕的未成年犯罪嫌疑人，经审查没有继续羁押必要的，及时建议释放或者变更强制措施”。另外，《人民检察院办理未成年人刑事案件的规定》第 13 条和第 19 条又对不批准逮捕作出了规定。

我国《刑事诉讼法》及相关规范性文件规定了未成年人逮捕条件，但这些规定仍比较原则，缺乏可操作性。根据《刑事诉讼法》第 287 条的规定，“办理未成年人刑事案件，除本章已有规定的以外，按照本法的其他规定进行”。可见，未成年人适用逮捕条件仍以《刑事诉讼法》第 81 条等条文作为基本依据。但是，“刑事诉讼法之所以设立特别程序，就是为了区别未成年人和成年人两类不同的适用群体，就逮捕条件而言也是一样，如果共用相同的逮捕条件、标准，显然没有考虑二者之间根本不同，特别是人身危险性、再犯可能性以及人格特殊性，所以未成年人和成年人适用同一逮捕条件显然是不符合特殊程序的定位”[①]。因此，司法实践中如何做到“对未成年犯罪嫌疑人、被告人应当严格限制适用逮捕措施”，则面临一些困惑。

一方面，就未成年人逮捕的实体性要件而言，《刑事诉讼法》作了“对未成年犯罪嫌疑人、被告人应当严格限制适用逮捕措施”的特别规定，但并未明确规定如何对未成年人严格限制适用逮捕措施，换言之，“严格”程度为何、“限制”范围多大？“对未成年犯罪嫌疑人、被告人应当严格限制适用逮捕措施”是在《刑事诉讼法》第 81 条规定的范围内“严格”，还是基于特别程序优于普通程序的原则，可以突破第 81 条的规定？同时，“对未成年犯罪嫌疑人、被告人应当严格限制适用逮捕措施”与“径行逮捕”的规定如何平衡与适用？如何对未成年犯罪嫌疑人、被告人进行羁押必要性审查，它是否有别于对成年犯罪嫌疑人、被告人的羁押必要性审查？实践中，未成年犯罪嫌疑人、被告人逮捕的实体性要件大体准用成年人标准，即仍以《刑事诉讼法》第 81 条规定为依据，其中，证据条件和刑罚条件基本准用成年人标准，只是在必要性要件上，一些司法解释或者相关规范性文件规定了未成年人逮捕必要性要件的一些具体情形。但是，在判断未成年犯罪嫌疑人、被告人逮捕必要性要件的司法活动中，法律规定的原则性，使得这种判断也常常陷入成

① 宋英辉、张寒玉、王英：《特别程序下逮捕未成年人制度初探》，载《青少年犯罪问题》2016 年第 5 期。

年人司法的窠臼。

另一方面，就未成年人逮捕的决定程序而言，《刑事诉讼法》第280条第1款明确要求适用逮捕措施时“应当讯问未成年犯罪嫌疑人、被告人，听取辩护律师的意见”，但立法并未明确规定，如果没有依照《刑事诉讼法》的规定“讯问未成年犯罪嫌疑人、被告人，听取辩护律师的意见”的法律责任。显然，“程序”所具有的独立价值尚未在未成年人刑事诉讼中得到充分的体现，尤其是律师的有效参与，以及批捕决定程序的司法性建构都存在需要完善的地方。

（二）未成年人适用取保候审措施缺乏明确的法律规定

我国的未成年人取保候审制度，是指在未成年人刑事诉讼活动中，公安司法机关要求未成年犯罪嫌疑人、被告人提出保证人或者交纳保证金，保证未成年犯罪嫌疑人、被告人不逃避或妨害刑事诉讼顺利进行，并随传随到的强制措施。[①] 取保候审既是独立适用的一种强制措施，也是一种主要的羁押替代措施。[②] 现行《刑事诉讼法》第67条第1款规定了取保候审的适用条件：“人民法院、人民检察院和公安机关对有下列情形之一的犯罪嫌疑人、被告人，可以取保候审：（一）可能判处管制、拘役或者独立适用附加刑的；（二）可能判处有期徒刑以上刑罚，采取取保候审不致发生社会危险性的；（三）患有严重疾病、生活不能自理，怀孕或者正在哺乳自己婴儿的妇女，采取取保候审不致发生社会危险性的；（四）羁押期限届满，案件尚未办结，需要采取取保候审的。”《刑事诉讼法》在“未成年人刑事案件诉讼程序”一章中并未对未成年人取保候审的适用条件进行特别规定，不过，从“对未成

---

① 参见陈光中主编：《刑事诉讼法》，北京大学出版社2013年版，第226页。

② 有学者认为，取保候审虽然在立法上具有逮捕替代措施的性质，但在实践中，以替代逮捕、降低羁押率为目的的取保候审少之又少，绝大多数取保候审都是服务于侦查追诉的目的。因此，严格意义上讲，我国的取保候审措施很难被称为真正的羁押替代措施。参见史立梅等：《刑事诉讼审前羁押替代措施研究》，中国政法大学出版社2015年版，第72页。

年犯罪嫌疑人、被告人应当严格限制适用逮捕措施”的立法规定中可以看出，对未成年犯罪嫌疑人、被告人应当尽可能地少采取逮捕措施，多适用取保候审等非法羁押性措施。

然而，由于《刑事诉讼法》没有对未成年犯罪嫌疑人、被告人取保候审的适用条件作出具体规定，实践中，对未成年犯罪嫌疑人、被告人适用取保候审等非羁押性措施大体上也是准用成年人标准，取保候审在未成年人和成年人之间的适用并没有体现出应有的差别。诚如有研究指出的，由于缺乏具体明确的法律规定，司法人员在办案过程中是否对未成年犯罪嫌疑人、被告人采取取保候审主要依据司法惯例，当出现一些新情况时，不敢轻易对未成年犯罪嫌疑人、被告人采取取保候审，导致取保候审的适用极为有限。例如，有些未成年犯罪嫌疑人、被告人犯罪情节较轻，主观恶性不深，并且是在校生，但因其法定代理人不具备监管条件而被羁押。[①] 同时，根据《刑事诉讼法》第 68 条的规定，“人民法院、人民检察院和公安机关决定对犯罪嫌疑人、被告人取保候审，应当责令犯罪嫌疑人、被告人提出保证人或者交纳保证金”。可见，我国取保候审主要有保证人和保证金两种方式，但这一立法规定并未考虑到未成年人犯罪的特点。概言之，无论是未成年人取保候审适用条件的缺失，还是未成年人取保候审保证方式的单一，都在一定程度上导致其无法有效发挥羁押替代措施的作用。司法实践中，司法人员在对未成年犯罪嫌疑人、被告人是否适用取保候审措施时，裁量权过大，在立足于办案需要等因素的考量下，致使未成年人取保候审率较低。

二、我国未成年人适用强制措施的现状

未成年人适用强制措施的法律依据仍依附于普通刑事诉讼法，而随着近年

---

① 参见谢安平、郭华主编：《未成年人刑事诉讼程序探究》，中国政法大学出版社 2015 年版，第 103 页。

来未成年人犯罪的高发，尤其是呈暴力化、低龄化特征，[①] 一些办案人员在办理未成年人刑事案件时，仍坚持控制犯罪的思维模式，对未成年犯罪嫌疑人、被告人适用逮捕措施的比例较高，适用取保候审措施的比例较低，捕后轻刑现象严重。

在全国层面，2003—2015 年全国检察机关经审查批准逮捕未成年犯罪嫌疑人 92 万余人，不批准逮捕 16 万余人。[②] 2014 年，全国检察机关共受理审查批捕未成年人犯罪案件 32838 件共 56276 人，其中，不批准逮捕未成年犯罪嫌疑人 14892 人，不捕率为 26.66%，比全国整体不捕率高 7.26 个百分点。[③] 有研究甚至指出，我国 85%的犯罪嫌疑人处于被羁押状态，未成年人审查批捕的状态基本上与成年人刑事司法羁押率高的现状完全一致。[④] 另外，2014 年判处的未成年罪犯中，被处以 5 年以上徒刑等重刑的占 7.31%，判处非监禁刑（含免刑）的占 40.24%，其中适用缓刑的比例为 34.79%。[⑤]

---

① 根据有关数据统计，就全国范围而言，2014 年人民法院共判处故意杀人、故意伤害、强奸、绑架、聚众斗殴的未成年罪犯 13061 人，占全部未成年罪犯的 25.91%，上升 0.61 个百分点。参见马剑：《2014 年人民法院审理未成年人犯罪情况分析》，载沈德咏主编：《中国少年司法》，人民法院出版社 2015 年版，第 177 页。在地方层面，一份关于 2014 年我国 10 个省（直辖市、自治区）的调查显示：未成年罪犯的主要罪行分布为：抢劫（夺）罪占 36%、故意伤害罪占 33.3%、盗窃罪占 17.8%、强奸罪占 8.5%、杀人罪占 8.5%、贩卖毒品罪占 2.7%。参见路琦、牛凯、刘慧娟、王志超：《2014 年我国未成年人犯罪研究报告——基于行为规范量表的分析》，载《中国青年社会科学》2015 年第 3 期。河南省 2009—2014 年的未成年人犯罪中，抢劫、故意伤害两个罪名分别占未成年人犯罪总数的 36.47%和 10.17%、36.46%和 11.27%、31.29%和 14.85%、27.20%和 13.81%、22.09%和 16.22%、24.79%和 14.95%。参见《河南省法院未成年人犯罪案件司法审查报告（2009 年～2014 年）》，载沈德咏主编：《中国少年司法》，人民法院出版社 2015 年版，第 35 页。还有调研显示，在接受调查的 304 名少年犯中，除盗窃犯罪外，抢劫、杀人、故意伤害、强奸、绑架、破坏电力设备、强迫卖淫等暴力性犯罪的比例高达 90%以上。参见狄小华：《中国特色少年司法制度研究》，北京大学出版社 2017 年版，第 47 页。

② 参见戴佳：《少捕慎诉少监禁 教育感化挽救失足青少年》，载《检察日报》2016 年 5 月 28 日。

③ 参见徐日丹：《坚持对未成年人犯罪少捕慎诉促进改过自新》，载《检察日报》2015 年 5 月 28 日。

④ 参见王耀世、侯东亮：《未成年人刑事案件社会・司法模式研究》，中国检察出版社 2015 年版，第 134 页。

⑤ 参见马剑：《2014 年人民法院审理未成年人犯罪情况分析》，载沈德咏主编：《中国少年司法》，人民法院出版社 2015 年版，第 178 页。

在地方层面，以少年司法制度相对较为发达的上海市为例，2007 年审前逮捕率为 79.2%，2008 年为 75%，2009 年为 69%，三年平均诉前逮捕率也近 75%。同时，捕后不诉以及适用罚金、缓诉、管制、拘役、免刑等措施的占到被捕人数的 30%左右。[①] 在对上海四个区未成年犯罪嫌疑人、被告人取保候审率的实证研究显示：即使是案情并不十分严重的盗窃、抢夺、寻衅滋事等普通刑事案件，未成年人的取保候审率大多也维持在 50%左右，虽然有的地区取保候审率有了较大幅度增长，但并不影响整体取保候审率偏低的态势。[②] 2007—2011 年，重庆市检察机关共批准逮捕未成年犯罪嫌疑人 9193 人，而同期法院判决适用缓刑、管制、拘役、单处罚金或免予刑事处罚的有 6032 人。[③] 2013—2014 年，山东省 T 市检察院共批准逮捕未成年犯罪嫌疑人 82 人，其中被判处拘役（包括缓刑）4 人、1 年以下有期徒刑（包括缓刑）36 人、1 年以上有期徒刑适用缓刑 21 人，以上共计 61 人系捕后轻刑判决，捕后轻刑判决率高达 74%。上述案件呈现出如下特征：从判决罪名看，寻衅滋事罪、聚众斗殴罪等妨害社会管理秩序犯罪较多，且多为轻微刑事案件，如 2013 年和 2014 年上述两个罪名所占比例分别为 58.62%和 65.63%；从刑期上看，被判处 1 年以下有期徒刑和判处 1 年以上有期徒刑缓刑案件所占比率较高，如 2013 年、2014 年所占比率分别为 70%和 69%；从案件和解情况看，绝大多数有被害人的案件在检察机关作出批准逮捕决定前，未成年犯罪嫌疑人、被告人及其家属均未对被害方予以经济赔偿，双方均未达成谅解协议；从判处财产情况看，刑法规定了并处罚金罪名的案件，如抢劫罪、盗窃罪、贩卖毒品罪等，审判机关在收取高额罚金后，大多作出缓刑判决。[④] 2015 年，我国某直辖市检察机关对

① 参见姚建龙：《未成年人审前羁押制度检讨与改进建议》，载《中国刑事法杂志》2011 年第 4 期。

② 参见王秋良主编：《少年审判理念与方法》，法律出版社 2014 年版，第 64 页。

③ 参见杨飞雪主编：《未成年人司法制度探索研究》，法律出版社 2014 年版，第 61—62 页。

④ 参见王伟、吕文波：《未成年人捕后轻刑化的实证分析及其对策——以山东省 T 市未成年人“捕后轻刑”案件为样本》，载最高人民检察院未成年人检察工作办公室编：《探索与梦想——未成年人检察 30 周年纪念文集》，中国检察出版社 2016 年版，第 367—368 页。

未成年犯罪嫌疑人不捕率为 32.70%，较 2014 年、2013 年同期分别提高 6.17%、17.85%。近年来，该检察机关未成年犯罪嫌疑人不捕率有所提高，但捕后被判处缓刑以下刑罚的情况依然存在，且呈上升趋势。例如，2013 年、2014 年、2015 年判处缓刑以下刑罚人数分别为 448 人、318 人、266 人，其中批准逮捕人数分别为 6 人、23 人、46 人，批捕率分别为 1.34%、7.23%、17.29%。2015 年判处缓刑以下刑罚人数的批捕率较 2014 年、2013 年同期分别上升 10.06%、15.95%。①

综上可见，对未成年犯罪嫌疑人、被告人适用强制措施时，突出地表现出审前羁押率过高、捕后轻刑的问题，② 即“在少年司法实践中，存在着‘构罪即捕、捕后即诉、诉后轻刑，刑罚化标签化’等恶性刑事司法循环，使得‘少捕、慎诉、少监禁’的基本要求被割裂”③。毋庸讳言，如果对未成年犯罪嫌疑人、被告人适用逮捕措施不当，将严重损害未成年人的身心健康，这最终不利于涉罪未成年人重新回归社会。同时，未成年人犯罪总体上还是以轻微犯罪为主，这也成为提高审前非羁押率的重要现实基础。

第二节 未成年人适用强制措施的基本原则

现代刑事诉讼理念强调保护犯罪嫌疑人、被告人的权利，无论是普通刑事诉讼，还是未成年人刑事诉讼，二者的价值取向是一致的，“现代刑事诉讼法律

---

① 参见张杰：《检察机关办理未成年人犯罪案件“少捕慎诉”工作机制研究》，载最高人民检察院未成年人检察工作办公室编：《探索与梦想——未成年人检察 30 周年纪念文集》，中国检察出版社 2016 年版，第 173—174 页。

② 一般而言，捕后轻判是指对采取逮捕措施的未成年人，法院判处管制、拘役、1 年以下有期徒刑刑罚的情形。

③ 王伟、吕文波：《未成年人捕后轻刑化的实证分析及其对策——以山东省 T 市未成年人“捕后轻刑”案件为样本》，载最高人民检察院未成年人检察工作办公室编：《探索与梦想——未成年人检察 30 周年纪念文集》，中国检察出版社 2016 年版，第 367 页。

制度旨在保障权益、规范职权的基本原则，同样应适用于未成年人诉讼程序”[①]。问题在于，人们为何还要构建未成年人刑事司法体系，以及是否有必要对未成年人适用强制措施予以特殊规定。当前，对未成年犯罪嫌疑人、被告人适用强制措施完全脱离其固有的程序功能是不妥当的。然而，人们在认识到未成年人及其犯罪行为与成年人及其犯罪行为存在“质”的区别的背景下，未成年人审前羁押率过高不符合保护未成年人的时代潮流。对此，我们认为，未成年人强制措施的适用包括普遍原则与特殊原则。未成年人适用强制措施的普遍原则，是指对未成年犯罪嫌疑人、被告人适用强制措施时，应当遵循强制措施在未成年人刑事诉讼活动中所应发挥的基本功能，即保证未成年人刑事诉讼顺利进行的程序保障功能。刑事诉讼旨在解决犯罪问题，需要对犯罪行为予以定罪量刑，因此包括强制措施在内的所有制度和程序的设置，都具有实现刑罚功能的目标，这一目标对未成年犯罪嫌疑人、被告人也应当适用。未成年人适用强制措施的特殊原则，是指对未成年犯罪嫌疑人、被告人适用强制措施时，还应当坚持教育、保护和矫治的立场，通过减少羁押性措施适用比例，以最大限度维护未成年人利益。未成年人刑事诉讼从普通刑事诉讼中独立出来是当前少年司法的基本特征，对未成年人适用强制措施也应当与对成年人适用强制措施有所区别，以真正体现对未成年人的特殊司法保护，彰显儿童最大利益原则。[②]

一、未成年人适用强制措施的普遍原则：程序保障功能

在我国，强制措施的适用是为了“防止犯罪嫌疑人、被告人逃避侦查、起诉和审判，进行毁灭、伪造证据、继续犯罪等妨害刑事诉讼的行为”[③]。因此，强制措施的基本功能是保证刑事诉讼的顺利进行，即程序保障功能。事实上，当今各国在运用强制措施时，也都强调其程序保障功能，“审判前的羁押一直

① 王敏远：《论未成年人刑事诉讼程序》，载《中国法学》2011年第6期。

② 参见吴羽：《论未成年人逮捕制度》，载《青少年犯罪问题》2018年第2期。

③ 陈光中主编：《刑事诉讼法》，北京大学出版社、高等教育出版社2013年版，第219页。

被称为‘预防性羁押’”[①]。例如，《德国刑事诉讼法典》第 112 条规定了待审羁押的前提条件和羁押理由，该条规定：“（一）如果被指控人具有犯罪行为的重大嫌疑并存在羁押理由，允许对其命令待审羁押。如果羁押与案件的重大性和预期判处的刑罚或矫正及保安处分不成比例，不得命令待审羁押。（二）如果根据一定的事实，1. 确定被指控人逃亡或隐匿，2. 斟酌个案情况，认为存在被指控人逃避刑事程序的危险（逃亡危险），或者 3. 被指控人行为构成下列重大嫌疑：a）毁灭、改变、匿除、藏匿或伪造证据材料，或者 b）以不正当方式影响共同被指控人、证人或鉴定人，或者 c）促使其他人实施此类行为，并且因此即将造成加重侦查事实真相困难的危险（掩盖真相的危险），即构成羁押理由。”[②] 可见，在德国，“暂时逮捕的目的是拘留嫌疑人以便检察院或警方能够启动对他的侦查。这一措施是必要的，否则嫌疑人可能会逃离德国法院的管辖范围或毁灭证据”[③]，而“审前羁押的理论则是另外一回事：羁押嫌疑人只是为了确保其到庭以及保持证据的完整性”[④]。在俄罗斯，拘捕犯罪嫌疑人“这一措施的实质在于短期剥夺涉嫌犯罪的人的自由，目的是查明他的身份与犯罪的牵连和解决对他适用强制处分的问题”[⑤]，而羁押强制处分只能对涉嫌或被指控实施刑事法律规定的刑罚超过 2 年剥夺自由的犯罪的人适用，而且是在不可能适用其他更宽缓的强制处分的情形下适用。同时，这种强制处分的适用还必须存在以下情形之一：犯罪嫌疑人、刑事被告人在俄罗斯联邦境内没有经常住所地；犯罪嫌疑人、刑事被告人的身份不确定；犯罪嫌疑人、刑事被告

---

① 〔法〕卡斯东·斯特法尼等：《法国刑事诉讼法精义》，罗结珍译，中国政法大学出版社 1999 年版，第 402 页。

② 宗玉琨译注：《德国刑事诉讼法典》，知识产权出版社 2013 年版，第 98—99 页。

③ 〔德〕汉斯·海因里希·耶塞克、托马斯·魏根特：《德国刑法教科书》，徐久生译，中国法制出版社 2017 年版，第 93 页。

④ 同上书，第 95 页。

⑤ 〔俄〕K. Ф. 古岑科主编：《俄罗斯刑事诉讼教程》，黄道秀等译，中国人民公安大学出版社 2007 年版，第 238 页。

人违反以前所选择的强制处分；犯罪嫌疑人、刑事被告人躲避审前调查或审判。[①] 在日本，逮捕必须具备两个要件：① 有相当理由足以怀疑实施了犯罪（与普通拘留相比嫌疑更大）；② 无固定住所、可能逃跑、可能销毁证据中的其中一项。[②] 因此，包括逮捕、羁押在内的强制措施本质上是一种预防性措施，“羁押是刑事诉讼程序中为了确保诉讼程序之进行及刑之执行而对被告所施行之自由之剥夺”[③]，它们的首要功能是保证刑事诉讼的顺利进行。

但是，“拘留和逮捕犯罪嫌疑人是在提起公诉以前限制人身自由的处分，作为一个人权保护和侦查需要之间发生激烈冲突的场合”[④]，可以说，“在所有刑事诉讼的强制处分中，羁押是介于国家与犯罪嫌疑人与被告间最典型的利益冲突，也呈现出最尖锐的对立形态”[⑤]。因此，在适用逮捕等羁押性措施时，不能将其变相为实体性的惩罚措施，“采取未决羁押的最主要目的应当是程序性的，而不是实体性的，尤其不能演变成为一种积极的惩罚措施”[⑥]，只要犯罪嫌疑人、被告人不存在阻碍刑事诉讼进行的行为，就应当慎用羁押性措施，而采用非羁押性措施，“犯罪嫌疑人人身是侦查终结时案件处理的对象，在审判开始时也是审理的对象，因此必须保全犯罪嫌疑人的人身。犯罪嫌疑人可能逃跑，也可能销毁证据，因此也必须保全其人身。如果没有逃跑或者销毁证据的可能性，则无必要羁押犯罪嫌疑人，而可以在家中履行程序”[⑦]。申言之，保护社会免受犯罪的危害，是任何国家刑事司法的主要功能。世界各国都不可

---

① 参见〔俄〕K. Ф. 古岑科主编：《俄罗斯刑事诉讼教程》，黄道秀等译，中国人民公安大学出版社 2007 年版，第 248 页。

② 参见〔日〕田口守一：《刑事诉讼法》，刘迪、张凌、穆津译，法律出版社 2000 年版，第 59 页。

③ 〔德〕克劳思·罗科信：《刑事诉讼法》，吴丽琪译，法律出版社 2003 年版，第 281 页。

④ 〔日〕松尾浩也：《日本刑事诉讼法（上卷）》，丁相顺译，中国人民大学出版社 2005 年版，第 116 页。

⑤ 张丽卿：《刑事诉讼法理论与运用》，五南图书出版公司 2010 年版，第 256 页。

⑥ 陈瑞华：《比较刑事诉讼法》，中国人民大学出版社 2010 年版，第 294 页。

⑦ 〔日〕田口守一：《刑事诉讼法》，刘迪、张凌、穆津译，法律出版社 2000 年版，第 53—54 页。

能摒弃逮捕等羁押性措施。当然，逮捕等羁押性措施的法治化建构意在正确适用逮捕等羁押性措施，盖因任何滥用逮捕等羁押性措施的负面效应都是多方面的，这不仅损害了犯罪嫌疑人、被告人的合法权益，也损及司法公正与司法权威。同时，逮捕等羁押性措施的滥用也不利于预防犯罪，“利用诸如拘捕、监禁这样的法制干预并不能有效地遏制犯罪。实际上，一个人被拘捕的次数越多，今后越有可能再次被拘捕”[①]。可见，强制措施的基本功能是程序保障功能，但需要慎用。因此，为了平衡人权保障和侦查需要，适用强制措施时应当坚持非羁押性原则、最终原则、比例原则等。

显然，未成年人适用强制措施的基本功能也是保证未成年人刑事诉讼的顺利进行，对此，有学者指出，适用强制措施具有程序上的保障和实体上的防范双重目的，具体到未成年犯罪嫌疑人来说，审前羁押的目的在于：一是确保未成年犯罪嫌疑人参加以后的诉讼程序；二是防止未成年犯罪嫌疑人对证人或者他人造成伤害或者威胁，或者对诉讼程序的有序进行造成威胁；三是保护未成年犯罪嫌疑人免受身体伤害。[②] 概言之，未成年人适用强制措施遵循的普遍原则是程序保障功能。

二、未成年人适用强制措施的特殊原则：儿童最大利益原则

未成年人刑事诉讼从普通刑事诉讼独立出来的重要理据是最大限度维护儿童利益，因而未成年人适用强制措施必然要与成年人适用强制措施有所不同。基于儿童最大利益原则，未成年人强制措施的适用应立足于对未成年人的特殊司法保护，强调对未成年人进行教育、保护和矫治的价值取向。在现代刑事诉讼理念的指引下，对犯罪嫌疑人、被告人适用强制措施时应坚持非羁押性措施原则。对此，一些国际公约强调了慎用逮捕措施。例如，《世界人权宣言》第9

---

① 〔加拿大〕欧文·沃勒：《有效的犯罪预防——公共安全战略的科学设计》，蒋文军译，中国人民公安大学出版社2011年版，第34页。

② 参见温小洁：《我国未成年人刑事案件诉讼程序研究》，中国人民公安大学出版社2003年版，第166页。

条规定："任何人不得加以任意逮捕、拘禁或放逐。"《公民权利及政治权利国际公约》第9条第3款规定："等候审判的人受监禁不应作为一般规则，但可规定释放时应保证在司法程序的任何其他阶段出席审判，并在必要时报到听候执行判决。"从域外实践来看，一些国家也限制适用羁押性措施。例如，在英国，被羁押的犯罪嫌疑人和被告人大约只占所有犯罪嫌疑人和被告人的5%，95%的犯罪嫌疑人和被告人被保释。在意大利，在开始审判前，被告人被羁押的比例一般不超过所有被告人的15%。在芬兰，2003年，共有28617名被抓获的犯罪嫌疑人，其中只有1732名犯罪嫌疑人被羁押。[①] 未成年人在心理、生理上都与成年人有较大的差异，因而对其适用的强制措施也应该与成年人有所不同。[②] 如果说对成年犯罪嫌疑人、被告人适用强制措施都强调以非羁押性措施为原则，以羁押性措施为例外，那么，对未成年犯罪嫌疑人、被告人适用强制措施时就更应秉持非羁押性原则。换言之，只有在"万不得已"的情形下，才能对未成年犯罪嫌疑人、被告人适用羁押性措施，因而相对于成年人而言，对未成年犯罪嫌疑人、被告人适用羁押性措施实属"例外中的例外"。

当前，一些国际公约明确要求对未成年人适用羁押性措施的前提是"万不得已"，"鉴于未成年人拘捕的严重性，许多国际公约均显目限制其使用"[③]。例如，《儿童权利公约》第37条（b）项规定："对儿童的逮捕、拘留或监禁应符合法律规定并仅应作为最后手段，期限应为最短的适当时间"。《北京规则》第13.1规定："审前拘留应仅作为万不得已的手段使用"。同时，很多国家对未成年人也慎用羁押性措施。例如，在美国，大多数管辖区都明确规定未成年人被羁押的情形和条件，并明确区分未成年犯罪者或有违法倾向者的不同标准；一个普遍的原则是未成年人的羁押只有当社区或未成年人的安全和福利面

① 参见郭烁：《徘徊中前行：新刑诉法背景下的高羁押率分析》，载《法学家》2014年第4期。

② 参见温小洁：《我国未成年人刑事案件诉讼程序研究》，中国人民公安大学出版社2003年版，第164页。

③ 张鸿巍：《少年司法通论（第二版）》，人民出版社2011年版，第339页。

临危险的时候才能发生。在英国，未成年人很少被羁押，甚至于案件的性质及严重程度也并非是拒绝保释的理由。据一项统计，2002年，在法院处理的所有10—17岁未成年人的还押中，仅有6.5%的未成年人被拘禁，另有6.5%处于以某种形式的地方当局支持的还押，其余87%则被保释。[①] 在俄罗斯，对未成年犯罪嫌疑人和刑事被告人，只有当他涉嫌或被指控实施严重犯罪或特别严重犯罪时才能适用羁押作为强制处分。对被指控实施中等严重犯罪的未成年人，只有在特殊情况下才能适用这种强制处分。[②] 在日本，日本《少年法》第43条第3款规定："检察官在少年嫌疑案件中，非在不得已的情况下，不得向法院提出拘留的申请。"

同样，我国也特别强调对未成年人慎用羁押性措施。《刑事诉讼法》第280条第1款规定："对未成年犯罪嫌疑人、被告人应当严格限制适用逮捕措施"，相关规范性文件也多次重申这一立法精神。例如，《人民检察院刑事诉讼规则(试行)》第487条规定："人民检察院办理未成年犯罪嫌疑人审查逮捕案件，应当根据未成年犯罪嫌疑人涉嫌犯罪的事实、主观恶性、有无监护与社会帮教条件等，综合衡量其社会危险性，严格限制适用逮捕措施。"2012年《最高人民检察院关于进一步加强未成年人刑事检察工作的决定》第5条规定："坚持依法少捕、慎诉、少监禁。"2015年最高人民检察院发布的《检察机关加强未成年人司法保护八项措施》第3条明确指出，要"最大限度教育挽救涉罪未成年人"，其实现路径是：坚持依法对涉罪未成年人"少捕慎诉少监禁"。2017年最高人民检察院发布的《未成年人刑事检察工作指引（试行）》第144条第1款规定："人民检察院审查逮捕未成年犯罪嫌疑人，应当根据其涉嫌的犯罪事实、主观恶性、成长经历、犯罪原因以及有无监护或者社会帮教条件等，综合衡量其妨碍诉讼或者继续危害社会的可能性大小，严格限制适用逮捕措施，可

---

① 参见徐美君：《未成年人刑事诉讼特别程序研究——基于实证和比较的分析》，法律出版社2007年版，第104—105页。

② 参见〔俄〕K.Ф.古岑科主编：《俄罗斯刑事诉讼教程》，黄道秀等译，中国人民公安大学出版社2007年版，第249页。

捕可不捕的不捕。”我国台湾地区“少年事件处理法”第71条也规定：“少年被告非有不得已情形，不得羁押之。”

因此，基于未成年人及其犯罪行为的特殊性，“在对未成年人案件进行侦查中，适用强制措施时应比对成年人更为慎重，对其适用程序和条件应更加严格把握”①，对于未成年人适用羁押性措施，“在不得已之情形下，自得予以羁押，此乃不得已之措施”②，即所谓“例外中的例外”，而即便是符合逮捕条件的未成年犯罪嫌疑人、被告人，对他们的逮捕也应当尽可能地缩短时间。③ 如果对未成年人不适当地适用羁押性措施，其负面效应是多方面的。究其原因，对未成年人采取羁押性措施，意味着未成年人将中断学业或工作，被隔离在社会之外，甚至被“标签化”，“监禁中断了儿童的教育和道德成长，在他们生活的关键时候剥夺了他们与家庭和其他重要的支持力量的联系”④，所以“任何少年案件的处置都应当有助于提升让孩子改过自新的目的”⑤。

三、未成年人适用强制措施原则之间的平衡

诚如上文所述，未成年人适用强制措施应当遵循两大原则：一是程序的需求，即保障未成年人刑事诉讼程序顺利进行；二是保护的需要，即保护未成年人权益。“程序需求”和“保护需要”是未成年人适用强制措施的正当性基础，在很大程度上，“保护需要”是未成年人适用强制措施的核心原则。因此，强制措施在未成年人与成年人之间的适用应当有所区别：羁押性强制措施（如拘留、逮捕）适用于未成年人的条件应当严格于成年人；非羁押性强制措施（取

---

① 叶青：《中英未成年犯罪嫌疑人、被告人适用保释之比较研究》，载《青少年犯罪问题》2002年第3期。

② 刘作揖：《少年事件处理法》，三民书局2006年版，第215页。

③ 《北京规则》第13.1条规定：“审前拘留应仅作为万不得已的手段使用，而且时间尽可能短。”

④ 国际刑罚改革协会编著：《制定有成效的法律和政策——法律、政策制定者的刑事司法改革和刑罚立法、政策及实践手册》，冯建军、张红玲译，浙江工商大学出版社2014年版，第95页。

⑤ 同上书，第101页。

保候审、监视居住）适用于未成年人的条件应当宽松于成年人。未成年人适用强制措施要坚持儿童最大利益原则，但慎用逮捕等羁押性措施并不意味着对涉罪未成年人的纵容，正确的审前羁押也具有重要的意义，如有助于开展侦查工作，对涉罪未成年人进行教育、保护等。实践中，未成年人逮捕率及期限，常常受到保护社会秩序和公共安全的影响。当未成年人犯罪高发时，一些国家强调打击未成年人犯罪，惩罚目的就有可能高于教育与保护目的，在这一背景下，对未成年人逮捕的适用条件几乎等同于成年人。此时，独立的少年司法被认为是对未成年人犯罪“太柔软”，无异于在纵容未成年人犯罪，使未成年人犯罪变本加厉。例如，在 20 世纪 90 年代的欧洲，一些证据表明了一种更具惩罚性趋势的存在。荷兰于 1995 年对犯罪时不满 16 岁的少年实施拘留的最长期限从 6 个月增加到 12 个月，对年满 16 岁和 17 岁少年犯的拘留期限则增加到了 24 个月。[①]

概言之，未成年人刑事诉讼程序较之普通刑事诉讼程序而言，面临着更多的价值诉求，包括惩罚犯罪与保障人权、实体真实和正当程序等，但未成年人的身心特点和案件的特殊性又决定了它要尽可能以宽宥温和的方式处理案件。[②] 因此，基于未成年人及其犯罪行为的特殊性，未成年人刑事诉讼也具有多元化的功能，未成年人适用强制措施首先要有效平衡保证刑事诉讼顺利进行和保障未成年人权益之间的关系，当其特殊功能与普通功能产生冲突时，应当坚持其特殊功能，对未成年人应尽可能地采取非羁押性措施，慎用羁押性措施。

① 参见〔美〕加普·E. 德克：《现代欧洲少年司法》，载〔美〕玛格丽特·K. 罗森海姆、富兰克林·E. 齐姆林、戴维·S. 坦嫩豪斯、伯纳德·多恩编：《少年司法的一个世纪》，高维俭译，商务印书馆 2008 年版，第 568 页。

② 参见姚莉：《未成年人司法模式转型下的制度变革与措施优化》，载《法学评论》2016 年第 1 期。

第三节　未成年人适用逮捕措施的完善

在侦查阶段，逮捕等羁押性措施意味着剥夺犯罪嫌疑人的人身自由，对此，世界各国对适用逮捕措施规定了严格的条件。“因为审前羁押严重影响人权并且容易滥用，所以刑事诉讼法对其规定了诸多限制，实体性的以及程序性的。”① 可见，逮捕条件主要由实体性要件和程序性要件构成，因而未成年人逮捕条件也由实体性要件和程序性要件构成。我国对未成年人适用逮捕条件的立法规定过于原则，在面对未成年人犯罪高发的态势下，逮捕率居高不下。因此，如果只有法律的原则性规定，而缺乏具体条件的规定，“对未成年犯罪嫌疑人、被告人应当严格限制适用逮捕措施”的立法意图是很难实现的。近年来，学界和实务界对如何完善未成年人逮捕条件进行了广泛的讨论与探索，如采用案例指导方法、引入品行证据等。② 总体而言，有的研究从未成年人逮捕的实体性要件展开，有的研究从未成年人逮捕的程序性要件展开。我国应当建构怎样的未成年人逮捕适用条件，才能够既反映出未成年人及其犯罪行为与成年人及其犯罪行为的“质”的区别，又能对涉罪未成年人“宽容而不纵容”，实现教育和矫治的目的？就此而言，应当立足于程序保障原则和儿童最大利益原则，从实体性要件和程序性要件两个方面完善未成年人逮捕的适用条件。③

---

① 〔德〕托马斯·魏根特：《德国刑事诉讼程序》，岳礼玲、温小洁译，中国政法大学出版社2004年版，第96页。

② 参见刘广三、张敬博：《试论未成年人犯罪逮捕必要性证明中案例指导的作用》，载《青少年犯罪问题》2011年第6期；陈星亮：《品行证据在未成年犯罪嫌疑人逮捕程序中的适用——以刑事处遇个别化为视角》，载李学军主编：《证据学论坛（第18卷）》，法律出版社2013年版。

③ 参见吴羽：《论未成年人逮捕制度》，载《青少年犯罪问题》2018年第2期。

一、未成年人适用逮捕的实体性要件

未成年人适用逮捕的实体性要件，是指在未成年人刑事诉讼活动中，对未成年犯罪嫌疑人、被告人适用逮捕的具体理由或者根据。“羁押的实体性要件，即羁押必须具备羁押的理由与羁押的要件”[①]，显然，“所有的羁押性逮捕都必须具有合理根据”[②]。

（一）未成年人适用逮捕的实体性要件的构成

我国对犯罪嫌疑人、被告人适用逮捕的实体性要件主要规定在《刑事诉讼法》第81条之中，[③] 逮捕的实体性要件包括证据要件、罪行要件和社会危险性要件，只有同时具备上述三个要件，才能对犯罪嫌疑人、被告人适用逮捕措施。如果不是基于严格意义上的界分，社会危险性要件也称为“逮捕的必要性要件”，抑或说，逮捕的必要性要件的核心是社会危险性要件，“犯罪嫌疑人具有逮捕必要性，主要是指犯罪嫌疑人具有社会危险性，具体指犯罪嫌疑人妨碍诉讼顺利进行的危险性和可能继续危害社会的危险性”[④]。广义上而言，逮捕的必要性要件其实又可以包含逮捕的三个要件，“作为逮捕条件的所谓证据条

---

① 〔日〕田口守一：《刑事诉讼法》，刘迪、张凌、穆津译，法律出版社2000年版，第54页。

② 〔美〕约书亚·德雷斯勒、艾伦·C. 迈克尔斯：《美国刑事诉讼法精解（第一卷·刑事侦查）》，吴宏耀译，北京大学出版社2009年版，第153页。

③ 《刑事诉讼法》第81条规定：“对有证据证明有犯罪事实，可能判处徒刑以上刑罚的犯罪嫌疑人、被告人，采取取保候审尚不足以防止发生下列社会危险性的，应当予以逮捕：（一）可能实施新的犯罪的；（二）有危害国家安全、公共安全或者社会秩序的现实危险的；（三）可能毁灭、伪造证据，干扰证人作证或者串供的；（四）可能对被害人、举报人、控告人实施打击报复的；（五）企图自杀或者逃跑的。批准或者决定逮捕，应当将犯罪嫌疑人、被告人涉嫌犯罪的性质、情节，认罪认罚等情况，作为是否可能发生社会危险性的考虑因素。对有证据证明有犯罪事实，可能判处十年有期徒刑以上刑罚的，或者有证据证明有犯罪事实，可能判处徒刑以上刑罚，曾经故意犯罪或者身份不明的，应当予以逮捕。被取保候审、监视居住的犯罪嫌疑人、被告人违反取保候审、监视居住规定，情节严重的，可以予以逮捕。”

④ 张剑峰：《逮捕制度新论》，中国社会科学出版社2016年版，第38页。

件、罪行条件、社会危险性条件，无一不与逮捕的必要性相关”[①]。司法实践中，逮捕的三要件存在逻辑关系。首先是审查是否涉罪，确定主体的犯罪嫌疑人身份；其次是审查量刑条件，只有侵害达到一定的程度，才可以适用逮捕；最后是逮捕的必要性要件，审查采取取保候审等其他强制措施是否可以防止社会危险性，即社会危险性要件，也即一般意义上的“逮捕的必要性要件”。[②]申言之，逮捕的证据要件和罪行要件是前提和基础，逮捕的必要性要件是核心要素，“从价值追求上看，逮捕条件中三个要件是有位阶的，证据条件是前提，罪行条件是基础，逮捕必要性证明是核心”[③]，一般只有符合前两项要件，才有可能考察逮捕的必要性要件。在一定程度上，逮捕的必要性要件有助于防止“构罪皆捕”现象的发生。当然，逮捕的证据要件、罪行要件和必要性要件是相辅相成的，不能将它们割裂开来，“适用逮捕（羁押）需考虑犯罪嫌疑人、被告人社会危险性的大小，以及所涉罪名的轻重。这两项考量因素可以进一步归结为一条：犯罪嫌疑人、被告人社会危险性的大小。因为所涉罪名的轻重与此直接相关”[④]。我国《刑事诉讼法》及相关规范性文件细化了逮捕的必要性要件，但总体而言，由于逮捕的必要性要件诸多要素具有不确定性，致使法律无法穷尽所有情形，这也导致司法实践的不统一。

在未成年人刑事诉讼活动中，对未成年人适用逮捕应当结合未成年人刑事案件诉讼程序和普通刑事案件诉讼程序的有关规定，即对未成年犯罪嫌疑人、被告人适用逮捕应当依照《刑事诉讼法》第 280 条第 1 款和第 81 条的规定。如果说逮捕的证据要件和罪行要件具有单一性特征，那么，逮捕的必要性要件则具有综合性特征，逮捕的必要性要件也是司法活动中最难把握的，“虽然罪行可能是采用强制性措施的一个必要理由，但犯罪本身并非采取强制照管的充足

① 郎胜主编：《中华人民共和国刑事诉讼法释义》，法律出版社 2012 年版，第 221 页。

② 参见张剑峰：《逮捕制度新论》，中国社会科学出版社 2016 年版，第 42 页。

③ 刘广三、张敬博：《试论未成年人犯罪逮捕必要性证明中案例指导的作用》，载《青少年犯罪问题》2011 年第 6 期。

④ 郭烁：《徘徊中前行：新刑诉法背景下的高羁押率分析》，载《法学家》2014 年第 4 期。

基础”[①]。因此，在对未成年人“严格限制适用逮捕措施”的立法要求下，逮捕的证据要件、罪行要件和必要性要件都应当有别于成年人的逮捕条件，抑或说，基于未成年人及其犯罪行为的特殊性，未成年人适用逮捕的实体性要件应当更严格，尤其是要关注未成年人适用逮捕的必要性要件。

（二）未成年人适用逮捕的证据要件与罪行要件的建构

在对未成年人适用逮捕的条件中，无论是基于理论阐释，还是法律规定的可操作性，证据要件与罪行要件标准的提高并不会面临太多的困难。

1. 未成年人适用逮捕的证据要件

逮捕的证据要件为“有证据证明有犯罪事实”，我国相关司法解释明确了“有证据证明有犯罪事实”的具体情形，[②] 立足于“严格限制适用逮捕措施”的立法要求，我们可以对未成年人适用逮捕设定更高的证据要件，进一步明确和细化证据条件中的“确实”与“充分”要素。对此，有研究指出，针对逮捕方面的证明标准，我国《刑事诉讼法》中明确规定应当做到“有证据证明其实施了犯罪这一事实”，然而针对我国未成年犯罪嫌疑人、被告人的逮捕证明以及标准方面可以看出，应当明确“证据确实以及充分”这两个方面才更加合适。[③] 具体而言，应当通过立法明确规定对未成年人适用逮捕必须有证据证明其存在现实的社会危险性，证明有现实危险性行为可以规定为：有证据证明未成年人曾因故意犯罪在接受刑事处理过程中，有过串供和干扰证人作证情形的；有证据证明未被追究的犯罪行为具有连续或者流窜性特点的；有证据证明

---

① 〔英〕安东尼·博顿斯：《英格兰和苏格兰少年司法政策及实践的分歧发展》，载〔美〕玛格丽特·K. 罗森海姆、富兰克林·E. 齐姆林、戴维·S. 坦嫩豪斯、伯纳德·多恩编：《少年司法的一个世纪》，高维俭译，商务印书馆2008年版，第461页。

② 《人民检察院刑事诉讼规则（试行）》第139条第2、3款规定：“有证据证明有犯罪事实是指同时具备下列情形：（一）有证据证明发生了犯罪事实；（二）有证据证明该犯罪事实是犯罪嫌疑人实施的；（三）证明犯罪嫌疑人实施犯罪行为的证据已经查证属实的。犯罪事实既可以是单一犯罪行为的事实，也可以是数个犯罪行为中任何一个犯罪行为的事实。”

③ 参见谢安平、郭华主编：《未成年人刑事诉讼程序探究》，中国政法大学出版社2015年版，第112—113页。

因未成年原因不被追究刑事责任，但多次受到其他治安处罚的；有证据证明到案后拒不供认犯罪事实或者供述前后不一致的；有证据证明自称未成年人，但具体身份情况不明的。①

2. 未成年人适用逮捕的罪行要件

逮捕的罪行要件为“可能判处徒刑以上刑罚的犯罪嫌疑人、被告人”。对于未成年犯罪嫌疑人、被告人而言，如果以“可能判处徒刑以上刑罚”作为逮捕的罪行要件，将无法区分未成年人犯罪与成年人犯罪之间“质”的区别。《人民检察院刑事诉讼规则（试行）》第 488 条对未成年人适用逮捕的罪行要件作了“罪行较轻”和“罪行比较严重”的区分。罪行轻重的法定刑一般以 3 年为界限，即法定刑在 3 年以下有期徒刑为“罪行较轻”；法定刑在 3 年以上有期徒刑为“罪行比较严重”。② 未成年人适用逮捕的罪行要件至少应是未成年人涉嫌实施了比较严重的犯罪行为，而不是所有“可能判处徒刑以上刑罚”的犯罪行为。法定刑在 3 年以上 10 年以下有期徒刑的涉罪未成年人是否必须适用逮捕？对于这类涉罪未成年人仍然要全面考虑案情及行为人因素。因此，未成年人适用逮捕的罪行要件应当重点关注那些严重的刑事犯罪，如可能判处 10 年以上刑罚的刑事犯罪，或者有证据证明已经实施了杀人、故意伤害致人重伤或者死亡、强奸、抢劫、贩卖毒品、放火、爆炸、投毒等严重危害公共安全和严重侵害他人人身权利的刑事犯罪，或者有证据证明参与了有组织暴力犯罪。③ 山东省青岛市中级人民法院与人民检察院、公安局联合制定的《关于在未成年人刑事案件中严格限制适用拘留、逮捕措施的实施意见》规定，对于所犯罪行法定刑在 3 年有期徒刑以下刑罚并认罪悔罪、犯罪基本事实清楚、证据充分的，一般不采取拘留强制措施；对于所犯罪行法定刑在 3 年有期徒刑以下

---

① 参见李笑楠：《未成年人犯罪逮捕适用条件应予细化》，载《人民检察》2014 年第 14 期。

② 有研究指出，“罪行比较严重”一般指法定刑为 3 年以上有期徒刑，但宣告刑可能判处 3 年以下有期徒刑。对宣告刑为 3 年以上 10 年以下有期徒刑的犯罪嫌疑人，是否有必要逮捕，则需要综合案件情况，依据《刑事诉讼法》第 81 条来判定。参见吴燕主编：《未成年人刑事检察实务教程》，法律出版社 2016 年版，第 41 页。

③ 参见李笑楠：《未成年人犯罪逮捕适用条件应予细化》，载《人民检察》2014 年第 14 期。

刑罚并认罪悔罪的，一般不采取逮捕强制措施；对于所犯罪行法定刑在 3 年以上 10 年以下有期徒刑并认罪悔罪的，有条件地不采取逮捕强制措施。[①] 质言之，未成年人适用逮捕的罪行要件应当限定为严重的刑事犯罪。

（三）未成年人适用逮捕的必要性要件建构

逮捕的必要性要件，又被称为“社会危险性要件”。社会危险性，是指犯罪嫌疑人、被告人实施对社会造成危害行为的可能。[②] 犯罪嫌疑人具有逮捕必要性，主要是指犯罪嫌疑人具有社会危险性，具体指犯罪嫌疑人妨碍诉讼顺利进行的危险性和可能继续危害社会的危险性。[③] 司法实践中，无论是对成年人，还是对未成年人适用逮捕，逮捕的必要性要件往往最难确定，盖因与年龄要件、证据要件和罪行要件相比，社会危险性要件不够明确，对其判定不易把握。《刑事诉讼法》将社会危险性要件细化为五种情形，一些司法解释或者相关规范性文件也对社会危险性要件予以解读。一般而言，未成年犯罪嫌疑人、被告人的社会危险性程度往往不及于成年犯罪嫌疑人、被告人的社会危险性，因此，对未成年人适用逮捕的必要性要件有其特殊之处。

司法实践中，一些司法人员往往关注逮捕的证据要件和罪行要件，这在很大程度上是因为上述两个要件更容易把握。对此，有研究指出，司法实务中很多人认为对未成年人逮捕必要性的审查机制暂时以《刑事诉讼法》第 81 条规定的逮捕条件为准，尤其是侦查机关大都认为，对于未成年人曾经故意犯罪的，只要满足证据和刑罚条件，即不问本次犯罪是故意或过失，也不考虑曾经故意

---

① 参见马新、时满鑫：《青岛严格限制对未成年人适用拘留、逮捕措施》，载《人民法院报》2013 年 5 月 29 日第 4 版。

② 参见王爱立主编：《中华人民共和国刑事诉讼法释义》，法律出版社 2018 年版，第 182 页。还有研究指出，社会危险性是指犯罪嫌疑人实施了已经存在的危险事实或者在案发前后客观上表现出了某种危险迹象。参见吴燕主编：《未成年人刑事检察实务教程》，法律出版社 2016 年版，第 33 页。

③ 参见张剑峰：《逮捕制度新论》，中国社会科学出版社 2016 年版，第 38 页。

犯罪的性质与情节，即予以移送检察机关审查批准逮捕。[1] 但是，未成年人犯罪一般多属激情犯罪，由于其判断力和控制力较弱，该类犯罪的后果一般较重，往往比较容易达到逮捕要求的证据要件和罪行条件。但从逮捕的必要性要件考虑，未成年人的思想尚未定型，犯罪预谋能力不强，进一步妨碍诉讼的可能性较小，一般受到司法机关传唤和控制后很难有效实施进一步的犯罪活动，该种犯罪行为不具有延伸性。[2] 因此，对未成年犯罪嫌疑人、被告人是否适用逮捕，应当结合未成年人及其犯罪行为的特殊性进行判断，重视对逮捕必要性的考察，转变对涉罪未成年人“构罪即捕”的错误观念。总之，未成年人逮捕的必要性要件是未成年人逮捕条件中的核心要件，在某种程度上，未成年人逮捕的必要性要件更能体现对未成年人的特殊司法保护，践行宽严相济的刑事政策，实现对未成年犯罪嫌疑人、被告人严格限制适用逮捕。

近年来，最高人民检察院陆续发布的一些司法解释或者其他规范性文件，对审查未成年人适用逮捕必要性予以规定。例如，《未成年人刑事检察工作指引（试行）》第155条规定：“人民检察院应当从以下方面审查未成年犯罪嫌疑人的社会危险性：（一）审查公安机关提供的社会危险性证明材料，包括被害人、被害单位或者案发地社区出具的相关意见，未成年犯罪嫌疑人认罪、悔罪表现等。公安机关没有提供社会危险性证明材料，或者提供的材料不充分的，人民检察院应当要求公安机关提供或者补充；（二）审查社会调查报告；（三）审查未成年犯罪嫌疑人实施犯罪行为的情节、严重程度、犯罪次数等；（四）审查其他证明未成年犯罪嫌疑人具有社会危险性的材料。”同时，学术界和实务界也积极探索未成年人逮捕必要性要件的具体情形，以及非羁押性措施的具体情形。未成年人逮捕必要性要件的具体化与类型化能够有效防止司法实践中“构罪即捕”的现象，也是转向“必要即捕”的先决条件。未成年人逮捕

---

① 参见宋英辉、张寒玉、王英：《特别程序下逮捕未成年人制度初探》，载《青少年犯罪问题》2016年第5期。

② 参见刘广三、张敬博：《试论未成年人犯罪逮捕必要性证明中案例指导的作用》，载《青少年犯罪问题》2011年第6期。

必要性要件的设定应当充分考量未成年人及其犯罪行为的特殊性，立足于保护未成年人权利、促进未成年犯罪人重新回归社会。因此，检察机关在审查逮捕时，应当从对“行为”的关注转向对“行为人”的关注，综合考虑涉罪未成年人的人身危险性，“未成年人拘捕与否需综合多方面考虑，除了犯罪或偏差性质的严重性外，未成年人家庭背景、悔过态度、是否有前科记录以及被害人坚持告诉的程度等也是影响警察裁量权的重要因素”[①]。对此，未成年人逮捕必要性要件应当从如下四个方面予以完善：

第一，完善未成年人逮捕必要性要件的立法规定。当前，我们可以结合有关规范性文件的规定，以及各地司法实践中的成功经验，通过法律的形式明确规定逮捕必要性的相关情形，具体包括应当适用逮捕的情形和不应当适用逮捕的情形。在现行立法模式下，可以在《刑事诉讼法》的“未成年人刑事案件诉讼程序”一章中将未成年人适用逮捕条件予以细化，尤其是明确逮捕的必要性要件。通过强化逮捕的必要性要件认定的可操作性，实现司法实践的统一。其中，未成年人逮捕的必要性要件包括不适用逮捕的具体情形和适用逮捕的具体情形，“只有制定逮捕强制措施排除适用的条件，才能避免因个人理解和判断失误造成强制措施适用位阶上的误判，从而更好地保护未成年人合法权益”[②]。具体而言，对未成年人不予逮捕的情形主要包括：主观恶性不大的初犯、偶犯；犯罪预备、中止、未遂的；犯罪后有自首、立功表现，能够如实交代罪行，认识自己行为的危害性；共同犯罪中的从犯、胁从犯等。对未成年人适用逮捕的情形，如从罪行上而言，原则上应严格限定在实施了严重犯罪行为的未成年人。例如，北京市海淀区人民检察院课题组认为，有逮捕必要的情形包括：多次犯罪或流窜作案，有继续实施犯罪行为、危害社会可能的；到案后拒不供述自己的犯罪事实或者前供后翻、时翻时供，经教育后仍无悔改表现的；教唆、纠集三人以上共同犯罪，可能判处三年以上有期徒刑刑罚的；在京无监

① 张鸿巍：《少年司法通论》，人民出版社 2011 年版，第 340 页。

② 李笑楠：《未成年人犯罪逮捕适用条件应予细化》，载《人民检察》2014 年第 14 期。

护人、保证人的；可能自杀或者逃跑的；犯罪手段残忍、情节恶劣、后果严重的；累犯或曾因同一性质的违法行为被治安处罚过的；对犯罪嫌疑人不羁押可能发生社会危险性的其他情形。[①]

第二，未成年人适用逮捕的年龄要件。年龄总是与罪行以及社会危险性紧密相连：一是刑事责任年龄可能成为构罪的前提条件；二是年龄也是社会危险性的重要参考依据。对未成年人适用逮捕时，年龄是一个关键性的要件，因为它是社会危险性的重要参考依据。当前，无论是在国际社会，还是在各国国内，在对未成年人适用逮捕时，都关注年龄要件。2004 年 9 月，在北京召开的第十七届国际刑法学大会通过的《国内法与国际法原则下的未成年人刑事责任决议》要求建立专门审判和处理未成年人的独立的司法制度，对未成年人特别是不满 16 周岁的未成年人一般不得实行审前羁押，作为一种例外情况，审前羁押必须经过审理，审前羁押过程应当尽可能地辅以教育措施。[②] 在法国 1987 年 12 月 30 日的法律改革中，立法者禁止对轻罪案件中 13—16 周岁的犯罪嫌疑人适用临时羁押措施。[③] 在我国，《人民检察院刑事诉讼规则（试行）》第 489 条规定："审查逮捕未成年犯罪嫌疑人，应当重点查清其是否已满十四、十六、十八周岁。对犯罪嫌疑人实际年龄难以判断，影响对该犯罪嫌疑人是否应当负刑事责任认定的，应当不批准逮捕。" 2013 年《人民检察院办理未成年人刑事案件的规定》第 14 条规定："审查逮捕未成年犯罪嫌疑人，应当重点审查其是否已满十四、十六、十八周岁。对犯罪嫌疑人实际年龄难以判断，影响对该犯罪嫌疑人是否应当负刑事责任认定的，应当不批准逮捕。"一般而言，

---

① 参见北京市海淀区人民检察院课题组：《未成年人审前羁押状况调查》，载《国家检察官学院学报》2010 年第 2 期。近年来，不少研究成果从不同角度对未成年人适用逮捕的必要性要件进行了广泛探讨，具体可参见万春、黄建波主编：《未成年人刑事检察论纲》，中国检察出版社 2013 年版，第 31 页；周军、高维俭等：《未成年人刑事检察制度研究》，中国检察出版社 2014 年版，第 313—314 页；王秋良主编：《少年审判理念与方法》，法律出版社 2014 年版，第 71—72 页。

② 参见《国内法与国际法下的未成年人刑事责任》，https：//www. chinacourt. org/article/detail/2004/09/id/133972. shtml，2019 年 7 月 12 日访问。

③ 参见施鹏鹏：《法国未成年人刑事程序法述评：制度与演进》，载《青少年犯罪问题》2012 年第 2 期。

对16周岁以下的未成年犯罪嫌疑人，原则上不采取逮捕措施，因为“对于不满16周岁的未成年人予以审前羁押基本不具有正当性”[①]。

第三，对未成年人慎用径行逮捕。我国《刑事诉讼法》第81条第3款规定，“对有证据证明有犯罪事实，可能判处十年有期徒刑以上刑罚的，或者有证据证明有犯罪事实，可能判处徒刑以上刑罚，曾经故意犯罪或者身份不明的，应当予以逮捕”，该条款为径行逮捕的特殊规定。《未成年人刑事检察工作指引（试行）》第164条第4款规定：“对有证据证明有犯罪事实，可能判处十年有期徒刑以上刑罚的，或者有证据证明有犯罪事实，可能判处徒刑以上刑罚，曾经故意犯罪或者身份不明的，应当予以逮捕。但是，曾经故意犯罪被判处五年有期徒刑以下刑罚，经帮教真诚悔罪的，可以不予逮捕。”当前，即便是对成年犯罪嫌疑人、被告人的径行逮捕都存有一定的争议，对未成年人而言，更应当审慎地适用径行逮捕规则。对此，有研究指出，径行逮捕所考虑的适用对象为理性的成年人，未成年人的身心特殊性决定了径行逮捕适用于未成年人并不合适，具体而言：其一，未成年人的认知和控制能力欠缺，判断是非与决策能力低下，未成年人即使是实施了和成年人同样严重的犯罪，即可能判处十年以上有期徒刑的严重犯罪，其主观恶性与成年人也不同，应当区别对待；其二，未成年人在曾经故意犯罪，又实施了犯罪的情形下也与成年人不同；其三，在可能判处有期徒刑以上刑罚身份不明的情形下，未成年人也与成年人有显著差异。[②] 因此，鉴于未成年人及其犯罪行为的特殊性，对未成年犯罪嫌疑人、被告人应慎用径行逮捕。

第四，完善未成年人羁押必要性审查制度。《刑事诉讼法》第95条规定：“犯罪嫌疑人、被告人被逮捕后，人民检察院仍应当对羁押的必要性进行审查。”因此，逮捕措施不能狭义地理解为“审查逮捕”，它还应包含“羁押必要

---

① 姚建龙：《未成年人审前羁押制度检讨与改进建议》，载《中国刑事法杂志》2011年第4期。

② 参见宋英辉、张寒玉、王英：《特别程序下逮捕未成年人制度初探》，载《青少年犯罪问题》2016年第5期。

性审查”。未成年人的羁押必要性审查时间为检察机关提起公诉之前，审查主体为检察机关。但是，相关法条对羁押必要性审查工作的展开方式、审查的具体方面、有无羁押必要、羁押时间等方面几乎没有涉及，这能否改变实践中羁押常态化、功能异化等问题还需探讨。[①] 目前，我国一些地方通过制定规范性文件以指导未成年人羁押必要性审查工作，如上海市人民检察院于2013年制定的《未成年人羁押必要性审查工作细则（试行）》等，这对完善未成年人羁押必要性审查工作具有重要意义。

二、未成年人适用逮捕的程序性要件

未成年人适用逮捕的程序性要件，是指对未成年人作出逮捕决定的程序要求。与成年人相比，立法对未成年人适用逮捕的实体性要件更为严格，但是，仅仅依靠严格的逮捕实体性要件并不足以实现对未成年人的特殊保护，逮捕的程序性要件也至为关键，“特殊的程序性要求也旨在防止嫌疑人在审前受到不当羁押”[②]，同时，“程序法规规定了实体性权利得以实现的方法以及在这种权利受到侵犯时获得补救的手段”[③]。根据《刑事诉讼法》第280条第1款的规定，“人民检察院审查批准逮捕和人民法院决定逮捕，应当讯问未成年犯罪嫌疑人、被告人，听取辩护律师的意见”，唯此才能做到“兼听则明”，有效防止“错捕”“滥捕”。概言之，我国对未成年人适用逮捕的程序性要件具有两个方面的特征：一是独有的程序性要件，如社会调查报告制度、合适成年人在场制度等；二是更为严格的程序性要求，如应当讯问犯罪嫌疑人、听取辩护律师的意见等，这些都属于“刚性”要求，与办理成年人犯罪案件有所不同。具体而言，对未成年人适用逮捕的程序性要件应当从如下两个方面加以完善：

第一，强化未成年人逮捕决定程序的诉讼化构建。当前，由第三方决定是

---

① 参见侯东亮：《未成年人羁押必要性审查模式研究》，载《法学杂志》2015年第9期。

② 〔德〕托马斯·魏根特：《德国刑事诉讼程序》，岳礼玲、温小洁译，中国政法大学出版社2004年版，第100页。

③ 陈瑞华：《刑事诉讼的前沿问题》，中国人民大学出版社2005年版，第206页。

否适用逮捕措施是世界通常做法。例如，《公民权利及政治权利国际公约》第9条第3款规定：“任何因刑事指控被逮捕或拘禁的人，应被迅速带见审判官或其他经法律授权行使司法权力的官员，并有权在合理的时间内受审判或被释放。”根据联合国人权事务委员会的意见，审前羁押的合法性和必要性必须由独立和不偏不倚的法院进行及时、有效的审查，法院在审查基于合法性、必要性时应当听取被羁押人或其律师的意见。[①] 在美国，大多数管辖区，羁押未成年人的法律执行机构必须在一个很短时间内（可能是24或48小时），将未成年人带到法院听审，在这段听审前的时间里以及在法官作出羁押和释放决定的期间内，对未成年人的羁押有一系列严格的限制。[②] 在法国，“先行羁押，要由自由与羁押法官经过对席辩论之后作出决定”[③]。在德国，“审前羁押的令状只能由法官签发，即当侦查仍在进行时由侦查法官签发，而当正式的指控已经提起时由审判法院签发”[④]。在意大利，“警方可以对他处以10小时的拘留……如果要延长拘留时间，检察机关在96小时内进行一个初步的社会调查并将报告交给少年法官”[⑤]。理论上，逮捕必要性的证明应该采用诉讼化模式，如由中立的法官对控辩双方的诉求作出裁断，通过诉讼化的裁决机制以便更好地发挥逮捕审查的程序价值。

目前，我国未成年人逮捕的决定程序主要采取由检察机关作为第三方决定的模式。对此，有学者指出，由于我国的特殊国情，我国没有将逮捕的审批权

---

① 参见史立梅等：《刑事诉讼审前羁押替代措施研究》，中国政法大学出版社2015年版，第88—89页。

② 参见徐美君：《未成年人刑事诉讼特别程序研究——基于实证和比较的分析》，法律出版社2007年版，第105页。

③ 〔法〕贝尔纳·布洛克：《法国刑事诉讼法》，罗结珍译，中国政法大学出版社2009年版，第405页。

④ 〔德〕托马斯·魏根特：《德国刑事诉讼程序》，岳礼玲、温小洁译，中国政法大学出版社2004年版，第100—101页。

⑤ 〔美〕加普·E. 德克：《现代欧洲少年司法》，载〔美〕玛格丽特·K. 罗森海姆、富兰克林·E. 齐姆林、戴维·S. 坦嫩豪斯、伯纳德·多恩编：《少年司法的一个世纪》，高维俭译，商务印书馆2008年版，第558页。

交由法官，而是将其交给了检察机关，使得构建均衡的刑事诉讼构架的愿望无法实现。这种立法设置使检察机关的中立性保证成为逮捕程序中最令人担忧的问题。为了防止检察机关将逮捕行为变成传统的行政审批式的活动，更需要参与逮捕程序的各方在对抗基础上对逮捕必要性问题加以证明及辩论，以保证逮捕决定的公正性。[①]《刑事诉讼法》的规定表明我国审查批捕程序由行政化向诉讼化迈出了第一步，但是，《刑事诉讼法》的规定仍然相对简单，规定了讯问、询问和听取意见，凸显了保证刑法正确实施的工具主义价值，而通过程序限制权力的程序正义价值表现得并不明显。[②] 近年来，有关机关制定的规范性文件进一步完善了检察机关作为第三决定主体的逮捕决定程序。例如，2016 年《人民检察院办理羁押必要性审查案件规定（试行）》第 14 条第 1 款规定："人民检察院可以对羁押必要性审查案件进行公开审查。但是，涉及国家秘密、商业秘密、个人隐私的案件除外。"因此，逮捕决定程序应避免成为一种单向性的决定方式，真正体现双方当事人之间的"对抗"性，以利于逮捕措施的决定者作出正确裁定。然而，在办理未成年人刑事案件中，逮捕措施的决定者当面听取意见程序的参与人员范围有时也过于宽泛，这不利于保护未成年人。例如，某些区检察院邀请未成年犯罪嫌疑人所在学校的老师参与当面听取意见。基于侦查不公开和未成年人隐私保护的考虑，未成年犯罪嫌疑人审查逮捕全面听取意见之当面听取意见的参与人范围应当严格限定在侦查人员、未成年犯罪嫌疑人、律师以及法定代理人、被害人等诉讼参与人，应当采用绝对不公开的听取程序，不允许出现在刑事诉讼法规定之外的其他人。[③] 总之，从长远来看，应对未成年人逮捕决定程序进行诉讼化建构，以司法裁判的方式（如听审方式）作出逮捕决定。在某种意义上，对未成年犯罪嫌疑人适用逮捕决定程序的诉讼

① 参见刘广三、张敬博：《试论未成年人犯罪逮捕必要性证明中案例指导的作用》，载《青少年犯罪问题》2011 年第 6 期。

② 参见杨春雷：《论审查批捕公开听证程序——去行政化趋诉讼化的转变》，载《黑龙江省政法管理干部学院学报》2013 年第 1 期。

③ 参见顾颐蕾：《审查逮捕未成年人刑事案件全面听取意见制度之构建》，载吴燕主编：《未成年人检察理论研究》，法律出版社 2016 年版，第 122 页。

化建构，是要实现对未成年人适用逮捕应当以符合程序正义的方式展开，遵循司法规律；同时，对未成年人适用逮捕决定程序诉讼化的价值也在于通过程序规则尽可能地限制、减少对未成年人适用羁押性措施。

第二，强化辩护律师有效参与对未成年人适用逮捕的决定程序。在某种程度上，与律师为成年犯罪嫌疑人、被告人提供辩护服务相比，律师为未成年犯罪嫌疑人、被告人提供辩护服务的意义更为深远。我国《刑事诉讼法》将未成年犯罪嫌疑人、被告人作为“强制性指定辩护”的适用对象，[①]实因未成年人生理和心理上的特殊性，使得他们的自我辩护效果更为不佳。[②]“之所以要听取辩护律师的意见，是因为律师作为受过专业训练的人员，更了解与未成年人案件相关的事实中哪些情形对采取非羁押措施更有意义。”[③]辩护律师作为未成年人的代理人，基于“党派性忠诚原则”[④]，应当尽可能地提供对未成年人适用非羁押性措施的相关材料。因此，在对未成年人适用逮捕的程序性要件中，辩护律师的有效参与是关键环节，盖因构建具有司法属性的逮捕决定程序，以及社会调查报告应有功能的发挥等，都离不开辩护律师的有效参与。

第四节　未成年人适用取保候审措施的完善

在对未成年人适用强制措施活动中，对未成年人的保护主要体现在两个方

---

① 《刑事诉讼法》第 278 条规定：“未成年犯罪嫌疑人、被告人没有委托辩护人的，人民法院、人民检察院、公安机关应当通知法律援助机构指派律师为其提供辩护。”

② 当然，这并不表明成年犯罪嫌疑人、被告人的自我辩护就更为有效，这里只是强调未成年犯罪嫌疑人、被告人的自我辩护通常更为糟糕。诚如克劳思·罗科信所指出的：“如果被告本身即是律师，其亦不得为自己强制辩护之律师。”参见〔德〕克劳思·罗科信：《刑事诉讼法》，吴丽琪译，法律出版社 2003 年版，第 156 页。可见，刑事诉讼中犯罪嫌疑人、被告人的自我辩护是无法取代称职律师提供的辩护服务。

③ 张寒玉：《“未成年人刑事案件诉讼程序”理解与执行》，载《中国检察官》2016 年第 15 期。

④ “党派性忠诚原则”是指律师的职业伦理的核心内容是为最大限度地确保客户的合法权益而奋斗。参见季卫东：《法治秩序的建构》，中国政法大学出版社 1999 年版，第 243—244 页。

面：一是对未成年人适用强制措施不能准用成年人标准，对未成年人适用强制措施在遵循刑事诉讼一般规律性要求的前提下，还应当体现出其应有的特殊功能；二是在适用强制措施时，应平等对待所有涉罪未成年人，不能因未成年人的个体因素导致司法差别对待，因而国家有义务健全非羁押性措施的保障性体系。显然，对未成年犯罪嫌疑人、被告人适用取保候审等非羁押措施，不仅有利于降低逮捕率，也有利于对涉罪未成年人进行教育和矫治。我们认为，提高未成年人取保候审的适用率，降低审前羁押率应当从三个方面展开。

一、树立审前不被羁押是未成年人诉讼权利的理念

逮捕等羁押性措施意味着对公民人身自由的剥夺，在法院作出判决之前，被追诉者仍为无罪之人，审前羁押或未决羁押有悖于无罪推定原则。“对于个人自由来说，先行拘押是一项极为严重的措施，并且看起来是一项有悖于‘无罪推定’的措施，因为，当事人是在尚未收到判决的情况下，即受到了相当于重刑的处分。”[①] 诚如前文所述，在未成年人刑事诉讼活动中，只有在“万不得已”的情形下才能对未成年人适用逮捕等羁押性措施，因而相对于成年人而言，对未成年人适用羁押性强制措施属于“例外中的例外”。可见，审前不被羁押是无罪推定原则的重要体现，它已被视为未成年人的一项诉讼权利。例如，《北京规则》第13.2条规定：“如有可能，应采取其他替代办法，诸如密切监视、加强看管或安置在一个家庭或一个教育机关或环境内。”从域外实践来看，英国等国家广泛采用保释制度，并将保释视为一种权利。在美国，“联邦法律明确规定：非因死罪而被拘捕者有权获得保释。这一传统性的定罪前的自由权，可以保障辩护得以无妨碍的准备，并可防止定罪前的惩罚的加诸……除非这一审判前获得保释的权利得以保留，否则无罪之推定将会丧失其意义。审判前获得释放的权利，其条件在于：被告人能够提供充分的保证，以保证其将

① 〔法〕卡斯东·斯特法尼等：《法国刑事诉讼法精义》，罗结珍译，中国政法大学出版社1999年版，第603页。

出庭接受审判，并在其被判处有罪的情况下服从判决”①。因此，不管是采用福利型少年司法模式的国家，还是采用刑事型少年司法模式的国家，都非常强调审前羁押替代性措施的运用：前者多强调以“观察保护”（观护）代替审前羁押；后者则强调以保释的方式替代监禁，并且将保释视为犯罪嫌疑人的权利。②

当前，我国对于未成年人适用取保候审基本准用成年人标准，在不少办案人员看来，取保候审等羁押替代措施不是未成年人的诉讼权利，“我国目前的未成年人取保候审制度的定位，仍然停留在作为羁押手段的补充功能的定位上”③，因而在司法实践中，决定者是否适用取保候审主要还是考虑程序保障的需要，尤其是侦查工作的需要，而不是立足于保护未成年人权益的需要，往往“构罪即捕”，尤其是对涉罪外来未成年人较少适用取保候审。可以说，未能树立取保候审是未成年人诉讼权利的观念，是导致我国未成年人适用取保候审率低的深层次因素。因此，要提高未成年人取保候审的适用率，首先需要转变观念，树立审前不被羁押为未成年人诉讼权利的理念，而不能仅仅将取保候审视为国家权力的内容，只有将取保候审定位为未成年人享有的一项诉讼权利，决定者在选择何种强制措施时，才有可能避免惩罚的思维模式，更多地考虑保护未成年人权益，而适用取保候审等非羁押性措施。

二、明确对未成年人适用取保候审的适用条件

诚如前文所述，我国《刑事诉讼法》没有明确规定对未成年人适用取保候审的条件，这是导致取保候审适用率低的重要原因。鉴于未成年人及其犯罪行为的特殊性，对未成年人适用取保候审的条件应当宽松于对成年人适用取保候审

---

① 〔美〕巴里·C. 菲尔德：《少年司法制度》，高维俭、蔡伟文、任延峰译，中国人民公安大学出版社2011年版，第135页。

② 参见姚建龙：《未成年人审前羁押制度检讨与改进建议》，载《中国刑事法杂志》2011年第4期。

③ 王秋良主编：《少年审判理念与方法》，法律出版社2014年版，第68页。

的条件，在此基础上应进一步细化未成年人取保候审的适用条件。概言之，对未成年人是否适用取保候审应当主要考虑其社会危险性、主观恶性以及监护条件或者社会帮教措施，而不能仅仅关注对其是否可能判处实刑，如对那些“可能判处有期徒刑以上刑罚，采取取保候审不致发生社会危险性的”未成年犯罪嫌疑人、被告人应当采取取保候审措施。

因此，今后我国《刑事诉讼法》再修订时，应当进一步明确和细化对未成年人适用取保候审的条件，使得对未成年人适用取保候审具有可操作性，促进司法实践的统一，保护未成年人的合法权益。具体而言，对于哪些情形下可以适用取保候审，应当充分吸收有关司法解释等规范性文件的规定，以及各地司法实践中的成功经验。例如，结合《人民检察院刑事诉讼规则（试行）》第 488 条、《人民检察院办理未成年人刑事案件的规定》第 19 条、《未成年人刑事检察工作指引（试行）》第 160 条等规范性文件的有关规定，未成年人存在下列情形的可以适用取保候审：初次犯罪、过失犯罪的；犯罪预备、中止、未遂的；防卫过当、避险过当的；有自首或者立功表现的；犯罪后如实交代罪行，真诚悔罪，积极退赃，尽力减少和赔偿损失，被害人谅解的；不属于共同犯罪的主犯或者集团犯罪中的首要分子的；属于已满 14 周岁不满 16 周岁的未成年人或者系在校学生的等。当然，符合上述情形的未成年人应当具备有效监护条件或者社会帮教措施，且没有社会危险性或社会危险性较小或者恶性不大。又如，我国 S 市 M 区人民检察院与区公安分局会签的《关于对未成年犯罪嫌疑人慎用羁押性措施的若干规定（试行）》从两个方面规定了对未成年犯罪嫌疑人适用非羁押措施的条件：(1) 对未成年犯罪嫌疑人可不适用羁押性强制措施的情形，主要包括：① 主观恶性较小的初犯、偶犯，过失犯罪的；② 属于犯罪预备、犯罪中止、犯罪未遂或防卫过当、避险过当的；③ 共同犯罪中的从犯、胁从犯、被教唆犯；④ 犯罪后具有自首情节或有立功表现的；⑤ 到案后如实供述犯罪事实并积极退赃或赔偿损失的；⑥ 得到被害人谅解并可能达成刑事和解的；⑦ 具有其他轻微情节的。(2) 适用取保候审、监视居住等非羁押强制措施的条件，主要包括：① 未成年犯罪嫌疑人在 S 市有固定住所或相对固定的学习、就业场所；② 有合适的保证人或有能力提供合适的保证金；③ 本人有悔改表现，有家庭、学校或所在社区、居民委员会、村民委员会、企事业单位、社会团体等监护、帮教条件的；④ 不致再危害社会并能保证诉讼正常进行的。[①] 概言之，对未成年人适用取保候审的条件在某种程度上应当与对未成年人适用逮捕的条件相结合起来，一般而言，凡是不符合逮捕必要性要件的，都可以考虑适用取保候审等非羁押性措施。

三、完善对未成年人适用取保候审的社会支持体系

从域外实践来看，审前释放可以是无条件的，也可以附加一定的条件，如保释金、个人担保等附加条件。在美国，司法官在聆讯中决定是否释放被逮捕人。释放可以是“ROR”的——意思是“具结保释”，许诺被告人将会在以后的诉讼中按要求出庭——也可以附加条件。一个常见的条件是被指控人向法庭预交现金或财产，或者按照司法官确定的金额交纳由商业性的担保人（职业保证人）提供的保释金。[②] 在英国，被告人可能被无条件批准保释。作为一种替代方式，警方或法院在批准保释时可以附加条件，保释附加的最常见的条件是提供一名或一名以上的保证人。如果被告人在他应该归还羁押而没有到时，他的保证人要向法院支付一笔确定数额的钱。保证人用于保证的钱被称为“具结保证金”。[③] 不过，对于未成年人而言，他们一般没有经济收入，如果附加保释金条件，对他们是极为不利的，“少年既没有金钱，也没有属于自己的财产用以缴付保释金。于是，金钱保释制度会令少年的自由取决于其家庭的经济资源。由于许多越轨少年的家庭贫困，因而金钱保释制度会令许多少年因贫困而

---

① 参见宋英辉、何挺、王贞会等：《未成年人刑事司法改革研究》，北京大学出版社 2013 年版，第 142 页。

② 参见〔美〕约书亚·德雷斯勒、艾伦·C. 迈克尔斯：《美国刑事诉讼法精解（第二卷·刑事审判）》，魏晓娜译，北京大学出版社 2009 年版，第 98 页。

③ 参见〔英〕约翰·斯普莱克：《英国刑事诉讼程序》，徐美君、杨立涛译，中国人民大学出版社 2006 年版，第 124—125 页。

非公共政策受到拘押”[①]。因此，美国大多数州关于拘留的法律规定或禁止或没有授权法院以交付保释金或提供担保金来作为释放少年的条件。[②] 事实上，单纯通过保证方式的改革，也难以真正实现未成年人审前不被羁押的权利。对此，一些国家建构了一些保释支持性机制。例如，针对未成年犯罪嫌疑人，英国建立了由警察、教育监管和医疗部门组成的保释支持小组，他们特别关心重复犯罪、严重犯罪，已经陷入困境需要帮助的犯罪嫌疑人，特别是吸毒、酗酒、心理上有创伤（受过虐待），或者行为混乱的犯罪嫌疑人。[③] 进入 21 世纪以来，澳大利亚未成年人的审前关押率居高不下，对于来自边远地区、农村的未成年人而言，情况更加严重，这在很大程度上与涉罪未成年人缺少固定住所、收入和担保人有关。为了解决这一问题，澳大利亚各州开始建构一套未成年人保释权益保障特别机制以期提高涉罪未成年人的保释适用率。这些为未成年人提供保释援助的机构大多是政府性机构，即便有一些民间组织，其经费也是由少年司法部提供的。[④] 日本《少年法》规定，可申请少年鉴别所的观护措施，取代检察官的拘留申请。[⑤] 可见，国外保释率高的重要原因是其具有相对完善的保释支持性机制。

根据我国《刑事诉讼法》的规定，取保候审主要有保证人和保证金两种方式。实践中，大多数未成年人没有经济来源，往往是由其监护人交纳保证金或者采取保证人的形式。在我国城市未成年人犯罪中，外来未成年人犯罪的比例较高，而涉罪外来未成年人中无经济来源、无法提供保证人、无固定住所的情况较为普遍，他们也因此较多地被适用逮捕措施。从司法机关的角度而言，由

---

① 〔美〕巴里·C. 菲尔德：《少年司法制度》，高维俭、蔡伟文、任延峰译，中国人民公安大学出版社 2011 年版，第 136 页。

② 同上。

③ 参见徐美君：《未成年人刑事诉讼特别程序研究——基于实证和比较的分析》，法律出版社 2007 年版，第 108 页。

④ 参见姚建龙、吴燕、张宇、钟姝琴：《未成年人取保候审制度的改革与完善——以合适保证人制度构建为视角》，载《预防青少年犯罪研究》2016 年第 6 期。

⑤ 参见尹琳：《日本少年法研究》，中国人民公安大学出版社 2005 年版，第 122 页。

于司法资源有限，外来人口的流动性较大，取证困难，外来未成年人不易管理，若逃脱后再加以追捕，会加大司法成本，司法机关基于规避司法风险的考虑，往往不轻易对外来未成年人采取取保候审。[①] 由此造成对未成年人适用取保候审率低，审前羁押率高。根据上海市检察机关的数据统计，对外来涉罪未成年人适用取保候审的比例明显低于对本地涉罪未成年人适用取保候审的比例。[②] 显然，这不仅有悖于“严格限制适用逮捕措施”的法律要求，也不利于对涉罪未成年人的教育和矫治，甚至不利于外来未成年人真正融入城市生活。就此而言，我国完善对未成年人适用取保候审的配套机制还具有另一深远意义，即促进未成年人刑事司法平等地对待所有未成年人，实现平等保护原则。我国《未成年人保护法》第 3 条第 3 款明确规定：“未成年人不分性别、民族、种族、家庭财产状况、宗教信仰等，依法平等地享有权利”，该条款明确指出了所有参与刑事诉讼的未成年人都应当获得平等的司法待遇。法律面前人人平等原则意味着取保候审措施应平等地适用于所有涉罪未成年人，尤其不能因为籍贯、经济条件等个体因素而导致在取保候审适用上的不平等对待。因此，在适用强制措施时，未成年人刑事司法应当以追求非羁押性措施为目的，并且非羁押性措施应当平等地适用于所有未成年犯罪嫌疑人、被告人，因而国家有义务完善相关的保障性措施，以使社会中的弱势未成年犯罪嫌疑人、被告人实现其获得非羁押性措施的权利。

诚如前文所述，未成年人适用取保候审往往受制于不具备监护条件或者社会帮教，这在很大程度上也是涉罪外来未成年人面临的主要困境。近年来，我国一些地方对取保候审的保障性措施进行了积极探索，推行合适保证人制度、设立管护基地或观护基地等。例如，2008 年 8 月，JS 省最先在 W 市地区范围内开始探索建立涉罪外来未成年人管护基地的做法，随后逐步推广到 W 市其

---

① 参见林宛平、包旭娟：《未成年人刑事案件取保候审措施的适用》，载《人民检察》2010 年第 9 期。

② 参见姚建龙、吴燕、张宇、钟姝琴：《未成年人取保候审制度的改革与完善——以合适保证人制度构建为视角》，载《预防青少年犯罪研究》2016 年第 6 期。

他区县，管护对象也逐步扩大至全部涉罪外来人员，以及部分具备取保候审条件但无法提供保证人和交纳保证金的本地人。[①] 上海各区、县检察机关尝试聘用未成年观护基地志愿者、爱心企业负责人、社工站社工、未成年人保护组织代表、大学教师等人员担任合适保证人，在取保候审期间承担监督和管理被保证人的责任。随着合适保证人制度的推进，将来可以将共青团、妇联、关工委的人员陆续加入到合适保证人的名单中来，甚至尝试以民政局等单位作为合适保证人来履行保证人的职责。[②] 合适保证人制度、管护基地成为未成年人获得取保候审的社会支持机构，有助于提高对涉罪外来未成年人适用取保候审的比例，促进司法平等对待所有涉罪未成年人，避免因涉罪未成年人的经济状况好坏、是否为本地户籍未成年人所导致的在适用取保候审方面的区别对待。例如，2014 年以来，上海市检察机关共对 50 余名涉罪未成年人提供合适保证人，没有在取保候审期间重新犯罪的，绝大多数涉罪未成年人均能遵守各项规定，表现良好，还有少数涉罪未成年人如愿考入高等院校继续求学，取得了良好的个案效果和社会效果。[③] 可以说，推行合适保证人制度、设立管护基地是国家亲权理念的重要体现。在现代国家，国家理应成为未成年人的最后监护人，以保护未成年人的利益。因此，国家有义务建构完善的适用取保候审的社会支持体系，以使社会中的弱势涉罪未成年人能够适用非羁押性措施。显然，推行合适保证人制度、设立管护基地能够为涉罪未成年人实现审前非羁押的权利，正是国家履行其对未成年人的监护职责。在合适保证人制度、管护基地的探索中，社会支持体系是不可或缺的，从某种意义上说，未成年人司法与成年人司法的显著区别在于：社会支持体系对于未成年人司法的有效运转发挥着关键作用。

---

① 参见宋英辉、何挺、王贞会等：《未成年人刑事司法改革研究》，北京大学出版社 2013 年版，第 139 页。

② 参见姚建龙、吴燕、张宇、钟姝琴：《未成年人取保候审制度的改革与完善——以合适保证人制度构建为视角》，载《预防青少年犯罪研究》2016 年第 6 期。

③ 同上。

综上所述，未成年人适用取保候审率的提升是一项系统性工程，它有赖于多方面的因素：从观念上而言，人们必须树立审前不被羁押是未成年人的诉讼权利；从适用条件上而言，立法必须对未成年人适用取保候审的条件予以明确、具体的规定。然而，即使取保候审被认为具有权利属性，其适用条件也有别于成年人，但如果缺乏取保候审社会支持体系，未成年人适用取保候审率也难以获得真正的提高。因此，提高取保候审适用率，降低审前羁押率，必须转变观念、完善取保候审适用条件、健全社会支持体系。当然，未成年人取保候审风险评估机制也是重要的配套制度，它是正确作出取保候审的重要依据。[①]例如，在实行管护基地的地区，都规定了进入管护基地之前的风险评估，将风险评估作为是否进入管护基地的必经环节，对涉罪未成年人适用取保候审或进入管护基地的可行性和潜在风险进行量化测评。[②] 概言之，要提高取保候审的适用率，发挥羁押代替性措施的功能，需要从观念、立法规定、社会支持体系、保障性措施等各个方面展开，唯此，取保候审才能真正实现维护未成年人权益的目的。

第五节　国外未成年人刑事强制措施考察

一、国外未成年人羁押性强制措施

纵观当今世界未成年人犯罪案件的司法实践，一个比较普遍的现象是未成年犯罪嫌疑人所面临的审前收容率高于成年犯罪嫌疑人的审前羁押率。[③] 之所

① 取保候审风险评估机制，是指在决定适用取保候审时，通过对犯罪嫌疑人、被告人再犯、威胁证人、不出庭等取保后可能存在的风险进行考量和评估，按照风险的高低决定是否适用取保候审及采取何种保证条件的机制。参见徐美君：《未成年人刑事诉讼特别程序研究——基于实证和比较的分析》，法律出版社 2007 年版，第 110 页。

② 参见宋英辉、何挺、王贞会等：《未成年人刑事司法改革研究》，北京大学出版社 2013 年版，第 143 页。

③ 参见张栋：《未成年人案件羁押率高低的反思》，载《中外法学》2015 年第 3 期。

以出现上述现象，其深层次的制度根源在于，许多国家设置未成年人审前羁押措施的初衷，不仅仅是为了保障刑事诉讼（主要是刑事侦查）的顺利进行，更是将此制度视作教育、辅导、考察乃至干预、挽救未成年被追诉人的诉讼手段。为此，许多国家和地区还相应地规定了特殊的羁押场所、羁押条件、听证程序等一系列与成年人审前羁押制度截然不同的配套保障制度。因此，我们认为，少年司法中的羁押性强制措施有着与普通成年人审前羁押近乎迥异的性质和内涵，二者虽在表现形式上几近相同，但从本质上看，少年司法中的未决羁押更似一种宽缓的人身拘束措施，以教育、考察为主要目标而非局限于禁闭人身自由。

（一）羁押性强制措施的适用目的

对未成年被追诉人进行及时的教育和辅导是未成年人羁押性强制措施的首要适用目的。为保证少年调查官、观护人和法官能够及时介入未成年人的矫正过程，及时进行教育与辅导，世界上多数国家和地区设置了专门针对未成年人的人身拘束措施，并将其与成年被追诉人的一般羁押措施相区别。

对未成年被追诉人进行综合考察是国外少年羁押措施的另一适用目的。在羁束未成年被追诉人人身自由的基础上，观察未成年被追诉人的表现与状态，是判断其主观恶性、悔罪意愿和矫正难度的重要途径，对于那些情节较为轻微、悔罪表现良好、追诉意义不大的涉罪少年，可及时终止诉讼，促成和解，以实现程序分流，不必构罪即捕、一诉到底。鉴别所收容是日本未成年人刑事诉讼程序中极具特色的制度之一。“所谓鉴别又称分类或调查分类，通常是指由有权机关对犯罪人具体情况所作出分类处理的专门化过程。”[①] 日本少年司法中的鉴别有收容鉴别、住宅鉴别、请求鉴别以及一般鉴别四种。其中，收容鉴别是对被家庭裁判所裁定观护处分的少年实施的鉴别；住宅鉴别是针对少年涉罪案件中未收容于少年鉴别所的少年，基于家庭裁判所请求，对该少年实施的资质鉴别（身心调查）；请求鉴别是由少年院、地方更生保护委员会、保护

---

① 张鸿巍：《未成年人审前拘留刍议》，载《比较法研究》2012年第6期。

观察所等机构洽请少年鉴别所协助办理的鉴别；一般鉴别是指除上述三种鉴别以外，一般家庭、学校请求对其子女、学生实施的鉴别。[①]

（二）羁押性强制措施的适用条件

由于羁押性强制措施是对被追诉人人身自由羁束程度最强且最为严厉的一种刑事强制措施，世界上多数国家都对未成年人审前羁押的适用条件予以严格把控。根据 2002 年、2011 年两次修改后的《法兰西共和国少年犯罪法令》的规定，未满 13 岁的未成年人不得被拘留。对于 10—13 岁的未成年人，如存在重大或相互吻合的线索，可推测其犯重罪或可处至少 5 年监禁刑的轻罪或犯罪未遂的，在得到检察官、专门负责少年保护的预审法官或少年法官的事先批准及监督下，应根据《法国刑事诉讼法典》第 62-2 条规定的理由由司法警察扣留，但不得超过 12 个小时。在特殊情况下，通过司法官澄清理由的裁定可延长拘留 12 小时。[②] 美国《得克萨斯州家事法典》也规定，当未成年人存在下述行为之一者，可被拘留：该未成年人可能潜逃或少年法院可能丧失对其管辖权；该未成年人的父母或其他监护人无法实施适当的监管、照顾与保护；法院在传讯该未成年人时，可能出现无父母或监护人陪同出庭的情况；该未成年人可能对自身或公众安全造成威胁；该未成年人有违法犯罪前科，一旦释放可能会再次触法。[③] 在日本，检察官“就少年案件提出羁押请求时，除具有刑事诉讼法规定的要件外，还应当具有不得已的情形。所谓‘不得已的情形’，是指不可能收容于少年鉴别所的、不予羁押会对实行侦查有重大妨碍等情形。具体说，后者是指未逮捕共犯的、案件特别重大的、即将成年的、否认的、有余罪的等。但是，即便是有这些情形，对于未满 16 岁的少年案件，以及所犯为应处罚金以下

① 参见卢秋生：《少年犯之处遇问题与对策》，载杨士隆、林健阳主编：《犯罪矫治：问题与对策》，五南图书出版公司 1997 年版，第 251—252 页。

② 参见宋洨沙：《法国未成年人刑事司法制度评介》，载《中国刑事法杂志》2011 年第 11 期。

③ 参见张鸿巍：《未成年人审前拘留刍议》，载《比较法研究》2012 年第 6 期。

刑罚之罪的少年案件，由于不可能给予刑事处分，所以，原则上不应请求羁押”[①]。

（三）羁押场所

将羁押、服刑的未成年人与成年人分别关押，是有效挽救未成年人、防止问题少年之间乃至未成年人与成年人之间交叉感染的必要之举。世界大多数国家均在刑事诉讼活动中注意区分未成年人与成年人的羁押场所。英国根据未成年被追诉人年龄的不同设置了不同的审前羁押场所：涉罪青少年年满21岁的，羁押场所为监狱（prison）；涉罪青少年介于17岁到21岁之间的，羁押场所为拘留中心（remand center）或者监狱；涉罪青少年不满17岁的，将被羁押于当地的看护中心（the care of local authority）。但无论如何，上述羁押场所均不得由警察机构、皇家检察署等控诉机关控制，而应由专门的司法行政机构维持运行。[②] 在日本，被逮捕的少年与成年犯罪嫌疑人须分别拘留于警察局的拘留场。而在羁押和释放之间，日本《少年法》又规定了一种中间措施，即观护措施。相较于羁押而言，受观护的未成年被追诉人享有一定程度的人身与活动自由，但与释放相比，其活动范围仍有诸多法律上的限制。少年鉴别所是实施观护措施的机关之一。少年鉴别所的机能在于能“使少年安心地接受审判、保持本来的心情”。基于此，少年鉴别所“应当给予少年读书及进行其他适当的娱乐的时间”，以及“应当尽可能地使其每天进行室外运动”。[③]

二、国外羁押替代性措施

在许多国家，适用羁押性强制措施并非刑事司法实践中的常态做法，使犯罪嫌疑人、被告人处于非羁押状态下候审才是众多有关国际公约、文件所确立的一项基本原则。例如，《公民权利及政治权利国际公约》第9条第3款规定，“等候审判的人受监禁不应作为一般规则，但可规定释放时应保证在司法程序

---

① 宋英辉、孙长永、朴宗根等：《外国刑事诉讼法》，北京大学出版社2011年版，第489—490页。

② 参见郭天武：《保释制度研究》，法律出版社2009年版，第181—182页。

③ 参见尹琳：《日本少年法研究》，中国人民公安大学出版社2005年版，第121页。

的任何其他阶段出席审判，并在必要时报到听候执行判决”。作为特殊的被追诉主体，涉罪未成年人适用羁押措施更应受到严格的限制。《联合国保护被剥夺自由少年规则》第17条要求：“应尽可能避免审讯前拘留的情况，并只限于特殊情况。因此，应作出一切努力，采用其他的替代办法。”《北京规则》第13.2条也规定：“如有可能，应采取其他替代办法，诸如密切监视、加强看管或安置在一个家庭或一个教育机关或环境内。”在此背景下，羁押替代性措施的兴起与发展正日渐成为少年司法的主流趋势，越来越多的国家开始关注未成年人强制措施体系的多元化设计，并在实践中不断探索、试行各类羁押替代性措施。

（一）英国的保释制度

在英国，保释被视为犯罪嫌疑人的一项权利。在英国法学界看来，犯罪嫌疑人和被告人获得保释具有普遍性，即准予保释应是常态，而不准保释则是例外。当保释决定主体——法官和警察依据保释例外情形作出拒绝保释的决定时，必须“确信存在充分的理由”。不仅如此，法院拒绝被告人的保释申请后，仍有义务在被告人每次出庭时重新考虑是否予以保释。

当然，对于未成年被追诉人来说，《英国保释法》还规定了许多特殊的制度。首先，在保释的限制上，如果羁押对未成年被追诉人的自身安全更为有益，那么，无论其被指控或定罪的行为是否将被处以监禁刑，法院都可拒绝保释。其次，在保释的附带条件上，法院和警察可对未成年被追诉人施加电子监控，即在被保释人的脚踝上装一个“加有标签”的传导物，该传导物向接受者发出信号，由代表法院的机构进行监督，如果被追诉人离开其被限制的区域，则可能被逮捕。最后，在保释后的管理上，英国多地建立了专门针对未成年人的保释支持小组，以便于对未成年被保释者的身心健康辅以必要的照顾和保护，乃至提供帮助使其继续接受教育。[①]

（二）法国的司法管制

法国于1990年批准加入《儿童权利公约》，根据该公约第37条（b）项

① 参见齐树杰主编：《英国司法制度》，厦门大学出版社2007年版，第511、515、516、521、532页。

“对儿童的逮捕、拘留或监禁应符合法律规定并仅应作为最后手段，期限应为最短的适当时间”之要求，法国司法机关在对未成年人适用刑事强制措施方面严格把控羁押标准和尺度。根据《法兰西共和国少年犯罪法令》的规定，对13岁以下的少年不得采取刑事拘留或采取预先羁押等监禁措施，只能予以司法管制；对13岁至16岁的少年，仅在涉嫌犯有重罪时才可采取预先羁押措施；涉罪少年介于16岁至18岁的，无论被控重罪抑或轻罪，皆可预先羁押，但仍应优先采取司法管制。[①] 所谓司法管制，是指敦促犯罪嫌疑人履行一项或数项义务并由司法官进行监管的强制措施。在法国，青少年法官、预审法官或自由与羁押法官可视情况通过载明理由之裁决作出司法管制的裁定。法官应在律师及法定代理人在场的情况下口头告知未成年犯罪嫌疑人应履行的义务，以及未遵守这些义务的否定性后果，即被临时羁押。所有程序性规则的告知和执行情况均须载入笔录，由法官和未成年人签名确认。如果采取司法管制措施后犯罪嫌疑人被释放的，则法官可通过任何方式随时传唤其律师。犯罪嫌疑人对适用司法管制措施不服的，可向上诉法院预审庭起诉。[②]

（三）美国的羁押替代性措施

美国的大规模监禁问题由来已久。自20世纪70年代以来，美国监狱人口激增。1970年，美国联邦监狱和州监狱共有在押犯不到20万，到了2009年，这一数字增长了8倍多，达到了1613556人，若加上看守所的767620名在押人员，当年全美在监人员总数可达230万人。[③] 与同期世界其他国家相比，美国受监禁人数占全球受监禁人数的25%，相当于欧洲35个囚犯最多国家的总和。[④] 监禁场所人满为患、混居杂处的局面不仅不利于犯罪矫正、特殊预防的

① 参见〔法〕皮埃尔·特鲁仕主编：《法国司法制度》，丁伟译，北京大学出版社2012年版，第163页。

② 参见施鹏鹏：《法国未成年人刑事程序法述评：制度与演进》，载《青少年犯罪问题》2012年第2期。

③ 参见姜文秀：《美国监禁刑之高监禁率现状研究》，载《河南社会科学》2011年第1期。

④ 参见李博雅：《痼疾难除，美国暴力犯罪持续增加》，载《人民日报》2015年7月22日。

有效进行，更使得少年犯与成年犯分别羁押的国际准则难以落实。这一窘境迫使美国政府积极探索羁押替代性措施的创设和适用。

1. 非戒备森严的过夜安置或庇护照顾

对于那些有必要严加看管但又不必投入羁押场所的涉罪少年，在候审期间可对其适用非戒备森严的过夜安置措施。此时，他们必须停留于某一有专人看管的处所。为防止“交叉感染”和方便亲人探视，此类场所一般设置于社区内，且通常规模较小，仅能容纳 8 至 20 人。在适用非戒备森严的过夜安置措施时，社区还可为涉罪少年提供教育、娱乐、辅导和生活技能培训。

2. 日间和夜间报到中心

考虑到进入司法程序的大多数少年都不需科以 24 小时不间断的严加看管以限制活动，美国多地政府整合社会力量，与民间合作建立了日间和夜间报到中心。具体来说，日间报到中心向涉罪少年提供接受教育和进行娱乐的机会，其服务的对象大多是那些脱离校园、缺乏监管、易发寻衅滋事的问题少年。夜间报到中心要求仍在校学习的涉罪少年于放学后至晚间这一少年犯罪的高发时段内前来报到，在保证其学校教育不致中断的同时，又督促其积极履行义务、遵守法律法规。

3. 家庭或社区看管中心

对于那些社会危险性较低的涉罪少年，办案机关大都将其交由家属或社区看管而无须定期前往特设机构报到矫正。适用此措施时，涉罪少年可正常就学和生活，督导官员会随机突击检查或采用无线电监控手镯等电子设备来了解其行踪，以确保涉罪少年不再违法乱纪，并可按时出庭。当然，受家庭或社区看管的少年所进行的日常活动具有一定的时间、空间限制，如宵禁以及禁止出现在某些危险、不宜场所等。[①]

---

① 参见王江淮：《未成年人审前羁押制度比较与借鉴》，载《预防青少年犯罪研究》2014 年第 6 期。

第七章

未成年人刑事侦查程序

侦查作为刑事司法程序中的第一步，侦查人员与未成年犯罪嫌疑人最先接触也接触的时间最久最深入。就普通案件而言，侦查阶段的基本任务是揭露、证实犯罪和犯罪人，预防和打击犯罪分子的破坏活动，为提起公诉提供可靠的证据。就未成年人案件而言，侦查阶段的基本任务除了收集证据，揭露和证实犯罪外，更加重要的是保护未成年人的合法权益，以“教育、感化、挽救”为宗旨。2012 年《刑事诉讼法》修正时特别增加了“未成年人刑事案件诉讼程序”一章，明确提出了讯问时法定代理人在场制度、社会调查制度、专门人员负责制度等。这些条文的增加对完善整个未成年人刑事司法制度有着十分重要的意义。本章在结合立法和司法实践的基础上，重点探讨侦查程序中的合适成年人在场制度和社会调查制度。

第一节　讯问时合适成年人在场制度

合适成年人在场制度起源于英国 1972 年的麦克斯韦·肯费特（Maxwell Confait）案。作为一起臭名昭著的冤案，肯费特案引起了人们对侦查讯问程序，尤其是针对未成年犯罪嫌疑人和具有精神错乱、精神障碍犯罪嫌疑人讯问程序的广泛而深入的反思。合适成年人在场制度正是基于这种反思的产物。[①]

一、国内外合适成年人制度的立法规定

（一）我国合适成年人制度立法现状

《刑事诉讼法》第281条第1款规定："对于未成年人刑事案件，在讯问和审判的时候，应当通知未成年犯罪嫌疑人、被告人的法定代理人到场。无法通知、法定代理人不能到场或者法定代理人是共犯的，也可以通知未成年犯罪嫌疑人、被告人的其他成年亲属，所在学校、单位、居住地基层组织或者未成年人保护组织的代表到场，并将有关情况记录在案。到场的法定代理人可以代为行使未成年犯罪嫌疑人、被告人的诉讼权利。"

与1996年《刑事诉讼法》第14条第2款的规定相比，现行《刑事诉讼法》有两点质的飞跃：一是扩大了"合适成年人"的范围，即不仅仅局限于未成年犯罪嫌疑人的法定代理人；二是将原来的"可以通知"改为"应当通知"，进一步强调了讯问时法定代理人必须到场的要求。同时，此规定存在三点不足：第一，法律只规定了侦查机关在讯问未成年犯罪嫌疑人时应当有法定代理人在场，但是对于公安机关讯问未成年犯罪嫌疑人时无法定代理人在场时的救济措施以及惩罚措施，法律并没有规定；第二，在未有合适成年人在场取得的言词证据是否应该按照非法证据排除规则的规定予以排除，法律对此也没有规定；第三，法律没有明确规定合适成年人的权利与义务。

（二）各国合适成年人制度的法律规定

作为合适成年人在场制度的发源地，1984年英国《警察与刑事证据法》规定了警察在讯问未成年犯罪嫌疑人或有精神错乱、精神障碍的犯罪嫌疑人时，必须有合适的成年人到场。就未成年犯罪嫌疑人而言，合适成年人可以是：(1) 未成年人的父母或监护人（如果未成年人处在被照料中，则为负责照料职

---

① 参见姚建龙：《权力的细微关怀——"合适成年人"参与未成年人刑事诉讼制度的移植与本土化》，北京大学出版社2010年版，第6页。

责的当局或自愿组织)；(2)社会工作者；(3)非上述两种情况时，其他年满或超过18周岁的有责任能力的成年人，但不能是警察或受雇于警署的人。①

在美国，按照一般的规定，侦查员必须在讯问少年之前通知其家长。此外，还必须将少年犯行为的全部情况，以及该行为如出于成年人所为即构成犯罪这一点，详细告诉其家长。在审讯开始之前，必须将讯问范围通知少年及其家长。在讯问少年的过程中，要求家长作为不发言的现场观察员出席。在讯问中家长的缺席，将严重损害讯问中所获得的任何材料的最终效力。②

在日本，日本《少年法》并无合适成年人的规定，但日本警察厅次长通告的《少年警察活动要纲》第12条第3款规定，除不得已的情况以外，警察必须在与少年一道的保护人③等其他认为合适的人见证下进行面试(即讯问少年)，但是一般情况下律师的见证不被许可。④ 此外，日本还有辅佐人制度，辅佐人可以起到类似于合适成年人的作用，但是辅佐人在调查讯问阶段的作用并不很受重视。⑤

在德国，德国《少年法院法》第67条第1款规定："如果犯罪嫌疑人享有被听审、问询及申请权利，或者在调查程序中在场的权利，其监护人和法定代理人也应当享有此权利。"⑥

---

① 参见姚建龙：《权力的细微关怀——"合适成年人"参与未成年人刑事诉讼制度的移植与本土化》，北京大学出版社2010年版，第6页。

② 参见〔美〕保罗·威士顿、肯尼德·威尔斯：《美国少年案件侦查中的几个问题》，武汉译，载《青少年犯罪研究资料汇编》编辑组编：《外国青少年犯罪资料》，中国社会科学院青少年研究所1981年版，第154—155页。

③ 根据日本《少年法》第2条第2款的规定，保护人是指"对少年负有法律上监护教育义务的人，以及现在对少年进行监护的人"。

④ 参见尹琳编译：《日本少年事件中的辅佐人(添附人)制度》，载《华东政法大学"中欧少年司法制度——合适成年人参与制度研讨会"论文集》，2013年。

⑤ 同上。

⑥ 转引自卞建林主编：《未成年人刑事司法程序——外国刑事诉讼法有关规定》，中国检察出版社2017年版，第48页。

二、全面构建合适成年人在场制度

（一）法定代理人在场制度应向合适成年人在场制度过渡

对于2012年《刑事诉讼法》的修正，有部分学者认为我国已经确立了合适成年人在场制度。我们不赞同这个观点，准确地说，我国是建立了讯问时法定代理人在场制度。仔细对比该法法条与合适成年人的概念不难发现，2012年《刑事诉讼法》第270条第1款虽然规定“无法通知、法定代理人不能到场或者法定代理人是共犯的，也可以通知未成年犯罪嫌疑人、被告人的其他成年亲属，所在学校、单位、居住地基层组织或者未成年人保护组织的代表到场”，但是合适成年人在场制度的含义是指在讯问时必须确保有合适成年人在场。一个“也可以”，一个“必须确保”，虽然只是几字之差，所表达的含义却是天壤之别。在实践中，是否请其他合适成年人参与讯问的决定权在侦查机关手中，即在法定代理人无法参与讯问或者有其他情况不适合参与讯问时，没有其他合适成年人到场旁听讯问也不违法。

实践中，法律如果仅仅规定公安机关讯问未成年犯罪嫌疑人时，法定代理人必须在场，而不规定法定代理人在场时所享受的权利和所尽的义务，法定代理人就会变成一个摆设，起不到任何作用。

1984年英国《警察与刑事证据法》执行守则规定了法定代理人到场的作用，主要包括：支持、建议和帮助被拘留的人，特别是在他们被讯问的时候；观察警察的行为是否适当、公正和尊重被拘留人员的权利，如果警察没有做到这一点，则提醒他们；帮助被拘留人与警察交流；使被拘留的人理解自己的权利和适当成年人的职责是保护他们的权利。[①] 根据我国《刑事诉讼法》的规定，在侦查阶段到场的法定代理人可以代为行使未成年犯罪嫌疑人的诉讼权利，具体包括：申请侦查人员、检察人员回避；自行或在辩护人协助下获得辩护；讯问时

① 参见姚建龙：《英国适当成年人介入制度及其在中国的引入》，载《中国刑事法杂志》2004年第4期。

拒绝回答侦查人员提出的与本案无关的问题；对侦查人员侵犯公民诉讼权利和有人身侮辱的行为，有权提出控告以及有权对侦查机关侵犯未成年人权益的行为提出意见，有权阅读讯问笔录。

我国昆明市盘龙区未成年人司法试点项目中，规定法定代理人在工作中享有的权利为：在不干扰公安机关侦查工作的前提下，参与警方对触法未成年人的首次及其后的讯问活动；采取适当方式及时制止未成年人的处理意见等。相应的，法定代理人必须履行的义务包括及时迅速地对触法未成年人的违法动机、目的、原因和家庭情况，当事人态度及相关社会背景进行了解、记录并形成综合报告，为办案部门作出处理决定提高可靠的证据；尊重和保护触法未成年人的隐私权；严守工作纪律等。[①]

《刑事诉讼法》规定了讯问未成年犯罪嫌疑人时的法定代理人在场制度，但是对于如何保障法定代理人在场制度顺利实施并没有作出详细规定。法定代理人在场制度的正式确立仅仅是一个开始，严格按照法律规定去实施才是关键所在。法律应当规定如果公安机关不履行通知义务，讯问时无法定代理人到场旁听时，口供予以排除，即推定为非法证据，使用排除规则。对此，香港地区有关法律规定，“被警方拘捕的青少年，只有在父母、监护人或与该名青少年的性别相同的人士（例如其兄或姊）在场的情况下接受接见。若青少年的口供是在没有该等人士在场的情况下录取，该口供可被视作以欺压手段获得，法庭可以此作为足够理由，不把口供列为证据”[②]，上述规定值得借鉴和参考。作为补充，公安机关应当在办案细则中增加法定代理人在场制度的监督措施，公安机关内部监察机关应当积极地负起责任，在平时的案件抽查和年底考核中，将讯问未成年犯罪嫌疑人时是否有法定代理人在场作为考核项目之一，一旦发现情况严重的案件，对办案人员给予纪律处分等惩罚措施。

检察机关在审查案件时对在侦查阶段公安机关的讯问笔录进行仔细查看，

---

① 参见安克明：《阴影不再，阳光重来》，载《人民法院报》2006年9月10日。

② 刘东根、王砚图：《我国未成年人刑事司法中的合适成年人参与制度之完善》，载《中国人民公安大学学报（社会科学版）》2010年第5期。

发现侦查阶段的讯问笔录里没有法定代理人在场签名的情况时，及时给公安机关办案人员发送执法建议书，必要时将不予采用无法定代理人在场签名的讯问笔录。另外，未成年犯罪嫌疑人的法定代理人、律师在发现讯问笔录中无法定代理人在场的情况时，有权要求公安机关说明没有让法定代理人参与讯问的理由并且在审判阶段向法庭提出对此份口供的质疑。

（二）确定其他合适成年人的范围

《刑事诉讼法》第281条第1款针对法定代理人无法参与或者不适合参与讯问的情形时，列举出“其他成年亲属，所在学校、单位、居住地基层组织或者未成年人保护组织的代表”，这些人员替代法定代理人参与讯问。我们认为可以将上述人员范围扩大，使其更具操作性与科学性。

其他参与人究竟可以包括哪些人，各国的法律规定并不相同，国内学者对此问题也开展了研究。我们认为，其他人员的范围应该是文化素质较高，且具有一定的法律基础，有爱心有正直感的人，主要可以各大高校的法学、犯罪学、心理学和各省公安院校的学生与教师，以及社会工作者、共青团员等人员为主。以这些人员为主的主要原因有三点：一是他们具有比其他人更全面、更有针对性的专业知识，能更好地帮助未成年人；二是他们比父母、律师更容易保持冷静、客观、中立的立场，从而更容易被涉案未成年人与公安机关所接受；[①] 三是这些人员平时学习的理论内容亟须实践进行证明，让其参加未成年人的讯问，了解未成年人的心理状态，有利于自身学术水平的提高。

关于律师能否成为除法定代理人以外其他人员的问题，学术界意见不统一。我们比较赞同赵国玲教授的观点，即承办案件的律师不能代替法定代理人或以外其他人员。承办案件的律师之所以不能代替法定代理人，主要是因为法定代理人参与诉讼与律师参与诉讼，两者所处的法律地位、所履行的法律职责和所起的作用都有很多方面的区别，律师参与诉讼，主要是为未成年人提供法

① 参见刘东根、王砚图：《我国未成年人刑事司法中的合适成年人参与制度之完善》，载《中国人民公安大学学报（社会科学版）》2010年第5期。

律帮助，是未成年人合法利益的专门维护者，这一角色决定了律师在与侦查机关的配合方面存在制度性障碍。[①]

第二节　侦查程序中的社会调查制度

未成年人刑事案件的社会调查制度，是指在未成年人涉嫌犯罪的刑事诉讼程序中，在侦查阶段、审查起诉阶段以及法院审理阶段对涉嫌犯罪的未成年人的性格特点、家庭情况、社会交往、成长经历、在校情况以及实施被指控的犯罪前后的表现等情况进行调查，并制作出书面的社会调查报告，该报告将会成为公安机关、检察机关、法院作出决定或者判决的重要参考因素。本部分所讨论的社会调查制度主要指侦查阶段的社会调查。社会调查制度是刑罚个别化的要求，体现了对未成年人的人性化关怀和特殊保护，并且社会调查制度能够更好地教育未成年人，为帮教、矫治工作提供重要的参考依据。[②]

一、国内外关于社会调查制度的立法规定

社会调查是许多国家办理未成年人刑事案件的惯例，社会调查的目的是要求办理未成年人案件时要综合考虑未成年人实施犯罪的动机和目的，犯罪性质、情节，社会危害程度，以及是否属于初犯，归案后是否悔罪，成长经历、一贯表现和监护教育条件等因素。进行社会调查有利于有针对性地对未成年人进行教育、挽救，从而促使其认罪悔改。社会调查报告对公检法三机关决定对未成年人进行取保候审、批捕、起诉、定罪量刑、刑罚执行、社区矫正都有重大的参考价值。我国《刑事诉讼法》第 279 条规定："公安机关、人民检察院、

① 参见刘东根、王砚图：《我国未成年人刑事司法中的合适成年人参与制度之完善》，载《中国人民公安大学学报（社会科学版）》2010 年第 5 期。

② 参见佟丽华主编：《未成年人法学（司法保护卷）》，法律出版社 2007 年版，第 77 页。

人民法院办理未成年人刑事案件，根据情况可以对未成年犯罪嫌疑人、被告人的成长经历、犯罪原因、监护教育等情况进行调查。”

当前，一些国家也在立法中明确规定了社会调查制度。例如，德国《少年法院法》第 43 条第 1 款规定：“诉讼程序开始后，为有助于判断被告人有关心理、思想和性格的特点，应尽快调查其生活和家庭关系、成长过程、迄今的有关行为及其他有关事项。”[①] 日本《少年法》第 9 条规定：“家事法院的调查官要充分利用医学、心理学、教育学、社会学以及其他专门知识特别是少年鉴定所的鉴定结果，对少年、保护人及相关人员的品行、经历、素质、环境等进行调查。”[②]

二、我国侦查程序中社会调查工作的完善

（一）现行法律规定的缺失

我国《刑事诉讼法》基本确立了社会调查制度，但是法律对于这一制度的规定仍不具有强制性。《刑事诉讼法》第 279 条规定，“根据情况可以对未成年犯罪嫌疑人、被告人的成长经历、犯罪原因、监护教育等情况进行调查”。从这一法条可以看出，公检法机关“可以”“根据情况”决定是否进行社会调查，而这个“情况”到底是指哪些情况由公检法机关自行定夺，启动调查的主动权依然掌握在公检法机关手中，并且法条中用了“可以”二字，而不是“应当”“必须”就充分显示了社会调查制度的非强制性。由于上位法都没有将社会调查制度作为未成年人案件的一个强制性规定，公安机关在具体办案中为了节约人力物力，能不进行调查就不调查。

《刑事诉讼法》已经确立了社会调查制度可以运用在未成年人犯罪案件中，但是对于具体的调查主体、调查范围、调查的实施阶段、调查结果的法律效

---

① 转引自卞建林主编：《未成年人刑事司法程序——外国刑事诉讼法有关规定》，中国检察出版社 2017 年版，第 40 页。

② 转引自孙云晓、张美英主编：《当代未成年人法律译丛（日本卷）》，中国检察出版社 2006 年版，第 163 页。

力、社会调查的监督工作等并未作出规定，这就给司法实践带来了一定的困难。由于法律缺乏关于社会调查制度的具体细化规定，就给执法人员留下了很大的操作空间，带来了司法实践的随意性和不确定性。这就需要进一步出台相关的司法解释和法律法规来完善。

（二）公安机关对社会调查制度不够重视

我国较早开展未成年人案件社会调查工作的司法机关是检察院和法院，早在2001年，最高人民法院就出台了《最高人民法院关于审理未成年人刑事案件的若干规定》，其中第21条就规定了审前调查制度。[①] 2006年，最高人民检察院出台的《人民检察院办理未成年人刑事案件的规定》也规定了审查起诉阶段对未成年犯罪嫌疑人的社会调查。[②] 1995年，公安部出台的《公安机关办理未成年人违法犯罪案件的规定》第10条规定："对违法犯罪未成年人的讯问应当采取不同于成年人的方式。讯问前，除掌握案件情况和证据材料外，还应当了解其生活、学习环境、成长经历、性格特点、心理状态及社会交往等情况，有针对性地制作讯问提纲。"很多学者认为这是公安机关对于未成年人案件的社会调查制度的规定，但是我们不认同这种说法。因为，从这条规定中可以看出该做法的出发点不是为了保护未成年人，而是出于侦查讯问工作的需要，是为侦查讯问服务的。所以严格意义上看，公安机关并没有出台有关侦查阶段对未成年人社会调查制度的办案规定。在2012年修正的《刑事诉讼法》实施之前，在法律上是没有针对公安机关需要对未成年犯罪嫌疑人进行社会调查工作的强制性规定，即使公安机关内部办案规则中提出社会调查工作，因为上位法没有规定，所以在实际操作中公安机关对此鲜有调查。

---

① 《最高人民法院关于审理未成年人刑事案件的若干规定》第21条规定："开庭审理前，控辩双方可以分别就未成年被告人性格特点、家庭情况、社会交往、成长经历以及实施被指控的犯罪前后的表现等情况进行调查，并制作书面材料提交合议庭。必要时，人民法院也可以委托有关社会团体组织就上述情况进行调查或者自行进行调查。"

② 《人民检察院办理未成年人刑事案件的规定》第6条规定："人民检察院办理未成年人刑事案件，应当考虑未成年人的生理和心理特点，根据其平时表现、家庭情况、犯罪原因、悔罪态度等，实施针对性教育。"

（三）社会调查报告的法律地位不明确

办案人员在进行一系列的社会调查工作之后必然要整理出一份具有法律效力的社会调查报告，社会调查报告是社会调查工作的成果，是对未成年犯罪嫌疑人的量刑的重要参考之一。但是，《刑事诉讼法》并未出现对于社会调查报告的规定。由于社会调查报告的效力没有得到法律的认可，而且法律对社会调查报告的证据性质也没有明确的说明，即有无调查报告并不必然导致程序和实体的无效，这在很大程度上就会使得社会调查工作流于形式。在实践中进行社会调查的人员在出席法庭审理时往往要出示和阅读社会调查报告为最后的量刑提供依据。由于社会调查报告需要在法庭上出示并且成为影响量刑的依据，这就需要法律明确规定社会调查报告是否可以作为证据使用，如果作为证据使用，应当归属于八类证据中的哪一类，并且如何适用等问题。在实践中对于社会调查报告性质的规定十分混乱，缺乏法律根据。以江苏和上海两地为例，在江苏，法庭宣读调查报告后，还要接受诉讼参与人的质询。而上海长宁区的做法是不对该社会调查报告进行质证，即不将其作为证据对待，但审判人员要询问诉讼参与人对于社会调查报告的意见。通过以上内容可以看出社会调查报告的性质在各地是不一样的：有的地方将其当作证据使用，要对其进行质证；有的地方不将其作为证据，不对其进行质证但允许诉讼参与人发表意见。① 社会调查报告运用上的混乱以及证据地位的不明确阻碍了社会调查制度的实施与运用。

（四）未成年人刑事案件社会调查制度的完善

1. 明确社会调查的时间及主体

由于《刑事诉讼法》规定了公安机关也是社会调查工作的主体之一，所以社会调查工作的起点时间就可以定在侦查阶段。但在实践中，未成年犯罪嫌疑人的社会调查工作存在重复调查的现象，公安机关在侦查期间出具社会调查报告

① 参见佟丽华主编：《未成年人法学（司法保护卷）》，法律出版社 2007 年版，第 95 页。

的情况还不普遍，检察机关在审查起诉时会进行一次社会调查，形成报告，移送法院。按照惯例，法院在审判之前还将进行一次社会调查。这不仅浪费了司法资源，还导致了社会调查报告的内容不具有确定性。我们认为公安机关应当出具一份调查报告随案卷移送检察院和法院，并且应当作为案卷的一部分。

2012年修正的《刑事诉讼法》实施之前，法律没有确立社会调查制度，实践中侦查机关一般不对未成年犯罪嫌疑人进行社会调查，而主要由人民检察院和人民法院进行。2012年修订的《人民检察院刑事诉讼规则（试行）》第486条规定，“人民检察院根据情况可以对未成人犯罪嫌疑人的成长经历……情况进行调查，并制作社会调查报告……人民检察院开展社会调查，可以委托有关组织和机构进行”。2015年最高人民检察院发布的《检察机关加强未成年人司法保护八项措施》规定，“以政府购买服务等方式，将社会调查……等工作，交由专业社会力量承担”。可见，对于社会调查主体，立法经历了从要求“公检法机关自行承担”到“可以委托有关组织和机构”再到“明确交由专业社会力量承担”的过程。[①]但是，由于立法对“专业社会力量”的规定较为模糊，因而实践中各地的社会调查员不尽相同。

目前，学术界广泛认为，侦查阶段的社会调查主体可以借助“专业社会力量”，即公安机关聘请专业的社会组织和机构完成社会调查工作，外聘的社会组织和机构应具有独立性，且从事社会调查的人员应具有专业背景或职业经验，这类似于经济犯罪侦查部门外聘会计、审计机构协助办案的模式。外聘组织和机构作为社会调查机构有其合理性和科学性，但是实践工作中也存在一些问题，具体而言：一是《刑事诉讼法》没有对社会调查主体进行明确规定，公检法机关所作出的社会调查报告无疑具有很高的效力，但是公检法机关委托个人或社会组织和机构进行社会调查工作，其调查报告的效力会大大降低，缺乏法

① 参见李扬：《“以审判为中心”视角下未成年人社会调查制度的反思与完善》，载《广西民族大学学报（哲学社会科学版）》2018年第2期。

律确定力。二是公检法机关可以有效地协调相关部门，便于其了解涉罪未成年人的学习、生活情况；而社会志愿者、律师或者社区矫正机关等个人或组织往往没有上述便利条件。因此，在侦查阶段，为了更好地完成社会调查工作，可以先由各级司法行政机关建立专门的社会调查机构，聘请具有心理学、教育学或者法学背景的专业人员从事社会调查工作，再由公安机关的法制部门牵头，由其和司法行政机关指定的社会调查机构共同完成此项工作。究其原因，专业的社会调查机构和人员能够胜任社会调查工作，且往往能客观、中立的对涉罪未成年人的日常生活、学习状态进行评估，而同时由公安机关出面协调相关部门，又有助于为社会调查工作的顺利进行提供便利条件。

2. 明确社会调查的内容

《刑事诉讼法》第279条对社会调查的内容作了以下的规定："……可以对未成年犯罪嫌疑人、被告人的成长经历、犯罪原因、监护教育等情况进行调查。"这样的规定过于笼统，缺乏可操作性。社会调查报告的内容可具体设计为两个部分，即客观内容和主观分析内容，并应当分属两份表格。其中的客观内容向控辩双方以及诉讼当事人公开，并在法庭上质证；而主观分析内容限制公开，主要是公安机关对于调查结果得出自己的结论，并随同案卷移送检察机关用于处遇参考，检察机关再根据自己对案件的审查得出自己的结论，最后在法庭上呈给法官和陪审员进行参考。

客观内容是社会调查报告的核心内容，我们认为其中主要包括：未成年人的基本情况，包括姓名、年龄、性别、出生年月、生理和心理状况、性格特点、家庭住址，以及是否在校读书、就读学校和班级等情况。其中，生理和心理情况包括未成年人的身体是否健康、精神和智力是否发展正常（必要时可以进行鉴定）、是否具有心理疾病和精神障碍等；未成年人的背景情况，包括走访未成年人的家庭、学校、社区以及关系密切的朋友等了解到的家庭情况（其在家庭中的地位和遭遇，与家庭成员的感情和关系，家庭对其的教育、管理方法）、在校表现情况（是否经常旷课、不遵守学校的规章制度；是否打架斗殴、辱骂他人，不团结同学；是否参与赌博、观看淫秽色情音像制品；是否多次偷窃等）、社区对其的评价以及社会交往等情况（是否与他人结伙滋事、扰乱治安、是否与社会不良人员交往密切等），如果未成年人已经辍学并工作，还应当到其工作所在地了解其从事的工作情况等；未成年人的成长经历情况（有无犯罪前科）；未成年人犯罪原因以及实施涉嫌犯罪行为前后的表现等情况；受害人遭受犯罪影响的程度、对犯罪人的态度以及是否与未成年犯罪人达成了刑事和解等。

同时，社会调查报告中应当尽量附有证明这些客观事实情况的相关文件，如证明未成年人在校表现好的证书复印件。① 在实践中还会经常出现，未成年犯罪嫌疑人在生活中是个生活作风良好、遵纪守法的公民，因为某种特殊原因导致了未成年人的犯罪，并且这些原因都是情有可原，周围的老师、家人、朋友都认为应该给该未成年人一次改过自新的机会，从轻处理，这些人员会自发写求情书，这些求情书也应当成为社会调查报告的一部分。

从适用的普遍性看，社会调查报告以表格的形式直接填写比较好，例如标准化的问卷形式，被调查的对象只需要在问卷上勾画出对应的选项即可。这样被反映的内容比较直观，而且较规范。客观的表格内容可以在一定程度上避免侦查人员的主观想法。② 我们设想了一份社会调查报告的样式：③

调查对象：姓名_______、性别______、年龄______、家庭住址________

填表人：姓名_______、工作单位________、与被调查人的关系________

（以下为调查对象的信息）

A. 调查自身情况

---

① 参见佟丽华主编：《未成年人法学（司法保护卷）》，法律出版社2007年版，第96页。

② 参见杨飞雪：《刑事案件社会调查制度研究——以未成年人刑事案件为例》，载《人民司法》2009年第3期。

③ 以下所有列举项均只表达样式要求，与内容无关。

身体健康程度	智力程度	性格特点	是否有心理与精神疾病	平时生活中是否合群，容易相处	家庭情况	之前有无违法犯罪的记录
□健康	□高	□开朗	□有何种倾向（暴力\自闭\仇视社会\自卑等）______	□是	□家庭完整	□有
□不健康所患是何疾病（曾经患病）______	□低	□内向		□否	□父母离异，跟着父\母一方生活	□无
□不清楚	□正常	□一般	□无		□父母离异，没有跟着父\母生活	

B. 调查在校情况、平时交友情况等

在校表现如何	是否参加工作	有无固定生活来源	交友情况
□表现很好，认真学习，团结同学	□是 单位名称______	□有	□所交朋友没有社会不良人士
□表现一般，但也不是令老师头疼的学生	□否	□无	□朋友背景复杂，有好有坏
□表现不好，经常让老师头疼，同学对其有意见		□不清楚	□所交朋友多为社会不良人士

3. 社会调查报告的性质探讨

《刑事诉讼法》第50条第1款规定："证据是指能够证明案件事实情况的一切事实。"关于社会调查报告的证据性质，主要围绕社会调查报告是不是证据、是否能够作为证据使用并在法庭上进行质证。诚如前文所述，《人民检察院办理未成年人刑事案件的规定》《关于进一步建立和完善办理未成年人刑事案件配套工作体系的若干意见》等规范性文件指出社会调查报告是作为"办案和教育的参考""教育和量刑的参考"，而并未将其视为一种法定证据形式。

但是，近年来关于品格证据制度的探究已经较为成熟，一般认为，品格证据是指证明某些诉讼参与人的品格或者品格特征的证据，品格证据的主要内容包括前科劣迹、名声、评价等。可见，未成年人刑事案件社会调查收集的材料，基本符合品格证据的特征。因此，如果未来我国将品格证据作为一种法定证据形式，那么，社会调查报告便可视为证据。

第八章

未成年人刑事起诉程序

第一节　附条件不起诉制度

在缓起诉、暂缓不起诉等制度试点经验积累的基础上，附条件不起诉制度作为未成年人诉讼特别程序的一部分写入我国《刑事诉讼法》。附条件不起诉制度的设立对刑事诉讼审查起诉阶段贯彻宽严相济刑事政策，落实“教育、感化、挽救”方针，预防和减少青少年犯罪，减少未成年人犯罪交叉传播，及时化解社会矛盾，帮助未成年人及早回归社会等方面都具有重要作用。同时，该制度也在一定程度上实现部分未成年人刑事案件的提前分流，有助于缓解案多人少的矛盾。

一、附条件不起诉制度的内涵与适用条件

（一）附条件不起诉的概念及特征

附条件不起诉是对未成年人涉嫌《刑法》分则第四、五、六章规定的犯罪，可能判处一年有期徒刑以下刑罚，符合起诉条件，但有悔罪表现的，人民检察

院可以作出附条件不起诉决定的制度。[①] 附条件不起诉制度具有适用范围限定性、性质符合起诉性、适用附带条件性、不起诉结果无罪性等特点。

第一，适用范围限定性。适用范围限定性体现在适用主体特定与罪名适用范围特定两个方面。从适用主体而言，为体现对未成年人的特殊保护，我国附条件不起诉制度只针对犯罪行为时年满十四周岁尚不足十八周岁的未成年犯罪嫌疑人，而设置考察期和考察条件也是为帮助未成年犯罪嫌疑人早日回归社会的基本手段。就适用罪名而言，附条件不起诉只适用于《刑法》分则第四、五、六章规定的侵犯公民人身权利、财产权利或者妨害社会管理秩序的罪名，且依法被判处一年有期徒刑以下刑罚的犯罪。

第二，性质符合起诉性。附条件不起诉是对原本构成犯罪、符合起诉标准的案件，考虑到犯罪嫌疑人为未成年人、犯罪行为主观恶性及社会危险性均较小、嫌疑人改造可能性较大，不起诉更加有利于犯罪嫌疑人及时回归社会而附带一定条件作出不起诉决定。案件本身的犯罪事实已经清楚、证据确实充分，已经达到了起诉的证明标准，属于可以起诉的案件。

第三，适用附带条件性。附带一定条件是附条件不起诉制度的核心，也是其区别于法定不起诉、酌定不起诉等制度的重要特点。附条件不起诉的适用必须附带一定的条件，并要求犯罪嫌疑人在设置的考察期限内严格遵守。在考察期内，未成年犯罪嫌疑人必须遵守法律法规，按照规定报告自己的活动情况，离开所居住的市、县或者迁居，应当报经考察机关批准，此外还需定期接受考察机关要求的矫治和社会服务等活动，只有达成附带条件且没有违反禁令才可以不起诉。

第四，不起诉结果无罪性。不起诉结果无罪性是激励犯罪嫌疑人摒弃错误行为，进行自我改造的最大原动力。[②] 在考察期限内，未成年犯罪嫌疑人如积

---

① 参见叶青主编：《刑事诉讼法学（第三版）》，上海人民出版社、北京大学出版社 2013 年版，第 304 页。

② 参见刘学敏：《检察机关附条件不起诉裁量权运用之探讨》，载《中国法学》2014 年第 6 期。

极履行所附义务，满足考察要求及条件，完成相应的教育和矫治，附条件不起诉便与法定不起诉具有同样的法律效果，诉讼程序终止。在未成年犯罪嫌疑人完成所附义务的情况下，不再追究其法律责任，避免了其“犯罪人”的标签效应，给未成年人改过自新的机会，体现了“教育为主，惩罚为辅”的原则。

（二）附条件不起诉的适用条件

根据《刑事诉讼法》第 282 条第 1 款[①]的规定，未成年人适用附条件不起诉需要具备三个基本条件。

第一，涉嫌犯罪类型为《刑法》分则第四、五、六章中的个罪，即侵害公民人身权、财产权或者妨害社会管理的犯罪。立法者将适用附条件不起诉的罪名限定在这三章是因为此类犯罪在青少年群体中高发，且社会影响较小、影响范围可控，[②] 适宜适用附条件不起诉。

第二，所犯罪行可能判处一年有期徒刑以下刑罚，包括一年以下有期徒刑、拘役及管制。可能判处的刑罚在一定程度上体现了犯罪嫌疑人的人身危险性及犯罪行为的社会危害性。因此，将适用的刑罚条件限定为一年有期徒刑以下，是为了确保适用的未成年犯罪嫌疑人的确是罪行较轻、社会危害性较小、人身危险性较低，从而可以也应当让其尽快回归社会，以免定罪可能导致的标签化及羁押可能导致罪犯之间的恶习传染，使得未成年人“一失足成千古恨”，终身受到影响。

第三，积极悔罪。这要求未成年人真诚地认识到错误的严重性，对自己的行为感到愧疚且愿意付出相应的行动换取被害人一方的谅解。最高人民检察院发布的《未成年人刑事检察工作指引（试行）》第 181 条中对此条件进行了细化，对悔罪表现等作了较为广泛的解释，未成年犯罪嫌疑人认罪认罚、退赔退赃、

① 《刑事诉讼法》第 282 条第 1 款规定：“对于未成年人涉嫌刑法分则第四章、第五章、第六章规定的犯罪，可能判处一年有期徒刑以下刑罚，符合起诉条件，但有悔罪表现的，人民检察院可以作出附条件不起诉的决定。人民检察院在作出附条件不起诉的决定以前，应当听取公安机关、被害人的意见。”

② 参见孙绍杰：《未成年人附条件不起诉适用条件分析》，载《中国检察官》2013 年第 9 期。

积极悔罪、自首、立功、取得被害人谅解等情况，均可视为具有悔罪表现。

二、附条件不起诉制度的适用瓶颈

附条件不起诉制度是对未成年人犯罪应当以宽缓为基调的刑事政策在制度上确认，体现了未成年人刑事司法非犯罪化、非刑罚化的处理原则和“儿童权利最大化”的权利保障原则。通过附条件不起诉制度，避免给未成年人贴上罪犯的标签；通过设置一定期限的考察教育方式，让未成年人洗心革面及时回归社会。同时，通过该制度在一定程度上应对犯罪总量激增与诉讼负担过重的问题，减少诉累。[①] 在司法实践中，附条件不起诉的适用率、适用效果远没有达到理论上的预期，无法解决刑事犯罪率居高不下与诉讼资源有限之间的矛盾，[②] 且由于附条件不起诉对检察机关在起诉阶段的要求较普通案件更高、工作量更大等问题，引发理论上检察裁量权扩张与实践中检察机关不愿适用该制度的悖论。例如，北京市检察机关 2013 年上半年附条件不起诉适用率约为 4%；[③] 上海市浦东新区直到 2014 年 5 月才首次适用附条件不起诉考察，实现了零的突破；[④] 河南省郑州市 2013 年至 2017 年适用附条件不起诉仅 59 起；[⑤] 江西省南昌市某区 2013 年至 2015 年适用附条件不起诉仅 13 件 27 人。[⑥] 而根据最高人民检察院通报的 2014 年未成年人的犯罪情况显示，仅 2014 年，全国检察机关受理并审查批捕未成年人犯罪案件 32838 件 56276 人。[⑦] 2017 年前 11

---

① 参见陈光中、张建伟：《附条件不起诉：检察裁量权的新发展》，载《人民检察》2006 年第 7 期。

② 参见黄太云：《刑事诉讼法修改释义》，载《人民检察》2012 年第 8 期。

③ 参见程晓璐：《附条件不起诉制度的适用》，载《国家检察官学院学报》2013 年第 6 期。

④ 参见张宇、杨淑红：《附条件不起诉适用情况、问题及对策建议——以浦东新区情况为切入点》，载《山东警察学院学报》2015 年第 5 期。

⑤ 参见徐磊：《附条件不起诉制度实证研究——以 Z 市实践为样本》，华中师范大学 2017 年硕士学位论文。

⑥ 参见张玲：《未成年人附条件不起诉制度实证研究——以江西省南昌市 A 区检察院为样本》，江西财经大学 2018 年硕士学位论文。

⑦ 参见徐日丹：《最高检通报 2014 年全国未成年人检察工作情况》，载《检察日报》2015 年 5 月 28 日。

个月，全国已经批准逮捕未成年犯罪嫌疑人 2.61 万人。[①] 从适用的数量上看，附条件不起诉的适用与我国目前青少年犯罪多发的态势是不成比例的。我们认为，附条件不起诉适用遭遇瓶颈的主要原因在于如下三个方面：

（一）附条件不起诉适用范围限制不科学

以类罪作为附条件不起诉适用的限制并不科学。我国《刑法》分则体系以法益为基础，根据犯罪行为社会危害性的大小，将罪名划分为十类，从重到轻排列为危害国家安全、危害公共安全、破坏社会主义市场经济秩序、侵犯公民人身民主权利、侵犯财产、妨害社会管理秩序、危害国防利益等。不过，这种根据对法益侵害程度进行的排列并不严谨，只是一种大致的分类，并不意味着每个类罪的罪名都是按照社会危害性的程度进行排列的。每一章的罪名都有轻重之分，不能因为《刑法》分则第一、二章的罪名在先，就必然比第三、四章相关罪名的社会危害性更重。在我国《刑法》规定 16 岁为完全负刑事责任年龄的立法背景下，仅仅规定触犯分则第四、五、六章的罪名可以适用附条件不起诉，虽然基本囊括了未成年人犯罪的常见类型，但并不完整，从逻辑上来说至少是不严密的，从保护未成年人、教育未成年人的角度而言也是存在瑕疵的。例如，《刑法》分则第三章破坏社会主义市场经济秩序罪中生产、销售伪劣商品罪，走私普通货物、物品罪，妨害信用卡管理罪，信用卡诈骗罪的个别情形均属于未成年人的高发且社会危险性较小的犯罪，却不在附条件不起诉制度的适用范围之列。

通过可能判处的刑期作为标准是较为合理的参考标准，但仍存在问题。刑期是犯罪分子因其罪责所要付出的代价，也即弥补危害结果所需要的时间。刑期长短通常是与犯罪成本相吻合的，具体刑期在确定时通常要对犯罪和刑罚进行成本分析与经济分析，[②] 也即刑期在一定程度上反映了行为社会危害性的大

① 参见郑赫南：《最高检发布年度未成年人全面综合司法保护情况》，载《检察日报》2017 年 12 月 29 日。

② 参见江岚、邱本：《刑期该如何规定》，载《社会科学研究》2017 年第 2 期。

小。我国《刑事诉讼法》为附条件不起诉设置的预期刑罚为一年，即可能判处一年有期徒刑以下刑罚，未成年犯罪嫌疑人才有可能适用附条件不起诉。就此而言，附条件不起诉制度将适用刑期限定在一年有期徒刑以下是比较合理的。不过，可能“被判处一年有期徒刑以下刑罚”的界定并非明确。一般认为，这里的判定是检察机关审查人员对案件的一种评估；相对于审判过程及裁判理由的公开，检察机关审查人员的评估过程难以清楚而准确地展示。考虑到作出附条件不起诉决定后的诸多程序性操作和考察事项，具体的审查人员可能不对符合条件的案件作出不起诉决定也难以发现，极易造成司法不公。

（二）附条件不起诉与相对不起诉的适用不衔接

附条件不起诉和相对不起诉似乎不难区分，但在司法实践中，就涉嫌侵犯公民人身权利、民主权利、侵犯财产、妨害社会管理秩序犯罪的未成年人而言，在“可能被判处一年有期徒刑以下刑罚”和“犯罪情节轻微，依照刑法规定不需要判处刑罚或者免除刑罚”之间往往难以划定一条清晰的界限，这就不可避免地导致两者适用上的竞合。根据《人民检察院刑事诉讼规则（试行）》第401条的规定，“犯罪情节轻微，依照刑法规定不需要判处刑罚或者免除刑罚的，经检察长或者检察委员会决定，可以作出不起诉决定”。在具体实践中，相对不起诉通常适用于以下情形：犯罪情节轻微的胁从犯、过失犯、教唆犯、预备犯、中止犯、未遂犯、从犯；犯罪嫌疑人为又聋又哑的人或者盲人的；犯罪嫌疑人有其他自首或者立功表现，依照刑法规定不需要判处刑罚或者可以免除刑罚，如犯罪嫌疑人真诚悔罪，双方当事人达成和解协议并切实履行，或经被害人同意并提供有效担保的，检察机关根据案件情况可以作出相对不起诉的决定。因此，从制度设立本意来看，相对不起诉主要着力于诉讼经济和刑事法谦抑性的要求，而附条件不起诉更多是着眼于未成年人的教育与改造。2017年，最高人民检察院发布的《未成年人刑事检察工作指引（试行）》第184条规定：“人民检察院对于既可以附条件不起诉也可以起诉的未成年犯罪嫌疑人，应当优先适用附条件不起诉。对于既可以相对不起诉也可以附条件不起诉的未成年犯罪嫌疑人，应当优先适用相对不起诉。如果未成年犯罪嫌疑人存在一定的认知偏差等需要矫正，确有必要接受一定时期监督考察的，可以适用附条件不起诉。”这一条文间接地承认了在未成年人案件中，附条件不起诉与相对不起诉在适用范围上存在重叠，同时也对三种情形作了严苛程度的顺位排序，从重到轻依次是：起诉、附条件不起诉、相对不起诉。

但问题在于，附条件不起诉与相对不起诉的适用范围并不相同，附条件不起诉将适用范围严格限定在《刑法》分则第四、五、六章涉及的罪名，而相对不起诉却并未对适用罪名作明确的限制。《刑法》分则第四、五、六章涉及人身、财产、妨害社会管理的犯罪并不是整个《刑法》分则体系中社会危害性最大的犯罪。危害国家安全、危害公共安全、贪污渎职犯罪等社会危害性极大的犯罪，均在附条件不起诉适用范围之外。这样的规定存在两个明显的瑕疵：第一，部分未成年人犯罪的社会危害性较小，但其因不在附条件不起诉的适用范围之内，又不满足相对不起诉的适用条件，而不得不起诉，如此，附条件不起诉制度就无法发挥应有的作用，不利于对未成年人的教育、挽救。第二，部分比较严重的犯罪，由于不是属于《刑法》分则第四、五、六章的罪名，却因犯罪情节轻微，直接适用相对不起诉，没能及时地进行教育改造，致使未成年人没能充分认识其行为的社会危害性，可能会进一步走向犯罪的深渊。如《刑法修正案（九）》将持有宣扬恐怖主义、极端主义的图书或其他物品等行为列入其中，此类犯罪虽然情节轻微，但具有教育改造的必要性，以防止犯罪嫌疑人继续犯罪，需要设置考察期对其行为进行进一步的观察。但是，恐怖主义犯罪同样不在附条件不起诉的适用范围之内，直接适用相对不起诉就限制了附条件不起诉制度教育功能的发挥。

（三）检察机关适用附条件不起诉不积极

在我国《刑法》分则第四、五、六章规定的罪名中，仅有侵犯通信自由罪与偷越国（边）境罪两个罪名的法定刑刑期是在一年以下。这三章最常见的量刑幅度一般为三年以下、三年以上七年以下、三年以上十年以下几档。这就意味着，附条件不起诉制度的适用情况将主要取决于检察机关审查人员对案件的评定情况；检察机关需要在对犯罪事实和证据情况了解的基础上比较精确地认定犯罪嫌疑人的量刑范围。这无形中大大增加了检察官的工作量，也对检察官的业务水平提出了更高的要求，检察官可能承担的责任也同步增加，且与相对不起诉相比，附条件不起诉不仅有复杂的程序，加之有六个月到一年的考察期，诉讼效率低，导致检察机关对附条件不起诉制度的适用持消极态度。我国《刑事诉讼法》第179、180、181条等规定了公安机关、受害人甚至犯罪嫌疑人及其法定代理人不满意检察机关作出的附条件不起诉决定时，可以申请举行不公开听证或向检察机关申诉。但是，却没有规定检察机关不作出附条件不起诉决定时犯罪嫌疑人的申诉渠道，未能充分保障未成年犯罪嫌疑人的利益，阻碍了制度教育功能的发挥。

与此同时，检察机关裁量权的扩张也被诟病。最高人民检察院发布的《未成年人刑事检察工作指引（试行）》第181条第2款规定，人民检察院可以参照《最高人民法院关于常见犯罪的量刑指导意见》并综合考虑全案情况和量刑情节，衡量是否“可能判处一年有期徒刑以下刑罚”。但是《最高人民法院关于常见犯罪的量刑指导意见》能动空间仍旧较大，变相赋予了检察机关量刑的较大裁量权，也在一定程度上冲击了“审判中心主义”，与《刑事诉讼法》的相关精神不一致。有的学者明确提出，“为了引导社会观念走向正常状态，更有必要坚决地否认检察机关各项不起诉决定中的实体认定效力”[①]。因此，由于工作量的增加和理论上的根基不稳，导致检察机关在附条件不起诉的工作开展过程中“吃力不讨好”，自然也就丧失了对其主动适用的积极性。

此外，在当前未成年人犯罪呈高发态势，校园暴力等未成年人违法犯罪频频引发社会关注，产生许多不良社会影响的背景下，未成年人不再是无知年幼、主观恶性小的代名词，社会公众尤其是被害人对附条件不起诉制度的接受度较低；且由于附条件不起诉的监督不到位，导致很多未成年犯罪嫌疑人无法得到充分教育，也是该制度适用度和完成度较差的原因。

---

① 宋英辉、吴宏耀：《刑事审判前程序研究》，中国政法大学出版社2002年版，第359页。

三、附条件不起诉制度的完善

附条件不起诉制度应当从适用罪名、预期刑罚设定以及与相对不起诉的衔接三个角度进行调整，最大化该制度的作用，实现制度间切换顺畅。

（一）设置附条件不起诉适用罪名的负面清单

作为首次入法的附条件不起诉制度，考虑到社会公众的接受程度，对适用范围有较为严格的限制可以理解，但并不合理。从域外立法经验来看，附条件不起诉制度的适用范围都较为宽泛。德国等国家未对附条件不起诉制度的罪名范围进行限制，认为该制度的核心目的在于教育矫正未成年人，只要未成年人存在可以通过较为温和的措施教育被矫正的可能，就应当给予机会，帮助他们回归社会。[①] 美国华盛顿州为“负面清单”的架构提供了有益的借鉴。根据该州法律的规定，不适用未成年人转处协议的案件范围包括：（1）涉嫌一级重罪、二级重罪及特定的三级重罪；（2）有重罪前科且再涉嫌重罪；（3）曾被判处监禁刑；（4）曾被转处小组提请刑事追诉；（5）曾有两次以上转处协议的刑事记录。[②] 在我国当前法治发展状况尚与发达国家有一定差距，社会各项考察及帮教配套制度也并不健全的情况下，简单地将附条件不起诉的适用范围限定在《刑法》分则第四、五、六章并不合理，但完全取消罪名限制仅仅将预期刑罚作为适用的唯一标准又过于宽泛。因此，设置附条件不起诉适用罪名的负面清单，一方面可以最大程度发挥制度功能，另一方面又明确排除了不合适的情况，应当是当前相对谨慎、比较合理的做法。将华盛顿州的“排除范围”对应到我国刑法体系中，目前《刑法》共设有469个罪名，应当排除故意杀人罪、强奸罪、抢劫罪、贩卖毒品罪等八个严重犯罪，排除起点刑为三年以上有期徒刑的犯罪，同时规定对累犯、惯犯、犯罪集团的首要分子等不得适用附条件不起

---

① 参见肖中华、李耀杰：《未成年人附条件不起诉相关制度比较》，载《国家检察官学院学报》2015年第2期。

② Rev. Code Wash.（ARCW） § 13.40.070（5）.

诉。此外，附条件不起诉的适用应当以一次为限，避免部分人利用法律规定钻空子，致使法律指引作用被歪曲。

（二）限缩检察权适用附条件不起诉的裁量空间

其一是修正适用刑期上限，平衡检察人员工作量。将预期刑罚从可能判处一年有期徒刑以下刑罚扩张至法定刑为三年有期徒刑以下刑罚。其原因在于：第一，我国《刑法》中以三年作为量刑档的设置比较普遍，根据《刑法》条文及相关司法解释对行为危害性及刑罚进行判定难度较低，符合检察机关审查起诉阶段对量刑预判所达到的难度；而且，三年有期徒刑作为量刑档是法定刑期，裁量因素大大减少，还扩大了该制度的适用空间。第二，我国缓刑制度设定的预期刑罚区间可以作为借鉴。缓刑先宣告定罪但暂不执行所判处的刑罚，缓行考验期满原判刑罚不再执行；与附条件不起诉相比，不起诉考察期满合格不再起诉，两者有异曲同工之妙。将附条件不起诉的适用范围扩张至法定刑三年有期徒刑以下，实现了起诉与量刑的统一，同时也能够最大程度地保护未成年人的利益，最大范围地帮助未成年犯罪嫌疑人重新回归社会。如此，检察机关只需认定行为是否在最低档量刑幅度内即可，不会额外增加工作量，造成负担。

其二是完善附条件不起诉的听证制度，规范检察机关的裁量权。目前，附条件不起诉的听证仅针对公安机关或者被害人对适用附条件不起诉存在异议，或者案件本身社会影响较大的情况。我们认为，召开听证会的情形还应包括未成年犯罪嫌疑人及其法定代理人、辩护律师等对检察机关认定的可能判处的刑罚存在异议或者对检察机关拒绝作出附条件不起诉的决定存在异议的情形。将检察机关认定的可能判处刑罚作为附条件不起诉的适用条件之一，一直以来被诟病为检察机关的变相“审判”。由于很多量刑细则不对外公开，《最高人民法院关于常见犯罪的量刑指导意见》等规定又较为笼统，加之法外因素的影响，检察机关对于犯罪嫌疑人可能判处刑罚的认定不可避免地会受主观判断的影响，有失公允。如果再缺乏合理有效的监督机制，这一权力很有可能会被滥用。因此，增加未成年犯罪嫌疑人一方对量刑认定及拒绝作出适用附条件不起诉决定时的听证权，可以健全整个听证监督体系，畅通未成年犯罪嫌疑人的诉求表达渠道，最大程度地给未成年犯罪嫌疑人提供改造机会。

（三）重构附条件不起诉与相对不起诉的适用阶梯

在未成年人刑事案件中，相对不起诉与附条件不起诉的适用范围最大的区别在于：一是罪名是否仅限于《刑法》分则第四、五、六章中的罪名；二是可能判处的刑罚为一年有期徒刑以下还是免于刑事处罚。同时，二者在立法目的上也存在一定差异。附条件不起诉是相对不起诉的一个有益补充，更加体现对未成年人的人文关怀。要想真正理顺起诉、附条件不起诉、相对不起诉的关系，重构附条件不起诉与相对不起诉的适用阶梯，需要明确以下两点：第一，在适用范围上最大程度地保持衔接。只有适用范围实现前后衔接，才能实现几个制度在适用上的合理分配与照应。只有适用范围一致，才存在适用阶梯的问题。扩张附条件不起诉的适用范围可以在一定程度上缓解这一矛盾。第二，要构建相对不起诉与附条件不起诉的阶梯式裁量体系，架构一个公开透明的裁量机制，使得二者的过渡更加合理，使两种不起诉的制度潜力得到更加充分的发挥。[①]

第二节　亲情会见制度

亲情会见制度是随着国际“刑罚人道化”的发展而出现的制度。1980 年，第六届联合国预防犯罪和罪犯处遇大会决议之一《制定囚犯社会改造措施》中提出“放宽通信、访问及准假外出的规定，从而力图维持与发展囚犯的个人和社会关系”[②]。未成年犯罪嫌疑人亲情会见制度是基于对未成年人的特殊保护而

① 参见郭斐飞：《附条件不起诉制度的完善》，载《中国刑事法杂志》2012 年第 2 期。

② 转引自冯卫国：《行刑社会化研究——开放社会中的刑罚趋向》，北京大学出版社 2003 年版，第 27 页。

对亲情会见制度的进一步细化和完善。在我国，2006年《人民检察院办理未成年人刑事案件的规定》中首次提出了未成年犯罪嫌疑人的亲情会见制度。2007年6月23日，北京市西城区人民检察院成为全国首家在审查起诉阶段适用未成年犯罪嫌疑人亲情会见制度的检察院。

"亲情会见制度"一般是指在刑事诉讼过程中，犯罪嫌疑人、被告人的法定代理人或近亲属在符合一定条件时，以公安、司法机关的同意为前提，在监管人员较为松散的控制下，与犯罪嫌疑人、被告人在相对自由的空间中进行会见或者通话的制度。[①] "未成年犯罪嫌疑人亲情会见"旨在通过让在押的未成年犯罪嫌疑人与家长、亲友会见，与社会力量合作，帮助未成年人正确认识行为性质和法律后果，真诚认罪悔过，实现对未成年人的成功教育和改造。同时，也使得未成年人感受到社会关爱，减轻未成年人的心理负担，便于未成年人重返社会，实现法律效果和社会效果的统一。

一、亲情会见制度的适用条件

（一）亲情会见的前提条件

1. 亲属适格

亲属适格有两个基本要求，一是未成年犯罪嫌疑人的法定代理人、近亲属，且与本案无牵连关系，如有牵连关系则不得会见；二是法定代理人、近亲属对未成年犯罪嫌疑人犯罪原因、社会危害性以及后果有一定的认识，具备基本的法律知识储备，充分知晓会见的相关法律规定以及违反法律规定需要承担的法律后果，能够配合公安司法机关进行教育。

2. 案件事实证据确凿

案件事实已基本查清，主要证据确实、充分，安排会见、通话不会影响诉讼活动正常进行，这是亲情会见制度适用的前提条件。只有在公安机关已经充分掌握了犯罪事实和事实认定证据，符合规定的会见不会阻碍后续诉讼程序顺

---

① 参见李飞：《"亲情会见"之利弊谈》，载《政法论丛》2006年第2期。

利进行的前提下，检察机关才会启动或同意适用亲情会见制度对未成年犯罪嫌疑人进行教育改造。

3. 未成年犯罪嫌疑人认罪悔罪

未成年犯罪嫌疑人有认罪、悔罪表现，或者虽尚未认罪、悔罪，但通过会见、通话有可能促使其转化，这是适用亲情会见制度的必要条件。只有在未成年犯罪嫌疑人真诚悔罪，有认识错误、积极改造、重新回归社会的意向，公安司法机关才有必要适用该制度，通过亲情的力量对其进行帮助。如其全无认罪、悔罪态度及行为，亦没有转化可能，则不应适用这一制度。

（二）亲情会见的程序条件

1. 提出及审查

亲情会见既可以由检察机关主动推进，也可以因未成年犯罪嫌疑人及其法定代理人或近亲属提出申请而启动。未成年犯罪嫌疑人的近亲属或者法定代理人提出会见申请的，检察机关应当及时审查，对于符合条件的，原则上应当在三个工作日内安排会见。检察机关认为不符合会见条件的，要对有关情况进行解释和说明，告知未成年犯罪嫌疑人的法定代理人或近亲属。

2. 会见要求

会见前，检察机关应当告知看守所及未成年犯罪嫌疑人法定代理人或者近亲属会见的时间、人员、地点及方式。会见包括进入羁押场所会见或者用通话方式进行。会见亲属不得超过 3 人，会见时间不得超过 1 个小时。

会见、通话过程中，不得有串供、谈论案情或者其他妨碍诉讼的内容，应当使用普通话或者办案当地通俗易懂的方言。对于不能用普通话或者当地通俗易懂的方言进行沟通的，检察机关可以安排翻译人员在场，以便利对未成年人的教育和挽救。会见时，检察人员在场监督、引导。采用通话方式的，一般应采用免提模式。会见过程中，如出现违反法律或者会见场所的规定或者出现影响正常诉讼程序的情形，检察人员应当提出劝阻或者警告。对于不听劝阻的应当终止会见。会见、通话结束后，检察人员应当将有关内容及时整理并记录在案。

二、亲情会见制度适用现状及其存在的问题

未成年人亲情会见制度被认为是针对未成年人践行教育、感化政策，实施亲情式挽救的举措之一，在体现司法人性化、有针对性地帮助未成年犯罪嫌疑人及早回归社会上确实发挥了一定作用。但应当看到亲情会见制度也存在着不少问题，导致在司法实践中落实得并不理想。[①]

（一）被害人权益未得到有效保障，不利于相关制度间的衔接

我国目前的未成年犯罪嫌疑人亲情会见制度中未将被害人的意见作为考量因素。我国司法体制中对待未成年犯罪嫌疑人一直强调贯彻教育、感化、挽救的方针，强调“教育为主，惩罚为辅”。从被害人角度而言，司法程序充分考虑了未成年犯罪嫌疑人的利益，却未充分考虑真正受害者所受的身心伤害，对被害人而言是不公平的。很显然，这种政策是向有利于加害一方倾斜的。一味强调母爱主义、宽容宽厚，是少年司法案件中一种普遍的偏离现象，[②] 这同样体现在亲情会见制度中。从亲情会见制度看，是否给予亲情会见，很重要的考虑是给予未成年犯罪嫌疑人必要的机会悔罪、坦白，但并没有适当考虑被害人的利益。从整个未成年人刑事司法体系而言，这一环节不考虑被害人意见与后续的刑事和解等程序中要求取得被害人谅解的条件难以衔接。从另一个角度说，前期适用亲情会见制度，如果被害人认为司法机关偏袒犯罪嫌疑人一方，也会导致在后续和解等程序中被害人不愿意谅解而降低了和解制度的适用率，阻碍制度效力的发挥。

（二）有串供谈论案情等违法情形，检察机关消极适用

虽然《人民检察院办理未成年人刑事案件的规定》第25条明确规定，检察

---

① 参见黄昌华：《未成年人亲情会见：好制度如何得到落实》，载《检察日报》2011年3月29日。

② 参见周益帆：《“未成年人强奸案冰释前嫌”引舆论哗然 官方：仍在开会研究》，载《新闻纵横》2018年9月23日。

机关工作人员在会见前应当告知未成年犯罪嫌疑人的法定代理人或近亲属不得串供、不准谈论案情、不准使用暗语、不得私下传递物品或者进行其他不利于诉讼过程顺利进行的行为。司法实践中，由于语言的灵活性、多义性，会见谈论时的尺度难以界定。加之，未成年犯罪嫌疑人在家庭内部的环境、习惯、暗语，检察机关无法充分了解，串供行为往往在不知不觉中就已经完成了。退一步而言，即使在会见过程中双方未进行串供等不利于诉讼顺利进行的行为，但是无法排除法定代理人或近亲属在会见场所之外与证人等与案件有关联的人进行串供。[①]

出于对串供的担忧和对被害人不满的平息，检察机关在适用亲情会见时就显得颇为消极。在审查起诉阶段，未成年人亲情会见符合一定条件的，检察人员“可以”安排在押的未成年犯罪嫌疑人与其法定代理人、近亲属等进行会见、通话，这也给检察机关消极适用该制度留下了余地。

（三）检察机关工作人员在场限制了会见效果，不利于挽救未成年人

与检察机关担心未成年犯罪嫌疑人与亲属会见可能的串供相反，未成年人及其法定代理人、近亲属却认为，检察机关工作人员会见时在场，会导致沟通和教育的束缚。根据我国的亲情会见制度，两名检察机关工作人员直接与未成年犯罪嫌疑人及其亲属同台而坐或者通话开免提，从最基础的生活经验可以判断，在强大的精神压力下，大多未成年人及其法定代理人在交流过程中会有被“监视”感，很多真正可以触动未成年人的话未必能说出口，可能使得亲情会见流于形式，通过亲情教化未成年人的作用难以充分发挥。

三、亲情会见制度的完善

（一）被害人谅解作为适用的参考条件

制度效能的最大化发挥需要对制度的合理设计。对未成年人的亲情会见，

① 参见魏微微：《家属涉嫌与证人串供做伪证》，载《信息时报》2015 年 4 月 17 日。

有必要考虑被害人的意见。

从被害人公平角度而言，应当将被害人谅解作为制度适用的一个重要参考条件。我国目前提倡恢复性司法，更加注重被害人受犯罪行为的影响及其对犯罪嫌疑人、被告人刑罚的意见，彰显对被害人人权的尊重。将被害人谅解作为适用条件，一方面说明犯罪嫌疑人犯罪行为造成的直接影响相对较小或已减轻，在对其特殊预防中可以采取更为和缓的措施；另一方面说明未成年犯罪嫌疑人认罪悔过态度真诚，主观恶性较小。未成年犯罪嫌疑人对被害人认罪悔罪、赔偿以及良性互动可以在一定意义上修复被犯罪行为损害的社会关系，也可与之后诸多未成年人刑事司法制度形成较好的衔接。

应当注意的是，被害人谅解仅仅是必要条件而非充分条件。部分性质极端恶劣，社会危险性极大的案件，即使取得了被害人谅解也不应适用亲情会见制度。如在危害国家安全、危害公共安全以及黑社会性质等危害较大的故意犯罪行为中的主犯，应当限制亲情会见制度的适用。原因在于：一是虽然亲情会见制度总体有利于未成年人的保护，但对于此类犯罪社会危险性较高、犯罪人主观恶性较大的特殊案件，已然触及未成年人保护制度的设计底线，应当予以特殊对待；二是这几类犯罪多为有组织的恶性犯罪，一定程度上说明犯罪嫌疑人思想已经较为成熟，需要给予特别的关注；三是涉及人员相对较多、串通作伪证等的可能性比较大的案件，不允许亲情会见也是诉讼的需要。

（二）规范法定代理人及近亲属的告知程序

我国目前的亲情会见制度设计中，仅仅是由检察机关告知未成年犯罪嫌疑人法定代理人或近亲属不得串供或者做其他不利于诉讼程序顺利进行的行为，但未对如何告知、如何认定会见会影响诉讼程序的进行作具体规定。司法实践中，由于各地区、不同检察人员业务水平、表达能力等的不同，告知的效果参差不齐。我们认为，应当尽量将程序告知落到实处，让会见的亲属充分了解法律的规定。检察机关应统一制作教学视频或规范的告知单，对会见过程中的行为规范、可为与不可为的行为的界限、实施法律禁止的行为将会面临怎样的法律后果，甚至与未成年人的沟通技巧等做统一详细的讲解。这确保了检察机关如实告知、详细解释，保证告知的实际效果；对于检察机关而言也是一种风险规避，在发生串供或者其他妨碍诉讼程序顺利进行的行为时，有充分的证据证明有告知行为，且亲属确实知晓法律的规定。在以立法的形式将亲属会见权上升为犯罪嫌疑人的法定权利的同时，也应当明确交流会见权并非是不受限制的权利，只有对该权利进行适当的限制，才能有助于防止影响诉讼进程、二次危害社会事件的发生，才能在打击犯罪与最大程度保护未成年人合法利益之间做好平衡。[①] 从而大大减少检察机关的工作量，降低检察机关的执业风险，提升检察机关适用亲情会见制度的积极性。

（三）创新检察机关工作人员的监督方式

检察机关工作人员直接在会见现场对未成年犯罪嫌疑人及其法定代理人、近亲属进行监督和引导，给未成年人及其近亲属增加较大的心理压力，导致亲情会见制度作用无法得到充分发挥。当前，随着电子信息和网络技术的发展，“单向视频会见”[②] 已经是目前很多看守所推行的一种新的会见方式，即近亲属经申请批准，可以通过视频看到未决犯的活动情况。这一制度的设计本意是防止公安机关刑讯逼供，加大对公安机关的监管。我们认为，这一制度也可以作为检察机关工作人员对未成年犯罪嫌疑人亲情会见监督的一种有效模式。通过高清的视频监控，检察机关工作人员可以看到、听到会见情况，未成年人及其亲属则看不到检察人员。这样留给未成年犯罪嫌疑人与其法定代理人、近亲属一个相对私密的空间，心理压力相对较小，可以比较不受束缚地进行对话，起到教育作用的可能性也就增大；检察机关工作人员通过视频对会见情况进行监督不仅可以充分掌握会见情况，如若存在阻碍诉讼顺利进行的行为，也极易留存证据，一举多得。

---

① 参见高一飞、张绍松：《被打折的权利——未决在押人员亲属会见权现状与反思》，载《昆明理工大学学报（社会科学版）》2014 年第 5 期。

② 李映青：《云南开远铁路公安处看守所：单向视频会见消除亲属疑虑》，载《中国日报》2014 年 10 月 15 日。

第三节　分案起诉制度

未成年人与成年人共同犯罪的案件中，由于未成年人生理、心理各方面都不成熟，社会阅历浅，对事物的认知及辨识能力较弱等原因，在刑事诉讼过程中不宜采用与成年人相同的诉讼方式。正是基于未成年人犯罪的特殊性，《刑事诉讼法》第 280 条第 2 款规定："对被拘留、逮捕和执行刑罚的未成年人与成年人应当分别关押、分别管理、分别教育。"此条明确了对未成年犯罪嫌疑人的分别处理原则，即在未成年人与成年人共同犯罪或者有牵连的案件处理中，以不妨碍诉讼为前提，对未成年人和成年人犯罪分别适用不同的诉讼程序，区别对待、分别教育、分别羁押、分别执行。[①] 同时，《未成年人保护法》第 57 条第 1 款规定："对羁押、服刑的未成年人，应当与成年人分别关押。"《人民检察院办理未成年人刑事案件的规定》第 51 条第 1 款规定："人民检察院审查未成年人与成年人共同犯罪案件，一般应当将未成年人与成年人分案起诉。"可见，分别处理的原则贯穿于刑事诉讼侦查、审查起诉、审判、执行四个阶段，具体包括侦查阶段的分别关押、审查起诉阶段的分案起诉、分别审理及适用不同的刑罚执行方式与标准。分案起诉是贯彻分别处理原则中承前启后的重要一环。

一、分案起诉制度的内涵与司法意义

（一）分案起诉的概念及特征

分案起诉是指在未成年人与成年人共同犯罪的刑事案件中，检察机关在审查起诉阶段将案件进行分开处理，对未成年人和成年人分别以独立案件提起公

---

① 参见叶青主编：《刑事诉讼法学（第三版）》，上海人民出版社、北京大学出版社 2013 年版，第 524 页。

诉、法院分案受理的未成年人刑事诉讼特有制度。[①]

1. 分案起诉针对未成年人与成年人共同犯罪或有牵连的案件

分案起诉针对的是未成年人与成年人共同犯罪或者有牵连关系的案件，区别于一般分案的被动性，分案起诉是一种主动的、主观的分案。其目的就在于充分保护未成年人的合法利益，实现对未成年人“专人负责、教育为主、优先保护”，及早教育和挽救未成年人。未成年人部分的案件要求司法工作人员具备办理未成年人案件经验，熟悉未成年人犯罪的特点及规律，了解未成年人心理特点，政治和业务素质过硬，实现办案的专业化，能够真正地帮助未成年人回归正途，回归社会。分案起诉将未成年人从共同犯罪中剥离出来另案起诉，采用更适合未成年人的审讯方式和量刑标准，是对未成年人的特殊保护。

2. 分案起诉仅是程序上的分离，不影响全案实体审查

分案起诉是我国针对未成年人刑事诉讼实现程序分离的一项重要制度。分案起诉中，检察机关将未成年人犯罪行为与成年人部分犯罪行为作为两个案件分别提起公诉。分案起诉在程序上的分离体现在诉讼过程的分离及诉讼结果的分离两个方面。但是在案件审理过程中需要审查全部案件事实，仍旧适用全面审查原则，这也是案件审理公正与全案量刑平衡的前提和基础。

3. 分案起诉以不妨碍诉讼为基本前提

分案起诉“以分案为原则，以并案处理为例外”。我国法律充分保护未成年人的利益，及时教育、感化、挽救，但是不得以妨碍司法公正作为代价。最高人民检察院发布的《未成年人刑事检察工作指引（试行）》第208条还规定了四类排除适用分案起诉的情形，具体包括：（1）未成年人属于组织、领导犯罪集团进行犯罪活动或者起主要作用的主犯或者组织、领导犯罪集团的首要分子；（2）案件重大、疑难、复杂，分案起诉可能妨碍案件审理的；（3）涉及刑事附带民事诉讼，分案起诉妨碍附带民事诉讼部分审理的；（4）具有其他不宜

① 参见周小萍、曾宁：《略论未成年人刑事诉讼中的分案起诉制度》，载《青少年犯罪问题》2000年第5期。

分案起诉情形的。这四种情形，或者突破了心智不成熟等未成年人司法保护的前提，或者犯罪情况较为复杂，分案起诉不利于案件事实查清，不利于各犯罪嫌疑人得到公正的法律裁决，故而排除适用分案起诉。

（二）分案起诉的司法意义

分案起诉是独立的未成年人刑事司法运行机制进一步完善的必然要求，是追求未成年人诉讼利益与社会公平之间平衡的必要途径，对于未成年人刑事司法具有重要的司法意义。①

1. 充分保护未成年人合法权益

未成年人与成年人共同犯罪的案件中，绝大多数未成年人为初次犯罪、从犯或胁从犯，且认罪态度相对较好，能够主动如实供述犯罪事实，社会危险性相对较小，有法定的从轻减轻情节。分案起诉能够便于对未成年人在庭审中采用亲情式讯问、法庭教育等制度的施行，及早查清未成年人部分犯罪事实、及时定罪量刑，缩短诉讼周期，将刑事程序对未成年人的身体和心理的影响降到最低。分案起诉，对未成年人部分采用不公开审理，以更适合未成年人的审理方式，充分保护未成年人的隐私，避免成年犯罪人对未成年人的“犯罪污染”与伤害，实现对未成年人有针对性的教育，帮助他们及时回归正途。本质上而言，分案起诉是未成年人特殊司法保护的制度设计之一，体现法律的温度。

2. 有效避免各项法律适用冲突

在我国的法律体系中，对未成年人有很多特殊的规定。如刑事案件一般均应适用公开审理原则，而《刑事诉讼法》第 285 条规定审判时被告人未满 18 周岁的案件，不公开审理，即在未成年人案件中适用“不公开审理为主、公开审理为例外”的原则。此外，我国要求未成年人犯罪记录封存，除特殊情况不予公开。但普通案件要求判决书等法律文书及时充分公开，实现司法透明和社会监督。未成年人与成年人共同犯罪的案件中，如果按照“一案”处理就必然面

---

① 参见阮雪芹：《未成年人刑事案件分案起诉制度实证研究——以基层检察工作实践为视角》，载《海峡法学》2015 年第 1 期。

临着审理是否公开、犯罪记录是否封存等法律适用冲突。未成年人案件与成年人案件通过分案起诉、分别审理，分别适用法律，能够有效地避免上述情况下的法律适用冲突。

3. 促进未成年人司法程序独立

在我国建立独立的未成年人司法程序已是大势所趋。在立法体系上，我国目前针对未成年人犯罪的立法有《未成年人保护法》《预防未成年人违法犯罪法》，且在《刑事诉讼法》中已将未成年人刑事案件处理作为一个特别程序专章规定。在组织体系上，成立了少年法庭和未成年人刑事检察科或未成年人犯罪办案组。在诉讼制度上，实行不公开审判制度、讯问和审判时合适成年人在场制度。根据未成年人犯罪及心理特点，立足于充分保护未成年人利益，分案处理是在共同犯罪领域对未成年人司法程序完善的一个重要补充。

二、分案起诉的适用现状及存在的问题

（一）诉讼成本增加导致适用率降低

分案起诉把“保护”职能作为第一顺位的价值追求，将原本一个案件同一事实分案处理；移送证据材料及卷宗时，法庭将其作为两个案件受理。这就要求检察机关区分未成年人与成年人的不同情况，分别提交起诉文书、分别制作卷宗材料及证据材料。司法实践中，不少地区分案后由不同的公诉人向不同的法庭提起，相当于审判程序重复进行。这无疑增加了检察机关工作人员的讼累，造成了诉讼成本增加和诉讼资源的浪费，也间接降低了分案制度的适用率。在我国当前对于分案起诉并没有强制性规定、具体适用范围较为模糊的立法现状下，诉讼效率的降低带来的直接影响就是司法工作人员可能会规避适用，制度潜力难以得到充分发挥。

（二）适用范围及程序不明导致司法不统一

分案起诉比较详细地规定在《人民检察院办理未成年人刑事案件的规定》中，但其中仅仅规定人民检察院审查未成年人与成年人共同犯罪的案件一般应

当将未成年人与成年人分案起诉，同时规定了四种不宜分案起诉的情形。但是，在司法实践中，四种排除适用情形中“重大疑难复杂”如何认定，哪些情形属于“妨碍案件审理”，其他不宜分案的情形采用什么判定标准均没有明确的解释。在主办机构、操作程序上，亦没有统一的规定。由于缺乏统一标准，对于是由同一公诉人办案还是不同公诉人办案、统一交由未检科起诉或分别交由未检科与公诉科起诉，以及两个案件审理终结后一方提起上诉而另一方未提起应当如何处理等问题，各地由于对法条的理解和认知不同而做法不一致，[①]在具体操作中随意性较大。甚至有时会出现同案不同判甚至量刑倒挂等量刑不均衡的闹剧，反而不利于未成年人保护与教育，造成不好的社会效果。

（三）立法层级较低使得合法性受质疑

我国分案起诉制度仅在《人民检察院办理未成年人刑事案件的规定》《未成年人刑事检察工作指引（试行）》等司法解释中有比较具体的规定，立法层级较低，规定比较零散和模糊，内容不完整，有突破上位法的嫌疑。《刑事诉讼法》中虽然单章规定未成年人刑事案件诉讼程序，但仅仅是比较宏观地规定了分案处理的原则，要求“对被拘留、逮捕和执行刑罚的未成年人与成年人应当分别关押、分别管理、分别教育”，未正式提及分案起诉。因此，分案起诉制度尚未在我国法律层面得到确认。

三、分案起诉制度的完善

（一）统一承办人员，最大程度节约司法资源

重复劳动是诉讼资源浪费的主要原因之一，司法实践中，有的地区分案起诉作为两个独立的案件被分配给不同的承办人，起诉书等诉讼文书及材料都需要按照不同的案件重新制作。根据《人民检察院办理未成年人刑事案件的规定》，对分案起诉至同一人民法院的未成年人与成年人共同犯罪案件，由未成

① 目前，上海、南京、武汉等大多数地区均由未检科对分案案件进行处理，部分地区如河北张家口市未检科由于人员配备较少等原因，普遍由公诉科进行。

年人刑事检察机构一并办理更为适宜的，经检察长决定，可以由未成年人刑事检察机构一并办理。分案起诉的未成年人与成年人共同犯罪案件，由不同机构分别办理的，应当相互了解案件情况，提出量刑建议时，注意全案的量刑平衡。但其中未对承办人是否统一提出具体的要求。《上海市高级人民法院关于未成年人与成年人共同犯罪的案件分案起诉分案审理的若干规定》为这一问题提供了有益的先例。根据该规定，已经决定分案审理的未成年被告人案件和成年被告人案件，人民检察院一般应确定同一检察人员办理分案案件，并出庭支持公诉。分案后均由同一法院少年审判庭受理的案件，一般应当由同一合议庭或同一审判员进行审理；由不同法院或不同审判庭受理的案件，各承办法官之间，应及时对定罪量刑情况进行沟通。对于先行判决的案件，先作出判决的承办法官应及时将判决结果告知尚未作出判决的承办法官。公诉人与不同法院或审判庭的承办法官之间在证人出庭、定罪量刑等方面应当加强沟通。

“效率”与“公正”是程序法领域亘古不变的矛盾，哪一个更为优先取决于制度的价值追求。我们认为，分案起诉追求程序上对未成年人进行优先保护和教育感化，不涉及公诉人的回避及利益冲突。分案后由同一公诉人对分开的案件提起公诉，对案件事实充分了解，在诉讼过程中也比不同公诉人提起公诉节约了对案情了解和分析的时间，节约处理案件的人力，有利于事实查明以及全案在定罪量刑上的平衡。公诉人的选择，也以有办理未成年人犯罪案件经验的检察人员为宜，他们需要了解未成年人相关法律规定及刑事政策，熟悉未成年人犯罪特点及审讯方式，能够把握未成年人的教育时机，充分保障未成年人的利益。同时，也能在保护未成年人利益的基础上最大程度地提高司法效率。

（二）提升立法位阶，细化适用范围及程序

在立法上，完善分案起诉制度首先需要提升立法位阶。一方面，如上文所言，关于分案起诉制度主要规定在司法解释中，但司法解释囿于其自身功能的局限性，未能在上位法中给予分案起诉制度合法性的根基。另一方面，对于未成年人的保护理当是我国刑事诉讼法的价值取向，对人权的保护当然包括对既属于被控诉者又属于弱势群体的未成年犯罪嫌疑人权利的保护。因此，我们认

为，应当在刑事诉讼法中明确规定对未成年犯罪嫌疑人的分案起诉制度，既保障制度合法性的前提，又能全面贯彻对未成年犯罪嫌疑人的保护。

此外，还应当进一步细化分案起诉的适用范围、排除适用的范围以及适用程序。我们认为，是否分案的标准要看分案是否会妨碍案件事实的全面查清和案件的法庭审理，[①] 这是可以进行分案的前提。至少应当做到，确保现有证据能够区分证明案件事实分别由哪个犯罪嫌疑人所为，以及证据确实充分且证据链条完整。基于未成年人生理和心理上的不成熟，至少也应保证关乎定罪量刑的关键事实证据充分确实即可。如此，才能保证不影响案件诉讼程序及案件审理。

同时，在立法文件中也应当进一步明确分案起诉的运作程序。具体而言：① 检察机关在承办案件后应及时阅卷，对成年犯罪嫌疑人、未成年犯罪嫌疑人的全案事实都要进行审查，分别讯问各犯罪嫌疑人，充分了解案情，确定是否符合分案起诉标准。对符合分案起诉标准的案件，应向法院分别提交起诉书、审查报告、证据目录及量刑建议书，向法院提出分别审理的意见。② 分案起诉的两个案件原则上由同一承办人审查，承办人应具备未成年人犯罪办案经验，熟悉未成年人法律法规及刑事政策，确保未成年人合法利益得到保护，同时避免由不同承办人审查所造成的处理意见不一致、重复制作案件审查报告等弊端。③ 对分案起诉的案件应分别确立案号，在作出审查起诉决定后，应分别制作起诉书及出庭预案，分案起诉至法院，并及时与法院做好沟通协调，使分案后的两个案件能够由同一审判组织在同日或三日内审理。[②]

（三）完善配套制度，充分发挥制度合力

分案起诉是未成年人刑事案件分案处理中的一个环节，最大的价值追求在于教育、感化和挽救未成年人，让他们及早回归社会，其有效运作需要相关配

---

① 参见程功：《共同犯罪中未成年人分案起诉的原则与标准探析》，载《人民检察》2007 年第 4 期。

② 参见刘淑妹：《完善未成年人案件分案起诉制度》，载《检察日报》2013 年 7 月 3 日。

套制度的配套运作。一方面，要从分案处理程序扩展开来，进一步完善分案侦查、分案审理、分案执行等制度，让未成年人分案起诉成为一个系统性的制度设计；另一方面，则需要完善和进一步落实未成年人社会调查制度、采用适合未成年人的讯问方式、加强未成年人心理疏导与教育、适格成年人介入、亲情会见、犯罪记录封存等横向制度的健全。例如，江苏省南京市鼓楼区检察院推行“一卡一信一表一卷一援助”制度，[①] 在未成年人犯罪案件中，为监护人提供承办人联系卡；给监护人写信告知教育、感化未成年人的方法及案件办理程序；要求监护人填写未成年人的情况调查表，以便于了解其家庭及学校的成长和生活环境；对未成年人进行思想及心理状况的问卷调查，以便于有针对性地对未成年人开展心理疏导和教育活动；对家庭经济困难等其他原因无法聘请律师的未成年人申请法律援助，最大程度地保护未成年人利益。该制度实现了司法机关、家长、学校的三方联动，不失为一个有益的司法实践样本。

第四节　国外的未成年人刑事起诉制度

美国伊利诺伊州 1899 年《少年法院法》是全世界第一部少年权益保护法，少年司法制度由此诞生。《儿童权利公约》第 3 条第 1 款规定：“关于儿童的一切行动，不论是由公私社会福利机构、法院、行政当局或立法机构执行，均应以儿童的最大利益为一种首要考虑。”当前，未成年人司法保护在全世界范围内都受到普遍重视。国外未成年人刑事司法均以“保护、教育、矫正”为主，且大多有独立的未成年人司法体系。[②] 随着对未成年人犯罪研究的深入，未成年人司法保护制度逐渐细化并自成体系，在起诉制度中，附条件不起诉制度和

① 参见崔洁、肖水金：《借助“社会合力”“科学”挽回失足青少年》，载《检察日报》2004 年 9 月 12 日。

② 参见王敏远：《未成年人刑事司法与矫正的域外比较》，载《国家检察官学院学报》2011 年第 4 期。

分案起诉制度是世界范围内较为通行的制度。

一、国外附条件不起诉制度

附条件不起诉制度在德国称为暂缓起诉制度，在日本称为起诉犹豫制度，在美国则称为延缓起诉制度。撇开名称上的差异，世界主要发达国家都规定并适用了附条件不起诉制度，对检察机关认定构成犯罪的犯罪嫌疑人，附加一定的考验条件和考察期限，保留起诉可能性。出于保护未成年人的本意，各国的规定具有实质上的一致性。当然，也要承认各国在该制度的具体制度设计及运作程序上均存在着差异。

德国的暂缓起诉制度并未作为未成年人犯罪所特有的制度。根据《德国刑事诉讼法典》第153条的规定，最高刑不超过1年以及被课以罚金刑的一系列违法行为可适用暂缓起诉，且要求犯罪嫌疑人在赔付被害人之外，需要向国库缴纳一笔费用，考察期内满足各项考察条件，则不予起诉。[①] 日本1948年修订的《刑事诉讼法典》第248条规定："检察机关根据犯人的性格、年龄、环境、经历、犯罪的轻重、情节及犯罪后的情况，认为没有必要追诉时，可以不提起公诉。"[②] 这一制度赋予了检察官非常大的自由裁量权，无论是重罪还是轻罪，是否起诉均由检察机关决定。美国的延缓起诉是程序分流的一个重要环节，是检察官根据犯罪嫌疑人的主体身份情况以及所犯罪行的情节严重性，加上对社会公共利益的考虑，综合认定对犯罪嫌疑人是否可以暂时不予提起公诉。具体的做法是"经由立法机关或法院规则授权的一种正式程序，可暂不提起指控，将被告人纳入分流项目中，期限为3个月至1年，达到要求则可以撤销指控"。延缓起诉的适用对象一般是未成年人。

二、国外分案起诉制度

分别处理和程序分离是较为通行的未成年人司法基本制度，是对未成年人

---

① 参见陈光中：《中德不起诉制度比较研究》，中国检察出版社2002年版，第272页。
② 转引自〔日〕西原春夫：《日本刑事法的形成与特色》，法律出版社1997年版，第153页。

进行特殊保护的表现之一。国外分案起诉制度分为绝对分离起诉、相对分离起诉两种模式。

意大利实行的是典型的绝对分离起诉。《意大利刑事诉讼法典》第14条规定："针对在行为时尚未成年的被告人的诉讼与针对成年被告人的诉讼不发生牵连关系。针对被告人在未成年时所犯之罪的诉讼与针对被告人在成年后所犯之罪的诉讼也不发生牵连关系。"[①] 意大利将同一犯罪人在未成年时期与成年时期的犯罪以及未成年人与成年人共同犯罪的案件都要求进行分别处理，是最彻底的绝对分离起诉模式的国家。

绝大多数国家采用的是相对分离起诉的模式，在成年人与未成年人共同犯罪的案件中，如不涉及牵连关系，不妨碍审理的情况下应分别处理，典型代表如日本等。日本《少年法》第49条规定："少年的犯罪嫌疑人或者被告人，必须与其他犯罪嫌疑人或者被告人分开处理，尽可能地避免相互接触；对于少年被告的案件，如无牵连情况，只要不妨碍审理，必须在程序上将其分离。"[②] 法国是相对分离模式中比较特别的国家，不同于其他国家分离起诉裁量权掌握在检察机关手中，法国分案起诉的裁量权更多地取决于法官。如受指控的罪犯中有一名或数名16岁至18岁的未成年人，由法院视案件情况决定是否进行案件分离。如法院认为应当分离，则少年犯罪嫌疑人移送未成年人法庭，成年犯罪嫌疑人移送普通法庭；如果不分离，则将全部犯罪嫌疑人移送未成年人法庭。[③]

---

① 转引自《意大利刑事诉讼法典》，黄风译，中国政法大学出版社1994年版，第9页。

② 转引自孙云晓、张美英主编：《当代未成年人法律译丛（日本卷）》，尹琳译，中国检察出版社2006年版，第163页。

③ 参见〔法〕卡斯东·斯特法尼等：《法国刑事诉讼法精义》，罗结珍译，中国政法大学出版社1999年版，第708页。

第九章

未成年人刑事审判程序

第一节　未成年人刑事审判原则

一、寓教于审原则

（一）寓教于审的概念

所谓寓教于审原则，是指人民法院在审理未成年人犯罪案件中，应当实行教育、感化、挽救的方针，坚持教育为主、惩罚为辅的原则，加强唤醒涉罪未成年人的工作，使未成年人走上正确的道路，帮助其早日重新回归社会。

寓教于审原则要求人民法院在处理教育与惩罚的关系时，要以教育为主要目的，而不能以刑罚作为目的，刑罚也是教育的一种手段，服从于教育、感化、挽救的目的。19 世纪以来，随着犯罪学和儿童心理学的发展，人们逐渐认识到未成年人犯罪和成年人犯罪存在本质上的不同，刑罚的目的不在于惩罚而在于预防，刑罚应当个别化，并通过在刑事追诉程序中最大限度地发挥教育的功能，从而帮助犯了罪的未成年人回归社会。在德国的未成年人刑事审判程序中，法庭审理强调对未成年人采取帮助的手段进行教育，而不是单纯的刑罚，并且要求这些手段必须符合自愿性原则。审判组织分为未成年人法庭、未成年人合议庭和未成年人刑事法庭，法官的职责是承担家庭对未成年人的教育任务。[①] 德国刑法学家耶林亦曾指出：“刑罚如双刃剑，用之不当，则国家和个人两受其害。”[②] 因此，人民法院在审理未成年人犯罪案件过程中，应当依法查清犯罪事实，确保法律正确适用，保护其合法权利，同时要根据犯罪原因和未成年被告人的自身情况有针对性地对其进行法制教育，以矫正其犯罪心理和不良行为习惯，促其改过自新，重新融入社会。

对此，我国相关法律的有关规定体现了寓教于审的原则。例如，《未成年人保护法》第54条规定：“对违法犯罪的未成年人，实行教育、感化、挽救的方针，坚持教育为主、惩罚为辅的原则。对违法犯罪的未成年人，应当依法从轻、减轻或者免除处罚。”《刑事诉讼法》第277条第1款规定：“对犯罪的未成年人实行教育、感化、挽救的方针，坚持教育为主、惩罚为辅的原则。”

（二）寓教于审原则的具体实践——法庭教育制度

所谓法庭教育，是指法庭在对未成年被告人作出有罪判决后，由合议庭组织到庭参加诉讼的法定代理人、学校老师、辩护律师、公诉人以及其他诉讼参与人，共同对未成年被告人进行法制教育和道德教育，帮助其认识到所实施的犯罪行为对个人、家庭以及社会所造成的危害，矫正其不良行为和畸形心理，使其认罪悔罪，重塑自我，预防重新犯罪。《最高人民法院关于适用〈中华人民共和国刑事诉讼法〉的解释》第485条第1、2款对此作出了明确的规定，即“法庭辩论结束后，法庭可以根据案件情况，对未成年被告人进行教育；判决未成年被告人有罪的，宣判后，应当对未成年被告人进行教育。对未成年被告人进行教育，可以邀请诉讼参与人……其他成年亲属、代表以及社会调查员、心理咨询师等参加”。法庭教育是寓教于审原则的具体落实，也是未成年人刑事案件审判方式特殊性的重要标志。

在上海市浦东新区法院少年庭审理的王某、杨某抢劫一案中，法官在判决

---

① 参见张军主编：《新刑事诉讼法法官培训教材》，法律出版社2012年版，第394页。

② 转引自林山田：《刑罚学》，台北商务印书馆1985年版，第127页。

书中这样写道："本院希望两名被告人能深刻反思，吸取本次教训，一是多学习法律知识，明辨违法和犯罪，时刻牢记法网恢恢，疏而不漏；二是'君子爱财，取之有道'，树立正确金钱观，学会用自己的智慧和勤劳的双手去创造财富；三是培养积极健康的兴趣爱好，坚决抵制赌博等不良习性，不要荒废青春。同时希望两名被告人的家长能合理地安排好工作和家庭的关系，努力学习正确的家庭教育方法，多腾出时间与孩子交流，切实担负起作为家长的责任。"

法庭上，检察官对被告人王某发表如下教育词："你出生在上海，从小在上海长大，有一个美满的家庭，爸爸妈妈早年就来上海打拼，给你创造了比较优越的物质条件，也算衣食无忧。为什么会走上犯罪的道路呢？公诉人分析下来主要有以下三个原因：第一，你读书少，没有毕业就踏上了社会，法制观念淡薄，导致你遇到事情缺乏思考，不计后果；第二，你终日沉迷于打打杀杀的网络游戏，沉溺其中，受到了不良的诱导和影响，让你萌生了模仿黑帮老大，追求刺激的念头；第三，你主观上也存在一夜暴富、不劳而获的心理，你爸爸也曾说过你总想着一下子赚很多钱，但是你要明白这个世界上没有免费的午餐，任何的财富都是靠勤劳换取的，触犯法律只会给自己带来牢狱之灾；最后，家庭教育的缺失，你的父母终日忙于工作，对你管教较少，也比较宠溺，导致你一贯我行我素的做事风格。""抢劫在我国是很严重的罪行，社会危害性很大，法定刑起点就是三年以上有期徒刑，由于你犯罪时是未成年人，所以根据法律会适当对你从宽处理，但是你现在已经成年了，今后做任何事情都将负百分之百的责任。希望你在未来的铁窗生涯中为自己今后的人生道路做一个规划，多读书，多学法律，有机会掌握一门手艺技能，争取早日出来和家人团聚，重新开始新生活。"

检察官对被告人杨某发表如下教育词："从公诉人和你的几次接触来看，表面上来看你是个老实本分的孩子，你有一份稳定的工作，收入足够维持自己的生活开支，就连你爸爸也说不敢相信你会做出这样的事情，那么究竟是什么原因导致你今天站在被告席上接受审判呢？公诉人分析下来主要有以下三个原因：第一，你读书少，初中毕业后就没有继续读书，法制观念淡薄，做事欠考虑；第二，你交友不慎，所谓‘近朱者赤、近墨者黑’，你身边的朋友会对你产生重要的影响。本次犯罪也是因为王某的提议，你出于哥们儿义气不好意思拒绝他继而实施的；第三，家庭教育的缺失，你初中毕业后就只身一人来上海打工，父母在去年也离婚了，让你感到生活一下子失去了方向，当你遇到难事的时候，也没有家人在身边给你提建议。但是，家庭的原因不应该成为你犯罪和自暴自弃的理由，而应成为你奋发图强的动力。你今后也会有自己的家庭，有自己的孩子，希望你能为自己的孩子做一个榜样，用事实证明虽然爸爸曾经犯过错，但是爸爸勇敢地改正了。”“再过几个月你就要满 18 周岁了，今后做任何事情都将负百分百的责任。在此，公诉人要对你提出几点希望：第一，希望你在未来的铁窗生涯中为自己今后的人生道路做一个规划，多读书，你也说起过希望在监狱里完成高中课程的学习，未成年人管教所里会给你提供各种读书的条件，只要你上进，也许还可以取得高中文凭，甚至参加成人高考。第二，希望你可以交一些真正的好朋友，好的朋友让人受益一生。最后，公诉人想和你说跌倒了并不可怕，可怕的是没有站起来的勇气，希望你吸取这次教训，重拾信心，重新开始新生活。”

二、不公开审理原则

（一）不公开审理原则的概念

所谓不公开审理原则，是指少年法庭在审理未成年人刑事案件时，依法禁止公众到法庭旁听庭审的原则。基于未成年人身心的不成熟性和涉案原因的特殊性，给予涉案未成年被告人特别的司法保护，是现代刑事司法的基本理念。“少年刑事案件之审判，与一般刑事案件之审判，在实体上、程序上均有所不同，特别是少年刑事案件之审判，不注重如何处罚，而注重如何保护，故其审判不采公开主义，以免因审判公开，致影响少年之名誉、自尊以及隐密之私权。”① 虽然公开审判作为程序公正的基本标准，是现代刑事审判的一项基本

① 刘作揖：《少年事件处理法》，三民书局 2010 年版，第 226—227 页。

原则，有利于实现司法公正之价值，从而提升司法公信力和民众对法治的信仰，但对于未成年被告人来说，其人生观、价值观、世界观尚未成形，人生趋向模糊不定，往往因周遭的人和事左右自己的人生坐标，因而容易被引诱、误导而走上犯罪道路，这与成年人存在本质上的不同。因此，基于对未成年被告人权益予以特殊保护的考虑，在未成年人刑事审判程序中确立不公开审理原则，已成为世界各国普遍接受的共识。

（二）不公开审理原则的立法规定

我国《刑事诉讼法》第 285 条规定："审判的时候被告人不满十八周岁的案件，不公开审理。但是，经未成年被告人及其法定代理人同意，未成年被告人所在学校和未成年人保护组织可以派代表到场。"《最高人民法院关于适用〈中华人民共和国刑事诉讼法〉的解释》第 467 条规定："开庭审理时被告人不满十八周岁的案件，一律不公开审理。经未成年被告人及其法定代理人同意，未成年被告人所在学校和未成年人保护组织可以派代表到场。到场代表的人数和范围，由法庭决定。到场代表经法庭同意，可以参与对未成年被告人的法庭教育工作。对依法公开审理，但可能需要封存犯罪记录的案件，不得组织人员旁听。"

1996 年《刑事诉讼法》第 152 条第 2 款规定："十四岁以上不满十六岁未成年人犯罪的案件，一律不公开审理。十六岁以上不满十八岁未成年人犯罪的案件，一般也不公开审理。"两相对照可见，现行《刑事诉讼法》关于不公开审理原则作了以下调整：第一，明确了凡是不满十八周岁的未成年人案件，一律不公开审理。同时，进一步明确以审判为时间节点来确定被告人是否已满十八周岁，解决了实践中对未成年人不公开审理的年龄依据究竟是被告人"犯罪时"的年龄，还是"审判时"的年龄认识不统一的问题。第二，对未成年人案件不公开审理的原则作了例外的规定，即经未成年被告人及其法定代理人同意，特定人员可以到场旁听未成年人案件的审理。

（三）不公开审理原则的国际公约及域外立法规定

联合国《儿童权利公约》第 40 条第 2 款（b）（七）项规定，缔约国应当确保任何儿童的隐私“在诉讼的所有阶段均得到充分尊重”。《北京规则》第 8.1 条规定，有关司法机构“应在各个阶段尊重少年犯享有隐私的权利，以避免由于不适当的宣传或加以点名而对其造成伤害。原则上不应公布可能会导致使人认出某一少年犯的资料”。其第 21.1、21.2 条又规定：“对少年罪犯的档案应严格保密，不得让第三方利用。应仅限于与处理手头上的案件直接有关的人员或其他经正式授权的人员才可以接触这些档案。”“少年罪犯的档案不得在其后的成人诉讼案中加以引用。”

1989 年《英国儿童法》第 97 条规定：“依据《1980 年治安法院法》第 144 条规则规定治安法院可以依照本法行使对儿童进行不公开审理的权力。”德国《少年法院法》第 48 条第 1 款规定：“法院的审理包括判决的宣布，均不予公开。”[①] 我国台湾地区“少年事件处理法”第 73 条规定：“审判不得公开之。但得许少年之亲属、学校教师、从事少年保护事业之人或其他认为相当之人在场旁听。少年、少年之法定代理人或现在保护少年之人请求公开审判者，除有法定不得公开之原因外，法院不得拒绝”。综上可见，各国或地区对于未成年人刑事案件均确立了不公开审判理念，但对不公开的范围、时间节点、阶段、内容等的态度却是仁者见仁，智者见智。

（四）不公开审理原则的具体内容

不公开审理原则有两层含义：一是被告人审判时不满十八周岁的案件，不公开审理。人民法院在对检察机关提起公诉的涉及未成年人的案件进行审查时，应当对证明该未成年人年龄的材料认真进行核实，如果该被告人在人民法院决定开庭审理时，未满十八周岁的，不公开审理。对不公开审理的未成年人案件，既不允许除诉讼参与人以外的其他人员旁听案件审理，也不允许媒体对案件的审理情况进行报道。二是关于对不公开审理原则例外的规定，经未成年被告人及其法定代理人同意，未成年被告人所在学校和未成年人保护组织可以

---

① 转引自卞建林主编：《未成年人刑事司法程序——外国刑事诉讼法有关规定》，中国检察出版社 2017 年版，第 41 页。

派代表到场。规定上述人员到场，主要是为了便于他们了解案件有关情况，在审判结束后对未成年罪犯进行法制教育。近年来，一些地方在法庭判决后对未成年人教育进行了探索，这有利于这种教育的开展。但是，这些人员到场必须取得未成年被告人及其法定代理人的同意，如果被告人及其法定代理人由于保护隐私等原因，不同意其他人员到场的，法院应当尊重其意见。此外，对于媒体是否能公开报道未成年人刑事审判过程，我国《未成年人保护法》第58条专门作了禁止性规定，即“对未成年人犯罪案件，新闻报道、影视节目、公开出版物、网络等不得披露该未成年人的姓名、住所、照片、图像以及可能推断出该未成年人的资料”。

三、迅速审理原则

（一）迅速审理原则的概念

所谓迅速审理原则，是指人民法院在审理案情简单、事实清楚、证据确实充分的未成年人刑事案件时，应当在确保案件审理质量、充分保障未成年被告人各项诉讼权利的前提下，毫不延迟地对案件迅速加以审理并作出判决。《北京规则》第20.1条对此也规定，“每一案件从一开始就应迅速处理，不应有任何不必要的拖延”。

（二）迅速审理原则的理论依据和正当性基础

匈牙利学者阿尔培德·欧德（Arpad Erdei）指出：“在我们当今的时代里，几乎所有的司法改革目标都有两个基本目标：一是发现实施一种迅速、简易和成功程序的新方式和途径，换言之，使刑事诉讼活动的进行更有效率；二是确保诉讼参与人的权利，这与公正的要求密切相连。”[①] 此外，从打击与控制犯罪角度论之，对犯罪的刑罚反应越是迅速和快捷，就越能提升刑罚的效

① 转引自陈瑞华：《刑事审判原理论（第二版）》，北京大学出版社2003年版，第92页。

果。[1] 有效缩短审理周期，及早实现刑罚，日益成为刑事诉讼的重要考量。在未成年人刑事审判中确立迅速审理原则，其正当性基础包括三个方面：一是符合公正司法的价值追求。案件快速审理可以使有罪的人及时受到惩处，无罪的嫌疑人及时得以解脱，被害人的物质和精神损失及时得到救济和抚慰，犯罪行为所破坏的社会秩序可以在短时间内得以恢复，将不和谐因素的影响降低到最小，正是公正司法的本质追求。[2] 二是显著提升诉讼效率。通过明显缩短审判各环节的办案期限，从而有效地减少被告人翻供、串供以及证据湮灭等现象，这又反过来推动了案件的快速审理，节约了诉讼成本。三是充分保障未成年被告人的合法权益。通过对未成年人刑事案件的快速审理，确保被告人毫不延迟地接受审判，有效防止了审前羁押期限与实际判决刑期的“倒挂”现象，有利于充分保障未成年被告人的人权。

然而，以正当程序理念角度观之，为确保未成年被告人有效参与诉讼程序，切实发挥具有对抗性的庭审有助于发现客观真实的功能，也不能一味强调迅速而忽略了未成年被告人的程序性权益，应当通过强化程序正当性以确保未成年被告人的合法权益得到切实维护。

四、审判程序中的全面调查原则

审判程序中的全面调查原则，是指人民法院在审理未成年人刑事案件的过程中，除了像普通刑事案件需要审理和查明未成年人的犯罪事实和证据外，还要调查与未成年人犯罪原因相关的其他因素，包括未成年人的生长经历、家庭环境、教育背景、个人性格、心理特征等，从各个方面有针对性地对未成年人刑事案件进行审理，便于法官对未成年人进行教育、感化和挽救。全面调查原则是未成年人刑事审判程序区别于成年人刑事审判程序非常重要的一个原则。

---

① 参见孟昭文、邱伯友、胡崇安：《轻微刑事案件快速办理的现状分析》，载《法学》2010年第3期。

② 参见尹东华：《轻微刑事案件快速审查机制的探索与实践》，载《天津市政法管理干部学院学报》2008年第S1期。

早在1988年，上海市长宁区法院就制定了《未成年人刑事审判工作细则（试行）》，其中对调查的内容提出了明确的要求，即调查不应以查明事实、核对证据等审理刑事案件的一般要求为限，还应注重查明犯罪成因、把握悔罪关键，务必向未成年被告人及其法定代理人或有关人员调查该被告人的经历、品行、兴趣、身心状况、家庭情况、社区环境、文化程度及其他必要事项。该细则还罗列了九项具体调查事项：个人概况、犯罪事实、不良经历、家庭情形、社区环境、教育状况、职业状况、身心状况、兴趣能力。长宁区法院的上述规定，至今对未成年人犯罪审判实践仍有很强的指导作用。

为更好地维护未成年人的权益，确保审判取得良好的效果，我国《刑事诉讼法》第279条规定了全面调查原则。在此基础上，《最高人民法院关于适用〈中华人民共和国刑事诉讼法〉的解释》第483条规定："控辩双方提出对未成年被告人判处管制、宣告缓刑等量刑建议的，应当向法庭提供有关未成年被告人能够获得监护、帮教以及对所居住社区无重大不良影响的书面材料。"

调查的作用主要体现在以下两个方面：一是量刑的重要参考。通过调查所获取的未成年被告人的详尽信息，有助于法庭据此对未成年被告人的人身危险性、再犯可能性等作出相对客观的判断。二是有助于维护未成年被告人合法权益。未成年被告人的性格特点、生活经历等各有不同，而通过对其进行调查与综合分析，使得帮教的开展更有重点和有针对性，帮助未成年人彻底认识到自己的违法犯罪行为给他人以及社会所带来的危害性，并使他们能够及时改过自新，争取早日重返社会。

第二节　未成年人刑事审判案件范围与管辖

一、少年法庭案件受理范围

应当指出的是，这里所说的"少年法庭"，包括未成年人刑事审判庭、未成年人综合审判庭、家事与少年审判庭等行使涉及未成年人犯罪案件审判职能的法庭；本文所讨论的案件受理范围，也仅指刑事案件，其他案件不在本文讨论之列。

（一）少年法庭案件受理范围的域外考察

纵观世界各国和地区的少年法庭，设立的主旨各有侧重，这直接影响到其受案范围。各国和地区大多将触犯了刑法的未成年人纳入少年法庭的案件受理范围。日本涉及未成年人的案件由家事法院受理，主要包括以下三类：一是犯罪少年；二是未满 14 周岁，但是触犯刑罚法令的少年；三是虞犯少年，即根据其性格和环境，将来有可能犯罪及触犯刑罚法令的少年。美国设立了专门法庭，轻罪依靠机构感化，重罪则移送普通法庭，针对低龄犯罪的应对手段显得更为全面。若犯了严重的犯罪，少年犯也将被视作成年人，移送普通的刑事法庭，按照成年人审判的程序进行审判。近年来，随着少年暴力犯罪的增多，部分州规定，在强奸、抢劫和谋杀等严重案件中，由少年法庭先评估少年是否成熟老练，再决定是否移送普通刑事法庭审理。[①] 我国台湾地区“少年事件处理法”规定的少年法庭受案范围和日本《少年法》类似，包括触犯刑事法律的少年和虞犯少年。

（二）我国少年法庭案件受理范围

在我国少年法庭发展实践中，受案范围过窄一直是制约少年法庭发展的一大瓶颈。《最高人民法院关于适用〈中华人民共和国刑事诉讼法〉的解释》第 463 条规定：“下列案件由少年法庭审理：（一）被告人实施被指控的犯罪时不满十八周岁、人民法院立案时不满二十周岁的案件；（二）被告人实施被指控的犯罪时不满十八周岁、人民法院立案时不满二十周岁，并被指控为首要分子或者主犯的共同犯罪案件。其他共同犯罪案件有未成年被告人的，或者其他涉及未成年人的刑事案件是否由少年法庭审理，由院长根据少年法庭工作的实际

---

① 参见宋苗：《未成年人专业化刑事审判机制实证研究——以四川省泸州市 2015 年数据为样本》，载《湖北警官学院学报》2017 年第 4 期。

情况决定。”

二、集中指定管辖

所谓集中指定管辖，是根据《刑事诉讼法》关于指定管辖的有关规定，由上级法院将辖区内若干基层法院受理的一审刑事案件指定给一个或数个基层法院集中管辖，并在相关法院设立专门审判机构。江苏省连云港市早在1998年即对该模式进行了试点，并取得了较好的效果。此外，根据2018年6月公布的《上海市高级人民法院关于调整基层法院知识产权案件、行政案件和未成年人刑事案件集中管辖的公告》，上海市高级人民法院指定浦东新区、长宁区、普陀区、静安区基层法院对全市法院一审未成年人刑事案件进行管辖。

从未成年人刑事案件的审判实践来看，实行集中管辖的制度价值主要体现在以下三个方面：一是有助于提高诉讼效益。通过将案件集中管辖，对司法资源进行优化配置，是一个资源重新整合的过程，能够以最小的投入获得最大化的收益。这有助于解决部分法院长期案源不足的困境，既充分利用了审判资源，节约了审判力量，又实现了审判人员的专业化，大大提升了诉讼效益。二是有助于提高审判质量。在之前各自为政的案件管辖模式中，各个法院的审判力量相对分散，对于如何适用法律、怎样掌握量刑情节，审判人员难以形成共识。案件实行集中管辖后，几个地区的未成年人刑事案件交由同一个审判经验丰富、熟悉未成年人身心特点、善于做未成年人思想教育工作的刑事审判团队进行审理，避免了因法官认识上的差异和专业水平的欠缺而导致的裁判尺度不统一、同案不同判的问题。三是有助于构建一支专业化的审判队伍。少年法官既应熟悉法律、政策，又要具备心理学、教育学、犯罪学等专门知识，集中指定管辖模式下，可以通过对少年法官进行审判业务和相关专业知识的培训，有针对性地提高他们的庭审驾驭能力、法律文书制作水平和对未成年人犯罪进行教育矫治的能力，真正打造一支业务精通、作风优良，并有高度社会责任心的未成年人刑事审判专业队伍。

第三节　未成年人刑事审判中的一般制度

除《刑事诉讼法》在“未成年人刑事案件诉讼程序”中有特殊规定之外，未成年人刑事案件审判程序和庭审方式适用普通刑事诉讼程序的有关规定。本节着重对未成年人刑事案件诉讼程序所特有的审判程序和庭审方式进行介绍。

一、未成年人刑事审判阶段中的法律援助

我国《刑事诉讼法》第 278 条规定：“未成年犯罪嫌疑人、被告人没有委托辩护人的，人民法院、人民检察院、公安机关应当通知法律援助机构指派律师为其提供辩护。”《最高人民法院关于适用〈中华人民共和国刑事诉讼法〉的解释》第 472 条规定：“审判时不满十八周岁的未成年被告人没有委托辩护人的，人民法院应当通知法律援助机构指派律师为其提供辩护。”根据上述规定，未成年被告人在审判阶段，不管是否经济困难或有其他原因，只要没有委托辩护人的，法院就应当通知法律援助机构指派律师为其提供辩护。

向未成年被告人提供法律援助亦是国际上的通行做法。《公民权利及政治权利国际公约》第 14 条规定了受刑事指控者享有被告知享有法律援助和指定法律援助的权利。《北京规则》第 15.1 条规定：“在整个诉讼程序中，少年应有权由 1 名法律顾问代表，或在提供义务法律援助的国家申请这种法律援助。”《儿童权利公约》第 37 条、《联合国保护被剥夺自由少年规则》第 18 条也都规定了儿童（少年）获得免费法律援助的权利。上述国际公约都为我国或批准或加入或接受。因此，为未成年被告人提供法律援助律师进行辩护，既是保障未成年人人权的需要，也是我国应尽的国际义务。

与成年人相比，未成年被告人生理、心理、智力都未能达到成年人标准，社会阅历欠缺，在身心和社会发展方面需要得到帮助，并且需要在和平、自由、尊严和安全得到充分保障的环境中得到法律的保护。大多数未成年人初次

遭到刑事追诉，对诉讼程序的陌生、法律知识的缺乏和生活经验的欠缺，往往会令其在刑事诉讼中不知所措，难以有效行使各项诉讼权利。此时，专业律师的帮助就显得尤为重要：一方面，可就未成年被告人罪轻或无罪的事实和证据发表辩护意见，并指导未成年被告人充分行使各项诉讼权利；另一方面，辩护律师还可以帮助法庭对未成年被告人进行法庭教育，使其认识到自己的犯罪行为对社会、家庭和个人的危害性，帮助其悔过自新、重新做人。

实践中，对于未成年被告人放弃法律援助律师辩护的，该如何处理？对此，《最高人民法院关于适用〈中华人民共和国刑事诉讼法〉的解释》第 45 条规定："被告人拒绝法律援助机构指派的律师为其辩护，坚持自己行使辩护权的，人民法院应当准许。属于应当提供法律援助的情形，被告人拒绝指派的律师为其辩护的，人民法院应当查明原因。理由正当的，应当准许，但被告人须另行委托辩护人；被告人未另行委托辩护人的，人民法院应当在三日内书面通知法律援助机构另行指派律师为其提供辩护。"第 254 条规定："被告人当庭拒绝辩护人辩护，要求另行委托辩护人或者指派律师的，合议庭应当准许。被告人拒绝辩护人辩护后，没有辩护人的，应当宣布休庭；仍有辩护人的，庭审可以继续进行。有多名被告人的案件，部分被告人拒绝辩护人辩护后，没有辩护人的，根据案件情况，可以对该被告人另案处理，对其他被告人的庭审继续进行……被告人属于应当提供法律援助的情形，重新开庭后再次当庭拒绝辩护人辩护的，不予准许。"第 481 条规定："未成年被告人或者其法定代理人当庭拒绝辩护人辩护的，适用本解释第二百五十四条第一款、第二款的规定。重新开庭后，未成年被告人或者其法定代理人再次当庭拒绝辩护人辩护的，不予准许。重新开庭时被告人已满十八周岁的，可以准许，但不得再另行委托辩护人或者要求另行指派律师，由其自行辩护。"可见，虽然获得法律援助律师辩护是未成年被告人的一项诉讼权利，但考虑到相当一部分未成年被告人可能并不理解辩护的重要意义和放弃的法律后果，所以法庭要对放弃是否有正当理由进行审查，并确保未成年被告人仍然能获得律师的帮助。

二、合适成年人到庭参加诉讼

《刑事诉讼法》第281条第1款和第2款规定："对于未成年人刑事案件，在讯问和审判的时候，应当通知未成年犯罪嫌疑人、被告人的法定代理人到场。无法通知、法定代理人不能到场或者法定代理人是共犯的，也可以通知未成年犯罪嫌疑人、被告人的其他成年亲属，所在学校、单位、居住地基层组织或者未成年人保护组织的代表到场，并将有关情况记录在案。到场的法定代理人可以代为行使未成年犯罪嫌疑人、被告人的诉讼权利。到场的法定代理人或者其他人员认为办案人员在讯问、审判中侵犯未成年人合法权益的，可以提出意见。讯问笔录、法庭笔录应当交给到场的法定代理人或者其他人员阅读或者向他宣读。"《最高人民法院关于适用〈中华人民共和国刑事诉讼法〉的解释》第466条规定："人民法院审理未成年人刑事案件，在讯问和开庭时，应当通知未成年被告人的法定代理人到场。法定代理人无法通知、不能到场或者是共犯的，也可以通知未成年被告人的其他成年亲属，所在学校、单位、居住地的基层组织或者未成年人保护组织的代表到场，并将有关情况记录在案。到场的其他人员，除依法行使刑事诉讼法第二百七十条第二款规定的权利外，经法庭同意，可以参与对未成年被告人的法庭教育等工作。"

可见，我国《刑事诉讼法》及其相关解释对法定代理人、其他合适成年人到庭参加诉讼作了详尽的规定，概括起来，该程序性规定主要有以下内容：(1)法定代理人和其他合适成年人的范围。一是未成年被告人的法定代理人，具体是指父母、养父母、监护人或负有保护责任的机关、团体的代表。二是其他合适成年人，具体是指未成年被告人的其他成年亲属，所在学校、单位、居住地的基层组织或者未成年人保护组织的代表。(2)法定代理人和其他合适成年人是否必须到庭参加诉讼。人民法院在开庭审理未成年人刑事案件时，应当通知其法定代理人到场。这里的"应当"是对法院而言的，是法院必须尽的告知义务。实践中，因种种客观原因无法通知或者虽通知但无法到庭的情况十分普遍，法庭对于这种情况往往也无能为力，只能将情况记录在案。对于其他合适成年人而言，也并非必须到庭参加诉讼，根据规定，仅在法定代理人因故（比如无法通知、下落不明、监护能力丧失、系共犯等）不能到庭时，法庭“可以”通知其他合适成年人到庭参加诉讼，法庭未通知或通知后无人到庭的，实践中也并不会影响庭审的正常进行。（3）法定代理人和其他合适成年人诉讼权利。法定代理人在诉讼中享有与未成年被告人几乎同等的诉讼权利，如申请回避、辩护、发问、提出新的证据、要求重新鉴定或勘验、提出上诉，在未成年被告人最后陈述后，经审判长允许，法定代理人还可以发表意见。相对而言，其他合适成年人在庭审中的权利则十分有限，主要包括：对于审判中侵犯未成年人合法权益的，可以提出意见；全程参与审判，向未成年被告人表明身份，帮助其正确理解审判过程，消除其抵触情绪和对抗心理；经法庭同意，可以参与对未成年被告人的法庭教育等工作。[①]

三、圆桌审判

（一）圆桌审判的概念

所谓圆桌审判，是指法庭在开庭审理未成年人刑事案件时，对于符合一定条件的未成年被告人，可根据其生理、心理特点，采用圆桌式或椭圆桌式的法台设置，所有诉讼参与人均围桌相向而坐的审判方式。圆桌审判的最大特点是改变了原有普通刑事审判法庭的布局和形式，以缓和庭审的紧张气氛，营造一种环境轻松但又不失严肃的庭审氛围，最大限度实现庭审效果。这种充分体现未成年人审判特色的庭审方式，在少年司法实践中得到了广泛应用，并被相关司法解释所确认。例如，《最高人民法院关于适用〈中华人民共和国刑事诉讼法〉的解释》第 479 条第 2 款规定：“审理可能判处五年有期徒刑以下刑罚或者过失犯罪的未成年人刑事案件，可以采取适合未成年人特点的方式设置法庭席位。”《最高人民法院关于进一步加强少年法庭工作的意见》第 15 条规定：“人民法院根据未成年人身心特点，对未成年被告人轻微犯罪或者过失犯罪案件、

① 参见南英、高憬宏主编：《刑事审判方法》，法律出版社 2013 年版，第 315 页。

未成年人为一方当事人的民事和行政案件，可以采取圆桌审判方式。”

（二）圆桌审判的意义

圆桌审判这一法庭设置形式采用灵活性与严肃性相结合的原则，审、控、辩、帮四方平视交流，从而创造宽松、缓和的庭审气氛，让未成年人在相对宽松、平等的环境中参加庭审，能在一定程度上减少未成年人的紧张、恐惧、自卑和负罪等心理，使其感受到社会和家庭是把他当成一个犯错的孩子而不是犯罪分子，对其予以挽救而不是抛弃，从而帮助他们正确认识自己的错误，深刻反思，积极接受教育。这样的庭审模式将法与情融合在一起，彰显着少年司法制度对未成年人的人文关怀。

（三）圆桌审判方式的发展历程

圆桌审判方式并非为我国所首创。有观点认为，最早适用圆桌法庭审判方式的是澳大利亚新南威尔士州，该州在对土著人犯罪进行审判时使用了圆桌审判。被列为圆桌审判的被告人是有条件的，一般是地方法庭能够处理的轻罪，任何由检控方提起公诉的犯罪不进行圆桌审判。只有犯罪人已经认罪，法官与被告人、受害人已达成基本共识，才可以启动圆桌法庭审判。圆桌法庭在审判程序上也极具特色，充满了对犯罪人的理性教育和检讨，法庭在查清案件事实之后，土著人的代表要向犯罪人阐明这种犯罪对家庭、对社区所造成的伤害和后果，犯罪人要忏悔自己的罪行，法庭在相对和谐的气氛中也会对如何补偿受害人的损失作出决定。①

圆桌审判在我国的应用最早见于北京市海淀区法院，该院于1992年首次适用圆桌审判方式审理未成年人刑事案件。此后，各地纷纷开展圆桌审判方式试点，1997年，河北省石家庄市某区法院颁布《“圆桌式审判方式”实施办法》，规范与完善了圆桌审判方式。2005年，上海市高级人民法院在全市四家少年法庭全面推广圆桌审判方式，并制定了《上海法院少年法庭“圆桌审判”

① 参见沈志先主编：《未成年人审判精要》，法律出版社2012年版，第164页。

操作规范（试行）》，对各诉讼参与人席位的摆放、法庭布局等作了详尽的规定。

（四）圆桌审判适用案件的范围和法庭布局

根据前述规定，在未成年人刑事诉讼中，圆桌审判主要适用于未成年人轻微犯罪或过失犯罪。由于对“轻微犯罪”的认定并无统一的标准，导致实践中圆桌审判的案件适用范围处于无序甚至混乱的状态。上海法院将可能适用简易程序，以及自愿认罪、主观恶性不大、可能判处五年有期徒刑以下刑罚的未成年被告人纳入圆桌审判的范围。而有些地方法院却将少年法庭审理的全部案件纳入圆桌审判的范围。适用范围的随意扩大，有失法律的严肃性，也不利于凸显圆桌审判所特有的功能的发挥。

实践中，圆桌审判的布局有多种形式，如圆形或椭圆形桌子，诉讼参与人围坐在周围，进行气氛宽容又不失严肃性的法庭审理；又如将法庭设置为U字形，法官、公诉人、辩护人、法定代理人席位处于同一水平，象征着控辩审各方对未成年被告人敞开怀抱，合力对其进行帮教和矫治。

四、远程审判

（一）远程审判的概念

在未成年人刑事诉讼程序中，所谓远程审判，是指人民法院借助远程审判系统，运用专线网络、高清音视频传输、多媒体存储与展示等技术，与未成年被告人羁押场所、异地法庭或其他场所实现实时对接，远程审理未成年被告人刑事案件的一种审理方式。所谓远程审判系统，是通过光纤专线传输，接入法院数字法庭系统，实现法庭审理与羁押场所或其他地点之间音频与视频的同步传输、记录，法官、公诉人和律师可通过屏幕远程与身处法庭之外的未成年被告人面对面开庭，开庭笔录也可以实现在看守所的打印机直接打印输出。相对于早期部分地区法院试点使用的QQ、MSN等聊天软件以及公共网络传输线路来说，当前专网专线的远程审判系统能够确保审判活动的顺利开展。

（二）远程审判的实践应用

随着未成年人刑事案件集中指定管辖的开展，审判法庭与未成年被告人羁押地点距离通常较远，尤其是在幅员辽阔的中西部省份，这一问题更加突出。这在客观上带来了长距离押解可能存在的安全问题，以及因路途遥远带来的时间成本和交通成本的增加。为了解决这一问题，各地法院均作了不同尝试。以上海为例，在远程审判尚不成熟时，为了解决押解安全和城市交通拥堵等问题，指定管辖法院通常会到未成年被告人羁押场所或者羁押场所所在地法院开庭审理案件。随着现代技术的快速发展，远程审判系统日渐完善，为此，上海法院于 2010 年在距离较远的闸北区法院和崇明区法院之间试行远程审判工作，取得了较好的效果。例如，在上海市闸北区法院审理的代某盗窃案中，代某刚满 16 周岁，入户盗窃 3 次，共计窃得财物价值人民币 4000 余元。被告人到案后对自己的犯罪事实供认不讳。闸北区法院决定对该案适用远程审理。代某的父亲原表示，自己住在崇明乡下，不方便到上海市区，故不愿意参加庭审，当得知只要在崇明区法院即可参加庭审后，即转变了态度，表示肯定按时到庭。开庭当日，公诉人、被告人、法定代理人、辩护人、社会调查员等均按时到达崇明区法院，法庭通过视频在闸北区法院对案件进行了审理，并对被告人进行了法庭教育，整个案件审理过程大约 45 分钟。

第四节　分案审理制度

一、分案审理的概念

分案审理是指在未成年人与成年人共同犯罪案件中，在不妨碍案件正常审理的前提下，将未成年人与成年人分别审理、分别判决的诉讼制度。分案审理制度是基于未成年人独特的身心特征而设置的一项特殊诉讼制度，是对未成年人权益予以特殊保护的需要。一方面，对未成年人和成年人共同犯罪案件进行分案审理，各自适用不同的诉讼程序，能够解决二者在审判方式适用上的矛盾、公开审理与不公开审理的矛盾，还能有效避免未成年人在诉讼中受到成年被告人不良习气的污染。另一方面，如作并案处理，因被告人人数众多，势必会加大案件审理难度，延长案件办理时限，这无疑与上文所述的未成年人刑事诉讼程序“迅速审理”原则相悖，不利于对未成年被告人权益的保护。

二、分案审理的国外考察

在国外，分案审理主要有绝对分案、相对分案、裁量分案三种模式。一是绝对分案模式。《意大利刑事诉讼法典》第 14 条规定：“针对在行为时尚未成年的被告人的诉讼与针对成年被告人的诉讼不发生牵连关系。针对被告人在未成年时所犯之罪的诉讼与针对被告人在成年后所犯之罪的诉讼也不发生牵连关系。”[①]《印度一九六〇年中央少年法》第 24 条规定：“不问 1973 年刑事诉讼法典第 233 条或现行有效的其他任任何法律规定，不得将少年与非少年作为共犯告诉或审理……少年与非少年共同被告发而被审理时，审理该犯罪的法院，必须命令将该少年与其他人员分离开来进行审判。”[②]

二是相对分案模式。大多数国家或者地区规定对于未成年人与成年人共同犯罪应以分案审理为原则，以并案审理为例外。美国规定犯下同样罪行的少年和成人分别由不同法院处理，少年由少年法院审理，成人由成人法院审理。德国《少年法院法》第 103 条第 1 款规定：“调查犯罪事实所需或者其他重要原因，可以根据普通程序法的规定，将少年的刑事案件与成年人的刑事案件合并审理。”[③] 日本《少年法》第 49 条规定：“少年的嫌疑人或者被告人，必须与其他犯罪嫌疑人或者被告人分开处理，尽可能地避免其相互接触。对于少年的被告案件，即使存在与其他被告案件有牵连的情况，只要不妨碍审理，必须在程序

---

① 转引自谢安平、郭华主编：《未成年人刑事诉讼程序探究》，中国政法大学出版社 2015 年版，第 119 页。

② 转引自沈重：《印度一九六〇年中央少年法》，载《国外法学》1985 年第 1 期。

③ 转引自卞建林主编：《未成年人刑事司法程序——外国刑事诉讼法有关规定》，中国检察出版社 2017 年版，第 58 页。

上将其分离。"[①] 相对分案模式在处理未成年人与成年人共同犯罪案件中坚持以分案审判为原则；在法律规定的分案审判会阻碍案情的查明以及为了正义利益的需要等其他原因时，可以对未成年人与成年人一同审判，对于合并审理的也应当给予未成年被告人适当的程序保障，一般规定全案适用审判未成年被告人的刑事诉讼程序。在适用普通刑事诉讼程序时，如遇成年被告人的言行以及对案件的证据调查过程中可能会对未成年人产生不良的刺激与影响时，将未成年人带离法庭，待适当之时将未成年人带回法庭，继续审理。

三是裁量分案制度。在法国，如果受到指控的人中有一名或数名16—18岁的未成年人，上诉法院应当根据案件的具体情况决定是否将未成年人的案件分离。如果分离，应当将未成年被告人移送未成年人重罪法庭，成年人仍然移送普通重罪法庭；如果不分离，应当决定将所有参与了重罪的被告人移送未成年人重罪法庭。[②] 与相对分案审判制度相比，裁量分案制度的特点在于有权决定共同犯罪案件中未成年被告人与成年被告人是否分案审判的主体是预审法官或者上诉法院的预审法庭，法官裁量权更大，体现出其在实务上对案件的分合处置具有较大的灵活性。与绝对分案相比，裁量分案审理模式赋予法院自由裁量权，对于不适宜分案审理的可以并案审理。法官对案件有全面的了解，对分案还是并案审理哪种更为合适其判断最为准确。但是也应对其自由裁量权作出一定的限制，否则法官可能考虑案件之外的因素而决定分案或并案。

三、我国分案审理的立法规定和实践

我国《刑事诉讼法》对未成年人刑事案件分案审理未作专门规定，仅在第280条第2款规定："对被拘留、逮捕和执行刑罚的未成年人与成年人应当分别关押、分别管理、分别教育。"《最高人民法院关于适用〈中华人民共和国刑

---

① 转引自管元梓：《未成年人与成年人共同犯罪案件分案审理制度研究——以分案审理模式为视角》，载《预防青少年犯罪研究》2015年第2期。

② 参见〔法〕卡斯东·斯特法尼等：《法国刑事诉讼法精义》，罗结珍译，中国政法大学出版社1999年版，第424—425页。

事诉讼法〉的解释》第464条规定:“对分案起诉至同一人民法院的未成年人与成年人共同犯罪案件,可以由同一个审判组织审理;不宜由同一个审判组织审理的,可以分别由少年法庭、刑事审判庭审理。”《最高人民法院关于进一步加强少年法庭工作的意见》第14条规定:“人民法院对未成年人与成年人共同犯罪案件,一般应当分案审理,对应当分案起诉而未分案起诉的案件,人民法院可以向检察机关提出建议。”在少年审判实践中,为保护未成年人的合法权益,各地法院相继采取了分案审理的做法,但仍缺少统一的适用标准,且对于不宜分案审理案件的情况并未作出明确规定。此外,对于是否分案审理,法院往往要依赖检察院的起诉,对于分案起诉的分案审理,对于并案起诉的并案审理,法院在这一过程中的审查作用得不到体现。1996年,上海市虹口区人民检察院首次正式提出了分案起诉的思路。此后,2006年,上海市高级人民法院、上海市人民检察院联合制定了《关于对未成年人与成年人共同犯罪的案件实行分案起诉、分案审理的意见》,该意见进一步规范了分案处理规定。

(一)不宜分案审理的案件范围

根据2006年《人民检察院办理未成年人刑事案件的规定》有关规定及审判实践,以下几种情形不宜进行分案审理:一是未成年人系犯罪集团的组织者或者其他共同犯罪中的主犯,案件重大、疑难、复杂,分案审理可能妨碍案件审理的;二是未成年人是必要共同犯罪的主犯,即法定必须由两个以上主体共同实施的犯罪的;三是涉及刑事附带民事诉讼,分案起诉妨碍附带民事诉讼部分审理的;四是具有其他不宜分案起诉情形的。

(二)分案审理模式

其一,分案均由少年法庭审理模式。此种模式应为成年人与未成年人共同犯罪案件的主要审理模式之一。检察院应将案件分案同时起诉至法院,均由少年法庭同一审判组织审理,这样既可以保护未成年人合法权益,又有助于法官对共同犯罪的事实有全面整体的把握,便于区分各被告人在共同犯罪中的作用和地位,保证量刑的均衡、赔偿的一致性。同时,这种模式能有效解决多次复印和移送案件材料的问题，可以节约诉讼成本，提高诉讼效率。

其二，分案由少年法庭及刑庭分别审理模式。此种模式为成年人与未成年人共同犯罪案件的另一种重要审理模式，对于不适宜分案后均由少年法庭审理的，可以未成年人案件由少年法庭审理，成年人案件由刑庭审理。此种模式适用于未成年人犯罪内容明确、事实清晰、罪行较轻、人数较少，而以成年人犯罪为主且较为复杂的案件。此类案件检察机关对成年人部分侦查时间较长或需补充侦查，此时将未成年人的部分先予审理，避免未成年人的刑期因成年人案情复杂而被变相延长。由于案件中被告人多为成年人，且案情较为复杂，故此部分由刑庭审理更加有利于查清事实、惩治犯罪。分案审理的案件中相同的犯罪事实，尤其是犯罪成立与否，所犯此罪还是彼罪，既遂、未遂、中止、预备等重要事实，两庭应加强沟通，就核心问题协商一致。

其三，并案由少年法庭审理模式。对于未成年人系组织者或者主犯的案件、涉及刑事附带民事赔偿的案件、重大疑难复杂的案件及其他分案影响查明事实的共同犯罪案件，可以并案由少年法庭审理。因未成年人在犯罪中具有重要作用，或者其与成年人的犯罪行为关联性较大，如分开审理可能影响事实的查明，故应作为一个案件进行审理。未成年人虽发挥了主要作用，但是其主观恶性一般小于成年人，易教育易挽救，如果按普通方式审理很可能将其进一步推向社会的对立面。此种模式下，如条件允许、案情适合也可以采用分庭审理的模式，成年人与未成年人同一天分别开庭、一起宣判，审理过程中如发现有事实需要进一步核对查明的，可以第二次开庭。还有一些学者认为未成年被告人与成年被告人具有亲属关系的，也可以并案审理，此种情况下成年人并不会影响对未成年人的教育，相反通过亲情感化可能产生更好的效果。我们认为，具有亲属关系的，首先应看亲属关系的远近；其次应先了解其亲情是否深厚，成年人对未成年人持何种态度，是否愿意帮助一起挽救未成年人；最后还要看并案后是否有利于查清事实，避免双方因亲属关系而相互隐瞒犯罪事实。如并案审理则教育、挽救未成年人是审判的一个重要目的，除案件情况特殊外，应以未成年人为主，由少年法庭审判。

其四，并案由刑庭审理。特别严重的未成年人犯罪案件交由成年人法院管辖已经成为很多国家的做法，比如美国、德国、英国等。对于和成年人共同犯罪的未成年人涉嫌故意杀人、强奸、故意伤害致人重伤、死亡、绑架等暴力刑事案件的，可能判处十年以上有期徒刑或者无期徒刑的，由于刑庭此方面的审判经验更为丰富，为了慎重起见也为了保护未成年被告人权益，可以全案由普通刑事审判庭审理。但是对未成年被告人也应注意保护和教育，应设置临时退庭等机制，如遇成年被告人的言行以及对案件的证据调查过程中可能会对未成年被告人产生不良的刺激与影响时，应将未成年被告人带离法庭，待适当之时再将未成年被告人带回法庭，继续审理。

其五，分案均由刑庭审理模式。特别严重的未成年人犯罪案件由刑庭审理的，因刑庭没有涉少案件特殊审理机制和程序，故分案审理不具有太大的意义，只要在并案审理中注意保护未成年被告人即可。

第五节　未成年人刑事和解制度

一、刑事和解制度的内涵解读

所谓刑事和解制度，又称加害人与被害人的和解，一般是指犯罪行为发生后，在刑事诉讼程序运行过程中，加害人以认罪、赔偿、道歉等方式与被害人达成谅解以后，国家专门机关不再追究加害人刑事责任或者对其从轻处罚的一种案件处理方式。[①] 最初，刑事和解制度出现在司法实务界对轻伤害案件的处理过程中，在理论界引发研究热潮的同时，其在实务操作中的适用范围也扩展到了未成年人犯罪案件、过失犯罪案件以及在校大学生犯罪的案件之中，所涉及的刑事案件类型也从最初的轻伤害案件扩展为交通肇事、盗窃、抢劫、重伤

① 参见陈光中：《刑事和解的理论基础与司法适用》，载《人民检察》2006 年第 10 期。

等案件。[①]

根据《刑事诉讼法》的规定，涉嫌《刑法》分则第四、五章轻微刑事案件和部分过失犯罪案件，犯罪嫌疑人、被告人真诚悔罪，通过向被害人赔礼道歉、赔偿损失等方式获得被害人谅解，双方自愿和解，达成和解协议的，可以对犯罪人免除或者减轻刑罚。[②] 根据该条文规定，刑事和解作为刑事诉讼中的一项原则得以正式确立，成为一项重要的诉讼理念和机制。从该规定中不难看出，刑事和解适用的案件范围主要以刑法分则为基础，以侵犯财产、人身权益类型的案件和过失犯罪的案件作为基本内容，在一定程度上体现出对该制度的适用所具备的前提条件，即加害方与被害方意思自治、被破坏的社会关系具有可修补性等要素。[③]

必须注意的是，虽然不少观点认为西方的恢复性司法是刑事和解制度的理论基础，不过，现阶段我国的刑事和解制度在理念和制度设计上仍具有明显的、基于我国国情的特色，需从以下几个方面予以把握：第一，从理论基础上，我国的刑事和解制度更多是基于节约司法资源、化解社会矛盾的现实需要，与恢复性司法中的"矫治"思想和社会本位价值观并不一样。第二，从和解的途径上，恢复性司法主要是在社区的框架下进行，不仅主张被害人和犯罪人的直接参与，而且主张其他所有与犯罪有关的人的参与，通过被害人、犯罪人与社区之间的对话、协商与和解，使破坏的社会关系得到修复，而我国的刑事和解中不存在西方社会中"社区"的概念，更加强调被害人与犯罪人之间的直接协商、谈判，只要被害人与犯罪人达成和解协议，相应的社会关系就被认

---

① 参见肖晚祥、张果：《刑事和解的困境与出路》，载《法律适用》2010年第4期。

② 《刑事诉讼法》第288条规定："下列公诉案件，犯罪嫌疑人、被告人真诚悔罪，通过向被害人赔偿损失、赔礼道歉等方式获得被害人谅解，被害人自愿和解的，双方当事人可以和解：（一）因民间纠纷引起，涉嫌刑法分则第四章、第五章规定的犯罪案件，可能判处三年有期徒刑以下刑罚的；（二）除渎职犯罪以外的可能判处七年有期徒刑以下刑罚的过失犯罪案件。犯罪嫌疑人、被告人在五年以内曾经故意犯罪的，不适用本章规定的程序。"

③ 参见张鸿巍、翟广恒、闫晓玥：《恢复性司法视野下的未成年人犯罪刑事和解探析》，载《广西大学学报（哲学社会科学版）》2014年第3期。

为得到恢复，一般不会考虑其他因素的影响。第三，从和解的方式上，我国的刑事和解制度主要是在司法机关主持下进行，以经济赔偿作为平息纠纷的主要手段，而恢复性司法往往在非职业化机构主持下进行，恢复手段也较为多样，包括忏悔、交流、赔偿、社区服务等，犯罪人与被害人之间的交流与陈述才是程序的重点。[①]

二、未成年人刑事和解制度的意义

刑事和解制度有利于化解社会矛盾、有助于维护被害人权益、有助于实现犯罪人的再社会化以及降低诉讼成本提升诉讼效率的价值，与未成年人司法对未成年人和社会双向保护目标具有天然的契合度，已广泛运用于未成年人刑事案件中。[②] 我国《刑事诉讼法》关于刑事和解的规定，使未成年人刑事和解制度在实践中获得了更多的适用。与成年人刑事和解主要具有的解决纠纷、降低司法成本等功能不同，因未成年人犯罪存在的冲动性、偶发性以及主观恶意轻等特点，刑事和解制度在未成年犯中的适用具有以下意义：

（一）实现未成年人保护和保障被害人民事权益的双重目标

相较于成年人犯罪，未成年人犯罪具有预谋性的犯罪少，冲动性的犯罪多，主观恶意比较小，悔罪态度比较好，社会危害性小，矫正情况较成年人好等特征，这些决定了未成年人刑事案件较成年人刑事案件更具有开展和解工作的优势条件。同时，刑事案件中，被害人一般只能通过刑事附带民事诉讼来挽回自己的损失，但附带民事诉讼往往存在判决执行周期长，不保护精神损害赔偿等不足，其具体支付的赔偿数额往往不尽人意，而适用刑事和解制度能够有效地弥补被害人的损失。被害人在协商中处于主动地位，可以掌握和解的决定权，其心理上也容易得到安慰。因此，在未成年人司法中，适用刑事和解得

---

① 参见于改之、崔龙虓：《恢复性司法理论及其引入与借鉴》，载《政治与法律》2007年第4期；陈光中、葛琳：《刑事和解初探》，载《中国法学》2006年第5期。

② 参见古芳：《从物质补偿到精神层面的谅解与恢复——我国未成年人刑事案件和解制度的发展方向》，载《人民检察》2015年第7期。

当，可同时做到保障犯罪人的权利与保护被害人利益之间的平衡。

（二）促进涉罪未成年人社会性的再塑造

未成年人犯罪的动机和目的往往具有不确定性，受外界环境的影响很大，致使未成年人犯罪多具有偶然性和突发性，从犯罪冲动的产生到犯罪行为的实施，时间间隔一般较短，同时，未成年人犯罪主观恶性普遍不如成年人，他们犯罪动机较为单纯，多数未成年人其犯罪可复制性低。由于其对犯罪后果缺乏足够的认识，且正处于生理和心理上的成长期，其在思想认知上容易受到外界环境的影响，可塑性强，通过适当的教育可以使这部分未成年人知晓其犯罪的危害，增加其法律知识，提升其自控能力。通过必要的措施可以有效降低未成年罪犯再次犯罪的可能性。我国对未成年人主要采取集中监禁的关押方式，易造成未成年罪犯之间的“交叉感染”，也是导致未成年罪犯在刑满释放后重新犯罪率居高不下的原因。未成年人刑事和解制度可以大幅提高未成年罪犯非监禁刑的比例，减少未成年罪犯在少管所中“交叉感染”的概率，在未成年人确实认识到自身错误的前提下，通过家长、社区志愿者、学校等机构多方教育帮助其改造。这样可以真正减少这部分未成年人身上的标签，有效地避免其回归社会后遭到不必要的歧视。由于并未被执行监禁类刑罚或监禁时间较短，涉罪未成年人甚至可以重新走进校园学习知识和生存技能。这样给予涉罪未成年人一个健康的成长环境的同时保证了对其的监管和教育，避免其在成年以后因身挂标签或缺乏生存技能而被社会所抛弃，从而实现对涉罪未成年人社会性的再塑造。

（三）提升司法效率与和解适用率

未成年人刑事和解制度的建立同样有利于提升现行的审判效率。虽然适用刑事和解制度的案件一般较为简单，但是被告人或犯罪嫌疑人主动承认犯罪，交代犯罪动机、犯罪细节、犯罪手段以及其他犯罪事实，有助于公安机关、检察机关以及审判机关工作的快速顺利地开展，减少上诉、申诉和其他后遗症，以施害一方与被害一方都能接受的处理结果有效化解社会矛盾。[①] 此外，由于未成年人刑事审判的特殊性，未成年人的背景调查也是审判工作的重要部分，未成年人主动交代犯罪动机可以帮助法官更好地判断未成年被告人平时的生活状态，也更易调动法官主动推进和解程序的积极性，从而形成司法效率与和解适用率双向提升的正向循环激励机制。

三、未成年人刑事和解适用条件及和解效力

（一）未成年人刑事和解适用条件

根据《刑事诉讼法》规定，启动刑事和解程序一般需要满足一定条件，在未成年人犯罪案件的适用中，具体需具备以下四个条件：

1. 仅一定范围内的案件可适用

传统刑事司法制度中，犯罪被视为个人对公共利益的侵犯，而刑事和解程序将犯罪案件还原为对被害人个人利益的侵犯，从国家追诉转变为行为人与被害人之间的自愿和解，且和解主要采取非刑事化的处理方式，客观上令得以和解的一部分犯罪人“逃避”了法律的制裁，因此，有观点认为，刑事和解的从宽处理，可能损害公共利益和司法正义，削弱刑罚的惩罚功能和预防功能，轻刑化、非犯罪化可能导致犯罪成本降低，不利于社会秩序的维护，构成对传统刑事司法观念的一大挑战。故而，为了避免刑事和解“一味从宽”导致不良后果，必须在刑事和解制度的适用范围上，从侵犯利益的公益或私益属性、犯罪的社会危害性与犯罪行为人的人身危险性上入手加以区分和限制，才能允许私人之间进行协商解决。我国《刑事诉讼法》的规定正体现了这一要求，根据《刑事诉讼法》第 288 条的规定，两类案件中才可启动刑事和解程序：一是因民间纠纷引起，涉嫌《刑法》分则第四、五章规定的犯罪案件，可能判处三年有期徒刑以下刑罚的；二是除渎职犯罪以外的可能判处七年有期徒刑以下刑罚的过失犯罪案件。同时，规定犯罪嫌疑人、被告人在五年以内曾经故意犯罪的，不适

① 参见杨兴培：《刑事和解制度在中国的构建》，载《法学》2006 年第 8 期。

用刑事和解程序。

2. 需满足特定的事实、证据条件

对于适用刑事和解的案件，应当具备何种事实、证据条件，《刑事诉讼法》并没有作出明确的规定。理论界和实务界对此也存在不同意见，实务界实际适用标准既有案件事实清楚，证据确实、充分才可适用的，也有要求基本事实清楚、基本证据确实充分的。当然，有些实践部门要求有证据证明有犯罪事实，并且应当追究刑事责任，即可适用，更有观点认为，只要当事人自愿，无须规定事实、证据条件即可适用。对此，学界的意见也存在较大分歧，对适用刑事和解程序的案件事实、证据的标准也都各有观点。[①] 我们认为，根据《刑事诉讼法》的规定，刑事和解在诉讼的侦查、起诉和审判阶段都可以适用，从确保案件质量的角度，应当要求适用和解程序的案件具备一定的事实、证据条件，即需满足案件基本事实清楚、证据确凿充分的条件。[②] 所谓案件基本事实清楚、证据确实充分，是指有确实充分的证据证明有犯罪事实发生，犯罪嫌疑人、被告人实施了犯罪行为，其就应当对自己的犯罪行为负刑事责任。设置这一条件的理由有二：一是有利于保护犯罪嫌疑人、被告人的利益。在前文已述及，只有犯罪嫌疑人、被告人真诚认罪、悔罪的情况下，才可能适用和解程序。同时，根据《刑事诉讼法》的规定，若仅有被告人供述，没有其他证据的，不能认定被告人有罪和处以刑罚，如此，若案件事实不清、证据不明，即使被告人认罪，也可能判决无罪的案件，适用刑事和解对犯罪嫌疑人、被告人并不更有利。但需要强调的是，适用刑事和解应只要求案件基本事实清楚即可，对于不影响定性和进行刑事和解的一些细节事实不清，不应影响适用刑事和解。

---

① 有观点认为，有的案件证据不充分，但被告人认罪，适用和解刚好解决证据不充分的问题；也有观点认为，只需达到立案的事实要求即可，不需要更高的事实要求，否则就会降低通过和解解决案件的可能性。但也有观点认为，证据存在瑕疵、犯罪事实存疑的案件不能适用和解，否则可能增加冤错案件发生的概率，还可能恶化量刑失衡的现象。参见陈瑞华：《刑事和解：法律家与法学家对话录》，载《国家检察官学院学报》2007年第4期；林志毅：《论刑事和解事实观》，载《现代法学》2011年第2期；周长军：《刑事和解与量刑平衡》，载《法律适用》2010年第4期。

② 参见张军主编：《新刑事诉讼法法官培训教材》，法律出版社2012年版，第430—431页。

二是刑事和解只有建立在基本事实清楚、证据确实充分的基础上，这样才能确保双方当事人所达成的刑事和解协议不会轻易出现反复。

3. 涉罪未成年人及其法定代理人真诚悔罪

对特定类型的案件，根据《刑事诉讼法》第288条的规定，也并非犯罪嫌疑人、被告人"花钱"就可以与被害人达成和解，若仅金钱赔偿就能减轻甚至使行为人免于监禁刑，那么会更加伤害被害人及其家属，而且还会带来不良的社会影响，破坏社会的和谐稳定。因此，只有当"犯罪嫌疑人、被告人真诚悔罪"，在主观上认知到其行为的危害性和对被害人造成的伤害后果等，向被害人诚恳致歉，向司法机关真诚地悔罪、认罚，才能适用刑事和解。未成年犯罪嫌疑人、被告人及其法定代理人对行为危害后果及其严重性的认知，也是之后对未成年犯罪嫌疑人、被告人进行社区矫正、帮扶教育的前提和基础，有利于对其社会性再塑造的顺利进行，实现和解程序适用和维护社会和谐、减少未成年人再犯等社会效果的统一。

4. 涉罪未成年人及其法定代理人与被害人自愿和解

刑事和解制度运作的一个重要前提就是未成年被告人、犯罪嫌疑人及其法定代理人与被害人达成自愿的和解协议。即双方都自愿参与和解程序也自愿达成和解协议，任何基于强迫、威胁或其他强制手段达成的和解协议都不符合刑事和解的本质要求，更无法实现刑事和解的目的，还会对被害人带来二次伤害。[①] 因此，刑事和解程序的启动必须以双方自愿为条件。

（二）未成年人刑事和解对实体处理结果的影响

《刑事诉讼法》第290条规定："对于达成和解协议的案件，公安机关可以向人民检察院提出从宽处理的建议。人民检察院可以向人民法院提出从宽处罚的建议；对于犯罪情节轻微，不需要判处刑罚的，可以作出不起诉的决定。人民法院可以依法对被告人从宽处罚。"从以上规定不难看出，在侦查、起诉以及审判等阶段，刑事和解在多数情况下并不能产生终止诉讼的结果。只是对于

---

① 参见郑丽萍：《新刑诉法视域下的刑事和解制度研究》，载《比较法研究》2013年第2期。

犯罪情节轻微，不需要判处刑罚的，才能不追究刑事责任。这一规定实际上意味着《刑事诉讼法》虽然对刑事和解制度作了明确规定，但是就和解以后的法律后果而言，其在制度化后相较制度化前的实务操作反而趋向严格。[①] 除对于犯罪情节轻微，不需要判处刑罚的刑事和解案件可以不追究刑事责任外，对其他刑事和解案件，以具备酌定从宽情节为由从宽处理。究其原因，在于刑事和解不仅仅涉及程序问题，也涉及实体问题。程序法和实体法的关系决定了《刑事诉讼法》所建构的刑事和解制度必须以《刑法》有关犯罪、刑事责任和刑罚的规定为基础。而当前《刑法》中对刑事和解并无相应的制度设计和规定，《刑法》中可以为刑事和解不追究刑事责任提供依据和支撑的，只有“犯罪情节轻微不需要判处刑罚的，可以免予刑事处罚”这一规定。

需要指出的是，既然在审查起诉环节，检察机关可以对满足条件的刑事和解案件作出不起诉决定，那么对该条中法院对被告人的“从宽处罚”的理解，除依法对被告人从轻、减轻处罚外，免予刑事处罚也当是应有之义。

四、未成年人刑事和解制度存在的问题与完善路径

（一）未成年人刑事和解制度存在的问题

与西方刑事和解制度起源于少年司法制度不同，我国刑事和解制度的展开尽管与未成年人司法有较高的契合度，但正如前文所分析的，目前我国刑事和解制度存在“实用主义”色彩，其在恢复社会关系、矫正犯罪人行为的目标上着力不强，且在理论、制度、实践层面都将未成年人刑事和解统合在刑事和解这一整体框架中，在和解理念、制度设计、程序展开、结果追求等方面都没有考虑到未成年主体的特殊性，[②] 也使该制度在实际运用中的效果受到质疑，主

---

① 此前各地司法机关在探索刑事和解制度过程中，会综合案件情况，特别是犯罪的社会危害性、加害人悔罪、赔偿情况以及被害人态度等，作出撤销案件、不起诉的决定或者在量刑上从宽处理乃至免予刑事处罚。

② 参见苏镜祥、马静华：《论我国未成年人刑事和解之转型——基于实践的理论分析》，载《当代法学》2013 年第 4 期。

要存在以下问题：

1. 制度设计缺乏专门性和针对性

根据《刑事诉讼法》及相关司法解释，未成年人刑事案件仅仅是作为适用刑事和解程序的一种情形，与成年人刑事案件一样，都归依在轻刑案件中，未成年人刑事和解的制度设计与一般刑事和解程序的设计无异，并未完全立足于未成年人刑事案件的自身特点或基于少年司法的发展趋向，尚未将当事人和解作为处理未成年人刑事案件的重要手段，不利于实现未成年人司法制度的特殊要求，也缺乏相对成年人刑事和解而言的独立性，导致无论是在制度理念、定位和具体设计等方面都缺乏独特考量，呈现出缺乏专门性和针对性的弊端。

2. 有限的被害恢复和缺失的帮教责任

根据恢复性司法理念，刑事和解追求的被害恢复不仅是物质补偿，也应有心理抚慰。也就是说，物质上，通过赔偿，以实际行动弥补被害人的损失；精神上，通过致歉，以及与被害人的交流、陈述，承认自身过错并认可自己给被害人带来的损害而加以悔过，帮助受害人复原，或给予心理抚慰。但我国的刑事和解制度，受到以满足被害人物质补偿这一功利性目标影响，和解的展开主要以结果为导向。理论上“全面恢复”的目的被限缩到“被害恢复”单一向度。[①] 实践表明，我国的未成年人刑事和解在弥补被害人的物质补偿方面做得比较好，无论是在政策话语层面还是制度实施层面都将赔偿协议的达成作为硬性标准，以物质补偿为中心的目标导向非常明确。[②] 尽管也有加害人向被害人表达悔意、请求饶恕的表示，但一般而言多基于减少赔偿数额的考虑，未成年犯是否通过和解程序真正受到教育且真诚悔罪则难以判断，刑事和解的心理治疗价值和规训价值无法彰显。

3. 单一化的社区矫正和主动教育的缺位

作为功能自治单位的社区在我国尚处于初步发展阶段，更多是作为国家基

---

① 参见苏镜祥、马静华：《论我国未成年人刑事和解之转型——基于实践的理论分析》，载《当代法学》2013 年第 4 期。

② 参见封利强、崔杨：《刑事和解的经验与问题——对北京市朝阳区刑事和解现状的调查》，载《中国刑事法杂志》2008 年第 1 期。

层治理的延伸而存在的，因此，参与刑事和解的“社区”符号意义大于实质意义。由于缺乏作为社会利益代表的自省能力和条件，社区在刑事和解中的参与度并不高，也仅是监管意义上的社区，而社区矫正的监管，其目的是为了避免“交叉感染”，让涉罪未成年人更好回归原来的生活状态，但实践中，社区矫正被单纯理解为保护性措施，而缺少教育性内容，而且社区的监管是被动的，缺乏系统的帮教计划。尤其是在被害人往往只满足于追求物质赔偿的情形下，加害人无法全面认识自己的犯罪行为所带来的社会危害，不利于彻底悔过。

（二）未成年人刑事和解制度的完善路径

1. 确立未成年人刑事和解制度的独立价值

一是未成年人刑事和解与成年人刑事和解不同，其所追求的是对当事人的双向保护。无论基于何种法律进路或法益考量，未成年人刑事和解都以化解矛盾、修复关系，兼顾犯罪嫌疑人和被害人的利益为基本要求。

二是未成年人刑事和解的功能不仅是平息纠纷、修复社会关系，更是对涉罪未成年人的再教育过程。因此，相对于成年人刑事和解以经济赔偿为主，未成年人刑事和解的过程功能更加重要，需更加注重通过涉罪未成年人的赔礼道歉、与被害人共同参与“叙说过程”，并进行社区劳动等方式，达到给予被害人精神抚慰，实现心理、情感修复，同时对未成年犯实现再教育的功能。

三是融入儿童利益最大化、恢复性司法等现代少年司法理念。未成年人刑事和解需体现出对未成年人的教育、感化、挽救，对未成年人回归社会、健康成长条件的赋予以及对未成年人所处社会关系的修复[①]等功能。虽然我国的刑事和解并不具有终止程序的终局性功能，但未成年人刑事和解需以先进的少年司法理念为指引，通过良性适用达到相对弥补司法处遇体系不足的目的。

2. 良性扩张适用刑事和解的条件及和解效力

在适用条件上，应充分考虑到未成年人犯罪的非民间纠纷、无渎职犯罪、

① 参见张宝印：《未成年人刑事和解相关问题研究——兼评〈未成年人刑事检察工作指引（试行）〉当事人和解制度》，载《2018第二届全国检察官阅读征文活动获奖文选》，2018年。

刑期相对较低的特点，可在适用案件范围上，予以适当扩张，如对于可能被判处三年有期徒刑以下刑罚的涉嫌《刑法》分则第四、五章规定的犯罪案件，对民间纠纷以外原因引发犯罪的，也可适用。另外，除《刑法》分则第四、五章所涉的轻微刑事案件外，其他未成年人较多触犯的罪名，如聚众斗殴罪，虽然侵犯的并非单一法益，但该类犯罪也多出于冲动犯罪，通过教育对未成年人行为矫治亦能产生较好的效果，适用和解制度也并无不当，故在所适用的罪名范围也可适当加以探索和扩展。

在和解效力上，刑事和解制度正式确立前，司法实践中对于当事人和解的轻微刑事案件尤其是未成年人犯罪案件，已经出现不仅可以对被告人免予刑事处罚，有的还可经协商由检察机关撤回起诉的情况。① 然前文所述，实践中的这些先例和经验并未完全为立法所吸纳，其中固然有刑法立法上的障碍，但是按照当前的少年司法实践，对于达成和解协议的刑事案件，可探索建立检察机关综合实际情况，作出不批准逮捕、不起诉、附条件不起诉处理的规定，将未成年人刑事案件直接办结在检察环节，避免部分未成年犯罪嫌疑人被判处不必要的刑罚，从而实现司法转处的功能。同时，在对和解协议的效力判断上，也可将因客观原因而无法达成和解协议或者无法履行和解协议的情形，纳入视为产生和解的效力的范围内，从而进一步扩大和解效力的覆盖范围。

3. 强化和解程序和社区矫正的教育、帮扶功能

和解协议作为当事人和解成功的标志仅能表明当事人达成了和解，而不是和解的目标，更不是和解过程的追求结果。能够发挥和解制度功能的和解必然要重视和解帮教的作用，即使达成了和解协议，但缺少有效帮教制度安排的和解也无法实现完整的和解制度功能。

当前，我国还尚未形成强有力的社会化支持体系，但是给予未成年罪犯改过自新的机会，仍然应该是刑事和解制度在未成年人犯罪中的主要目标。因此，不仅需要通过和解使其不受刑事处罚的影响，关键还在于后续对未成年罪

---

① 参见张军主编：《新刑事诉讼法法官培训教材》，法律出版社2012年版，第434页。

犯的持续帮扶教育和持续的教育改造，基于未成年人尚不成熟的心智认知，在刑事和解的过程中，司法机关可以结合未成年人自身的情况，将其父母、老师、社区工作人员引入和解的过程中去，帮助其深刻认识到自身的错误，真诚悔悟，改过自新。通过对未成年人的人文关怀，以求增强其责任感和回应社会能力，并在互动过程中促进当事各方的互信和团结。[①] 探索延伸帮教机制，如在审查起诉阶段中，可以将和解协议中的延伸帮教内容与不捕后帮教、不起诉帮教、附条件不起诉考察帮教等相结合，实现对未成年犯罪嫌疑人的教育、感化和挽救，或在和解协议中增强对未成年犯罪嫌疑人、被告人的约束性内容，比如进行无偿社区服务，参与犯罪防范的教育活动等，并同时可以探索我国的社区帮教制度。

---

① 参见肖伟：《刑事和解的理论与实践——一个以青少年犯罪处置为中心的考察》，载《预防青少年犯罪研究》2007 年第 3 期。

第十章

未成年人刑事执行程序

第一节　未成年人非监禁刑制度

未成年人犯罪的特殊性决定了相应刑罚制度的特殊性。对于未成年犯罪人尽量避免监禁刑，已经成为各国少年司法制度共同的理念，而“非监禁化”更是联合国少年司法的一项重要准则。相比成年犯罪人而言，对于未成年犯罪人适用监禁处遇将会给他们带来更消极的影响。作为我国少年刑事司法改革的重点，推进未成年人非监禁化的发展，需要理念变革、制度完善、社会支持。

一、非监禁刑的产生

第二次世界大战后，西方国家兴起了一种以非监禁方法取代传统监禁方法的行刑社会化趋势。这一趋势也可被称为行刑非监禁化，其主要表现有三个方面：一是缩小自由刑的适用面，扩大适用其他非监禁方法执行的刑罚；二是变更自由刑的传统监禁方式，改用缓刑、假释、定期服刑以及开放式机构处遇；三是创造、使用一些新的替代措施，如劳动赔偿、社区服役等。[①]

---

① 参见高铭暄、王作富、曹子丹主编：《中华法学大辞典·刑法学卷》，中国检察出版社1996年版，第676页。

行刑非监禁化的产生具有一定的历史背景与社会背景。二战后，各国在吸取战争残酷教训的基础上，普遍要求尊重人的生存权利，改善犯人的正当待遇；同时，鉴于传统监狱监禁方法存在诸种弊端，如监禁人数过多造成过重的司法负担、罪犯的权利无法得到充分保障、易“交叉感染”而导致累犯率居高不下等，因而传统监禁刑的正当性与人道性受到普遍质疑。在上述背景之下，非监禁刑越来越受到推崇，其初衷正在于减少监禁人数、降低累犯率、减轻司法负担，同时使罪犯的处遇更符合人道主义精神，并帮助其更好地回归社会。

通过适用非监禁刑，以非剥夺人身自由的方式对罪犯进行改造，或者将罪犯从刑事司法系统中“转移”到更适宜的改造服务机构，如社区居住机构、专业治疗机构、教育场所等，或者将罪犯保留在刑事司法系统之中，但在送交审判前将其释放而不受任何拘禁。专业的改造服务机构为罪犯提供最低限度的保安处分和监管，帮助罪犯更好地进行改造并重新回归社会。

二、未成年人适用非监禁刑的内容

未成年人非监禁刑受到了联合国的高度关注。联合国积极倡导未成年人非监禁刑的适用，《联合国儿童权利公约》《北京规则》《利雅得准则》等联合国文件确立了一系列少年刑事司法准则，这些国际公约和规则确立了尽量避免适用自由刑、尽可能避免监禁的原则，将监禁作为最后一种迫不得已的手段使用。《北京规则》明确要求应当使主管当局可以采用各种各样的处理措施，使其具有灵活性，从而最大限度地避免监禁，这些措施包括照管、监护、缓刑、社区服务的裁决等。第 19.1 条更明确指出：“把少年投入监禁机关始终应是万不得已的处理办法，其期限应是尽可能最短的必要时间。”《利雅得准则》第 6 条则规定：“在防止少年违法犯罪中，应发展以社区为基础的服务和方案，特别是在还没有设立任何机构的地方。正规的社会管制机构只应作为最后的手段来利用。”

上述规定体现了国际社会对于未成年犯的保护与关照。未成年犯最易受到消极影响的侵袭，且其正处于早期发育成长阶段，如果适用监禁刑则不仅将失去自由而且与正常的社会环境隔绝，这对他们所产生的影响无疑较成年人更为严重。正如有些学者所言，从某种程度上说，监禁处遇对于未成年犯而言更意味着消极性，而不是积极性。[①] 因此，应当首先考虑对未成年犯采用非监禁的改造方式，且任何设施均应是教养或感化性的，而不是监禁性的。如果不得不对未成年犯实行监禁，则应将剥夺其自由的程度限制在最低限度，并就监禁作出特殊安排，同时注意区别罪犯、罪行和监禁机构的种类。

我国现行《刑法》所规定的非监禁刑主要包括主刑中的管制，附加刑中的罚金、剥夺政治权利、没收财产，刑罚执行方式中的缓刑、假释、暂予监外执行等。上述内容并非全部适用于未成年人，从实践情况来看，我国未成年人非监禁刑的内容主要包括缓刑、管制、单处罚金。[②]

三、未成年人适用非监禁刑的完善

目前，适合于未成年人的非监禁刑实际主要是缓刑、管制和罚金，但从现实性的角度来看，执行阶段实现未成年犯非监禁化的主要途径是缓刑。根据研究者的调查，缓刑占据主导地位，管制与罚金刑适用极少，甚至仅有形式意义。[③]

所谓缓刑，又称附条件不执行原判刑罚，是指对判处一定刑罚的犯罪分子，在具备法定的条件下，在一定时间内附条件地不执行原刑罚的一种制度。[④] 缓刑的主要特点在于，在对被告人判刑的同时宣告暂不执行，又在一定时间里保留了执行刑罚的可能性。根据《刑法》第 72 条的规定，对于被判处拘役、三年以下有期徒刑的犯罪分子，根据犯罪分子的犯罪情节和悔罪表现，适用缓刑确实不致再危害社会的，可以宣告缓刑。尽管缓刑的价值已经受到认可，但是缓刑适用率偏低一直是我国整个刑事司法制度中难以突破的瓶颈，这

---

① 参见姚建龙：《未成年人犯罪非监禁化理念与实现》，载《政法学刊》2004 年第 5 期。

② 由于假释主要发生于服刑一定时间后，故将于本章第四节单独进行讨论。

③ 参见夏艳：《未成年人犯罪非监禁刑适用的实证分析与展望》，载《青少年犯罪问题》2016 年第 4 期。

④ 参见杨春洗、康树华、杨殿升主编：《北京大学法学百科全书・刑法学‖犯罪学‖监狱法学》，北京大学出版社 2001 年版，第 360 页。

也同样影响到了缓刑在少年司法领域的适用。

我们认为，应当从以下两个方面完善未成年人适用缓刑：一方面，建立未成年犯适用缓刑的风险评估体系。通过建立科学的风险评估体系，降低未成年犯适用非监禁刑的风险，为此即应完善未成年犯社会调查报告制度。另一方面，健全未成年犯适用缓刑的专业队伍。作出非监禁化处遇的司法机关仍应当在矫治未成年人工作中继续扮演积极、主导的角色，但同时还应当配置专业的社工队伍和社工组织，让真正有专业知识、了解未成年人特性的社工逐渐主导非监禁状态中未成年犯的矫治工作，确保未成年犯在适用缓刑过程中能够获得专业性、职业化、稳定性的人员的帮助。

除此之外，在完善未成年人缓刑制度的同时，也应当完善其他可行的非监禁刑的适用。比如，可以考虑增设其他适合未成年犯的非监禁刑，如无偿服务、社会劳动、家庭监管等。

第二节　未成年人社区矫正制度

我国当前的刑事立法与司法实践过分强调未成年人犯罪的惩罚性，忽视了恢复性与教育性处遇措施的适用。针对我国非刑罚处罚和监禁刑替代制度的匮乏，推进未成年人社区矫正制度的实践尝试，有利于贯彻宽严相济刑事政策，对于教育、感化、挽救未成年犯有着重要意义。

一、社区矫正制度的产生

社区矫正起源于西方国家，在20世纪得到迅猛发展，是一种典型的轻缓化、社会化的行刑方式。社区矫正是指不把罪犯关入监狱而让其留在原来居住的社区，由社区对其进行监督和矫正（改造）。[①] 社区矫正利用多种社会资源、

① 参见汝信主编：《社会科学新辞典》，重庆出版社1988年版，第788页。

整合社会多方面力量，对罪行较轻、主观恶性较小、社会危害性相对较小的罪犯，或者经过监管改造、确有悔改表现、不至于再危害社会的罪犯在社区中进行有针对性管理、教育和改造的工作，符合当今世界刑罚制度发展愈发轻缓化、人性化的总体趋势。

在我国，社区矫正是指与监禁矫治相对的行刑方式，即将符合社区矫正条件的罪犯于社区内，由专门的国家机关在相关社会团体和民间组织以及社会志愿者的协助下，在判决、裁定或决定确定的期限内，矫正其犯罪心理和行为恶习，并促进其顺利回归社会的非监禁刑罚执行活动。[①] 根据《刑法修正案（八）》第 2、13、17 条的规定，被判处管制、宣告缓刑、裁定假释的罪犯依法实施社区矫正，这是社区矫正作为非监禁刑首次得以确立。2012 年修正的《刑事诉讼法》明确了实施社区矫正。2012 年，最高人民法院、最高人民检察院、公安部、司法部联合发布的《社区矫正实施办法》则进一步明确，司法行政机关是社区矫正的执行工作主体，并完善了人民法院、人民检察院、公安机关、司法行政机关的工作衔接及协作机制。

二、未成年人社区矫正制度的意义

社区矫正制度对于未成年犯来说，更能体现出其他制度难以媲美的优越性。具体来说，我们认为，未成年人社区矫正制度的意义包括以下三个方面：

（一）有利于实现对未成年犯的挽救与矫治

社区矫正克服了监禁刑最大的弊端，即对人身自由的剥夺，使服刑人员与现实社会完全隔离。对于心智尚未成熟、适应能力并不强的未成年犯来说，监禁刑的这一负面影响更甚。因此，社区矫正作为非监禁刑的行刑方式，无疑是更利于未成年人接受矫正、回归社会、改恶从善的理性选择。

---

① 参见贾宇、舒洪水等：《未成年人犯罪的刑事司法制度研究》，知识产权出版社 2015 年版，第 163 页。

（二）有利于实现区别对待、避免“交叉感染”

未成年人身心发育尚未成熟，极易受社会不良因素影响走上违法犯罪道路，但是相比成年犯，其改造难度小、归正概率大，故完全可以通过社区矫正的方式来帮助其回归正常的社会化轨道。否则一旦在执行过程中“交叉感染”，即可能导致未成年犯重新走上犯罪的道路。因此，把未成年犯放在社区中进行教育、挽救，可以尽可能避免“交叉感染”，消除罪犯标签带来的负面影响，从而更好地实现对未成年人的挽救、教育、矫正。

（三）有利于实现国家司法资源最优化配置

适用社区矫正还可以有效节省国家在刑罚执行方面投入的资源，大幅度降低行刑成本。尤其是对于未成年犯来说，如果对其适用监禁刑还必须实行分别关押，因而所产生的司法成本较成年犯来说，又将高出许多。因此，对未成年犯适用社区矫正可以在充分发挥社区自身资源的同时，减轻国家在刑罚执行方面的负担，实现国家司法资源最优化的配置。

三、未成年人社区矫正制度的内容

我国《社区矫正实施办法》第33条是关于未成年人实施社区矫正的专门规定，其明确要遵循“教育、感化、挽救”的方针，执行以下几个方面的内容：① 对未成年人的社区矫正应当与成年人分开进行；② 对未成年社区矫正人员给予身份保护，其矫正宣告不公开进行，其矫正档案应当保密；③ 未成年社区矫正人员的矫正小组应当有熟悉青少年成长特点的人员参加；④ 针对未成年人的年龄、心理特点和身心发育需要等特殊情况，采取有益于其身心健康发展的监督管理措施；⑤ 采用易为未成年人接受的方式，开展思想、法制、道德教育和心理辅导；⑥ 协调有关部门为未成年社区矫正人员就学、就业等提供帮助；⑦ 督促未成年社区矫正人员的监护人履行监护职责，承担抚养、管教等义务；⑧ 采取其他有利于未成年社区矫正人员改过自新、融入正常社会生活的必要措施。

四、未成年人社区矫正制度的完善

《社区矫正实施办法》作为我国社区矫正的法律依据，只有第33条专门对未成年人社区矫正作出规定，其过于原则与笼统，不够明确，难以适应未成年人社区矫正工作的实际需要。因此，完善我国未成年人社区矫正制度，首先必须制定更为权威与明确的法律，确保这项工作的开展具有现实可行性。

其次，尽管全国范围内的社区矫正机构已逐步建立，但是许多地方社区矫正人员配置严重不足。由于未成年犯罪人的社区矫正工作对专业化、职业化的要求很高，因而就必须从专业队伍建设方面入手，确保这一工作得以有效开展。具体来说，应当加强社区矫正工作人员培训，培养具有法学、心理学等多方面专业知识的复合型人才，增强其亲和力以及与人沟通的能力。

再次，进一步发挥家庭、学校、社区在社区矫正工作中应有的作用，在全社会各方面的支持下，实现对未成年犯的有效监管，帮助未成年犯增强社会责任感和回归社会的信心。《联合国非拘禁措施最低限度标准规则》第17.1条规定："公众参与是一大资源，应作为改善接受非拘禁措施的罪犯与家庭及社区之间的联系的最重要因素之一来加以鼓励，应用它来补充刑事司法的执行工作。"这一精神在《北京规则》第25.1条中也有规定："应发动志愿人员、自愿组织、当地机构以及其他社区资源在社区范围内并且尽可能在家庭内为改造少年犯做出有效的贡献。"因此，完善未成年犯社区矫正制度还必须充分利用各种社会资源，调动全社会的积极性，消除社会与社区对这一制度还可能存有的疑虑。①

最后，考虑到国外社区矫正的经验较为丰富，我们也可以学习借鉴国外行之有效的未成年犯社区矫正的做法。逐步扩大矫正范围，不断创新矫正项目，继而完善未成年犯社区矫正工作机制。

---

① 目前，社区矫正制度在我国还缺乏足够的社会认同基础。参见张德军：《从理念重塑到制度构建——我国未成年人社区矫正的现实困境与完善路径》，载《山东社会科学》2016年第10期。

第三节　未成年人监禁刑制度

尽管未成年人非监禁化已经成为世界少年刑事司法的总体发展方向，但保留未成年人监禁刑的适用仍然具有现实意义。我国未成年人适用监禁刑的内容主要包括无期徒刑、有期徒刑、拘役刑，这些刑罚措施在未成年人犯罪的适用中各有特殊之处。

一、监禁刑概述

监禁刑可分为无期监禁和有期监禁两种，是指对犯罪人施以拘禁为内容的刑罚方法。① 从本质上来看，监禁刑是自由刑的一种，即剥夺或限制犯罪人人身自由的刑罚方法。② 因此，监禁刑体现了如下三个方面的特征：一是以失去人身自由为核心内容；二是以时间来表明刑罚的轻重程度；三是需要特定的执行场所，将犯罪人与外部社会隔离，包括监狱、感化院、矫正院等。

我国《监狱法》第 74 条规定："对未成年犯应当在未成年犯管教所执行刑罚。"第 76 条规定："未成年犯年满十八周岁时，剩余刑期不超过二年的，仍可以留在未成年犯管教所执行剩余刑期。"这表明，我国未成年人监禁刑主要在未成年犯管教所执行，这是贯彻未成年犯与成年犯分别关押、分别管理、分别教育工作路线的体现。

从内容上来看，未成年犯可能适用的监禁刑包括无期徒刑、有期徒刑、拘役。应当注意的是，死刑并非监禁刑；并且，死刑是一种彻底放弃教育与感化的刑罚措施，与未成年刑事司法原则与矫正模式相悖，更是背离了儿童最大利益原则精神。因此，对未成年犯禁用死刑是一项获得国际社会普遍认可的刑事

---

① 参见孙膺杰、吴振兴主编：《刑事法学大辞典》，延边大学出版社 1989 年版，第 935 页。

② 参见杨春洗、康树华、杨殿升主编：《北京大学法学百科全书·刑法学‖犯罪学‖监狱法学》，北京大学出版社 2001 年版，第 826 页。

司法准则。我国《刑法》第 49 条也明确规定："犯罪的时候不满十八周岁的人……不适用死刑。"这说明我国绝对禁止对未成年犯适用死刑，符合国际人权法的要求。

二、未成年人适用监禁刑的内容

（一）无期徒刑

无期徒刑是剥夺犯罪分子终身自由，在监狱或其他执行场所强制其劳动并接受教育和改造的刑罚方法。[①] 无期徒刑作为自由刑的一种，是仅次于死刑的一种严厉的刑罚。

对于未成年犯是否可以适用无期徒刑的问题，我国经历了从对未成年犯不得适用无期徒刑到可以适用无期徒刑的过程。1954 年《刑法指导原则草案（初稿）》第 11 条第 2 款规定："不满 18 岁的未成年人犯罪，不适用无期徒刑。"1957 年《刑法草案（初稿）》（第 22 次稿）第 46 条规定："犯罪的时候不满 18 岁的人，不适用无期徒刑。"1963 年《刑法草案（修正稿）》（第 33 次稿）第 46 条规定："犯罪的时候不满 18 岁的人，不适用无期徒刑。"[②] 然而，此后有关对未成年犯不能适用无期徒刑的规定从刑法草案中取消了。无论是 1979 年《刑法》还是 1997 年《刑法》，均未作出对未成年犯适用无期徒刑的禁止性规定。我国现行《刑法》第 49 条规定，未成年人不适用死刑，但是立法并没有禁止对未成年人适用无期徒刑。除了立法的规定之外，在我国司法实践中，对未成年犯判处无期徒刑也并不鲜见。

不过，为了实现对未成年人的挽救与保护，尤其是考量到其与成年犯的区别，我国对于未成年犯适用无期徒刑持较为严格的态度。2006 年《最高人民法院关于审理未成年人刑事案件具体应用法律若干问题的解释》中，明确要求审

---

① 参见杨春洗、康树华、杨殿升主编：《北京大学法学百科全书·刑法学‖犯罪学‖监狱法学》，北京大学出版社 2001 年版，第 1090 页。

② 转引自高铭暄、赵秉志主编：《中国刑法立法文献资料精选》，法律出版社 2007 年版，第 232、254、281 页。

理未成年人刑事案件，应贯彻“教育为主，惩罚为辅”的原则。其中，第13条规定：“未成年人犯罪只有罪行极其严重的，才可以适用无期徒刑。对已满十四周岁不满十六周岁的人犯罪一般不判处无期徒刑。”该规定对严格控制未成年人适用无期徒刑起到了积极的作用。

（二）有期徒刑

有期徒刑是剥夺犯罪分子一定期限的人身自由，在监狱或其他执行场所强制其劳动并接受教育和改造的刑罚方法。[①] 有期徒刑是自由刑的一种，是我国《刑法》规定的适用最广的一种刑罚方法。根据我国《刑法》的规定，有期徒刑适用于各种犯罪，其刑期幅度较大，既适用于较重的犯罪，也适用于较轻的犯罪。

从当前立法来看，我国《刑法》对于刑期上限问题没有特殊规定，因而对于未成年犯来说，《刑法》只是从适用刑种上进行了限制，但并未对适用有期徒刑刑期上限作出明确规定。

（三）拘役刑

拘役是短期剥夺犯罪分子的人身自由，并就近执行的刑罚方法，其是介于管制和有期徒刑之间的一种较轻的主刑。[②] 拘役是短期自由刑，仍以剥夺犯罪人人身自由为主要内容。不过，拘役却是实现轻微犯罪罪刑相适应原则的重要刑罚方法。对实施轻微犯罪行为的人判处短期自由刑，能短时间内剥夺其再犯能力，由于短期自由刑犯的主观恶性不深，经过短期的改造一般都能悔过自新，因而具有特别预防的作用。

我国并不禁止对未成年犯适用拘役刑。未成年犯的人身危害性一般不大，主观恶意不深，犯罪大都比较轻微。适用短期自由刑有助于预防其再次犯罪，同时对其他有犯罪倾向的未成年人起到相当的威慑效果。不过，也有学者认

---

① 参见杨春洗、康树华、杨殿升主编：《北京大学法学百科全书·刑法学‖犯罪学‖监狱法学》，北京大学出版社2001年版，第982页。

② 同上书，第450页。

为，对未成年犯适用拘役的执行效果并不理想。这是由于拘役刑行刑时间过短，教育矫正的效果有限。因此，完全可以通过非监禁刑对未成年犯实现教育、感化之效果。①

三、未成年人适用监禁刑的完善

在国际社会，考虑到监禁刑可能对未成年人心灵造成更大的伤害，明确要求对未成年人犯罪尽可能少地实施封闭性的关押。例如，《联合国囚犯待遇最低限度标准规则》序言部分 4 第 2 点指出："青少年囚犯……一般而言，对这些青少年不应判处监禁。"《北京规则》第 17.1 条规定："主管当局的处理应遵循下列原则……（B）只有经过认真考虑之后才能对少年的人身自由加以限制并应尽可能把限制保持在最低限度；（C）除非判决少年犯有涉及对他人行使暴力的严重行为，或屡犯其他严重罪行，并且不能对其采取其他合适的对策，否则不得剥夺其人身自由"。第 19.1 条规定："把少年投入监禁机关始终应是万不得已的处理办法，其期限应是尽可能最短的必要时间。"《国内法与国际法原则下的未成年人刑事责任决议》第 13 条则建议，徒刑作为一种例外的制裁措施，只可能对严重的罪行宣判，并且只能适用于已对品行作出仔细评估的未成年人。而就期限而言，该决议指出"必须严格限制徒刑的判处和徒刑的期限"。上述国际法律文件的规定体现了对未成年人的保障。因此，从国际社会主流的发展趋势来看，对未成年犯应慎重地纳入刑法范畴进行处理，即使必须作为犯罪进行处理时，也应尽可能不加以适用监禁刑。

我们认为，对于未成年犯这一类特殊的犯罪群体，我们应当尽可能严格慎重地适用监禁刑。这是考虑到监禁刑对未成年犯带来的"标签效应"，可能严重影响到未成年犯之后漫长的生活、成长与发展，而监禁刑将未成年犯与正常的社会隔离，又对未成年犯改造与复归造成了障碍。因此，从根本上实现对未

① 参见杨庆玲、曾赛刚：《未成年犯罪人自由刑适用研究》，载《大庆师范学院学报》2013 年第 2 期。

成年犯的教育与挽救，就要对未成年犯慎重适用监禁刑，且这一原则应当在我国立法中明确体现。

具体来说，即应当明确限制未成年犯适用无期徒刑，乃至逐渐废除对未成年犯适用无期徒刑的规定；慎重对未成年犯适用有期徒刑，明确规定有期徒刑的上限；谨慎对未成年犯适用拘役刑，尽可能寻求非监禁刑作为替代的适用方法。此外，还可以考虑探索建立未成年人监禁刑替代措施的转处制度，即与假释、社区矫正、取保就业进行有机的衔接。

第四节　未成年人假释制度

假释是非监禁刑的一种体现。对于未成年犯适用假释已经成为目前世界上通行的做法。对于未成年犯而言，假释不仅具有较强的激励功能，而且还能有效避免在监狱行刑所可能造成的“交叉感染”，从而防止未成年犯再次犯罪。未成年人假释制度的完善应当成为我国少年刑事司法改革的重点之一。

一、假释制度概述

（一）假释的概念

假释是对正在执行刑罚的犯罪分子予以提前释放的一种制度。[①] 根据我国《刑法》第 81 条的规定，假释的适用条件包括，被判处有期徒刑的犯罪分子，执行原判刑期 1/2 以上，被判处无期徒刑的犯罪分子，实际执行 13 年以上，如果认真遵守监规，接受教育改造，确有悔改表现，没有再犯罪的危险的，可以假释。如果有特殊情况，经最高人民法院核准，可以不受上述执行刑期的限制。但是，对累犯以及因故意杀人、强奸、抢劫、绑架、放火、爆炸、投放危

---

① 参见陈思贤：《未成年人假释制度的理论解析及法律完善》，载《青少年犯罪问题》2013 年第 5 期。

险物质或者有组织的暴力性犯罪被判处十年以上有期徒刑、无期徒刑的犯罪分子，不得假释。《刑法》第85、86条则规定了假释的法律后果，即对假释的犯罪分子，在假释考验期限内，依法实行社区矫正，假释考验期满，就认为原判刑罚已经执行完毕，并公开予以宣告；被假释的犯罪分子，在假释考验期限内犯新罪或被发现在判决宣告以前还有其他罪没有判决的，应当撤销假释，实行数罪并罚；被假释的犯罪分子，在假释考验期限内，有违反法律、行政法规或者国务院有关部门关于假释的监督管理规定的行为，尚未构成新的犯罪的，应当依照法定程序撤销假释，收监执行未执行完毕的刑罚。

假释制度体现了现代刑罚观念的转变。随着刑罚观念从报应刑向目的刑的转变，犯罪人的权利保障尤其是回归社会的权利受到了肯定与重视。犯罪人有复归社会的权利，社会有使犯罪人回归社会的义务，社会应当并且能够把犯罪人改造成新人复归社会。[①] 假释制度作为一种附条件的法律福利，从制度设计上正是为了实现对犯罪人上述权利的保障，充分凸显了对犯罪人的人文关怀。根据犯罪人的改造情况作出附条件的提前释放，既能激励犯罪人更好地进行改造，鼓励犯罪人更好地复归社会，也充分考虑到了预防犯罪、保护社会公共利益的客观需要。

在未成年犯假释方面，根据2012年《最高人民法院关于办理减刑、假释案件具体应用法律若干问题的规定》第19条的规定，未成年罪犯的假释可以比照成年罪犯依法适当从宽。然而，遗憾的是，司法解释虽然从总体上规定未成年犯假释的适用标准可以比照成年罪犯适度放宽，但却没有给出放宽的具体条件和幅度，这种规定在当前的司法环境下很难落实到实践中操作执行。因此，正如有些研究者指出，在这种情况下，未成年犯适用假释处在一种十分艰难的境地。[②]

---

① 参见〔德〕拉德布鲁赫：《法学导论》，米健、朱林译，中国大百科全书出版社1997年版，第165页。

② 参见姚兵：《未成年犯假释制度的完善》，载《国家检察官学院学报》2012年第6期。

（二）假释与减刑

世界上绝大多数国家都确立了假释制度，而减刑则属于我国特有的刑罚制度。假释与减刑具有一定的相同之处。从总体价值取向上来看，两者都是一种附条件的法律福利，[①] 通过提高已决犯的改造动力，帮助其更快地回归社会；并且，为了确保司法公正，非经严格的法定程序不得适用减刑、假释。然而，假释与减刑最大的区别就在于：减刑是通过减轻原判刑罚无条件地将罪犯提前释放；假释则是附条件地将罪犯提前释放。此外，在主体资格方面，减刑适用于被判处管制、拘役、有期徒刑、无期徒刑的犯罪分子，而假释只能适用于被判处有期徒刑或无期徒刑的犯罪分子，相比之下范围比较狭窄；在适用次数方面，减刑可对同一对象适用多次，而假释只能适用一次；在法律效力方面，减刑具有不可逆性，而假释根据考验期内的不同情形而存在被撤销的可能。

在未成年犯减刑与假释方面，我国当前立法均从一定程度上体现了对未成年犯实行宽缓刑事政策的倾向。但是，未成年犯假释未能得到与未成年犯减刑同等的对待。在现有的司法解释与政策性文件中，未成年犯的假释规定一般都会紧随减刑出现。而相较于对未成年犯减刑所规定的相对宽缓的具体要求，对未成年犯假释的适用却只有抽象的政策指向。由此造成的消极结果是，未成年犯假释的适用效果在司法实践中大打折扣。

二、未成年人假释制度的现状

我国未成年犯适用假释的比例不高，并在实践中暴露出以下三个方面的问题：一是适用条件不明。当前立法缺乏对未成年犯适用假释的专门规定，尽管在掌握标准上可以比照成年犯依法适当放宽，但却并未有进一步明确的规定，导致实践操作性较差，难以切实保障未成年犯的权利。二是适用门槛过高。由于假释的禁止性规定同样适用于未成年犯，因而导致未成年犯适用假释实际上

---

① 参见陈光中主编：《中华法学大辞典·诉讼法学卷》，中国检察出版社1995年版，第260页。

与成年犯并没有实质性的区别，这与未成年犯适用假释的标准低于成年犯的国际通行做法背道而驰。三是适用程序未能区别化。目前，世界上不少国家或者地区都针对未成年犯的假释作出了不同于成年犯的程序性规定。然而，我国仍然采取成年犯和未成年犯无差别对待的方式，未能真正体现出对未成年犯的关照与保障。

三、未成年人假释制度的完善

我们认为，基于我国未成年人刑事司法“教育、感化、挽救”的方针、“教育为主、惩罚为辅”的原则，未成年犯适用假释时应当遵循有别于成年犯的标准，尤其是不能仅凭犯罪时的犯罪性质及罪行的严重程度就彻底排除未成年犯的假释可能。更重要的是，我国对待假释的适用向来十分慎重严格。当前行刑格局也是以减刑为主、假释为辅，并且假释制度在很大程度上仅具有象征意义。[①] 但当这种观念与做法延伸影响到对未成年犯的处理时，就可能反而不利于对未成年犯的改造与保护。

我们建议从如下两个方面完善我国未成年犯假释制度：一方面，应当明确规定低于成年犯的未成年犯假释的适用标准。一是降低未成年犯原判刑罚的执行期限，可以考虑对判处有期徒刑的未成年犯执行原判刑期 1/3 以上、对判处无期徒刑的未成年犯实际执行十年以上，如果认真遵守监规，接受教育改造，确有悔改表现，没有再犯罪的危险的，予以假释。二是消除立法上的制度障碍，规定未成年犯适用假释不受禁止性条件的限制。另一方面，建立专门的未成年犯假释评估体系。考虑到未成年犯在犯罪时往往对社会事物的认知具有幼稚性，行为动机常常表现出非理性的一面。但随着年龄增长和心智健全，其会逐渐形成比较成熟的社会认知，对行为的理性控制能力也会增强。加上监禁期间管教人员的悉心教育和努力矫正，重塑健康的生活习惯和方式是完全可能的。当然，对于未成年犯的假释评估仍有相当的必要性。应当充分考虑到未成

① 参见王志祥：《我国减刑、假释制度改革路径前瞻》，载《法商研究》2009 年第 6 期。

年犯区别于成年犯的人格特性，结合心理学知识等，制定专门的假释评估体系。同时，还应当加强假释考验期内对于未成年犯的教育、感召，并进一步发挥家庭教育、社会帮教等方面的作用。

第五节　未成年犯法制教育

未成年人作为特殊的主体类群，需要从行为人角度予以区别对待，其特殊性决定了对未成年犯的教育改造具有不可替代的价值。未成年犯法制教育是教育改造的组成部分，适应新形势、新要求，加强和创新对未成年犯的法制教育，对于预防犯罪、防止再犯、促进回归有着重要意义。

一、未成年犯法制教育概述

我国《监狱法》第75条规定："对未成年犯执行刑罚应当以教育改造为主。"《预防未成年人犯罪法》第46条规定："未成年犯在被执行刑罚期间，执行机关应当加强对未成年犯的法制教育。"我们认为，对未成年犯的教育应当包括文化教育、思想教育、职业技术教育、法制教育等方面。其中，法制教育是指未成年犯管教所在刑罚执行过程中，为了达到将未成年犯教育改造成为守法公民的目标，而开展的以认罪悔罪教育、法律常识教育为基本内容的思想教育活动。[①] 应当明确的是，未成年犯法制教育在教育场所、教育者与受教育者、教育内容、教育方式、教育组织等方面都与一般意义上的未成年人法制教育有着明显的差别。因此，应当充分考量未成年犯法制教育的特殊性，科学有效地教化和影响未成年犯，帮助他们增强法制观念、重新做人。

2013年，教育部、司法部、中央综治办、共青团中央和全国普法办联合

① 参见山东省未成年犯管教所课题组：《在押未成年犯法制教育的问题及对策》，载《预防青少年犯罪研究》2013年第5期。

出台意见，要求全面实施《国家中长期教育改革和发展规划纲要（2010—2020年）》和国家教育普法规划，进一步加强青少年学生法制教育工作，整体提升青少年学生法律素质。其中明确提出，教育行政部门要会同有关部门，推动家庭、学校有针对性地对有不良行为的学生开展法制教育，尤其是要特别重视开展好未成年犯管教所、强制隔离戒毒所、劳教所、拘留所、看守所等特殊场所内青少年的法制教育。上述意见的出台充分体现了我国对于未成年犯法制教育工作的重视。通过加强对未成年犯的法制教育，突出了未成年服刑人员的特色教育，提升了未成年服刑人员教育改造水平，也是从根本上体现了我国未成年人刑事司法"教育、感化、挽救"的方针、"教育为主、惩罚为辅"的原则。

二、未成年犯法制教育的现状

从实践情况来看，当前我国未成年犯法制教育暴露了诸多不足，主要包括以下三个方面：首先，法制教育有被边缘化的危险，即未成年犯管教所在刑罚执行过程中，重视思想教育、文化教育与技术教育，却在一定程度上忽视法制教育，或将法制教育简单等同于思想教育。因此，法制教育往往采取千篇一律的法制讲座、法制宣传日等形式，取得的效果相当有限。其次，缺乏统一的、适合未成年犯教育改造特点的教材。早在2004年，司法部为了促进全国各地监狱积极开展法制教育，就组织专家编写了《监狱服刑人员普法教育读本》的教材，并下发到全国各监狱统一使用。然而，遗憾的是，这一教育读本基本上是针对成年犯的教育，鲜有顾及未成年犯的心理行为特点，因而难以起到理想的普法效果。最后，缺失专业的法制教育者。目前，多数法制课教师是由思想品德或政治课教师兼任，或者由中队管教警察兼任。其中许多教师都没有专门进修过法律，自身的法律知识和教学方法也存在一定的欠缺，从而导致了对未成年犯的法制教育在方法、内容、形式等方面存在不足。

三、未成年犯法制教育的完善

（一）促进未成年犯法制教育与其他教育的有机结合

未成年犯法制教育的完善首先要突出未成年犯教育内容的层次性，使法制教育与其他教育相辅相成，具体包括以下五个方面：一是要突出思想教育。应当明确，思想品德教育是统领未成年犯教育的方向，是帮助未成年犯改造与回归的关键，也是开展未成年犯法制教育的前提。二是要加强纪律教育。未成年犯入监所服刑后，逐渐显露出其群体改造特征，即法纪观念淡薄、思想活跃叛逆、自我提高欲望不强等。[①] 因此，为了更好地开展法制教育工作，就必须同时加强对未成年犯的管理，狠抓遵规守纪教育，严厉惩治违反纪律的行为。三是要进行人生观、价值观教育。主要解决未成年犯立身做人的根本问题，并从深层次矫正其犯罪意识，帮助其分清是非、辨别善恶、向善而行。四是要坚持文化教育。对未成年犯进行文化知识教育，提高其文化水平，改变其智力结构，不仅是教育改造他们的需要，更是帮助其更好地接受法制教育的需要。五是要大力开展法制教育。应当根据各类未成年犯的具体情况，加强有关的法制宣传教育，使之懂得我国法制的基本原则，特别是所犯罪行的社会危害性，这样才能使其真正认罪服法，自觉接受改造。

（二）加强未成年犯法制教育在内容与活动上的参与互动

实践中，在法制教育活动上应进一步突出未成年犯的主动性和参与性。目前，未成年犯法制教育暴露出了不系统、不全面、无规律等问题，缺乏针对性，带有明显的强制性、实用性、单一性，仅是为了增强未成年犯遵守监规的意识，把维护监管稳定作为主要任务，但忽视了法制教育所应遵循的教育教学基本规律，与教育改造工作“培育合格社会人”的最终目标存在较大差距，与社会需要严重脱节，限制了教育改造工作的发展。我们认为，对未成年犯的法

---

① 参见孙咏梅：《对未成年犯教育改造新举措的研究》，载《犯罪与改造研究》2017 年第 7 期。

制教育不宜采取填鸭式教育的做法，而应以未成年犯为主体，增强其参与法制教育活动的主动性与积极性。因此，除了开展专项法制教育活动、宣传活动之外，还应当紧密联系未成年犯改造的实际，创新教育形式和教学方法，提高法制教育效果。例如，联系案例进行分析，注重联系未成年犯改造实际进行引导教育。又如，采取互动教学的方式，通过组织分组辩论、开展模拟法庭、表演法律小品等方式，让未成年犯更好地学习法律知识。除此之外，还应当强化对未成年犯个别的法制教育，如在个别谈话教育时适时地引入法制教育的内容。利用个别教育针对性强、灵活性强、渗透性强、稳定性强等特点，真正发挥个别教育的作用，使未成年犯从思想上、心灵深处意识到违反法律的后果，促进未成年犯增强法制观念、改恶从善。

（三）重视师资培训并打造专业化的法制教育师资队伍

未成年犯管教所应当从法律专业和监狱管理专业的人员中选拔配备足够的专职法制课教师，打造一支专业的法制教育师资队伍。只有法制教师的法律意识强，理论功底深厚，才能更好地理解和诠释法律，并且也能在教学中运用自己的法律知识为未成年犯提供更好的法制教育。当然，也应当充分考虑利用社会教育资源。比如，邀请社会上教育工作志愿者以及未成年犯的家长来监所作法制教育报告等，进一步加强对未成年犯法制教育的效果。

第六节　未成年人犯罪记录封存制度

未成年人犯罪记录封存制度的确立，不仅体现了我国《刑事诉讼法》对人权保障的日益重视，也体现了我国对未成年犯的特殊保护。未成年人犯罪记录封存制度不同于前科消灭制度，但这一制度体现了我国少年刑事司法制度的重大进步。以未成年人犯罪记录封存制度为突破口逐步推进前科消灭制度的建构，以真正落实对未成年犯的保护。

一、犯罪记录封存制度概述

（一）犯罪记录封存制度的概念

所谓犯罪记录，是指关于犯罪人员犯罪信息的客观记载。犯罪记录的实体内容是国家专门机关对犯罪人员的犯罪事实及刑事处罚情况，外在形式则是司法统计数据库等信息载体。[①] 犯罪记录在刑事司法中具有相当重要的意义：一方面，其通过汇集有关犯罪和犯罪人的信息、资料作为犯罪数据统计的基础，为国家制定相关刑事政策提供了现实依据；另一方面，就某个特定的犯罪行为人而言，其不仅为个案中的刑罚执行效果提供评价的参考数据，也为国家立法机关从整体上评价某一具体罪名的法定刑设置是否合理提供数据参考。

所谓犯罪记录封存，是指国家对符合特定条件的犯罪记录进行暂时的保密，不予公开与披露。我国 2012 年修正的《刑事诉讼法》新增了“未成年人刑事案件诉讼程序”一章，其中即明确规定了未成年人犯罪记录封存制度。《刑事诉讼法》第 286 条规定：“犯罪的时候不满十八周岁，被判处五年有期徒刑以下刑罚的，应当对相关犯罪记录予以封存。犯罪记录被封存的，不得向任何单位和个人提供，但司法机关为办案需要或者有关单位根据国家规定进行查询的除外。依法进行查询的单位，应当对被封存的犯罪记录的情况予以保密。”据此，我们可以将我国犯罪记录封存制度理解为：对符合《刑事诉讼法》规定的未成年犯的犯罪记录，国家应当不予公开与披露，限定知晓犯罪记录的群体范围，并仅允许其依法进行查询的未成年人刑事司法制度。

（二）犯罪记录封存与前科消灭

所谓前科消灭制度，是指曾受过有罪宣告或者被判处刑罚的人，具备法定条件时即注销其犯罪记录或刑罚记录的制度。[②] 考虑到前科的存在易使行为人

---

① 参见张勇：《犯罪记录的负效应与功能限定》，载《青少年犯罪问题》2012 年第 6 期。

② 参见杨春洗、康树华、杨殿升主编：《北京大学法学百科全书・刑法学‖犯罪学‖监狱法学》，北京大学出版社 2001 年版，第 577 页。

因曾犯罪或受刑而丧失一定的民事或行政上的权利或资格，造成其学习、生活、工作等方面的困难，因而许多国家都规定了前科消灭制度。

前科消灭与犯罪记录封存都是为了淡化犯罪的“标签效应”，以帮助犯罪人能够更好地进行改造并回归社会，两种制度在预防再犯和维护社会稳定等方面都有着重要作用。然而，前科消灭与犯罪记录封存具有显著的区别：一是制度的内容不同。犯罪记录封存仅是国家对符合法定条件的犯罪记录予以暂时的隐藏，并限定知晓与查询犯罪记录的群体范围；前科消灭则是对犯罪记录予以彻底的销毁，一旦犯罪记录被销毁，也就不再存在查询的问题。二是制度的效果不同。犯罪记录封存允许特定的机关依法查询犯罪记录，而在特定的情况下甚至可以对犯罪记录予以解封或重启；前科消灭后则前科所可能带来的法律后果也将消失，行为人的权利和义务将恢复到犯罪前的自然状态。

目前，我国《刑事诉讼法》所确定的犯罪记录封存制度并不等同于前科消灭制度，而其与司法实践中的前科消灭改革探索也存在着一定的距离。例如，早在2003年年底，河北省石家庄市就推行了“未成年人前科消灭制度”的试点工作，并制定了“未成年人前科消灭”的试行办法。此后，贵州、山东、江苏、浙江等地也曾推行未成年人轻罪的前科消灭制度。不过，最终立法并未确立前科消灭制度，主要考虑到保留前科对于防卫社会、维护公共利益的价值，[①] 故对构建这一制度仍持相当谨慎的立场。

（三）国外前科消灭制度考察

前科消灭制度使受过有罪宣告或被判处刑罚的人，在满足法定条件的情况下得以经过法定程序，宣告注销犯罪记录，恢复正常法律地位。[②] 国外许多法治发达国家都先后建立了前科消灭制度。《法国刑事诉讼法典》第770条规定：“对未满18岁的未成年人作出的裁判决定，在此种决定作出起3年期限届满

① 参见李颖峰：《构建我国未成年人前科消灭制度的若干思考》，载《河南大学学报（社会科学版）》2018年第4期。

② 参见于志刚：《刑罚消灭制度研究》，法律出版社2002年版，第695页。

后，如果未成年人已经得到再教育，即使其已经达到成年年龄，少年法庭可以根据其本人申请、检察机关申请或依职权，决定从犯罪记录中撤销与前项裁判相关的登记卡；经宣告撤销犯罪记录登记卡时，有关原决定的记录不得留存于少年犯罪记录中；与此裁判相关的犯罪记录卡应销毁。”日本《少年法》第 60 条规定：“在少年的时候因犯罪被判处刑罚，该刑罚执行完毕或者免除执行的，在适用有关资格的法律方面，为了该少年将来的发展，视为未被宣告刑罚。在少年的时候因犯罪被判处刑罚而缓期执行，在缓期执行期间，视为刑罚执行完毕的，适用前款规定。在前款的情况下，宣告的缓刑被撤销时，在适用有关人的资格的法律方面，在宣告撤销缓刑时，视为宣告了刑罚。”[①] 澳大利亚《青少年犯罪起诉法》也规定，警方对未成年人的犯罪记录不能保留到其成年之后，18 岁后必须销毁，以便使其以无罪记录的身份进入社会，过正常人的生活。[②] 除此之外，英国、德国、瑞士等也建立了相应的前科消灭制度，对于符合条件的未成年犯，可以销毁其犯罪记录或处罚记录。[③]

由此可见，前科消灭的主要法律效果包括：注销犯罪记录，免除前科报告义务，恢复被限制、剥夺的资格与权利，以及曾经犯罪的事实不得在以后的诉讼中引用等。从本质上来看，前科消灭意味着行为人在法律上成为未曾犯罪之人，故该制度也能最为彻底地帮助未成年人去除犯罪标签，促使其重新回归正常的成长道路。尽管各国对未成年人前科消灭制度的规定各不相同，但最终目的是相同的，即通过对曾经犯罪的未成年人权益、资格和名誉的保护，避免给刑满释放未成年人在今后升学、就业、生活上带来困难。

---

① 转引自张凌、于秀峰编译：《日本刑事诉讼法律总览》，人民法院出版社 2017 年版，第 583 页。

② 叶青、王超：《试论澳大利亚少年刑事司法的最新发展——兼与我国少年刑事司法之比较》，载《青少年犯罪问题》2001 年第 6 期。

③ 参见贾宇、舒洪水等：《未成年人犯罪的刑事司法制度研究》，知识产权出版社 2015 年版，第 140 页。

二、未成年人犯罪记录封存制度的意义

（一）贯彻未成年人刑事司法的方针、原则

未成年人犯罪记录封存制度是贯彻未成年人刑事司法“教育、感化、挽救”的方针、“教育为主、惩罚为辅”的原则的重要体现。未成年人实施犯罪后，如若将其犯罪记录记入其学籍档案、人事档案、户籍证明等向社会公开的载体，将给未成年人的复学、升学、就业、婚姻等产生持续性的负面影响，这种终身伴随的“污点”将使其很难正常回归社会，许多未成年犯往往因此产生自卑心理，自暴自弃，甚至可能埋下重新犯罪的伏笔。考虑到未成年人的生理、心理尚未成熟，可塑性强，封存未成年人的犯罪记录后，将有利于弱化未成年人的犯罪“标签”心理，保证其顺利复学、升学、就业等，维护未成年人家庭关系的和谐，有助于未成年犯罪人尽早地回归社会，也有助于最大限度地降低未成年人的再犯罪率。

（二）巩固未成年人刑事司法的改革成果

未成年人犯罪记录封存制度是转化与巩固我国未成年人刑事司法改革成果的重要体现。早在2008年12月，中共中央就曾批转中央政法委《关于深化司法体制和工作机制改革若干问题的意见》，其中明确要求要“有条件地建立未成年人轻罪犯罪记录消灭制度”，这是我国第一个提出要确立未成年人轻罪犯罪记录封存制度的规范性文件。2009年3月，最高人民法院颁布的《人民法院第三个五年改革纲要（2009—2013）》也明确提出“配合有关部门有条件地建立未成年人轻罪犯罪记录消灭制度”的改革要求。2010年8月，中央综治委预防青少年违法犯罪工作领导小组、最高人民法院、最高人民检察院、公安部、司法部、共青团中央联合制定了《关于进一步建立和完善办理未成年人刑事案件配套工作体系的若干意见》，其中要求“对违法和轻微犯罪的未成年人，有条件的地区可以试行行政处罚和轻罪记录消灭制度。非有法定事由，不得公开未成年人的行政处罚记录和被刑事立案、采取刑事强制措施、不起诉或因轻微犯罪被判处刑罚的记录”。一些地方司法实务部门也积极探索未成年人轻罪犯

罪记录封存的做法,[①] 相关实践探索得到了家长、学校、社会的赞誉，创新了未成年犯帮教工作的经验，获得了良好的社会效果和法律效果。这表明中央与地方都曾积极推进未成年人前科消灭制度的相关探索，尽管2012年修正的《刑事诉讼法》所最终确立的未成年人犯罪记录封存制度与之有一定的距离，但是这些探索累积了相当经验，为现行犯罪记录封存制度奠定了重要基础。及时总结上述改革成果，合理地吸纳全国各地司法实践处理未成年人刑事案件的成熟做法，并将其上升为法律，不仅有利于更有效地保障未成年人的权利，更是我国建设法治国家的重要体现。

（三）践行联合国少年司法准则最低标准

未成年人犯罪记录封存制度的建立是践行联合国少年司法准则最低限度标准的重要体现。1985年，联合国大会通过了《北京规则》，确立了一系列联合国少年司法的最低限度标准，其中即明确包括对于少年犯犯罪记录的使用与保密。该规则第8.1、8.2条规定："应在各个阶段尊重少年犯享有隐私的权利，以避免由于不适当的宣传或加以点名而对其造成伤害。""原则上不应公布可能会导致使人认出某一少年犯的资料。"第21.1、21.2条又规定："对少年罪犯的档案应严格保密，不得让第三方利用。应仅限于与处理手头上的案件直接有关的人员或其他经正式授权的人员才可以接触这些档案。""少年罪犯的档案不得在其后的成人诉讼案中加以引用。"我国未成年人犯罪记录封存制度的确立，既是为了践行我国加入国际公约的相关承诺，充分体现了对未成年人的尊重与保护，也为尽快完善我国未成年人前科消灭制度奠定了良好的基础。

三、未成年人犯罪记录封存制度的内容

（一）犯罪记录封存的适用范围

我国犯罪记录封存制度的适用对象是指犯罪的时候不满十八周岁，被判处五年有期徒刑以下刑罚的未成年犯。立法之所以如此规定，一是因为被判处五

① 参见贾宇、舒洪水等:《未成年人犯罪的刑事司法制度研究》，知识产权出版社2015年版，第145—146页。

年有期徒刑以下刑罚的犯罪人，通常其社会危害性和主观危险性较低，改造与回归的可能性较大，因而对其犯罪记录予以封存将能更好地实现制度设立的初衷；二是与《刑法修正案（八）》所规定的未成年人免除前科报告义务制度相协调。2011年，全国人大常委会通过的《刑法修正案（八）》，免除了五年有期徒刑以下刑罚的轻罪未成年人的前科报告义务，因而《刑事诉讼法》的相关规定即体现了与《刑法》的和谐统一。

（二）犯罪记录封存的适用主体

犯罪记录封存制度的适用主体是依照法律规定，将该项制度应用于具体案件的机关。《刑事诉讼法》规定了未成年人犯罪记录封存制度，但并没有明确规定适用主体。一般认为，未成年人犯罪记录封存制度的适用主体应当包括公安机关、国家安全机关、人民检察院、人民法院、刑罚执行机关（包括未成年犯管教所在内的监狱、由公安机关设立的拘役所、看守所）和司法行政机关。[①]上述司法机关在刑事诉讼过程中，对于未成年人刑事案件各司其职，在行使职权、履行职责中都有可能产生犯罪记录，而且在案件诉讼程序结束后都会保留相应的犯罪记录档案材料。因此，在上述司法机关对犯罪记录作出封存后，其他单位、组织和个人都应当予以遵行和配合。

（三）犯罪记录封存的适用程序

《刑事诉讼法》对于犯罪记录封存制度的适用程序也未作出具体规定。从司法实践情况来看，目前并未有设置专门的未成年人档案管理部门，因而对未成年人犯罪记录封存制度的适用往往涉及多个部门的衔接。一般来说，适用主体按照规定制作犯罪记录封存书，在充分考量未成年犯改造情况的基础上，在对相关单位送达诉讼文书时一并送达犯罪记录封存书，并对相关单位作出封存说明，要求对有关材料进行保密封存。

---

① 参见肖中华：《论我国未成年人犯罪记录封存制度的适用》，载《法治研究》2014年第1期。

（四）犯罪记录封存的法律效力

根据《刑事诉讼法》的规定，犯罪记录一旦被封存的，不得向任何单位和个人提供，但司法机关为办案需要或者有关单位根据国家规定进行查询的除外。依法进行查询的单位，应当对被封存的犯罪记录的情况予以保密。同时，应当注意如下几点：其一，刑事诉讼各阶段所形成的法律手续、诉讼文书、证据材料等，凡是让他人知悉后可能引起他人确定、推测、怀疑行为人曾经在未成年时实施过犯罪的材料，均应当属于犯罪记录的内容，并纳入到犯罪记录之范围予以封存。其二，犯罪记录的查询必须严格依照国家规定，并严格遵照有关档案管理的处理办法。其三，犯罪记录的查询单位及责任人员应当履行保密的义务，保证通过查询获知的信息只能用于国家规定的范围而不得用于其他途径，否则将承担法律责任。其四，封存犯罪记录的司法机关，对于有关查询单位和个人非法泄露未成年人犯罪记录信息的，应当以适当的方式予以通告、制止和纠正。对于构成违法犯罪的，依法应当追究行政责任、刑事责任。犯罪记录封存机关工作人员故意或者过失泄露未成年人犯罪记录的，也应当承担相应的法律责任。

四、未成年人犯罪记录封存制度的完善

目前，我国未成年人犯罪记录封存制度存在适用范围过小、适用主体不明、适用程序模糊等缺陷，从而导致这一制度的实践操作性较差，许多问题还有待进一步明确与探索。更为重要的是，现阶段所确立的犯罪记录封存制度，仅仅达到了联合国少年司法准则的最低限度标准。然而，从保护未成年人合法利益的长远目标来看，只有确立对未成年人犯罪记录的消灭制度，才能真正实现未成年人在以后的学习、生活、就业中没有后顾之忧。

当然，考虑到近年来未成年人犯罪的现状和社会秩序的需求，在现阶段直接把未成年人的犯罪记录销毁还并不具备成熟的条件。但是，伴随着社会的发展，我们可以期望未成年人犯罪记录从封存到消灭，真正实现对于未成年犯的帮教，顺利实现其教育、就业并最终能够顺利回归社会。

具体而言，基于《刑法修正案（八）》和《刑事诉讼法》的相关规定，应朝着

构建未成年人前科消灭制度的方向不断探索。一是明确与扩大适用范围，取消将罪行的轻重作为适用前提的限制，最大限度地消除曾经的犯罪记录对未成年人生活、读书及以后就业的不利影响。二是严格规范犯罪记录封存、查询、保管等主体及条件，防止因具体程序的欠缺所出现有关部门相互推诿的情形。三是设置具体的救济程序。既然法律规定禁止社会大众查询和知晓未成年人的犯罪记录，那么理应对泄露这一信息的机关、单位或个人予以制裁，追究相关主体的行政、刑事责任。四是强化法律后果，即从暂时性的不公开到永久性的销毁，不得在未成年人户籍、学生、人事等档案中载明前科，同时免除入伍、就业等情况下的前科报告义务。

第十一章

未成年被害人制度

被害人是人身、财产或其他权益遭受犯罪行为直接侵害的人。[①] 其中，未成年人由于身心发育尚不成熟，抵御、抗击外界欺凌的能力较为薄弱，更易受到各类违法犯罪活动的侵害。未成年人正处于人生观、价值观的形塑阶段，任何犯罪行为的波及都将严重危害其身心健康的正常发展，尤其是暴力致害所产生的刺激作用，不仅导致了未成年被害人的肢体伤残，还可能引发其心理障碍、人格扭曲，以致价值观被摧毁等“意识摧残型”后果，进而严重阻碍其正常的成长和社会化进程。[②] 但遗憾的是，在我国未成年人刑事诉讼领域，立法者、司法者将关注的焦点投向了未成年犯罪嫌疑人、被告人，而对未成年被害人的权益保护重视不足，救济机制乏力滞后。2012 年修正的《刑事诉讼法》在第五编“特别程序”中专章规定了“未成年人刑事案件诉讼程序”，但该章的 11 个条文基本上以“教育、感化、挽救”的方针为指导，以保障未成年犯罪嫌疑人、被告人诉讼权利为主要内容。事实上，未成年被害人相较于未成年犯罪嫌疑人、被告人而言更趋弱势，其抚平心理创伤、回归正常生活的过程更加漫长且困难。从这个意义上讲，加强刑事案件未成年被害人的权利保护具有现实紧迫性和必要性。

---

① 参见叶青主编：《刑事诉讼法学（第三版）》，上海人民出版社、北京大学出版社 2013 年版，第 100 页。

② 参见张利兆主编：《检察视野中的未成年人维权》，中国检察出版社 2004 年版，第 235 页。

第一节　侵害未成年人犯罪的现状

根据我国《未成年人保护法》第2条的规定，未满18周岁的公民是为未成年人。因此，未成年被害人是指不满18周岁，人身、财产或其他权益遭受犯罪行为直接侵害的人。即使在权利保障较为发达的现代社会，未成年人依然属于纯粹意义上的弱势群体，不仅易受各类犯罪活动的摧残，更缺乏一种成熟、稳定的身心状态来抗拒外界危险。在此情况下，如果全社会皆漠视未成年人权利，忽视未成年人保护，犯罪者自然心存侥幸继而大肆利用社会的冷漠。正因如此，任何形态的人类社会都会努力构建能动、积极的未成年被害人保护机制以树立法律的权威，凸显司法的公正。

一、侵害未成年人犯罪案件现状

2018年5月29日和6月1日，最高人民检察院、最高人民法院先后召开新闻发布会，通报近年来我国司法机关依法办理侵害未成年人犯罪案件、加强未成年人司法保护的情况，并发布典型案例。数据显示，2017年1月至2018年4月，全国检察机关共批准逮捕侵害未成年人犯罪嫌疑人4.42万人，起诉6.03万人，对侦查机关应当立案而不立案的侵害未成年人犯罪案件监督立案402件，对应当移送而不移送的犯罪嫌疑人追捕820人、追诉1105人，追诉遗漏犯罪625件。[①] 法院方面，2013年至2017年，全国法院系统审理的拐卖儿童、猥亵儿童、嫖宿幼女、组织儿童乞讨等侵害未成年人权益的刑事案件共计18860件，案件数量呈总体上升趋势，其中，利用网络空间毒害未成年人健康成长的刑事案件增长显著。相比之下，未成年人犯罪案件呈明显下降趋势，

---

① 参见郑赫南：《最高检召开发布会通报加强未成年人司法保护情况》，载《检察日报》2018年5月30日。

2009年至2017年，全国未成年人犯罪数量连续9年下滑，尤其是近五年以来，未成年犯罪人数降幅巨大，平均降幅超过12%，2016年降幅更是达到18.47%。①

地方实践情况也印证了上述数据。以上海和重庆两市为例，2010年至2016年间，上海市涉罪未成年人案件逐年大幅下降，2016年涉罪未成年人数比最高峰时的2007年下降了75%。与此同时，成年人侵害未成年人案件数量却呈现出稳步上升态势，占比已接近检察机关未检部门受理案件总数的20%，双方当事人均为未成年人的校园欺凌等案件上升明显。2016年，重庆市各级检察机关共审查起诉未成年人犯罪案件1295件1902人，同比分别下降6.57%和5.42%。而受理的侵害未成年人案件数量达437件484人，同比分别上升5.52%和6.78%，小幅超过未成年人犯罪案件的降幅。②

可见，侵害未成年人犯罪案件在全国多数地区呈现上升趋势，个别地方涨幅较大。重大恶性案件亦时有发生，不少犯罪实施次数频繁、被害人众多、时间跨度较长、打击处理困难。换言之，未成年人被侵害案件仍属易发、高发的犯罪类型，从全国整体情况来看，遏制侵害未成年人犯罪、强化未成年人司法保护的形势依然十分严峻。

二、侵害未成年人犯罪案件的主要特征

纵观近年来各级司法机关依法办理的未成年人被侵害案件，大致可以归纳出其有别于成年被害人案件的四个方面的特征。

其一，未成年人被侵害案件的类型较为集中。未成年人被侵害案件主要集中于性犯罪、校园暴力类犯罪、交通类犯罪、侵财类犯罪和毒品犯罪。常见罪名有强奸、猥亵儿童、强制猥亵、盗窃、抢劫、寻衅滋事、故意伤害、聚众斗殴等。其中，“校园暴力案件在未成年人侵害未成年人案件中的比例较高。而

---

① 参见罗书臻：《司法大数据“揭秘”涉未成年人案件审判情况》，载《人民法院报》2018年6月2日。

② 参见黎立：《未成年被害人权益保障的问题与路径》，载《中国检察官》2018年第6期。

在成年人侵害未成年人犯罪中，强奸、猥亵儿童、强制猥亵、组织卖淫等性侵害案件比例较大，不少地方达60%多”①。

其二，除校园暴力类犯罪以外，其他侵害未成年人案件的加害人多为成年人，且熟识未成年人或其监护人。这是因为，未成年人的学习生活通常置于其监护人或教师的管理、控制之下，接触到那些完全陌生之人的概率较小。只有未成年被害人的亲属、朋友、邻居等亲近群体才具有相当程度的便利条件可施加侵害。德国学者统计发现，在该国儿童性侵害案件中，有70%的被害人与加害人在案件发生时是彼此相识的。② 我国的情况也与此相似，根据最高人民检察院的统计数据，“在侵害未成年人犯罪案件中，尤其是性侵案件中，熟人作案的比例高于陌生人，有些地方甚至有70%到80%案件犯罪嫌疑人和被害人是邻居、亲戚、朋友、师生等关系”③。

其三，未成年人一朝被害，此后长时间内遭受重复侵害的可能性较大。德国学者克烈姆布里曾针对德国10岁到14岁之间遭受过性侵害的未成年人进行调查，他发现这一年龄段的孩子具有性成熟过程中特有的羞耻心，往往不愿意将被害之事告知他人。④ 亦有部分未成年被害人在遭受犯罪侵害后，因惊魂难定而不敢告发，或者不知该如何告发。凡此种种，均助长了犯罪分子的嚣张气焰，使其更加肆无忌惮地持续侵害未成年人。

其四，未成年人被害也与家、校的监护不力有关。调查显示，近年来我国未成年人遭性侵害案件呈上升趋势，其中家庭不稳定、家庭教育失败以及家庭监管不力是主要原因。⑤ 更有部分未成年被害人的父母由于法治意识淡薄或受犯罪分子威吓或碍于颜面、自觉丢脸、害怕“家丑外扬”等原因不敢报案、不

---

① 孟亚旭、李铁柱：《最高检建议：有必要公开性侵未成年人犯罪信息》，载《北京青年报》2018年5月30日。

② 参见〔德〕汉斯·约阿希姆·施奈德主编：《犯罪学》，吴鑫涛、马君玉译，中国人民公安大学出版社1990年版，第745页。

③ 许雯：《去年至今批捕侵害未成年案4.42万人》，载《新京报》2018年5月30日。

④ 参见佟丽华主编：《未成年人法学》，中国民主法制出版社2001年版，第329页。

⑤ 参见王亦君：《一起未成年人轮奸案的背后》，载《中国青年报》2007年9月13日。

愿报案，甚至阻止子女检举、揭发犯罪，这些有悖监护职责的做法致使许多未成年被害人长期处于犯罪侵害的阴影，难以获得安全庇护。另外，未成年人缺乏最基本的性知识和防范性侵害能力，也是此类案件频发的原因之一。根据中国少年儿童文化艺术基金会“女童保护”公益项目发布的《“女童保护”2016年儿童防性侵教育调查报告》，我国近七成家长没有对孩子进行过系统的防性侵教育，近九成儿童在学校里没有上过防性侵课。[①]

三、未成年被害人司法保护工作的地方探索

在当前侵害未成年人犯罪易发、多发的形势下，各地公安司法机关立足“未成年被害人权益优先保护”理念，勇于尝试、多措并举，大力推进侵害未成年人犯罪防治机制建设，积极创新未成年被害人保护、救助工作模式，取得了良好的社会效果。北京、上海与杭州等地的做法是其中较为典型的代表。

北京市各级法院少年法庭充分发挥专业审判的优势和特色，在司法救助、心理疏导等方面给予未成年被害人以特殊保护措施。一是对经济困难的未成年被害人，通过“北京法院涉诉未成年人救助基金”“北京市尚秀云涉诉少年救助中心”“泉计划”等救助平台为其提供司法救助，及时缓解其生活困境。二是针对未成年被害人的心理危机，北京市法院系统探索建立法官先行疏导、专业心理咨询师为主导、引导监护人共同干预的“内外结合”多层级工作模式，将心理疏导工作机制贯穿庭前调查、诉中调解、判后抚慰的诉讼全过程。三是为确保未成年被害人的经济赔偿款落实到位，审判部门与执行部门联动设立“绿色通道”，合力推动刑事附带民事判决执行款及早履行给付。[②]

上海是中国未成年人检察制度的发源地。1986 年 6 月，长宁区人民检察院建立了全国首个“少年起诉组”，此举标志着中国未成年人检察制度正式诞生。2017 年 7 月，闵行区人民检察院又在全国范围内首创涉性侵害违法犯罪

① 参见刘亚：《女童保护计划进行中》，载《方圆》2017 年第 23 期。

② 参见郭京霞、赵岩、郭威：《北京切实维护未成年被害人合法权益》，载《人民法院报》2017 年 6 月 1 日。

人员从业限制制度。这一制度在完善“涉性侵害违法犯罪人员信息库”的基础上，要求区教育局等五家主管部门及其下属的教育、医疗等行业领域招录人员时，必须对拟招录人员是否留有涉性侵害违法犯罪记录进行查询确认，避免曾有相关记录的人员从事与未成年人密切接触的工作。[①] 2018 年，上海市检察院、市综治办、市高级人民法院、市公安局、市教委等部门在闵行区《关于限制涉性侵害违法犯罪人员从业办法（试行）》的基础上探索出台全市范围内性侵害未成年人违法犯罪人员从业禁止与信息查询的相关规定。

侵害未成年人的犯罪行为，特别是涉性犯罪，大都隐蔽性较强、取证困难。针对这一问题，浙江省杭州市出台全国首个市级层面的未成年人案件强制报告制度，明确全市教育、医疗机构及其工作人员，在工作中发现未成年人遭受或疑似遭受强奸、猥亵、虐待、遗弃、暴力伤害或工伤、火灾、坠楼、溺水、中毒、自杀等非正常损伤、死亡情况时，应当及时向公安机关报案并备案记录，不得瞒报、漏报、迟报，[②] 以便多部门联动，拓展线索渠道。

第二节　未成年被害人的司法保护

未成年被害人保护制度的客体是各类具体的未成年被害人权利。与成年被害人相似，未成年被害人的权利也可以分为实体性权利和程序性权利。[③] 其中，未成年被害人的实体性权利包括人身权利（主要包括身心健康权、受监护权、隐私权等）、财产权利、民主权利以及获得损害赔偿权等。[④] 实体性权利包罗万象，既有刑事法律调整的内容，也有民事法律涉及的部分，对上述权利

---

① 参见王海燕：《查“黑名单”限制招录不良记录者》，载《解放日报》2018 年 5 月 11 日。

② 参见郑舜：《发现性侵、虐待、遗弃、自杀等情况教育、医疗机构须强制报告》，载《青年时报》2018 年 8 月 8 日。

③ 参见兰跃军：《未成年被害人权利保护》，载《中国青年政治学院学报》2014 年第 1 期。

④ 参见兰跃军：《未成年被害人权益保障新论》，载《青少年犯罪问题》2013 年第 6 期。

负有保障义务的主体既包括政府职能部门、人民法院、人民检察院等国家机关，也包括了监护人、近亲属等普通公民。从性质上看，大多数实体性权利乃所有未成年人与生俱来、同等享有的普遍性权利，在日常生活中均可自主行使，不以犯罪案件的发生为前提和必要条件。相比之下，程序性权利的范围和性质明显有别于实体性权利。未成年被害人的程序性权利通常包括告诉权、知情权、陈述意见权、律师帮助权、程序参与权、程序申请权、程序救济权等。[1] 程序性权利的实现多见于刑事诉讼这一场域，其行使必须以未成年人被害案件的发生、诉讼程序的启动为前提，既贯穿诉讼活动的全程，又与诉讼结局紧密相关。程序性权利的保障主体一般是刑事诉讼的各专门机关——公安司法机关等。综上可见，所谓未成年被害人的司法保护，主要是指刑事诉讼中公安司法机关对未成年被害人各项程序性权利的保障措施及其相关实践。

一、未成年被害人司法保护的立法概况

近年来，随着党和国家对未成年人保护工作的不断重视，预防、治理未成年人犯罪、积极救助未成年被害人的力度不断加大，一系列法律法规、专门性司法解释、指导案例和典型案例相继颁布，以《刑法》和《刑事诉讼法》为主干，以若干行政法规、司法解释、部门规章及其他规范性文件为补充的多层次、立体化的未成年被害人保护法律体系已初步成型。

（一）法律对未成年被害人司法保护的有关规定

刑法是关于犯罪、刑事责任和刑罚的法律。我国《刑法》对未成年被害人的保护主要体现在一系列有别于普通犯罪的特殊规定上，即就某些侵犯未成年人法益的犯罪，《刑法》对罪行定性、入罪标准、量刑处罚等问题作出了有别于普通犯罪的特殊规定。例如，为体现法律对未成年少女权益的特殊保护，我国《刑法》第 236 条第 2 款规定，“奸淫不满十四周岁的幼女的，以强奸论，从重处罚”。

刑事诉讼法是规范刑事诉讼活动的基本法律。我国《刑事诉讼法》包含多个

① 参见兰跃军：《未成年被害人权利保护》，载《中国青年政治学院学报》2014 年第 1 期。

有关未成年被害人保护的条文。其中，第 281 条第 5 款规定，询问未成年被害人适用该条第 1 款、第 2 款和第 3 款有关讯问未成年犯罪嫌疑人的相关规定，即询问时应当有合适成年人陪伴、询问女性被害人时应由女性工作人员进行等。但总体来说，《刑事诉讼法》本身对未成年被害人的保护性规定相对较少。

（二）行政法规、部门规章对未成年被害人司法保护的有关规定

国务院及其组成部门在日常行政执法特别是司法行政工作中颁布了大量有关未成年被害人权利保障的规定，这些规定对未成年被害人司法保护的立法起到了较强的补充作用。例如，教育部、公安部等四部门于 2013 年联合发布的《关于做好预防少年儿童遭受性侵工作的意见》规定，各地学校女生宿舍实行封闭管理，女生宿舍应聘用女性管理人员，未经宿管许可，所有男性包括老师和家长等一律不得进入女生宿舍。宿舍管理人员发现有可疑人员在女生宿舍周围游荡，要立即向学校报告并采取相应防范措施。被性侵学生有转学需求的，教育部门和学校应予以安排。[①] 又如，2016 年《国务院关于加强农村留守儿童关爱保护工作的意见》明确要求，监护人不得让不满十六周岁的儿童脱离监护单独居住生活；中小学校、幼儿园、医疗机构、村（居）民委员会、社会工作服务机构、救助管理机构、福利机构及其工作人员，在工作中发现农村留守儿童脱离监护单独居住生活或失踪、监护人丧失监护能力或不履行监护责任、疑似遭受家庭暴力、疑似遭受意外伤害或不法侵害等情况的，应当在第一时间向公安机关报告。

（三）司法解释对未成年被害人司法保护的有关规定

司法解释对未成年被害人权利保护的规定较为全面，且具有一定的针对性和可操作性。其中较为重要的是 2013 年最高人民法院、最高人民检察院、公安部和司法部联合发布的《关于依法惩治性侵害未成年人犯罪的意见》、2013 年最高人民检察院发布的《人民检察院办理未成年人刑事案件的规定》等。

---

① 参见冯琳琳：《四部门：中小学女生宿舍将实行“封闭式”管理》，载《北京日报》2013 年 9 月 25 日。

《关于依法惩治性侵害未成年人犯罪的意见》共34个条文，以“特殊、优先保护”未成年被害人和“双向保护”为指导思想，着重从依法严惩性侵害犯罪、加大对未成年被害人的保护力度、强化诉讼外的补偿救助等三个方面作了规定。一是完善性侵害未成年人犯罪案件的发现机制，紧密围绕未成年人的生活、学习网络，建立严密的监督防控体系。二是确立一站式取证与出庭支持机制，减轻未成年被害人在作证过程中所面对的压力。三是细化未成年性侵被害人的权利救济制度，主要涉及合适成年人在场、法律援助和人身损害赔偿等。①

《人民检察院办理未成年人刑事案件的规定》共六章83个条文，体现未成年被害人司法保护的规定主要为第12条。最高人民检察院在草拟该文件之初，结合《未成年人保护法》等相关法律规定的精神认为，为了切实保护未成年人合法权益，体现同等保护的精神，刑事被害人救助应适当向未成年被害人倾斜。② 因此，《人民检察院办理未成年人刑事案件的规定》第12条第2款规定：“人民检察院应当充分维护未成年被害人的合法权益。对于符合条件的被害人，应当及时启动刑事被害人救助程序，对其进行救助。对于未成年被害人，可以适当放宽救助条件、扩大救助的案件范围。”

二、未成年被害人司法保护的特殊制度

（一）刑法关于未成年人法益特殊保护的规定

如前所述，刑事实体法对未成年被害人的保护主要体现为其针对那些侵犯未成年人权益的犯罪进行专门规定，或视作加重情节体现于法定刑的设置上。从趋势上看，强化未成年被害人的法益保护，提升青少年人身权利的法治保障水平，是近年来刑事立法与刑法修正工作的主要课题，也是2015年8月通过

① 参见刘立杰：《〈关于依法惩治性侵害未成年人犯罪的意见〉解析》，载《人民司法》2014年第3期。

② 参见吴孟栓、张寒玉、王佳：《〈人民检察院办理未成年人刑事案件的规定〉解读》，载《人民检察》2014年第3期。

的《刑法修正案（九）》的亮点之一。具体来说，《刑法修正案（九）》从六个方面加强对未成年被害人的保护：第一，废除嫖宿幼女罪，将嫖宿幼女视同奸淫幼女，依强奸罪从重处罚；第二，规定收买被拐儿童行为自此一律追究刑事责任；第三，虐待没有能力自诉，或因受强制、威吓而无法自诉的儿童的，案件将由自诉转为公诉处理；第四，增设虐待被监护、看护人员罪，对家庭外的虐童行为（主要是教师虐童行为）进行打击；第五，将原强制猥亵妇女罪改为强制猥亵他人罪，猥亵男童者照此处罚；第六，规定校车超载超速行驶的，依危险驾驶罪定罪量刑。

（二）隐私保护制度

未成年人遭受犯罪尤其是涉性犯罪的侵害，不仅会导致即时的痛楚，更会使其声名蒙受较长时间的消极影响，阻碍其身心的健康发展。因此，着重保护未成年被害人的人格权和隐私权是世界各国办理未成年人被害案件的一项基本要求。我国《未成年人保护法》《检察机关加强未成年人司法保护八项措施》《人民检察院办理未成年人刑事案件的规定》和《关于依法惩治性侵害未成年人犯罪的意见》等规范性文件中的诸多条文也都体现了这一精神。根据上述规定，公安司法机关在办理未成年人被害案件时，应当及时告知知晓案情的单位、个人务必保密，并采取适当措施确保被害人的身份信息不致泄露；在办理性侵害未成年人犯罪案件时，对于未成年被害人的身份信息及可能借以推断出其身份信息的资料、性侵害过程的细节内容等，公安司法机关、律师及其他诉讼参与人都需保密。对外公开的诉讼文书不得披露未成年被害人的身份信息及可能借以推断出其身份信息的资料，对性侵事实应注意以适当方式叙述。

（三）未成年人被害案件强制报告制度

由于未成年人被害案件的作案手法较为隐秘、复杂，而未成年人的认知水平和自我保护能力又明显薄弱，甚至存在部分犯罪的侵害源就是其监护人、看护人等亲近人群的现象，致使此类案件发现难、干预难、取证难、定罪难。由此可见，未成年人被害案件的及时发现与预警机制至为重要。早在 2013 年发布的《关于依法惩治性侵害未成年人犯罪的意见》就有紧密围绕未成年人的生活、学习网络，建立严密的监督防控体系，通过快速、准确地发现犯罪来惩罚和震慑性侵害未成年人的犯罪者与潜在犯罪者之要求。[①] 据此，浙江省杭州市首创未成年人被害案件强制报告制度，通过未成年人的学习、生活环境建立健全未成年人被害刑事案件及时发现机制，推动预防未成年人受害工作由被动受案向主动预防转变。[②] 根据杭州市《关于侵害未成年人案件强制报告制度的意见》，医疗机构及其工作人员在收治遭受或者疑似遭受人身、精神损害的未成年人时，应当保持高度关注，除实施规定的医疗行为外，还应当详细询问未成年人遭受损害的时间、原因、过程、手段、后果等，及时予以记录、评估并保存相关病例、资料。教育机构及其工作人员在日常工作中发现虐待幼儿、校园欺凌、未成年人遭受或者疑似遭受不法侵害等情况时，应当及时开展先期调查，有违法犯罪情形的，应当向公安机关报案。[③]

（四）未成年被害人在刑事诉讼程序中的特殊保护规定

1.“一站式取证”制度

在普通刑事案件的侦查活动中，公安机关往往会进行多次讯问或询问，形成多份供述或证言，进而研判供述、证言的稳定性与可信度。但对涉及未成年被害人案件而言，反复多次地询问未成年被害人，使其回忆并描述犯罪侵害的过程、细节，不仅会引发其紧张情绪，更加深精神痛苦，造成“二次伤害”。为此，《关于依法惩治性侵害未成年人犯罪的意见》第 14 条规定，公安司法人员询问未成年被害人时，对与性侵犯罪有关的事实应当进行全面询问，以一次询问为原则，尽可能避免反复询问。根据这一规定，各地办案机关在司法实践

---

① 参见刘立杰：《〈关于依法惩治性侵害未成年人犯罪的意见〉解析》，载《人民司法》2014年第 3 期。

② 参见张昊、董凡超：《最高检发布 10 起加强未成年人司法保护案事例 侵害未成年人强制报告制度破解发现难》，载《法制日报》2018 年 5 月 30 日。

③ 参见肖菁：《保护未成年人 杭州首推市级层面强制报告制度》，载《钱江晚报》2018 年 8 月 8 日。

中逐步形成询问未成年被害人的“一站式取证”制度：设置未成年人被害案件专办联络员，实行专人专案专办，在侦查阶段询问未成年被害人时同步录音录像，做到一次性完成询问记录、一次性完成同步录像。询问地点应为未成年人住所或其他能使其心理上感觉安全、舒适、亲切的场所。另外，办案人员到未成年被害人所在学校、单位、居住地调查取证时，不得驾驶警车、穿着制服、影响其声誉和隐私。

2. 特殊的审理方式

在外国法上，那些按照通常方式作证会对自身产生不利影响或不能使之全面、准确提供证言的证人一般被称作“脆弱证人”（vulnerable witness）。[①] 未成年被害人即属其中之一。20 世纪 90 年代时，法学学者与心理学学者曾联合对诉讼中的未成年人进行过深入研究。他们发现，参与庭审的未成年人通常会呈现出如下特点：第一，询问方法与场所影响未成年证人的作证。未成年人会因身着其不熟悉服装的办案人员的出现而感到紧张，也会因为被告人和旁听公众的出现而感到恐惧。法庭的设置也会使其感到焦虑。[②] 第二，未成年被害人作证的方式和次数会影响其恢复正常生活的速度。在公开的庭审中作证的未成年被害人与那些在不公开的庭审中作证的未成年被害人相比，有更多的行为障碍。第三，从侦查阶段到审判阶段，未成年人证言的质量逐步下降。这是因为，未成年证人的长期记忆力较差，越靠近案件的发生时间，其证言的准确性和完整度越高。[③] 正是以上这些典型特征的存在，决定了对未成年人被害案件的审理宜采用特殊的方式进行。

根据我国《刑事诉讼法》及相关司法解释的规定，在庭审阶段，未成年被害人可予适用的特殊审理方式包括以下三个方面：

---

① 参见张吉喜：《论脆弱证人作证制度》，载《比较法研究》2016 年第 3 期。

② See K. J. Saywitz, Improving Children's Testimony: The Question, the Answer and the Environment, in M. S. Zaragoza *et al*. (eds.), *Memory and Testimony in the Child Witness*, Thousand Oaks, 1995, pp. 113-140.

③ 参见张吉喜：《论脆弱证人作证制度》，载《比较法研究》2016 年第 3 期。

（1）合适成年人在场。根据《刑事诉讼法》第281条的规定，公安司法机关询问未成年被害人或者在未成年被害人作证陈述时，必须有法定代理人或其他成年亲属或其所在学校、单位、居住地基层组织、未成年人保护组织的代表到场。到场的合适成年人认为办案人员侵犯未成年被害人合法权益的，可以提出意见。询问笔录、法庭笔录应当交给到场的合适成年人阅读或者向他宣读。另外，到场的法定代理人还可以代为行使未成年被害人的诉讼权利。

（2）不公开审理。根据《刑事诉讼法》第188条的规定，人民法院审判有关国家秘密或个人隐私的案件，不公开审理。据此，对于性侵、猥亵等涉及未成年被害人隐私的犯罪案件，人民法院不得公开审理。值得注意的是，近年来不少学者建议将不公开审理的范围扩大至所有涉及未成年被害人的案件。其主要论据是，性犯罪和校园暴力类犯罪是未成年人被害案件的主体部分，公开审理此类案件必然会给未成年被害人带来极大压力，使其今后的成长生活陷入阴影。为贯彻少年司法的双向保护原则，立法机关理应将未成年人被害案件一律划入不公开审理的范围。[①]

（3）特殊作证方式。为缓解未成年被害人当庭作证时的心理压力和紧张情绪，我国规定了一系列有关未成年被害人的作证保护制度。《最高人民法院关于适用〈中华人民共和国刑事诉讼法〉的解释》第468条规定："确有必要通知未成年被害人、证人出庭作证的，人民法院应当根据案件情况采取相应的保护措施。有条件的，可以采取视频等方式对其陈述、证言进行质证。"《关于依法惩治性侵害未成年人犯罪的意见》第18条规定："人民法院开庭审理性侵害未成年人犯罪案件，未成年被害人、证人确有必要出庭的，应当根据案件情况采取不暴露外貌、真实声音等保护措施。有条件的，可以采取视频等方式播放未成年人的陈述、证言，播放视频亦应采取保护措施。"

① 参见罗红兵、梁晓琴：《刑事未成年被害人保护探析》，载《四川警察学院学报》2008年第2期；李洁晖：《论刑事未成年被害人的司法保护》，载《天津大学学报（社会科学版）》2016年第6期。

第三节　未成年被害人的司法救济

法谚有云："无救济则无权利。"尽管我国法律赋予未成年被害人以充分的程序性和实体性权利，但若无可靠、高效的权利救济制度予以维系，那么，未成年被害人权利保护的诸多规定不免沦为虚置的立法设计。从广义上讲，救济是指国家、社会公共组织或社会成员个体针对刑事被害人采取的各种救助措施，以及对犯罪人的各种惩罚措施的总和。[①] 广义上的未成年被害人救济制度将以惩罚犯罪、保障人权为目的的刑事诉讼程序等一切有关权利救济与司法保护的制度均囊括在内。从狭义上看，未成年被害人的救济则是指未成年人遭受犯罪侵害以后所获得的有效帮助，它包括了直接的经济赔偿、心理创伤的抚慰医治、家庭生活的妥善安置等。在构成上，狭义的救济主要包括来自犯罪人的刑事附带民事赔偿、刑事和解赔偿以及来自国家层面的司法救助。

一、刑事附带民事诉讼制度

刑事附带民事诉讼是人民法院在刑事诉讼过程中，审判被告人是否承担刑事责任的同时，附带解决被害人因被告人的犯罪行为所造成的物质损失的诉讼活动。[②] 这一诉讼活动通常以一定数额的金钱或其他形式的赔偿为实体性结果。

刑事附带民事诉讼制度是刑事诉讼中的一项重要制度，其意义重大。就诉讼法的基本原理而言，刑事诉讼属于"公诉"，民事诉讼属于"私诉"，刑事附带民事诉讼将两者合二为一，不仅具有经济、便利、减少讼累的益处，而且从诉讼法保障实体法实施的角度来说，它更有着及时满足被害人民事赔偿请求、

---

① 参见莫洪宪主编：《刑事被害救济理论与实务》，武汉大学出版社 2004 年版，第 138 页。

② 参见宋英辉主编：《中华人民共和国刑事诉讼法精解》，中国政法大学出版社 2012 年版，第 135 页。

维护社会秩序安宁等重要作用。就未成年人被害案件而言，刑事附带民事诉讼在救济未成年被害人权利方面的意义更加突出。一方面，因为刑事附带民事诉讼通过同一审判组织、同一诉讼程序、同一庭审活动解决同一犯罪行为造成的刑事与民事两方面的争议，避免多次开庭及其带来的未成年被害人不得不反复回忆被害细节的痛楚，防止“二次伤害”。另一方面，根据我国《刑法》的规定，犯罪人在实施犯罪后的相关表现是影响量刑轻重的重要因素，特别是在被告人、被害人同为未成年人的犯罪案件中，赢得谅解、积极赔偿已基本成为犯罪人获得宽缓刑罚的前提要件。对未成年人被害案件的刑事及附带民事诉讼予以合并审理，有利于调处对立、促成和解，实现恢复性司法的正义价值。

根据我国《刑事诉讼法》第 101 条、《最高人民法院关于适用〈中华人民共和国刑事诉讼法〉的解释》第 138、143、145 条的规定，针对未成年人被害案件提起刑事附带民事诉讼的起诉条件有以下四项：

一是起诉人符合法定条件。一般来说，符合法定条件的起诉人就是因犯罪行为遭受到物质损失的被害人或其法定代理人、近亲属。由于未成年被害人心智尚不成熟，理解和应对能力较差，因此，法律规定当被害人是未成年人时，他们的法定代理人可以代为提起附带民事诉讼。另外，当未成年被害人已经死亡时，其法定代理人、近亲属有权提起附带民事诉讼。

二是有明确的被告人。在刑事附带民事诉讼中可以被列为被告的人包括：① 刑事被告人以及未被追究刑事责任的其他共同侵害人；② 刑事被告人的监护人，当刑事被告人无民事行为能力时，其监护人可以成为民事被告人，当刑事被告人属于限制行为能力人时，该刑事被告人与其监护人可以成为附带民事诉讼的共同被告人；③ 死刑罪犯的遗产继承人；④ 共同犯罪案件中，案件审结前已死亡的被告人的遗产继承人。

三是有请求赔偿的具体要求和事实、理由。未成年被害人及其法定代理人提起附带民事诉讼，必须提供具体的事实根据，即犯罪行为所造成的物质损失事实。如人身损害赔偿应提供包括伤残等级、医疗费、护理费在内的具体损失事实的证据。

四是属于人民法院受理附带民事诉讼的范围。根据《刑法》《刑事诉讼法》的有关规定，刑事附带民事诉讼的赔偿请求限定在“由于被告人的犯罪行为而遭受的物质损失”范围内。对这一范围，2001年最高人民法院《关于刑事附带民事诉讼范围问题的规定》进行了解释，即因人身权利受到犯罪侵犯而遭受物质损失或者财物被犯罪分子毁坏而遭受物质损失的，可以提起附带民事诉讼。被害人因犯罪行为遭受的物质损失，是指被害人因犯罪行为已经遭受的实际损失和必然遭受的损失。另外，关于能否就精神损害赔偿提起附带民事诉讼的问题，2002年最高人民法院《关于人民法院是否受理刑事案件被害人提起精神损害赔偿民事诉讼问题的批复》及《最高人民法院关于适用〈中华人民共和国刑事诉讼法〉的解释》第138条第2款都指出，无论是在刑事诉讼程序内还是在之后单独提起的民事诉讼程序，被害人均不得要求被告人赔偿其因犯罪行为遭受的精神损失。

但我们也注意到，最高人民法院2013年颁布的指导性案例“（2012）汴民终字第768号案”显示，被告人因交通肇事致人死亡而承担刑事责任后，被害人家属在刑事程序之外单独诉请民事精神损害赔偿的，因其符合我国关于机动车交通事故责任强制保险（以下简称“交强险”）的有关规定，故人民法院可在交强险限额内对上述精神损害赔偿请求予以支持，并判令保险人履行保险责任。该案一定程度上突破了前述两份司法解释的相关内容，或将成为未来刑事附带民事诉讼制度的改革方向。

近年来，由于未成年人被害案件增长较快，刑事附带民事诉讼制度的权利救济、督促赔偿等功能有所式微。理论界对于现行刑事附带民事诉讼制度诸多缺陷和障碍的争论颇多。总的来看，理论界的争论主要围绕两点展开。

其一，关于未成年人被害案件附带民事诉讼的赔偿范围问题。多数论者认为未成年被害人为愈合心理创伤、走出被害阴影所付出的代价远远超过其物质上的损失，[1] 若对未成年被害人的精神损害赔偿请求一律不予支持，则必然导

[1] 参见李洁晖：《论刑事未成年被害人的司法保护》，载《天津大学学报（社会科学版）》2016年第6期。

致大多数未成年被害人无法获得足够的赔偿和及时的医治，其迁居、转学等合理诉求亦无法实现，终将影响其未来的健康成长。① 基于此，我国可在未成年人被害案件的附带民事诉讼中先行纳入精神损害赔偿。从其他各国的经验来看，赋予被害人在刑事附带民事诉讼中提出精神损害赔偿的请求权也是国际社会的主流立法趋势。②

其二，关于附带民事赔偿数额的确定方式。目前，附带民事赔偿数额的确定大都以当事人意思自治的方式为之，任由被告人与被害人双方协商对谈，基本排除国家的过多干预。当双方实力过于悬殊时，和解协商易为单方所掌控，可能产生赔偿数额畸高或畸低的情况。特别是在被告人处强势地位的情况下，若任由其自主确定是否赔偿及赔偿数额，无疑会对未成年被害人的救治、心理治疗以及创痛修复产生不利影响。③ 因此，多数学者主张将附带民事赔偿作为未成年刑事被害人的基本权利予以保障，强制规定施害一方必须作出一定数额的赔偿。同时，应当制定专门性司法解释，对强奸、猥亵、故意伤害等多发案件规定最低精神赔偿额。④

二、未成年被害人刑事和解制度

诚如前文所述，刑事和解，又称被害人与加害人的和解、加害人会议、当事人调停或恢复性司法会商等，是恢复性司法的主要操作方式，其基本含义是，“在犯罪后，经由调停人，使加害者和被害者直接相谈、协商，解决纠纷冲突”⑤。未成年人被害案件的刑事和解是刑事和解制度的主要表现形式之一，

---

① 参见黎立：《未成年被害人权益保障的问题与路径》，载《中国检察官》2018 年第 6 期；刘仁文：《建立刑事被害人救助制度很有必要》，载《学习时报》2007 年 1 月 15 日。

② 参见邵磊：《刑事附带民事案件精神损害赔偿问题研究》，载《河北法学》2005 年第 6 期。

③ 参见杨晓静、袁方、朱德良：《未成年刑事被害人诉讼权利保护初论》，载《青少年犯罪问题》2015 年第 1 期。

④ 参见李洁晖：《论刑事未成年被害人的司法保护》，载《天津大学学报（社会科学版）》2016 年第 6 期。

⑤ 刘凌梅：《西方国家刑事和解理论与实践介评》，载《现代法学》2001 年第 1 期。

它在修复社会关系、关照未成年人利益方面发挥着不可替代的作用。在我国的刑事诉讼程序中，犯罪嫌疑人、被告人无论成年与否，均可与未成年被害人达成和解协议，由犯罪嫌疑人、被告人向其真诚悔罪，并以赔偿损失、赔礼道歉等方式取得未成年被害人的谅解，公安司法机关对此审查确认后，可予以从轻处罚或不再追究犯罪嫌疑人、被告人的刑事责任。在我国，当事人和解的公诉案件诉讼程序是 2012 年修正的《刑事诉讼法》新增特别程序之一。其具体规定在《刑事诉讼法》第五编第二章中的第 288—290 条中。其中，第 288 条规定刑事和解程序的适用范围，第 289 条规定自行和解的程序，第 290 条规定刑事和解的诉讼效力。

达成刑事和解协议是双方当事人认可并接受和解事实的主要标志。由于刑事和解是发生在刑事被追诉人与被害人之间的对等协商，故任何一方当事人的缺席均将有损和解协议的自愿性和合法性。在未成年人被害案件中，当未成年人尚不具备完全民事行为能力时，其与犯罪嫌疑人、被告人的和解必须以法定代理人或其他成年亲属的在场为前提；未成年被害人死亡的，其法定代理人、近亲属可以与犯罪嫌疑人、被告人和解；未成年被害人因犯罪行为丧失行为能力或部分丧失行为能力的，其法定代理人可以代为和解。

自愿、合法的刑事和解协议达成后，公安机关可以在移送审查起诉时，向检察机关提出从宽处理的建议。检察机关向人民法院提起公诉的，可以提出从宽处罚的建议，对于犯罪情节轻微，不需要判处刑罚的，也可以作出不起诉的决定。在审判阶段，人民法院可以依法对被告人从宽处罚。

综上可见，刑事和解对案件的终局走向以及实体刑罚影响甚大，它贯穿于刑事诉讼的侦查、起诉、审判三大环节，并非是单独某个诉讼阶段的专门制度设计。在未成年人被害案件中，刑事和解制度的公正价值尤为凸显。这是因为，随着近代以来人权保障思潮的不断兴起，世界各法治发达国家的传统刑事司法体系大多以犯罪人为中心，如在刑事程序上强调法治国家对被告人权利的保护。“与此形成鲜明对比的是，被害人的地位受到漠视，他们应有的权利得不到重视，只被视为证人加以利用，成为刑事法体系内‘被遗忘的人’。”[①] 而刑事和解制度的确立，“兼顾了被害人的精神利益与物质利益的恢复，淡化了被害人的报应情感，以当事人之间正常社会关系的平复为附属效果，从而降低了被害人再度被同一犯罪嫌疑人侵犯的可能性及对此的担心”[②]。当然，通过刑事和解方式达成的损害赔偿势必为双方当事人相互协商乃至妥协的结果，其与未成年被害人实际遭受的身心损失相比，不免有所克减和差距。这就要求国家在发挥社会治理功能的同时，应当对未成年被害人等社会弱势群体提供必要的援助与支持。

三、未成年被害人国家司法救助制度

完善、系统的未成年被害人救济机制是促进未成年被害人尽早治愈伤痛，走出阴霾，恢复生活、学习的重要推动力。[③] 在制度层面，未成年被害人可以依法获得犯罪人应承担的刑事附带民事赔偿，同时，为了促使两造纠纷的迅速解决、赔偿义务的尽快履行，也为了防止、避免诉讼拖沓给未成年被害人造成的“二次伤害”，法律又规定被害人与被追诉人之间经自愿、平等协商就赔偿条件达成协议，并由公安司法机关确认后终结诉讼程序或从轻处理被追诉人的刑事和解制度。尽管如此，实践中上述两项制度的具体落实却会受到诸多因素的制约。例如，刑事和解是被害人与被追诉人之间消弭对立、互相谅解的结果，要求双方当事人各退一步、有所取舍；又如，刑事附带民事赔偿的实现还会受到被追诉人自身经济条件的影响。此外，由于未成年被害人正处于身心发育的关键阶段，犯罪行为对其造成的伤害显然大于成年人。在金钱补偿之外，未成年被害人更需要心理辅导、生活帮助等特殊关怀和照护。因此，在诉讼内

---

① 刘凌梅：《西方国家刑事和解理论与实践介评》，载《现代法学》2001 年第 1 期。

② 马静华、苏镜祥、肖仕卫、黎莎：《刑事和解理论基础与中国模式》，中国政法大学出版社 2011 年版，第 27 页。

③ 参见杨晓静、袁方、朱德良：《未成年刑事被害人诉讼权利保护初论》，载《青少年犯罪问题》2015 年第 1 期。

的赔偿救济措施以外，国家仍有必要建立公益性的司法救助制度，即在刑事诉讼活动中以法律援助形式向未成年被害人提供律师咨询、委托代理人方面的便利，并由公安司法机关及司法行政机关共同保障之，在诉讼程序结束后，则可由司法机关会同民政、卫生等部门对未成年被害人的生活和心理加以额外的辅导与救助。具体来说，对未成年被害人的国家司法救助措施主要包括以下三项内容：

（一）未成年被害人法律援助制度

法律援助制度，是国家对因经济困难及其他因素而难以通过通常意义上的法律救济手段保障自身基本社会权利的社会弱者，减免收费提供法律帮助的一项法律保障制度。[①] 2012 年修正的《刑事诉讼法》将法律援助适用的诉讼阶段由审判阶段扩展到侦查、审查起诉阶段，并将可能判处无期徒刑却没有委托辩护人的犯罪嫌疑人、被告人纳入到应当提供法律援助的情形中。同时，《最高人民法院关于适用〈中华人民共和国刑事诉讼法〉的解释》第 473 条、2013 年《关于刑事诉讼法律援助工作的规定》第 3 条以及《关于依法惩治性侵害未成年人犯罪的意见》第 15 条都对未成年被害人的法律援助工作作出了统一安排。根据上述规范性文件的规定，人民法院、人民检察院负有告知未成年被害人委托诉讼代理人的义务，未成年被害人及其法定代理人或者近亲属，因经济困难而没有委托诉讼代理人的，可以向办理案件的人民检察院、人民法院所在地同级司法行政机关所属法律援助机构申请法律援助，办案机关应当帮助未成年被害人申请法律援助。

（二）未成年被害人经济补助制度

向未成年被害人提供适当经济补助，以挽回犯罪侵害给其带来的物质损失，这既是人权司法保障的基本要求，更体现法治社会的人文关怀。联合国《为罪行和滥用权力行为受害者取得公理的基本原则宣言》第 5 条规定，应当使

① 参见宋英辉主编：《中华人民共和国刑事诉讼法精解》，中国政法大学出版社 2012 年版，第 27—28 页。

受害者能够通过迅速、公平、省钱、方便的正规或非正规程序获得补救。[①] 近年来，我国各级行政、司法机关陆续出台一系列规范性文件，严格落实、保障未成年被害人的医疗补助与经济补贴。例如，2009 年中央政法委、最高人民法院、最高人民检察院、公安部、民政部、司法部、财政部、人力资源和社会保障部联合发布的《关于开展刑事被害人救助工作的若干意见》规定，因严重暴力犯罪致严重伤残，无法通过诉讼获得赔偿、生活困难的刑事被害人，或者刑事被害人因遭受严重暴力犯罪侵害已经死亡，与其共同生活或者依靠其收入作为主要生活来源，且无法通过诉讼及时获得赔偿、生活困难的近亲属，或者因过失犯罪或不负刑事责任的人（如精神病人、未达刑事责任年龄的人）实施的刑事不法行为，导致严重伤残或死亡的刑事被害人，生活困难又无法通过诉讼获得赔偿的，由办案机关提出救助意见，并在收到财政部门拨付的救助资金后五个工作日内发放给刑事被害人。

（三）未成年被害人心理疏导制度

青少年时期是人的世界观、价值观和人生观逐渐形成并定型的关键时期，少年时代发生的任何重大事件都将影响到今后的人生轨迹。在美国，约有64％的未成年被害人于自身成年后也成了违法者。[②] 这样一种被害人在自身的合法权益受到犯罪行为侵犯后，因不良心理及其他因素推动所导致的逆向变化，即从被害者向犯罪者方向的转化，通常被称作“恶逆变”。[③] 基于此，对未成年被害人的心理创伤进行定期且科学的疏导和安抚，将犯罪侵害所造成的心理阴影降至最低，亦是国家司法救助的应有之义。在适用阶段上，心理疏导不仅应当贯穿刑事诉讼程序的全过程，更应在诉讼终结后长期跟踪进行。

目前，我国尚无关于未成年被害人心理疏导、干预的统一规定，但部分地

---

① 参见程味秋等编：《联合国人权公约和刑事司法文献汇编》，中国法制出版社 2000 年版，第 208 页。

② 参见郭建安主编：《犯罪被害人学》，北京大学出版社 1997 年版，第 179 页。

③ 参见王临平、赵露娜：《防止未成年被害人恶逆变》，载《青少年犯罪问题》2001 年第 3 期。

区的公安司法机关已会同政府有关部门开展了不同形式的试点工作，并取得良好的社会效应。例如，南京市建邺区人民检察院于 2011 年挂牌成立了全国首家刑事被害人心理救助站，建立了“一个站点、两种救助、多方合作”的全覆盖式刑事被害人救助机制，一个站点即一个心理救助站，两种救助即物质和心理救助双管齐下。该院还与南京连线心理健康研究中心签订合作协议，聘请中心的心理医生，为该院所办刑事案件的被害人提供专业的心理咨询、治疗。[①]另外，针对性侵犯罪的未成年被害人，《关于依法惩治性侵害未成年人犯罪的意见》第 7 条要求各级法院、检察院、公安机关和司法行政机关应当加强与民政、教育、妇联、共青团等部门及未成年人保护组织的联系和协作，共同做好性侵害未成年人犯罪预防和未成年被害人的心理安抚、疏导工作，从有利于未成年人身心健康的角度，对其给予必要的帮助。

当然，我国的未成年被害人司法救助制度尚处于刚刚起步的初创期和探索期，还存在或多或少的不足。例如，《刑事诉讼法》对未成年被追诉人规定了强制法律援助制度，而对于未成年被害人的法律援助却规定为“可以”获得而非“应当”获得。有关调研数据也显示，现有司法救助措施的实际效果并不显著，2016 年 1 月到 2017 年 6 月期间，重庆市北碚区人民检察院共办理未成年人被害案件 25 起共 33 人，其中死亡 3 人，无一人获得司法救助，得到过及时心理疏导帮扶的也仅有 3 人。[②] 诸如此类的实践困境都有待国家立法机关从顶层设计的高度予以统一部署和统一解决。

---

① 参见宋世明：《刑事被害人双向救助：南京建邺检察院全国开先河》，载《江苏法制报》2011 年 5 月 4 日；潘庆娜：《刑事案件未成年被害人的心理损害及其救助》，载《湖北警官学院学报》2014 年第 12 期。

② 参见黎立：《未成年被害人权益保障的问题与路径》，载《中国检察官》2018 年第 6 期。

第四节 国外未成年被害人制度

一、国外刑事诉讼中的未成年被害人保护

在国外，证人概念所涉范围十分广泛，凡是宣誓后在庭审或其他诉讼程序中对案件有关事实作证的人皆可被称作证人，它不仅包括了除当事人、法定代理人以外的第三人，更包括了当事人本人和鉴定人。[①] 其中，按照通常方式作证会对自身产生不利影响或不能全面、准确地提供证言的证人被称作“脆弱证人”。[②] 实践中，最为常见的脆弱证人是未成年被害人。可以说，在未成年被害人参与刑事诉讼时对其适用特殊的法庭调查和询问规则，是未成年被害人保护制度的核心内容。一般来说，世界各国或地区普遍适用的未成年被害人特殊作证方式主要包括两个方面：一是出庭时辅以特殊的保护；二是让未成年被害人以不出庭方式提供证言。

（一）未成年被害人出庭时的特殊保护

在国外部分国家的刑事司法制度中，法律要求未成年被害人原则上仍应出席法庭接受当庭调查与询问，但同时又赋予其充分的程序性保护。

1. 陪伴下作证

对于单独出庭陈述可能会引发紧张、焦虑情绪的证人（含被害人），许多国家都规定了作证时由其亲近、熟识或可舒缓其情绪的人陪同制度。《加拿大刑事法典》第486（1.2）条规定：“主审法官、省法院法官或者治安法官，根据检察官或者审判或者预先询问时不满十四岁或者有精神或者身体残疾的证人的申请，可以命令允许证人选择的辅助人员在作证时出席并接近证人。”[③] 日

---

① 参见占善刚、刘显鹏：《证据法论（第二版）》，武汉大学出版社2013年版，第94页。

② 参见张吉喜：《论脆弱证人作证制度》，载《比较法研究》2016年第3期。

③ 《加拿大刑事法典》，罗文波、冯凡英译，北京大学出版社2008年版，第297页。

本《刑事诉讼法》第157条之二规定："法院在询问证人时，考虑到证人的年龄、心身状态以及其他情况，认为证人可能显著不安或者紧张时，听取检察官和被告人或辩护人的意见后，可以让适合于缓解这种不安或紧张的，且不会妨碍法官、诉讼关系人的询问或者证人陈述的人，或者不会影响证人陈述内容的人，在证人陈述时陪同证人。"①

2. 禁止被告人直接诘问未成年被害人

国外刑事诉讼制度普遍将交叉询问作为庭审质证程序的主要载体，并将其视作准确发现事实真相、保障控辩双方对质诘问权的实现方式。但交叉询问中的诱导性、迷惑性甚至攻击性发问却会给未成年被害人带来羞辱感和痛苦感。因此，许多国家在未成年人被害案件的诉讼程序中都明令禁止被告人直接反诘未成年被害人。英美法系国家大多采取聘用心理专家询问或指令辩护人等其他人员询问的办法来完成未成年被害人的对质诘问工作。如英国《1999年青少年司法与刑事证据法》第29条规定，可以通过翻译或其他法庭许可的中间人对证人进行询问（不论询问的方式和地点为何），中间人起到的作用是：一方面，与证人交流，向证人提问；另一方面，与提问的人交流，告诉他证人的回答，并且尽可能地解释这些提问和回答，使之能够为证人或提问人所理解。② 相比之下，大陆法系国家一般采用由审判人员直接询问未成年被害人的方式来核实证言。如《德国刑事诉讼法典》第241条a规定："询问未满18周岁的证人，由审判长独自进行，参审法官、被告人、其他证人、鉴定人、检察官、辩护人和陪审员可以要求审判长对证人提出进一步的问题。"③

3. 陈述时将被害人与被告人相互隔离

在未成年被害人出庭陈述时将被害人与被告人分别安置、相互隔离也是国外证人保护制度的重要内容之一。实践中较为常见的做法是将被告人带出法庭

---

① 转引自张凌、于秀峰编译：《日本刑事诉讼法律总览》，人民法院出版社2017年版，第42页。

② 参见熊志海等编译：《英国成文证据法》，中国法制出版社2007年版，第72页。

③ 宗玉琨译注：《德国刑事诉讼法典》，知识产权出版社2013年版，第192页。

或者在被害人与被告人之间设置隔离屏障。《德国刑事诉讼法典》第 247 条规定："如果在被告人在场的情况下，共同被告人或证人在接受询问时将有不说出真相之虞，法院可以命令被告人在此询问期间离开审庭。如果在被告人在场情况下询问未满十八周岁的证人，对该证人身心有重大不利之虞，或者如果在被告人在场情况下询问其他证人，对该证人健康构成严重不利的急迫危险，此同样适用。"① 日本《刑事诉讼法》第 157 条之三规定，法院在听取了公诉人和被告人或其辩护律师的意见后，考虑到犯罪的性质、证人的年龄、证人的精神状况或身体状况、证人与被告人的关系以及其他因素，认为证人当着被告人的面作证可能会感到有压力，可能会严重影响其情绪稳定，可以采取措施让证人看不到被告人，或证人和被告人相互都不能看到对方；但是，在采取措施让被告人看不到证人时，必须有辩护律师在场。这里的措施包括在脆弱证人与被告人之间设置屏障或单向镜。② 随着科学技术的发展，声像传播技术开始广泛应用于刑事司法活动。未成年被害人在庭外以视听传输方式陈述案情的做法逐渐为各国立法机关采用。英国早在《1999 年青少年司法与刑事证据法》就规定了以现场连接方式作证的制度。根据该法第 24 条的规定，未成年证人可以不在法庭上或其他诉讼进行的地方以现场电视连接或其他能使未成年证人看到庭审现场、听到庭审情况的方式作证。③

（二）未成年被害人以不出庭方式提供证言

在国外，未成年刑事被害人以不出庭方式作证的诉讼举措主要包括两种类型：第一种是，将未成年被害人的审前作证资料（包括书面证言笔录和作证过程的同步录音录像材料）作为证据使用。一般来说，英美法系国家奉行严格的传闻排除法则，而大陆法系国家的庭审程序则贯彻全程化的直接性和言辞性，法庭不得将审前案卷材料作为法庭调查的对象，也不得直接将卷宗中记录的证

---

① 宗玉琨译注：《德国刑事诉讼法典》，知识产权出版社 2013 年版，第 198 页。

② 参见张吉喜：《论脆弱证人作证制度》，载《比较法研究》2016 年第 3 期。

③ 参见熊志海等编译：《英国成文证据法》，中国法制出版社 2007 年版，第 68 页。

据材料援引为定案的根据。[①] 但未成年被害人的诸多特性决定了传闻证据规则和直接言词原则在未成年人被侵害案件中的运用必然有所限制。例如，英国《2003 年刑事审判法》第 114 条规定，在刑事诉讼中，当法院认为司法利益要求其为可采时，不以言词证据形式提供的陈述才可被采纳为任何事项的证据。在认定上述要求时，法院必须考虑以下因素：该陈述对于诉讼中的争议事项有多大的证明价值、其他还有何证据已经或者能够被提供、作出该陈述时的情形、作出该陈述的人看起来有多大可靠性、质疑该陈述的难度、可能对当事人带来的损害程度等。该法第 116 条也有由于身体或者精神状况不适宜作为证人的相关人不必到庭的规定。[②]《法国刑事诉讼法典》第 706-52 条规定："在调查与侦查过程中听取性侵害犯罪的未成年被害人陈述时，应当进行录音录像。如果未成年人的利益证明有此必要，可以仅进行录音。"[③]《德国刑事诉讼法典》第 58 条 a 和第 255 条 a 也有类似规定，为了更好地维护未满 18 周岁的证人的利益以及因第 255 条 a 第 2 款规定的犯罪（包括侵犯性自主决定权犯罪、针对生命的犯罪、虐待受强制保护者的犯罪和针对个人自由的犯罪）受到伤害的未成年人的利益，在询问证人时可以将其记录于音像载体。如果被告人及辩护人曾有机会参与对未满 18 周岁证人、被害人的先前法官询问，可以播放该询问的音像记录来代替对该证人、被害人的询问。[④] 实践表明，上述各国的相关规定能够显著降低未成年被害人回忆案情、陈述经过的作证次数，是避免其遭受二次伤害的有效之举。

第二种是，审判人员在庭外直接单独询问未成年被害人，这一做法较常见

① 参见陈瑞华：《新间接审理主义——"庭审中心主义改革"的主要障碍》，载《中外法学》2016 年第 4 期。

② 参见《英国 2003 年〈刑事审判法〉及其释义》，孙长永等译，法律出版社 2005 年版，第 104—106 页。

③ 转引自卞建林主编：《未成年人刑事司法程序：外国刑事诉讼法有关规定》，中国检察出版社 2017 年版，第 77 页。

④ 参见宗玉琨译注：《德国刑事诉讼法典》，知识产权出版社 2013 年版，第 31 页、第 202—203 页。

于审判程序体现职权探知性的国家。如日本《刑事诉讼法》第158条规定："法院考虑到证人的重要性、年龄、职业、健康状况等情况和案件的轻重，听取检察官和被告人或者辩护人的意见后，认为有必要的，可以将证人传唤到法院外或者在证人所在场所当场进行询问。在前款的情况下，法院应当事先向检察官、被告人及辩护人提供了解询问事项的机会。"①

二、国外未成年被害人国家补偿制度

发达国家普遍实行较高水平的社会保障政策，对刑事被害人予以国家救助也是大多数"福利国家"的主要社会制度之一。在这些国家的主流司法理念中，当刑事被害人因犯罪行为遭受巨大物质损失，而相当一部分犯罪人又因经济条件较差而无法充分赔偿，致使被害人生活窘困时，国家作为社会公共事务的管理者和公共服务的提供者，应当基于风险共担的社会福利原则向其提供补偿和援助。同时，西方国家刑事司法领域盛行的国家责任理念也要求各国当局应担负起对本国刑事被害人的积极救助义务，"国家必须赔偿个人因国家不能预防犯罪给其造成的损失（就像在公害中所承认的那样），然后再从罪犯那儿把这笔钱追回来"②。目前，欧美各国大都建立了比较完善的被害人国家救助制度或计划。其中，对未成年被害人的补偿是各国刑事被害人救助工作的重中之重，尤以美、德两国最为典型。

（一）美国的刑事被害人国家补偿制度③

美国早期的刑事被害人（或犯罪被害人）政府补偿立法受英国1964年犯

---

① 转引自张凌、于秀峰编译：《日本刑事诉讼法律总览》，人民法院出版社2017年版，第43页。

② 〔意〕恩里科·菲利：《犯罪社会学》，郭建安译，中国人民公安大学出版社2004年版，第284页。

③ 参见王瑞君：《美国犯罪被害人政府补偿制度介评》，载《环球法律评论》2009年第3期；吴大华、邓琳君：《美国〈犯罪被害人权利法〉扩张适用及其启示》，载《现代法学》2014年第5期；朱嘉珺：《美国联邦刑事被害人赔偿制度》，载《苏州大学学报（哲学社会科学版）》2014年第3期。

罪伤害赔偿计划的影响较大。1965 年，美国第一个州级《犯罪被害人政府赔偿条例》在加利福尼亚州通过。随后，纽约州、马萨诸塞州、马里兰州、夏威夷州等相继引进该措施。截至 1982 年，全美有超过 2/3 的州实行了刑事被害人政府补偿计划。1984 年，美国国会通过了《犯罪被害人法案》，正式确立了联邦补偿制度。该制度交由司法部下辖的刑事被害人办公室负责具体实施。同时，美国政府还在财政部设立了补偿基金，用于补偿联邦刑事被害人、资助各州的补偿计划以及指导各州的补偿立法。该基金主要来源于犯罪人交纳的罚金、附加罚金、债券罚金和对犯罪个人及企业征收的专项税。除此之外，州一级也设有补偿基金，主要来源还包括了持有武器登记费、服刑犯人的收入和个人捐助等。各州也可以根据《犯罪被害人法案》向联邦政府申请补偿拨款，可申请的数额相当于实际支付给被害人补偿金的 40%。综合来看，各州实际上承担了被害人补偿费用的 2/3 到 3/4。

在刑事被害人国家补偿制度建立之初，美国将补偿对象限定为暴力犯罪的被害人。在司法实践中，“暴力犯罪”的范围和边界常常引发理解上的歧义，为此，部分州（如新泽西州等）开始在州立法上对“暴力犯罪”进行例示性规定。总体而言，各州例示的暴力犯罪主要包括谋杀、抢劫、人身伤害、强奸、猥亵、性侵儿童、家庭暴力和交通肇事等。一旦未成年人遭遇上述犯罪行为的侵害，其本人与家属均可申领国家补偿基金的救助。申领的具体程序是，未成年被害人或其家属或旨在保护青少年权益的 NGO 组织须向犯罪发生地所在州提出补偿申请并填写书面申请书。在绝大多数州，申请由有关行政部门或者特别设立的行政部门受理。而在科罗拉多州、亚利桑那州等少数州，申请则由当地检察机关或法院受理。此外，伊利诺伊州、俄亥俄州、田纳西州、马萨诸塞州等都设有法庭式的赔偿程序。

关于补偿数额，各州对补偿款的上限一般都有所设定，数额基本在 10000 美元到 25000 美元之间。大约有 15 个州在特殊情形下可以将其提高，如加利福尼亚州和得克萨斯州均规定，特殊情形下的补偿数额可达 45000 美元，华盛顿特区的最高医疗补偿额更是高达 150000 美元，纽约州则完全没有最高医疗补偿额的限制。尽管如此，仍有部分州的法定补偿额低于上述平均水平，例如，缅因州的最高补偿额仅为7500美元。

（二）德国的刑事被害人国家补偿制度[①]

德国是世界上较早以立法形式建立刑事被害人政府补偿制度的国家。1976年5月，联邦德国议会通过了《暴力犯罪被害人补偿法》，该法历经1984年12月、2000年12月和2006年6月三次修订，沿用至今。此外，1982年1月22日生效的《战争被害人补偿法》同样也是德国刑事被害人国家补偿制度的重要法源之一。总体来说，德国在刑事被害人国家救助方面采取了专门立法的模式，即将有关国家补偿的原则、对象、资金来源与管理、决定机构与管辖等一系列相关内容规定在《暴力犯罪被害人补偿法》《战争被害人补偿法》等专门性法典当中。

其一，国家补偿的对象。《暴力犯罪被害人补偿法》第1条规定了国家补偿的对象，即以下两类人群：一类是因故意犯罪而遭受人身伤害的刑事被害人；另一类是死亡被害人的遗属，主要包括被害人的配偶、子女、父母和祖父母。

其二，国家补偿的构成。德国的国家补偿分为被害人给付和遗属给付两种。被害人给付通常包括医疗及康复给付、替代性津贴、生活保障给付等。遗属给付包括三种，分别是寡妇抚恤金、孤儿抚恤金和父母抚恤金。其中与未成年被害人家属直接相关的是父母抚恤金。在德国，未成年子女因犯罪侵害致死，而父母的收入未达到一定数额，或无劳动能力或因其他迫切原因无法从事可获合理报酬之工作，或年满60岁的，有权申领父母补偿金。

其三，国家补偿的资金来源。德国刑事案件被害人补偿金的来源采取联邦政府与地方政府分而治之的办法，实物补偿经费由联邦政府全额负担；现金补

① 参见陈彬、李昌林：《论建立刑事被害人救助制度》，载《政法论坛》2008年第4期；李扬：《构建被害人补偿制度之我见——以德国补偿制度为范本的借鉴》，载《福建法学》2008年第3期；卢希起：《刑事被害人国家补偿制度研究》，中国政法大学2008年博士学位论文，第43—47页；许永强：《刑事法治视野中的被害人》，中国检察出版社2003年版，第177页。

偿费用的40%也由联邦政府支出，余下的60%由各邦、州政府自行解决。[1] 实践中，实物补偿经费的开支明显低于现金补偿费用，因此，联邦政府实际上仅须负担全部补偿金的27%，而地方政府则须负担73%。

其四，国家补偿的申请程序。德国立法对于国家补偿程序的规定十分详细，可操作性较强。《暴力犯罪被害人补偿法》第6条规定，希望获得国家补偿的被害人应向所属地区的补偿局、家庭援助办公室或其他社会保障机构提出申请，上述单位初步签批后还需上报各州政府的劳工福利部及补偿局、联邦政府劳工福利部。如申请未获批准，持异议者可向上级部门提出申请或向法院起诉。诉讼程序由三级三审的社会法院管辖，审理程序适用《社会法院法》的规定。

① 实物补偿包括康复、医疗给付，由政府直接支付给已先行支付的保险公司，现金补偿包括工作补助金、殡葬费与年金。参见卢希起：《刑事被害人国家补偿制度研究》，中国政法大学2008年博士学位论文，第47页。

第十二章 未成年人刑事诉讼国际准则

第一节 《儿童权利公约》中的少年司法标准

1989 年 11 月 20 日，第 44 届联合国大会第 44/25 号决议通过了《儿童权利公约》，该公约是第一部关于保护儿童权利、具有国际法约束力的专门性公约，旨在为世界各国儿童创建良好的成长环境，促进儿童在和平与安全条件下的发展和教育。截至 2016 年，该公约缔约国共有 196 个，签署但未批准该公约的国家有 1 个。[①] 各缔约国须积极采取多种措施保护和保障本国儿童的权利，制定和采取符合儿童最大利益的所有行动和政策，促进全社会对儿童基本权利的关心和重视，以履行公约规定的各项义务。联合国儿童权利委员会专职负责监督各缔约国落实《儿童权利公约》的情况。

一、《儿童权利公约》制定的背景

20 世纪以来，人们日趋重视儿童的基本权利并着手制定保障儿童权利的国际准则。1924 年，国际联盟（League of Nations）通过了《日内瓦儿童权利

① 资料来源：https：//www. ohchr. org/Documents/HRBodies/CRC/OHCHR _ Map _ CRC. pdf。

宣言》，这是国际社会订立的第一个保护儿童权利的文书，但当时的儿童权利保护侧重在禁止剥削和奴役儿童、禁止贩卖儿童和招收儿童做工，以及打击诱骗儿童等方面，儿童被看作弱小的需要受保护的对象。

1945 年，联合国成立，儿童的幸福和权利成为其关心的主要问题之一。1946 年 12 月 11 日，联合国成立儿童基金会，旨在促进保护儿童权利，帮助满足儿童的基本需要，并增加儿童充分实现其潜力的机会。[①] 为进一步推动儿童权利的保护事宜，联合国通过了一系列国际人权文件，如 1948 年的《世界人权宣言》即承认儿童有权享受特殊的照顾和协助。1959 年 11 月 20 日，联合国又通过《儿童权利宣言》，这是第二份保护关于儿童权利的文书，将对儿童权利的认识提高到一个新的高度，不仅扩大了儿童权利的范围，如生存权、健康权、活动权、教育权等，而且强调了儿童是自身发展的主体。但由于该宣言不具有法律约束力，难以充分发挥对儿童权利的积极保护，因此世界各地区儿童的境况仍存在差距，有些国家或地区的儿童仍然因为社会条件、自然灾害、武装冲突、剥削、文盲、饥饿和残疾等而饱受折磨，其身心健康发展需要有效的国家和国际行动。为此，联合国和联合国儿童基金会意识到，有必要制定一项关于儿童权利的国际公约，重申儿童需要受到特别保护，约束各缔约国不断改善本国儿童的处境，使他们能在和平与安全的条件下幸福成长和受教育。自 1979 年开始，联合国人权委员会着手儿童权利公约草案的拟定工作，最终在 1959 年《儿童权利宣言》出台 30 周年之际，联合国大会通过《儿童权利公约》并开放给各国签署、批准和加入，公约于 1990 年 9 月 2 日正式生效。目前，除美国外所有联合国会员国均已批准该公约，使《儿童权利公约》成为最成功的国际公约之一。

2000 年，联合国大会通过了《儿童权利公约》的两个任择议定书，以帮助在全世界制止愈演愈烈的虐待和剥削儿童的现象，进一步保护儿童免于参与武装冲突和免受性剥削的侵害。两个任择议定书分别是《关于儿童卷入武装冲突

---

① 参见联合国儿童基金会网站，https：//www. unicef. org/chinese/crc/。

问题的任择议定书》和《关于买卖儿童、儿童卖淫和儿童色情制品问题的任择议定书》，前者将18岁作为义务征兵的最低年龄，要求各国采取一切手段，防止不满18岁的个人直接参与敌对行动，后者则呼吁特别关注严重侵害儿童权利的性犯罪活动，强调提高公众意识，加强国际合作，打击此类违法犯罪活动。两个任择议定书在公约原有内容的基础上增加了更为详细的内容，以法律形式保护儿童免受最恶劣形式的剥削。

二、《儿童权利公约》的核心原则

联合国人权委员会在草拟公约时，采纳了1959年《儿童权利宣言》所确立的原则，并结合社会的发展变化将其中一些过于原则与模糊的内容精细化，最终通过的《儿童权利公约》确立了四项核心原则，缔约国须尽力确保对《儿童权利公约》所载儿童权利的解释和执行均以这四项原则为指导。

（一）非歧视原则

1959年《儿童权利宣言》就规定了非歧视原则，也称平等保护原则，即“儿童应享有本宣言所载之一切权利。所有儿童，绝无例外，一律有权享受此等权利，不因其本人或其家族之种族、肤色、性别、语言、宗教、政见或他种意见、族国或家世、财产、出生或其他身分而有所轩轻或歧视”。1985年《北京规则》也将此原则作为会员国少年司法的最低限度准则，1989年《儿童权利公约》第2条沿用了这两份国际文件的表述方式，该条规定“缔约国应尊重本公约所载列的权利，并确保其管辖范围内的每一儿童均享受此种权利，不因儿童或其父母或法定监护人的种族、肤色、性别、语言、宗教、政治或其他见解、民族、族裔或社会出身、财产、伤残、出生或其他身份而有任何差别”。缔约国应采取一切适当措施确保儿童得到保护，不受基于儿童父母、法定监护人或家庭成员的身份、活动、所表达的观点或信仰而加诸的一切形式的歧视或惩罚。据此，公约赋予各项儿童权利同等的地位，权利不分大小，人权不分等级，所有儿童均无一例外地享有公约中所载的权利，不受任何歧视或忽视，同时儿童因其年龄、心智等方面与成人存在差异，应提供特殊保护，促进实质性平等，如《儿童权利公约》第22条对难民儿童的特殊保护、第23条对残疾儿童的特殊保护等，都是非歧视原则的具体体现。

（二）儿童最大利益原则

1959年《儿童权利宣言》即规定了该项原则，儿童应受到特别保护，并应通过法律和其他方面而获得各种机会与便利，使其能在健康而正常的状态和自由与尊严的条件下，得到身体、心智、道德、精神和社会等方面的发展，在为此目的而制定法律时，应以儿童的最大利益原则为首要考虑。1989年《儿童权利公约》延续了这一原则，但在具体表述上有所不同，《儿童权利公约》第3条第1款规定："关于儿童的一切行动，不论是由公私社会福利机构、法院、行政当局或立法机构执行，均应以儿童的最大利益为一种首要考虑。"同时，《儿童权利公约》对各缔约国在保障儿童最大利益方面的义务作出规定，缔约国承担确保儿童享有其幸福所必需的保护和照料，考虑到其父母、法定监护人或任何对其负有法律责任的个人的权利和义务，并为此采取一切适当的立法和行政措施。缔约国应确保负责照料或保护儿童的机构、服务部门及设施符合主管当局规定的标准，尤其是安全、卫生、工作人员数目和资格以及有效监督等方面的标准。

《儿童权利公约》为各缔约国开展有关儿童的行动确立了优先考虑儿童最大利益的指引，各国立法、行政与司法机关进行有关儿童事务的政府性活动时应将儿童最大利益作为首要的考虑因素，同时私人机构以及个人从事的涉及儿童事务的行动也应以儿童最大利益原则为基本准则。[①] 缔约国有义务在确定儿童最大利益时不仅应考虑每个儿童的特殊情况，也应考虑儿童群体的利益。由于对何为"儿童的最大利益"并没有统一的界定标准，因此各国在该原则的贯彻中融入了各自不同的文化价值与传统，使该原则的理解及适用上呈现出多样性。

---

① 参见王勇民：《儿童权利保护的国际法研究》，华东政法大学2009年博士学位论文，第94页。

（三）儿童生命、生存和发展权原则

《儿童权利公约》第 6 条规定："缔约国确认每个儿童均有固有的生命权。缔约国应最大限度地确保儿童的存活与发展。"其中"固有的生命权"一词体现了"天赋人权"的思想，也是《公民权利及政治权利国际公约》第 6 条"固有的生命权"[①] 表述的沿用。"最大限度"的要求则体现了联合国对儿童生存权和发展权的重视，要求各国尽最大努力提供各种资源和保障措施以确保儿童的生存与发展，如《儿童权利公约》第 24 条规定保障儿童最高标准的健康权以及相应的实现措施，第 27 条规定了缔约国负有为儿童提供较高生活水准的责任，第 28 条明确儿童享有受教育的权利，这些都是保障儿童生存和发展权的进一步补充。

（四）发表意见权原则

《儿童权利公约》第 12 条规定："缔约国应确保有主见能力的儿童有权对影响到其本人的一切事项自由发表自己的意见，对儿童的意见应按照其年龄和成熟程度给以适当的看待。为此目的，儿童特别应有机会在影响到儿童的任何司法和行政诉讼中，以符合国家法律的诉讼规则的方式，直接或通过代表或适当机构陈述意见。"儿童权利委员会将该条确定为《儿童权利公约》的四项基本原则之一，这种做法强调儿童表达意见不仅是一项权利，而且在解释和行使所有其他权利时也必须加以考虑。该原则的确立显示了国际社会对儿童地位的重新认识，儿童是权利的主体，不再是权利客体或被保护的对象，其意见和观点应获得尊重，尤其是在涉及自身事务方面，必须听取儿童自己的看法、意见、需要、感受、情感等。《儿童权利公约》第 13 条儿童言论自由、第 17 条儿童有权获取信息等都是儿童发表观点和意见的保障举措。

儿童权利委员会在 2009 年通过了关于儿童表达意见权的一般性意见，不仅对《儿童权利公约》第 12 条进行法律分析，解释全面实现该项权利的必要条

---

① 《公民权利及政治权利国际公约》第 6 条第 1 款规定："人人有固有的生命权。这个权利应受法律保护。不得任意剥夺任何人的生命。"

件，包括特定的司法和行政程序，还列出了执行该项权利的基本要求，儿童权利委员会希望通过这份意见能加强各国政府、各利益攸关方、非政府组织和整个社会对该条意义和影响的认识，提升各缔约国执行该条的有效性。[①] 根据该份意见，发表意见不仅是单个儿童的权利，也是儿童群体的权利，所谓的儿童群体可以是一类学生、相邻住区的儿童、一个国家的儿童、残疾儿童或女童。各缔约国对表达意见有困难的儿童应提供适当帮助。在影响到儿童的任何司法和行政诉讼中应特别提供机会让儿童表达意见，这些诉讼包括与父母分离、监护、照料和收养、触犯法律以及关于儿童教育、保健等的决定。诉讼中执行儿童发表意见权的步骤包括准备、听取意见、评估儿童的能力、儿童意见的反馈以及申诉、补救和赔偿。

三、《儿童权利公约》中的少年司法标准

《儿童权利公约》第 37 和 40 条集中对未成年人犯罪的处遇作出规定，属于少年司法的直接内容，这些规定既涉及少年犯享有的特定权利，也包括各缔约国在少年司法中应承担的义务。根据《儿童权利公约》第 44 条规定的缔约国定期报告制度，《儿童权利公约》第 37 和 40 条的执行情况是各缔约国报告内容的主要焦点。2007 年，联合国儿童权利委员会第 44 届会议通过了《第 10 号一般性意见：少年司法中的儿童权利》，该意见强调少年司法是一项综合政策，其落实不仅限于《儿童权利公约》第 37 和 40 条所列载的条款，还包括《儿童权利公约》四项核心原则及其他条款的贯彻。

（一）少年司法基本原则

少年司法的运行除遵循《儿童权利公约》确立的非歧视、儿童最大利益、生命、生存和发展以及发表意见权四项核心原则外，《儿童权利公约》第 37 和 40

① 参见联合国儿童权利委员会：《第 12 号一般性意见：儿童表达意见的权利（2009 年）》，第 5 页。

条还设定了一些对待违法儿童的基本原则。[①]

1. 符合儿童尊严和价值感

这项原则体现了《世界人权宣言》第1条所载的基本人权，该条阐明："人人生而自由，在尊严和权利上一律平等。"这是人所享有的固有权利。《儿童权利公约》序言明确提及，从与执法机构接触即刻起，在整个处置儿童的过程中，直至落实所有涉及儿童的措施方面，都必须尊重和保护这项固有的权利。

2. 增强儿童对他人人权和自由的尊重感

这一原则符合序言认为儿童应当本着符合《联合国宪章》所宣称的精神抚育成长。这也意味着在少年司法体制内，对儿童的待遇和教育应旨在培养对人权和自由的尊重。该项原则要求充分尊重并实施《儿童权利公约》第40条第2款确认的公平审理保障举措。若少年司法中的主要行为者，诸如警官、检察官、法官和缓刑监督官不能充分尊重和保护这些保障，那么他们又如何期待在这种影响下，儿童将会尊重他人的人权和基本自由？

3. 考虑儿童年龄、促进儿童重新融合和儿童承担社会建设性作用

从与执法机构接触即刻起，直至在处置涉事儿童的整个过程期间，都必须运用、恪守和尊重这项原则。这就需要实施少年司法的所有专业人员了解儿童的发展情况、儿童活跃和持续的成长情况、什么是适合于儿童的福祉，什么是暴力侵害儿童的倒行逆施形式。

4. 禁止和防止一切暴力对待违法儿童的形式

各缔约国递交的执行报告显示，[②] 无论是刚刚接触警察还是在预审拘留期间，以及被判刑剥夺自由的儿童在治疗和其他设施的关押期间等所有少年司法程序阶段都发生过暴力现象。各缔约国应采取有效措施，防止此类暴力，确保将施暴者绳之以法，并按照2006年10月提交联合国大会的关于"联合国研究

---

① 参见联合国儿童权利委员会：《第10号一般性意见：少年司法中的儿童权利（2007）》，第13段。

② 同上。

暴力侵害儿童行为问题独立专家的报告”（A/61/299）提出的建议，采取有效的后续行动。

（二）少年司法体系构建

1. 预防少年犯罪

实施《儿童权利公约》的最重要目标是促进儿童个性、才智和身心能力的全面协调发展。为儿童的最大利益着想，应确保其成长环境不存在可能加剧或严重滋生参与犯罪活动的风险。据此，少年司法体系着力点应在预防少年犯罪方面，在制定和实施预防策略中，应注意促进和支持儿童、家长、社区领导人和其他主要行为人的参与，他们参与的质量是决定预防策略成功与否的关键要素。

2. 不诉诸司法程序的干预措施和在司法程序中采取的干预措施

各缔约国在处置被指称、指控或确认触犯刑法的儿童时可采取两种干预措施：不诉诸法律审理的措施和在法律审理中采取的措施。缔约国在处置时须维护儿童的人权和法律保障，充分尊重和保护儿童。一是不诉诸司法程序的干预措施。根据《儿童权利公约》第 40 条第 3 款的规定，缔约国应在适当和必要时，寻求对被指称、指控或确认触犯刑法的儿童采取不诉诸司法程序的措施。绝大多数少年犯仅犯有轻微罪行，缔约国应制订多元化的替代性处置措施以避免将所有少年犯提交至刑事法庭审判。二是在司法程序中的干预措施。若缔约国检控部门提起刑事诉讼，须适用公平和公正审理的原则。少年司法制度应为处置违法少年提供大量的机会以便采取教育为主的措施，同时严格限制使用剥夺自由的做法，在审判阶段，剥夺自由必须作为最后的措施使用，且期限应为最短的适当时间。①

3. 少年司法的最低刑事责任年龄

《儿童权利公约》第 40 条第 3 款要求各国应致力于促进规定最低年龄，在此年龄以下的儿童应视为无触犯法律之行为能力，但是《儿童权利公约》在这一

① 参见《儿童权利公约》第 37 条（b）款。

方面并未具体提及最低年龄。儿童权利委员会认为，最低刑事责任年龄意味着，凡在此年龄之下犯罪的儿童不可按刑事程序追究责任，凡在犯罪时正处于或高于最低刑事责任年龄但未满 18 周岁的少年可以按刑事程序提出起诉并接受审判。因此，各缔约国有义务确立最低刑事责任年龄。实际上，各缔约国规定了一系列广泛的最低刑事责任年龄，从最低的 7、8 岁到 14 或 16 岁不等。

4. 公平审理

《儿童权利公约》第 40 条第 2 款列举了一系列权利和保障举措，旨在确保每个被指称或被指控触犯刑法的儿童都能得到公正的待遇和审理。这些权利和措施具体如下：

（1）不溯及既往。《儿童权利公约》第 40 条第 2 款（a）项申明：“任何儿童不得以行为或不行为之时本国法律或国际法不禁止的行为或不行为之理由被指称、指控或认为触犯刑法。”即任何儿童的行为或不行为，在其发生之时依照国内法或国际法不构成刑事犯罪的，不得对其提起指控或判刑。

（2）无罪推定。《儿童权利公约》第 40 条第 2 款（b）（一）项规定，被指称或指控触犯刑法的儿童“在依法判定有罪之前应被假定为无罪”。即由控方承担儿童刑事指控成立的举证责任，被指称或指控触犯刑法的儿童应被假定无罪，只有在指控证据确凿的情况下，方可被认定犯有所指控的罪行。无罪推定的理念最先由意大利刑法学家贝卡利亚提出，在《论犯罪与刑罚》一书中，贝卡利亚提出：“在法官判决之前，一个人是不能被称为罪犯的。只要还不能断定他已经侵犯了给予他公共保护的契约，社会就不能取消对他的公共保护。”[①] 这一理念随后在国际上被普遍接受，陆续在许多国家宪法、宪法性文件，甚至联合国《世界人权宣言》《公民权利及政治权利国际公约》等国际性文件中予以规定，《儿童权利公约》对此理念的重申亦体现了公约草拟者对儿童权利保障的高度重视。

---

① 〔意〕切萨雷·贝卡利亚：《论犯罪与刑罚（增编本）》，黄风译，北京大学出版社 2014 年版，第 46 页。

（3）陈述意见的权利。《儿童权利公约》第12条第2款规定：“儿童特别应有机会在影响到儿童的任何司法和行政诉讼中，以符合国家法律的诉讼规则的方式，直接或通过代表或适当机构陈述意见。”据此，被指控、起诉或承认触犯刑法的儿童在诉讼中享有陈述意见的权利。从儿童有权保持沉默的预审阶段到有权向警察、检察官和调查法官陈述意见时的每一个诉讼阶段，都应充分尊重这一权利。同时，诉讼应当在有利于儿童参与和自由表达意见的氛围中进行。

（4）迅速获知指控罪名。根据《儿童权利公约》第40条第2款（b）（二）项的规定，每一个被指称或指控触犯刑法的儿童都有权迅速、直接地被告知其被控罪名。为使儿童有效参与诉讼，应当以儿童知晓的语言及时和直接告知每个儿童所面临的指控，以及少年司法审理过程和法庭可能采取的措施。

（5）法律援助或其他适当协助。根据《儿童权利公约》第40条第2款（b）（二）项的规定，必须确保儿童在准备和提出辩护时所需要的法律或其他适当协助。即缔约国提供的援助不一定都是法律上的，但必须恰当，至于如何提供由缔约国酌情决定，但应当免费提供。

（6）迅速并在合适成年人在场的情况下作出裁决。根据《儿童权利公约》第40条第2款（b）（三）项的规定，独立公正的主管当局或司法机构应依法公正审理迅速作出裁决。此规定遵循了国际社会的共识，即就触犯刑法的儿童而言，从犯下不法行为到对此种行为采取最后应对措施的时间，应当尽可能短暂。这段时间越长，应对措施就越可能失去想要达到的积极的教育效果，相关儿童就越可能遭受歧视。此外，合适成年人应到场参加诉讼，为触犯刑法的儿童提供某些心理和情感上的支持。

（7）不自证己罪。根据《儿童权利公约》第40条第2款（b）（四）项的规定，儿童不得被迫做口供或认罪。为使儿童供认或认罪而实施酷刑及其他残忍、不人道或有辱人格的待遇，将严重侵犯儿童的权利，此种情形下获得的任何供认或认罪均不得作为证据。《儿童权利公约》中的“被迫”一词应作广义理解，即不限于武力或其他明显侵犯人权的行为，儿童的年龄、身心发育情况、讯问持续的时间、判断能力缺乏等，都可能会使儿童作出不符合真实情况的供认。

（8）证人到庭和诘问证人。《儿童权利公约》第40条第2款（b）（四）项强调少年司法中亦应遵守“平等武装”原则，儿童“应可诘问或间接诘问他造证人，并且使自己的证人在他造证人平等的条件下出庭并受诘问”。

（9）上诉权。根据《儿童权利公约》第40条第2款（b）（五）项的规定，儿童有权对判定其触犯刑法的裁决以及因该项裁决而宣布采取的措施提出上诉，这种上诉应当是高一级的、独立公正的主管当局或司法机构负责裁定。事实上，相当多的缔约国对此项条款提出保留，将儿童的上诉权限于较为严重的犯罪，因此并非每一名获得宣判的儿童均有权提出上诉。

（10）免费的翻译协助。根据《儿童权利公约》第40条第2款（b）（六）项的规定，如果“儿童不懂或不会说所用语言，有权免费得到译员的协助”，这种协助不限于庭审，在少年司法程序的各个阶段都应提供。

（11）充分尊重隐私。根据《儿童权利公约》第40条第2款（b）（七）项的规定，儿童“隐私在诉讼的所有阶段均得到充分尊重”。“诉讼的所有阶段”是指从与执法机构人员初次接触（例如讯问相关情况和身份）直到主管机构作出最终裁决，或解除监督、结束拘留获释或被剥夺自由等各个阶段。在这种特定情形中，这项权利旨在避免不适当的宣传或描述造成的伤害。任何可能会使人知道少年犯罪者身份的信息都不得透露，因为此种信息会使相关少年受到歧视，并且还可能对其入学、就业、获得住房的前景或其人身安全造成影响。当前，为了保护儿童的隐私，多数缔约国通常都规定，除非存在例外情形，否则对被指控触犯刑法的儿童进行的庭审或其他审讯应当以非公开方式进行。专家或其他专门人员经法庭特别准许可以到庭。少年司法中的公开审讯只有在一些明确规定的情形中并经法庭书面裁决方可进行，相关儿童可对此种裁决提出上诉。此外，隐私权还意味着应当对少年犯档案实行严格保密，此种档案不得向第三方透露，但直接参与案件调查、审判和裁决的人员除外。为了避免实行歧视和/或未经审讯作出判决，少年犯档案不应在处理其后涉及同一犯罪案件的成人诉讼中使用，该档案也不得用来加重此种今后的宣判。

5. 结案方式

《儿童权利公约》第 40 条第 4 款列举了除机构性看守和剥夺自由以外的多种替代性措施，包括照管、指导和监督令、辅导、察看、寄养、教育和职业培训方案等，公约制定者希望借此保证剥夺自由的措施只作为最后手段，而且只在尽可能短的时间里采用。《儿童权利公约》第 37 条（a）项规定了两项少年违法犯罪案件的禁止性刑罚：一是对未满 18 周岁的人无论犯何种罪行不得判以死刑；二是不得判处无释放可能的无期徒刑，即犯罪时未满 18 周岁的少年禁止判处死刑或无假释的终身监禁。

6. 剥夺自由

《儿童权利公约》第 37 条明确了采取剥夺自由措施的主要原则、每一个被剥夺自由儿童在司法程序中的权利以及被剥夺自由儿童的待遇和条件。

(1)《儿童权利公约》第 37 条（b）项规定了采用剥夺自由措施的主要原则：一是对儿童的逮捕、拘留或监禁应符合法律规定并仅应作为最后手段，期限应为最短的适当时间；二是不得非法或任意剥夺任何儿童的自由。缔约国应采取适当的立法和其他措施，尽量使用替代性方案减少审判前拘禁。至于审前拘禁的决定，包括拘禁的时间长度，应由有权的、独立的和无偏私的主管机构或司法机关作出，儿童应获得法律或其他适当的援助，各缔约国应保证儿童能尽早从审前拘禁中获释。

(2)《儿童权利公约》第 37 条（d）项规定了被剥夺自由儿童享有的程序性权利：有权及时获得法律及其他适当援助，有权向法院或其他独立公正的主管当局就其被剥夺自由一事之合法性提出异议，并有权迅速就任何此类行动得到裁定。即任何被逮捕和被剥夺自由的儿童都应在 24 小时内向有主管权的政府部门提出异议，以审查剥夺自由行动的合法性。儿童权利委员会建议缔约国应拟定法律保证审前拘禁的合法性受到定期审查，最好是每两个星期审查一次。

(3)《儿童权利公约》第 37 条（c）项规定了被剥夺自由儿童的待遇和条件：所有被剥夺自由的儿童应同成人隔开，被剥夺自由的儿童不应被安置在成人监狱或其他为成人设立的设施内；被剥夺自由的儿童有权通过邮件和探访与家人保持联系。

第二节　其他联合国文件中的少年司法标准

除《儿童权利公约》涉及少年司法的规定外，联合国还通过了一系列有关少年司法的国际性文件，既有关于如何对待和处置违法犯罪少年的《北京规则》，有着力预防少年犯罪的《利雅得准则》，还有侧重保护被拘留或监禁少年的《联合国保护被剥夺自由少年规则》。这些文件共同组成了联合国少年司法标准和规范，对联合国会员国在少年司法方面的规划，政策制定、执行和评估等具有指引作用。

一、《北京规则》

1985年11月29日，第40届联合国大会第40/33号决议通过了《联合国少年司法最低限度标准规则》，因该规则于1984年5月在北京召开的“青少年、犯罪与司法”专题会议上讨论、修改和定稿，故又称为《北京规则》。该规则有6个部分，共30个条文，是国际上第一个有关少年违法犯罪的指导性文件，主要涉及少年犯罪后如何进行处置，其汇集了各国少年立法的成功经验，体现了少年刑事司法专门化等方面的要求，受到国际社会的广泛重视。

（一）《北京规则》制定的背景

第二次世界大战后，尤其是20世纪60年代以来，全球范围内少年犯罪现象日趋恶化，各国开始探索并发展出一些少年司法制度，国际社会开始呈现将少年犯与成年犯区别对待的势态。与此同时，也有一些国家以严厉的惩罚措施应对日渐增长的少年犯罪，与国际社会对儿童进行特殊保护的总体发展趋势格格不入。联合国在《世界人权宣言》《公民权利及政治权利国际公约》《经济、社会、文化权利国际公约》以及其他有关少年权利的国际法律文件中指出，鉴于少年处于成长发育的早期阶段，特别需要在身心和社会发展方面得到照顾和帮助，并且需要在和平、自由、尊严和安全的情况下获得法律保护。1980年，第六届联合国预防犯罪和罪犯待遇大会第 4 号决议要求制订“少年司法和照顾少年的最低限度标准规则”供会员国作为模式范本，犯罪预防和控制委员会、联合国亚洲及远东预防犯罪和罪犯待遇研究所等机构积极草拟规则，在 1984 年 5 月北京举行的区域间筹备会议中形成规则草案终稿。经济及社会理事会向第七届联合国预防犯罪和罪犯待遇大会提交了规则草案，并获通过。规则拟定的标准可能对部分会员国来说一时难以实现，但应被视作可以达到的一项起码政策，并作为会员国审查和修改现行立法、政策和做法的参照对象，特别是在少年司法工作人员的培训方面，应与规则内容相融合。

（二）《北京规则》的宗旨

《北京规则》的第 1 条体现了该规则的宗旨，即各会员国采取的社会政策应致力于促进少年福利、尽量减少司法干预，对触犯法律的少年给予有效、公平及合乎人道的处遇。少年司法既要保护少年，又要维护社会的安宁秩序。

在促进少年及其家庭的福利方面，会员国应创造条件确保少年能过上有意义的生活，因而须注意采取积极措施，充分调动所有可能的资源，在少年一生中最易沾染不良行为的时期使其成长和受教育的过程尽可能不受犯罪和不法行为的影响，如此可以有效预防少年犯罪、减少不法行为。各国在少年犯罪问题方面应以预防为先，但也应在结合本国经济、社会和文化现状的基础上拟定一套专门适用于少年犯的法律、规则和规定，设立相应的少年司法机构和机关，当少年有违法犯罪行为时，通过少年司法系统的运作使少年获得公平正义的处理。

《北京规则》对“少年”“违法行为”“少年犯”作了原则性界定，将精确界定的权力赋予各会员国，体现了对会员国差异的尊重。如“少年系指按照各国法律制度，对其违法行为可以不同于成年人的方式进行处理的儿童或少年人”[①]，各国法律制度的不同导致少年犯的年龄幅度存在较大差异，从 7 岁到 18 岁或 18 岁以上不等。由于此与刑事责任年龄密切相关，所以《北京规则》对

① 《北京规则》第 2.2（A）条。

“刑事责任年龄”作原则性规定：该年龄的起点不应规定得太低，应考虑到情绪和心智成熟的实际情况。如果过低或根本没有年龄限度的下限，那么责任概念就会失去意义。当前，世界各国和地区对少年负刑事责任年龄的起点规定不一，有的规定为7岁（如新加坡），有的规定为9岁（如菲律宾），有的规定为10岁（如英国、中国香港地区），有的规定为12岁（如加拿大），中国内地及多数国家（如德国、匈牙利、意大利）规定为14岁。[①] 由于刑事责任年龄与其他社会权利和责任（如法定成年、婚姻等）密切相关，各会员国应结合少年本人的辨别和理解能力来决定其是否能对本质上反社会的行为负责。

（三）少年司法的基本原则

《北京规则》中并没有单独就基本原则作设定，但纵观整部规则，条文本身体现了一些少年司法所应贯彻的基本原则。

1. 双向保护原则

《北京规则》指出，少年司法既要保护少年，又要维护社会的安宁秩序，[②] 应将两者有机结合。为此，少年司法制度应强调少年的幸福，避免对少年犯只采用惩罚性的处分。《北京规则》设定了诸多保护少年的条款，如第7.1条概括指明在各诉讼阶段少年罪犯享有的基本程序权利，第8.1、8.2条就各诉讼阶段尊重和保护少年犯罪的隐私权作一般规定。这些原则性内容在后续规则条文中都有进一步的细化，如第14.1、14.2和15.1、15.2条就少年罪犯保持沉默的权利、请律师的权利、要求父母或监护人在场的权利作指引；第21.1、21.2条规制少年罪犯的档案保密事宜，即只有与处理手头上的案件直接有关的人员或其他经正式授权的人员才能接触这些档案，且少年罪犯的档案不得在其后的成人诉讼中加以引用。在保护少年的同时，《北京规则》也强调违法少年应承担相应的责任，强调社会、社区的安全和利益以及对被害人的保护和补

---

① 参见香港立法会：《〈2001年少年犯（修订）条例草案〉委员会报告》（香港立法会CB（2）1358/02-03号文件）之附录Ⅲ“其他司法管辖区的刑事责任年龄一览”。

② 《北京规则》第1.4条规定：“少年司法应视为是在对所有少年实行社会正义的全面范围内的各国发展进程的一个组成部分，同时还应视为有助于保护青少年和维护社会的安宁秩序。”

偿，体现了少年保护理念和少年责任理念的融合，兼顾社会保护、社会防卫，维护社会安宁秩序的同时考虑到犯罪少年的特殊性，对违法少年给予有效、公平、合乎人道的待遇。[①]《北京规则》的双向保护原则体现了保护少年与保护社会的统一，为各会员国少年司法制度的构建指明了方向。

2. 非歧视原则

《北京规则》第 2.1 条遵循了 1959 年《儿童权利宣言》中原则一的拟写方式，强调各会员国在实施规则时应始终做到公平对待和不加任何区别，任何少年罪犯不因其“种族、肤色、性别、语言、宗教、政治或其他见解、民族本源或社会出身、财产、血统或其他身份地位”受到区别对待。

3. 专门化原则

《北京规则》指出各国应制定专门适用于少年犯的法律、规则和程序，设立专门的少年司法机构和机关，[②] 由独立的少年司法系统处理少年违法犯罪案件。同时要重视少年司法的改进，使其与渐进的少年社会政策发展相契合，同时不断改善少年司法机关工作人员的能力，通过培训提高其对待少年犯的方法、态度等，使工作人员不断专业化。《北京规则》赋予少年司法工作人员在各诉讼阶段一定的自由裁量权，并承担与之相应的司法责任，使其能结合少年的不同需要，审慎地对每一起少年违法犯罪案件采取适当行动，体现少年司法的公正与合乎人道。为此，第 12.1 条要求处理少年违法犯罪行为的警官须具备专业性，接受专门指导和训练。第 22.1、22.2 条再次强调专业化和培训，并建议聘用、培训妇女从事少年司法工作，同时为其晋升提供便利。

4. 相称原则

《北京规则》指出各国少年司法制度应确保对少年犯作出的任何处置均应与

---

① 参见吴琼：《国际法视野下少年司法制度的新发展》，载《广东青年干部学院学报》2007 年第 4 期。

② 《北京规则》第 2.3 条规定：“应努力在每个国家司法管辖权范围内制订一套专门适用于少年犯的法律、规则和规定，并建立受权实施少年司法的机构和机关”。

少年和违法行为情况相称，[①] 对少年违法行为的严重性应有公正的估量，即对少年犯的处置不仅以违法行为的严重程度为依据，还应结合少年的个人情况，这些情况包括社会地位、家庭情况、犯罪行为造成的危害或影响个人情况的其他因素，少年为赔偿受害人作出积极努力或表示愿意重新做人、过有益生活等，都会成为影响处置的因素。为此，第 16.1 条确立了社会调查报告制度，除轻微违法案件外，法院须借助社会调查报告对少年犯罪作出最终判决，这份报告是对少年生活的家庭背景和成长环境、学历、教育经历、犯罪条件等事项的调查，使法院在判决前能对少年有更全面的认识，从而作出更为明智的判决。

5. 迅速处理原则

《北京规则》第 20.1 条要求每一起少年违法犯罪案件从一开始就应迅速处理，不应有任何不必要的拖延，否则法律程序和处置可能会达到的任何好效果都会有危险。因为随着时间的推移，少年理智和心理上就越来越难以将法律程序和处置同违法行为联系在一起，故少年犯罪案件的处理应秉持快速处理原则，如第 10.2 条建议法官或其他主管人员或主管机关对被逮捕的少年犯应不加拖延地考虑释放问题。

（四）少年司法各阶段的特定要求

1. 审前阶段的特定要求

审前程序包括警察的侦查和检察机关的起诉，在少年司法中应注意的特别事项主要包括三个方面：第一，少年犯一经逮捕应立即将被捕事宜通知其父母或监护人，如无法立即通知，应在随后尽快通知。[②] 第二，赋予警察、检察机关或其他机构自由裁量权，以尽可能地采取审判外措施处置少年犯。[③] 这是减少司法干预宗旨的又一体现，即为避免定罪判刑为少年带来的烙印，侦查、检

---

① 《北京规则》第 5.1 条规定："少年司法制度应强调少年的幸福，并应确保对少年犯做出的任何反应均应与罪犯和违法行为情况相称。"

② 参见《北京规则》第 10.1 条。

③ 参见《北京规则》第 11.2 条。

察部门有免除刑事司法诉讼程序或将少年转介社区或其他部门的权力，当然转介应取得少年犯（或父母或监护人）的同意，以减少强制和威胁的可能性。欧美国家少年司法中侦查、审查起诉阶段均设有转处机制，分别由侦查、检察机关将少年刑事案件转处到学校、社区等其他机构。[①] 如英国、加拿大、新西兰等国设立警司警诫计划，对犯有轻微刑事罪行的认罪少年警司级或以上的警务人员有权施以警诫以替代提出刑事检控。《北京规则》特别推崇通过赔偿受害者了结的方案以及通过短时期监督和指导以避免将来触犯法律事件的方案。[②] 第三，审前拘留。对少年犯进行审前拘留应是万不得已的手段，而且时间应尽可能短，须尽可能地采取替代性措施，如密切监视、加强看管或安置在一个家庭或一个教育机关或环境内。[③] 鉴于少年与成年人在身心上的差异，也避免少年进一步被“污染”，《北京规则》建议将少年与成年人分开看管，拘留在单独的监所或拘留在成年人监所的单独部分。[④] 如此，既可保护违法少年的名誉和人格，亦有利于对其进行改造。拘留期间，各会员国应根据少年的年龄、性别和个性提供一切必要的社会、教育、职业、心理、医疗和物质方面的个人援助，[⑤] 以照料和保护少年。《北京规则》通过列举这些不同的援助方式，提醒各会员国注意被拘留少年的特殊需要，包括因被逮捕而遭受精神创伤、吸毒酗酒成瘾等。

2. 审判阶段的特定要求

当少年犯罪案件未转介社区或其他部门时，法院等主管当局应按照公平合理审判的原则对少年案件进行处理，在此期间相关部门应注意的特别事项主要包括五个方面：第一，所有诉讼程序按照最有利于少年的方式和在谅解的气氛

---

① 参见吴殷铮：《少年司法模式的第三条道路——恢复性少年司法在中国的兴起》，载《刑事法评论》2015 年第 1 期。

② 《北京规则》第 11.4 条规定：“为便利自行处置少年案件，应致力提供各种社会方案诸如短期监督和指导对受害者的赔偿和补偿等等。”

③ 参见《北京规则》第 13.1、13.2 条。

④ 参见《北京规则》第 13.4 条。

⑤ 参见《北京规则》第 13.5 条。

下进行，允许少年参与诉讼程序，并能自由地表达自己的意见。[①] 第二，少年有权聘请法律顾问，或获得法律援助服务。[②] 第三，父母或监护人有参与权，他们的参与是对少年心理和感情上的援助，但如果他们的出现起到反作用，如对少年表现出仇视的态度，则法院可拒绝他们参与。[③] 第四，考虑少年案件时，始终以少年福祉作为主导因素，不得对少年施行体罚，无论少年犯任何罪行均不得判以死刑。[④] 当综合掌握的所有事实情况，认为停止司法干预是对少年的最佳处理方式时，法院等主管当局有权作出撤销诉讼。第五，量刑时以维护少年福祉和少年前途为重，尽可能避免监禁刑，法院等主管当局应灵活采用缓刑、罚款、参加集体辅导、社区服务、有条件的判刑等多种替代性监外教养方式处置少年犯，[⑤] 最大限度地发挥社区在教育改造少年犯中的作用。对那些存在严重暴力行为或屡犯严重罪行，且不能采取其他替代措施的少年犯，可采用监禁刑，但监禁时间应尽可能短。

3. 执行阶段的特定要求

各国应有专门机关监督少年犯刑罚的执行情况，有些国家甚至任命了执行法官。各国在少年犯非监禁刑和监禁刑的处置中应各有侧重：一方面，非监禁刑中注重吸收社会资源。有学者将行刑的非监禁化称为行刑社会化，指出刑罚执行服务于罪犯再社会化的目标，在执行刑罚过程中，拓展罪犯、行刑机关与社会的互动联系，塑造罪犯符合社会正常生活的信念和人格，促使其与社会发展保持同步，最终促成罪犯顺利回归社会。[⑥] 因此，各国在改造少年过程中，应为少年提供诸如住宿、教育或职业培训、就业或其他任何有帮助的实际援助，发动志愿人员、当地机构及其他社区资源在社区范围内为改造少年做出有

---

① 参见《北京规则》第 14.2 条。

② 参见《北京规则》第 15.1 条。

③ 参见《北京规则》第 15.2 条。

④ 参见《北京规则》第 17.1 (D)、17.2、17.3 条。

⑤ 参见《北京规则》第 18.1 条。

⑥ 参见袁登明：《行刑社会化研究》，中国人民公安大学出版社 2005 年版，第 32 页。

效贡献。[①] 另一方面，监禁刑中注重对少年的培训和待遇，为其重返社会作准备。为避免“交叉感染”，将被监禁的少年与成年人分开，分别关押或关押在成年人监所的一个单独部分，为少年提供与其年龄、性别、个性相匹配的社会、教育、职业、心理、医疗和身体照顾、保护等援助，对女性少年罪犯应特别关心，确保其获得公正待遇。被监禁少年的父母或监护人有探望权。各国应尽最大努力执行《囚犯待遇最低限度标准规则》，既要满足被监禁少年的必要需求，也要顾及他们年龄、性别和个性的不同需要。

对被监禁的少年罪犯应尽最大可能并尽早采用假释的方法。有证据显示被监禁少年改过自新、进步良好，甚至是那些曾被认为危险的少年罪犯，在条件允许时也可予以假释。从监所获得假释的少年，应由 1 名缓刑工作人员或其他人员给予帮助和监督，同时社区应提供充分的支持。各国应积极创新出帮助少年重返社会的半监禁式方法，如重返社会训练所、教养院、日间训练中心及其他类似的安排方法，以满足少年重返社会的不同需要。

（五）少年司法基础研究工作标准

在少年司法中利用研究作为制定少年司法政策的基础，对提高理论和实践以及不断发展和改进少年司法制度而言至关重要。由于少年的生活方式及犯罪方式和犯罪领域的迅速、急剧变化，社会和司法机关对少年犯罪和不法行为的反应很快就变得不合时宜和不恰当，因此在少年司法政策的制定和应用过程中，应高度重视研究工作。为此，《北京规则》鼓励各会员国努力组织和促进必要的少年司法研究工作，将之作为有效规划和制定政策的基础。会员国应定期审查、评估少年不法行为和犯罪的趋势、问题和原因以及被监禁少年的各种特殊需要。《北京规则》还鼓励会员国在少年司法制度中建立经常性的评估研究机制，收集和分析供有关评估和日后改善、改革管理所需的数据和资料，对少年普遍和特定的需要和问题进行全面和经常的评估。

---

① 参见《北京规则》第 25.1 条。

二、《利雅得准则》

1990 年 12 月 14 日，第 45 届联合国大会第 45/112 号决议通过了《联合国预防少年犯罪准则》，因该准则于 1988 年 2 月在沙特阿拉伯首都利雅得“阿拉伯安全研究与进修中心”召开的专家会议上讨论、研究、修改和定稿，故又称为《利雅得准则》。该准则主要着眼于如何预防和减少少年犯罪，由 7 个部分组成，共 66 个条文。

（一）《利雅得准则》制定的背景

20 世纪 40 至 80 年代，联合国已通过了《世界人权宣言》《经济、社会、文化权利国际公约》《公民权利及政治权利国际公约》《儿童权利公约》《北京规则》等一系列涉及少年权利和福祉的国际文件，考虑到虽然很多少年并不一定触犯法律，但倘若少年遭受遗弃、忽视、虐待、沾染毒品等，生活条件低下时极易误入歧途，故有必要专门制订预防少年犯罪的方针和战略，防止少年犯罪的同时造福社会。联合国大会 1985 年 11 月 29 日第 40/35 号决议中亦要求为预防少年犯罪制订标准，以帮助会员国制订和执行一些强调援助、照料和社区参与的专门方案和政策。犯罪预防和控制委员会遂开展草拟工作，在归纳和总结各国预防少年犯罪的法律、政策措施基础上，于 1988 年联合国预防少年犯罪准则草案国际专家会议期间，《利雅得准则》最终得以成形。

（二）《利雅得准则》的基本原则

《利雅得准则》第一部分规定了 6 条基本原则，是对各国预防少年违法犯罪经验的总结，大致可以归纳为以下四个方面：

1. 共同预防

根据《利雅得准则》第 1、2、6 条的规定，会员国应将预防少年违法犯罪作为全面预防犯罪计划中的一个重要环节，通过社会各界的共同努力，尊重和保障儿童尊严和权利，形成预防少年犯罪的社会网络，尤其应重视发展以社会为基础的服务和方案，特别是在还没有设立任何机构的地方。有学者将这些规定总结为“突出关键部分原则”“共同责任原则”“以社区服务为主导的原则”，意在突出预防少年违法犯罪在社会控制犯罪战略中的重要性，强调依靠国家社会各方面资源共同治理犯罪，其中基层社区组织应是预防少年违法犯罪中的主要依靠力量。[①] 这些原则体现了联合国希冀各会员国在预防少年犯罪方面能整合资源，协力共筑抑制少年行为不端的社会网。

2. 以儿童为中心

根据《利雅得准则》第 3、4 条的规定，少年从幼年开始的福利应是任何预防方案所关注的重心，政府应自少年幼童期起就尊重和促进其性格发展，注重发挥少年参与社会活动的积极性，而非将之视为社会化或控制的对象。政府应确保少年的均衡发展，使少年在从事合法、有益的社会活动中，形成对社会的理性态度和生活观，遏制少年的犯罪意图。有学者将这两条归纳为“注重福利原则”“积极参与社会活动原则”。[②] 以儿童为中心既体现了对儿童作为权利主体地位的尊重，又是儿童利益最大化在预防少年违法犯罪体系中的具体运用。

3. 制定进步的预防性政策措施

根据《利雅得准则》第 5 条的规定，会员国有必要系统研究和详细拟定预防少年违法犯罪的政策，制定多种积极、有效的政策和措施，从而引导少年健康成长，保护少年的利益。有学者将此称为“政策原则”，认为该条突出了对少年的关怀、教育、保护，并把保护作为预防少年违法犯罪的主要政策、法律措施。[③] 这些政策和措施包括：（1）提供能满足少年不同需求的机会，特别是受教育的机会；（2）采取专门化的防止少年不端行为的理论和方法，减少违法动机、需要和机会的发生或诱发的氛围；（3）政府干预应以青少年整体利益、公正、公平的思想为首要指导准则；（4）维护所有少年的福利、发展、权利和利益；（5）考虑少年的特殊性，他们表现出的不符合主流社会规范和价值的行为

---

① 参见李学斌：《论〈利雅得准则〉的基本原则》，载《青少年犯罪问题》1997 年第 3 期。

② 同上。

③ 同上。

或行业，往往是成熟和成长过程的一部分，在他们大部分人中，这种现象将随着其步入成年而消失；（6）避免为少年贴上“离经叛道”“违规闹事”或“行为不端”的标签，以免助成少年发展出不良的一贯行为模式。

4. 惩处系辅助手段

根据《利雅得准则》第5、6条的规定，会员国制定的预防性政策和措施应避免对尚未造成严重损害少年自身发展或危害他人行为的少年给予定罪和处罚，正规的社会管制机构只应作为最后的手段。

（三）全面性预防计划

《利雅得准则》第三部分为“总的预防”，就会员国各级政府制订全面性预防少年违法犯罪计划予以指引，详细列举了9项内容。结合《利雅得准则》第五部分“社会政策”、第七部分“研究、政策制订和协调”的内容，各国政府在拟定、实施预防少年犯罪计划时可从以下四个环节着手展开：

第一，前期准备。深入分析现有预防少年违法犯罪方案、服务、设施存在的问题，了解可供利用的资源，明确设定参与预防工作的机关、机构和人员的责任。

第二，制订计划。根据前期所作准备，拟定具体预防计划，协调政府机构与非政府机构间的预防工作，拟定能有效减少少年发生不端行为机会的方法。在计划拟定过程中应为青少年参与提供契机，包括借助社区资源、青少年自助、受害者赔偿和援助方案等，使计划更趋合理。

第三，计划实施。执行计划过程中，应促进社区通过各种服务和方案进行参与，发挥基层社区的重要作用，同时应促进国家、州省和地方政府之间开展跨区域、跨学科的合作，吸收私营部门、基层社区的公民代表、劳工、儿童保育、卫生教育、社会、执法、司法机关等部门参与，共同防止少年违法和犯罪行为。

第四，监测评估。结合前期预测的研究所拟定的政策、方案和战略，对计划执行情况不断进行监测，并认真评估，为日后方案、服务、设施的调整与完善提供依据。

（四）预防少年犯罪的社会化标准

少年的社会化进程是《利雅得准则》的核心内容，第四部分用了35个条文规定了家庭、教育、社区、大众传媒在预防少年犯罪中应负的责任及具体举措，会员国所制定的预防政策应致力于促使所有儿童和少年通过家庭、社区、同龄人、学校、职业培训和工作环境以及各种自愿组织，成功地走向社会化和达到融合。会员国应对儿童和青少年适当的个人发展给予应有的尊重，并应在其社会化和融合的过程中将他们视为完全的、平等的伙伴。

第一，家庭。家庭是促使儿童社会化的中心环节，在预防少年违法犯罪体系中，家庭因素具有重要影响，青少年之所以走上犯罪之路往往与家庭缺位密切相关。《利雅得准则》高度重视家庭在儿童成长中的作用，指引会员国政府构建稳定和安定的家庭环境，并引入“大家庭”的概念，强调政府和社会在照料、保护儿童中的辅助作用，包括寄养和收养等安置办法，以确保儿童身心福祉。会员国政府应特别关注受到经济、社会和文化不平衡影响的儿童，必要时采用创新措施保证儿童的社会化过程。

第二，教育。接受免费教育的权利是每个儿童均享有的基本人权之一，各会员国政府有义务使所有少年都能享受公共教育。教育不单单是学术和职业培训活动，还包括进行基本价值观念的教育、举办培养学生对学校和社区认同感和从属感的活动、提供职业培训、就业机会及职业发展方面的信息和指导、对少年提供正面的情绪支助并避免精神方面的不适待遇，教育应促进少年个性、才能、身心各方面能力充分发展，避免粗暴的处分方式。少年应作为教育过程的积极有效参加者，而不仅是作为教育的对象。同时，教育系统应加强与家长、社区组织和关注少年活动机构之间的合作，规划、制定和实施少年感兴趣的课外活动，对面临社会风险的少年须给予特别的关怀和注意，尤其是酗酒吸毒及滥用其他药物的少年，学校应成为为其提供医疗、辅导及其他服务的中心和介绍中心。学校不仅须聘请和培训合格教师，还应制定机制使所有人能敏锐地注意到少年的问题、需要和见解。学校应在推动制定公平合理的政策和规定中发挥积极作用，吸收学生代表参与制定学校各项政策。

第三，社区。青少年的社会化即是与社会的不断融合，社区扮演着重要角色，其不仅是各类支助青少年措施的提供者，亦是青少年及家庭的辅导者、指导者。在儿童面临社会风险、青少年成长中经历困难之际，社区应提供各种服务和帮助措施。

第四，大众传播媒介。信息通过媒介传播，因此大众传媒应向青少年提供关于现有的服务、设置和机会等方面的信息，确保青少年能获得本国和国际的各种信息和资料。同时，媒介传播的信息对青少年成长亦会产生较大影响，故大众传媒应表现少年对社会的积极贡献，尽量减少对色情、毒品和暴力行为的描绘，在展现暴力和剥削时要表现出不赞成的态度，当播放有关少年吸毒酗酒的消息时，传媒应意识到自身的广泛社会作用、责任和影响，发挥其防止药物滥用的威力，促进在各层次开展有效的认识毒品的宣传。

（五）立法和少年司法工作

《利雅得准则》要求各会员国政府颁布和实施一些特定的法律和程序，以促进和保护所有少年的权利和福祉，颁布和实施防止伤害、虐待、剥削儿童和少年以及利用他们进行犯罪活动的法规，制定立法以限制和控制儿童和少年获取任何种类武器的可能，保护儿童和少年免受吸毒和贩毒之害，防止儿童或少年在家庭、学校或任何其他机构内受到粗暴或污辱性的纠正或惩罚措施的对待。制定法规以确保成年人所做不视为违法或不受刑罚的行为，如为少年所做也应不视为违法且不受刑罚，以防止少年进一步受到污点烙印、伤害和刑事罪行处分，这也是《儿童权利公约》非歧视原则的体现。

为适应青少年的特殊需要，各会员国应培训一些执法人员及其他有关人员，尽可能地使他们熟悉和利用各种方案和指引方法，将少年置于司法系统之外处置。此外，各国政府还应考虑设立独立的监督机构，确保维护少年的地位、权利和利益，监督机构应监督联合国少年司法标准和规范的执行情况，定期出版执行报告，阐述本国的执行进展和在执行过程中遭遇的困难。

三、《联合国保护被剥夺自由少年规则》

1990 年 12 月 14 日，第 45 届联合国大会第 45/113 号决议通过了《联合国保护被剥夺自由少年规则》，该规则主要着眼于被执行拘留或监禁处罚的犯罪少年的权利保护问题，由 5 个部分组成，共 87 个条文。

（一）《联合国保护被剥夺自由少年规则》制定的背景

尽管各国意识到少年与成人在生理、心理上存在差异，但仍有许多国家在司法工作的各阶段并未将少年与成人区别对待，甚至将少年犯关在成人的监狱和设施中，处在如此封闭状态下的少年不仅自由被剥夺，且更易受到虐待和伤害，权利进一步遭到侵犯，因此对被剥夺自由的少年需要加以特殊注意和保护，他们的权利和福祉在剥夺自由期间和之后都应当得到保证。早在 1955 年，第一届联合国预防犯罪和罪犯待遇大会就通过了《联合国囚犯待遇最低限度标准规则》，1988 年，联合国又通过《保护所有遭受任何形式拘留或监禁的人的原则》，前述《北京规则》就各国如何对待被监禁少年犯设定了最低限度指引，加之第七届联合国预防犯罪和罪犯待遇大会第 21 号决议中要求制定保护被剥夺自由少年的国际规则，联合国秘书处与各国专家、政府组织、非政府组织通力协作，拟定了被剥夺自由少年的国际规则，以期指引各会员国国内立法、政策、实践、少年司法人员培训等事宜。

（二）《联合国保护被剥夺自由少年规则》的基本原则

《联合国保护被剥夺自由少年规则》第一部分即为“基本原则”，共 10 个条文。这些原则与《儿童权利公约》《北京规则》一脉相承，有些是再次重申，有些则是进一步细化。

1. 监禁系最后惩治手段

各会员国少年司法应致力于维护少年的权利和安全，增进少年的身心福祉，因此在任何时候，将少年犯关进监所的做法都应作为最后的一种惩治手段。只有在特定情形下才能对少年犯的自由予以剥夺，且必须遵循《北京规则》和《联合国保护被剥夺自由少年规则》所确立的原则与程序。监禁的期限由审判机关确定，但时间应尽可能短，同时不排除早日释放少年犯的可能性。

2. 最低限度标准

《联合国保护被剥夺自由少年规则》第3、5、7条表明了本规则的制定目的，即为被剥夺自由的少年提供联合国认可的最低限度保护标准以符合人权和基本自由要求，尽可能地避免任何形式的拘留给少年犯造成的不利影响。《联合国保护被剥夺自由少年规则》为各国管理少年司法系统的专业人员提供一种参考标准，各国应在结合本国国情的基础上将《联合国保护被剥夺自由少年规则》内容纳入国内立法或对既有立法作出相应修正，并对违反《联合国保护被剥夺自由少年规则》的行为拟定救济措施，包括向遭受伤害的少年提供赔偿。各会员国应监督《联合国保护被剥夺自由少年规则》在国内的执行情况。

3. 非歧视原则

《联合国保护被剥夺自由少年规则》第4条与《儿童权利公约》第2条、《北京规则》第2.1条的内容相似，即规定“应公正无私地适用于所有少年，不得由于种族、肤色、性别、年龄、语言、宗教、国籍、政治观点或其他见解、文化信仰或习俗、财产、出生或家庭地位、族裔本源或社会出身、或残疾而有任何歧视。少年的宗教文化信仰、习俗及道德观念应得到尊重”。此外，少年犯被拘留时不熟悉拘留所内工作人员所使用语言的，其有权获得免费传译，尤其是在体格检查和惩戒程序中政府当局应为其提供传译服务。

4. 社会参与

《联合国保护被剥夺自由少年规则》在“基本原则”部分中提及“社会”一词的有两处：一是第3条，即对被剥夺自由的少年提供保护以避免拘留造成的有害影响，促进社会融合；二是第8条，即各国政府主管部门应致力于使社会公众认识到，照料被拘留少年，让他们为重返社会作好准备是一项非常重要的社会服务，政府应积极采取措施促进少年与当地社区的公开接触。

（三）《联合国保护被剥夺自由少年规则》的范围和适用

《联合国保护被剥夺自由少年规则》第二部分共 6 个条文，其主要内容是对本规则规制的范围、各部分适用及各会员国国内适用作一般说明与指引。

《联合国保护被剥夺自由少年规则》第 11 条对“少年”“剥夺自由”进行界定，其中“少年”是指“未满 18 岁者”，但各会员国应订有法律明文规定不得剥夺某一年龄界限以下儿童的自由。“剥夺自由”是指对一个人采取任何形式的拘留或监禁，或将其安置于另一公立/私立拘禁场所，基于任何司法、行政或其他公共当局的命令而不准该人自行离去。

各会员国根据各自经济、社会和文化条件实施《联合国保护被剥夺自由少年规则》的要求，尊重被剥夺自由少年的人权，保证被拘留或监禁少年能参与有助于增进健康、增强自尊心、培养责任感的活动和课程，鼓励这些少年培养一定技能以利于日后步入社会时发挥自身潜力。即便这些少年自由被剥夺也不得克减其依国内法或国际法享有的其他公民、经济、政治、社会或文化权利。各会员国政府主管部门应保障少年个人权利保护的落实，保障执行拘留或监禁措施的合法性，由不属于拘留或监禁设施的适当第三方机关根据国际标准、本国法律和规章探访少年犯，定期检查少年犯参与的活动和课程情况，确保达成少年犯融合社会的各项目标。

（四）被逮捕或待审讯少年的保护标准

《联合国保护被剥夺自由少年规则》第三部分就各国对待被逮捕或未审讯的少年作特别规定，设定了最低限度的保护标准。

第一，无罪推定。被逮捕扣押的少年或等待审讯的少年应假定是无罪的，政府、社会应将之作为无罪者对待，因此各国只有在极其特殊的情况下才能在审前拘留违法少年，故应积极采用拘留以外的替代措施。

第二，迅速处理。当在不得已情形下采取预防性拘留措施时，各会员国少年法院和侦查部门应以尽快速度处理少年犯案件，确保这些案件得到优先、快捷的处理，以尽可能缩短这些少年被拘留的时间。

第三，特别保护。《联合国保护被剥夺自由少年规则》为审前被拘留的少年制定了最低限度的保护措施：（1）与已判罪的少年犯分开拘留；（2）被拘留的少年有权得到法律顾问的帮助，并能申请免费的法律援助，能经常与法律顾问进行联系，且此种联系是秘密的；（3）尽可能地向被拘留少年提供机会从事有偿工作或继续接受教育或培训，但这些工作、教育或培训并非强制性的；（4）在符合司法执行利益的前提下，被拘留少年有权得到和保留一些消遣和娱乐用具。上述内容是《联合国保护被剥夺自由少年规则》列举的保护举措，各会员国若认为必要可以作适当补充以保障审前被拘留少年的待遇。

（五）拘留违法少年场所的管理标准

《联合国保护被剥夺自由少年规则》第四部分对拘留少年场所的管理作了详细规定，本部分共有14节62个条文，超过该规则所有条文中的七成。该部分以保护被剥夺自由少年的权利和福祉为基点，从“记录”“入所、登记、迁移和转所”“分类和安置”“物质环境和住宿条件”“教育、职业培训和工作”“娱乐”“宗教”“医疗护理”“生病、受伤和死亡通知”“与外界的接触”“身体束缚和使用武力的限制”“纪律程序”“视察和投诉”“重返社会”14个方面进行规定，以符合少年的特定身份和独特需求。由于本部分条文内容较多，本书择要述之。

第一，记录封存及消灭。《联合国保护被剥夺自由少年规则》第19条规定：“所有报告包括法律记录、医疗记录和纪律程序记录以及与待遇的形式、内容和细节有关的所有其他文件，均应放入保密的个人档案内，该档案应不时补充新的材料，非特许人员不得查阅，其分类编号应使人一目了然。在可能情况下，每个少年均应有权对本人档案中所载任何事实或意见提出异议，以便纠正那些不切确、无根据或不公正的陈述。为了行使这一权利，应订立程序，允许根据请求由适当的第三者查阅这种档案。释放时，少年的记录应封存，并在适当时候加以销毁。”这是对《北京规则》中第8和21条确立的少年犯罪记录保密和消灭制度的再一次重申和细化，从保护少年犯的隐私考虑，避免其被长期贴上“罪犯”标签、受到不应有的歧视，促进少年犯早日回归社会。

第二，分类和安置。少年进入拘留场所后，管理人员应尽快安排谈话，撰写一份有关少年心理及社会状况的报告，说明与该少年所需管教方案的特定类型和登记有关的任何因素。所长根据报告及少年入所时的体格检查报告，确定最适宜安置少年的地点及其所需和拟采用的特定类型和等级的管教方案。除非于少年有益，否则少年应与成人分开。拘留场所对被剥夺自由的少年进行分类安置及管理，目的是提供最适合少年个人特殊需要的管教方式，保护少年身心道德和福祉。

第三，被剥夺自由少年的权利。即便自由受到限制，所内少年亦享有基本人权，包括有权享有可满足一切健康和尊严要求的设施和服务；有权接受教育及获得职业培训；有权在正当选择职业并合乎拘留所管理部门要求范围内按自己愿望选择想从事的工作，并获得公平的报酬；有权每天做适当时间的自由活动；有权参加宗教仪式；有权获得充分的预防性和治疗性的医疗护理；有权与外界保持充分接触、定期接受探访。此外，少年的家属或监护人以及少年指定的任何其他人均有权查问，并于该少年的健康发生任何重大变化时及时了解他的健康状况，若在被剥夺自由期间死亡的，与少年关系最近的亲属有权查验死亡证明书、验看遗体和决定处置遗体的方法。

第四，拘留所义务。拘留场所的工作人员在履行职责时应遵循一定的义务，既要维护被剥夺自由少年的尊严又要起到管教的目的，不得侵害少年的自尊及身心健康。这些义务包括：禁止携带和使用武器；除有特殊情况外禁止使用束缚工具和武力；严格禁止任何构成残酷、不人道或有辱人格的待遇的纪律措施；禁止以任何理由减少供食的限制或不准与家人接触的做法；禁止进行集体处罚。

第五，被剥夺自由少年的行为规管。会员国政府在充分考虑少年的基本特点、需要和权利基础上可以通过立法或条例对被剥夺自由少年的日常行为加以约束，包括明确构成违反纪律的行为、可施加的纪律处罚的种类和时限、有权施加此类处罚的官员、有权受理上诉的官员。拘留所应以少年能充分理解的适当方式告知少年何种行为属于违反纪律范畴，给予有违反纪律行为少年提出申辩的适当机会，对任何少年的同一违反纪律事件只能处罚一次。

第六，对拘留所的监督。独立于拘留所管理部门的第三人有权经常进行视察和自行进行事先不经宣布的视察，视察期间应不受限制地接触到拘留所内的工作人员、所有被剥夺自由的少年及相关记录。独立的合格医生应参加视察，评估拘留所的环境、卫生、住宿、膳食、体操和医务等情况。视察后，该第三人应就视察结果提交报告，包括评价各拘留所是否充分执行《联合国保护被剥夺自由少年规则》和本国有关法律的规定，并提出为保证执行《联合国保护被剥夺自由少年规则》和本国法律规定而认为必要的任何步骤的建议。如有任何事实表明发生了违反关于少年权利或少年拘留所作业方面的法律规定的现象，应将有关事实通知有关当局以进行调查和起诉。

第七，被剥夺自由少年的权利救济。每一个被剥夺自由的少年应随时有机会向拘留所所长及其委托的代表提出请求或申诉，有权通过核准的渠道向少年拘留所的中枢管理部门、司法部门或其他适当部门提出请求或申诉，请求或申诉内容不受检查，而且应及时得到答复。主管部门应积极努力地设立独立部门，接受和调查被剥夺自由的少年提出的申诉，并协助达成公平的解决方案。每一少年有权请求家人、法律顾问、人道主义团体或可能时请求其他人提供帮助，以便提出申诉。如当文盲少年需要提供法律顾问或有权接受申诉的公私机构和组织的服务时，则应向他们提供协助。

第八，重返社会。拘留所应积极致力于帮助被剥夺自由少年重返社会，重过家庭生活、重新就学或就业。拘留所应设立包括提前释放和特别课程在内的有关程序，提供或确保提供一些帮助少年在社会上重新立足并减少对这些少年偏见的服务，包括在可能的情况下向少年提供适当的住所、职业、衣物和足够的生活资料，使其获释后能够维持生活，以便顺利融入社会。拘留所应与提供此种服务机构的代表磋商，让他们与拘留中的少年接触，以便帮助少年重返社会。

（六）拘留违法少年场所中管理人员的执业标准

《联合国保护被剥夺自由少年规则》第五部分专门就拘留所的管理人员作特

别规定，共7个条文，包括管理人员的任职资格、职业保障、职业培训、特别注意等内容。

第一，任职资格。政府当局在选拔和聘用管理人员时应考虑其品德、人道、处理少年的能力和专业才能以及个人对工作的适应性等。管理人员中应包括足够数量的专家，如教育人员、职业教导员、辅导人员、社会工作者、精神病专家和心理学家，这些专家及其他的专门人员一般应长期聘用。至于拘留所所长，其应在管理能力、学历和经验方面能充分胜任，并应按专职进行工作。此外，在合适情况下拘留所可以聘用经过培训的兼职人员或志愿者协助部分工作。

第二，职业保障。管理人员应作为专业人员予以聘任，政府应提供优厚的报酬以便吸引和留住合适的人才。政府当局还应建立适宜的组织形式和管理形式，为拘留所内不同类别工作人员间的联系提供便利，从而保证照顾少年的各个部门之间能通力合作。另外，为保证管理人员有效履行职责，其与政府当局之间的联系也应顺畅。

第三，职业培训。为更好地履行职责，所有管理人员应接受适当培训，尤其包括关于儿童心理、儿童福利和国际人权和儿童权利的标准和规范。日常工作中，所有管理人员还应参加任期内定期举办的在职人员进修班，以保持并提高其专业知识和业务能力。

第四，特别注意。少年拘留所的管理人员应努力做到人道、负责、专业、公平和有效率地履行自己的职责和义务，任何时候都应以身作则，使自己的言行赢得少年的尊敬，为他们树立好榜样。除尊重和保护所有少年的人格尊严和基本人权外，管理人员在履行职责时还应特别注意：（1）任何人不得以任何借口或在任何情况下施加、唆使或容忍发生任何严刑拷打行为或施加其他粗暴、残酷、不人道或有辱人格的待遇、处罚、感化或纪律手段；（2）坚决反对和制止任何贪污受贿行为，并在发现时立即报告主管当局；（3）遵守《联合国保护被剥夺自由少年规则》，凡有理由相信发生了或将要发生严重违反《联合国保护被剥夺自由少年规则》情事的人员，应将情况报告其上级机关或掌有审查或纠正权力的机关；（4）确保少年的身心健康得到充分保护，包括保护其不受性侵犯、身体上和精神上的虐待以及剥削利用，必要时应立即采取行动，给予医疗处置；（5）尊重少年的隐私权，尤其应对其作为专业人员身份从中得知的有关少年或其家庭的机密情事保守秘密；（6）致力减少拘留所内外生活上的区别，因为这种区别往往会削弱对拘留所内少年人格尊严的尊重。此外，各拘留所应根据被拘留少年的个别需要和问题，利用社区能提供的一切适宜资源和帮助，这些资源和帮助的形式包括但不限于补救、教育、道德及精神。

主要参考文献

一、著作

1. Charmaine Jacqueline Radellant, *Child Witness Testimony: The Effects of Child Racial Identity and the Racial Identity of the Perpetrator on Child Witness Testimony*, ProQuest Information and Learning Company, 2003.

2. Herbert A. Block, Frank T. Flynn, *Delinquency: The Juvenile Offender in America Today*, Random House, 1956.

3. K. J. Saywitz, Improving Children's Testimony: The Question, the Answer and the Environment, in M. S. Zaragoza, *et al*. (eds.), *Memory and Testimony in the Child Witness*, Thousand Oaks, 1995.

4. Luch S. McGough, *Child Witnesses: Fragile Voices in the American Legal System*, Yale University Press, 1994.

5.〔美〕巴里·C. 菲尔德:《少年司法制度》,高维俭、蔡伟文、任延峰译,中国人民公安大学出版社 2011 年版。

6.〔法〕贝尔纳·布洛克:《法国刑事诉讼法》,罗结珍译,中国政法大学出版社 2009 年版。

7. 卞建林主编:《未成年人刑事司法程序:外国刑事诉讼法有关规定》,中国检察出版社 2017 年版。

8. 陈光中等:《中德不起诉制度比较研究》,中国检察出版社 2002 年版。

9. 陈光中主编:《刑事诉讼法(第五版)》,北京大学出版社、高等教育出版社 2013 年版。

10. 狄小华：《中国特色少年司法制度研究》，北京大学出版社 2017 年版。

11. 冯卫国：《行刑社会化研究——开放社会中的刑罚趋向》，北京大学出版社 2003 年版。

12.〔俄〕K. Φ. 古岑科主编：《俄罗斯刑事诉讼教程》，黄道秀等译，中国人民公安大学出版社 2007 年版。

13. 郭建安主编：《犯罪被害人学》，北京大学出版社 1997 年版。

14. 郭开元主编：《我国未成年人司法制度的实践和探索》，中国人民公安大学出版社 2014 年版。

15. 贾宇、舒洪水等：《未成年人犯罪的刑事司法制度研究》，知识产权出版社 2015 年版。

16. 康树华、赵可：《国外青少年犯罪及其对策》，北京大学出版社 1985 年版。

17.〔德〕克劳思·罗科信：《刑事诉讼法》，吴丽琪译，法律出版社 2003 年版。

18.〔美〕劳拉·E. 贝克：《婴儿、儿童和青少年》，桑标等译，上海人民出版社 2008 年版。

19. 雷连莉：《刑事被害人量刑参与问题研究》，中国政法大学出版社 2014 年版。

20. 李伟主编：《少年司法制度》，北京大学出版社 2017 年版。

21. 刘金霞主编：《未成年人法律制度研究》，群众出版社 2007 年版。

22. 刘作揖：《少年事件处理法》，三民书局 2006 年版。

23. 卢琦：《中外少年司法制度研究》，中国检察出版社 2008 年版。

24.〔英〕鲁道夫·谢弗：《儿童心理学》，王莉译，电子工业出版社 2010 年版。

25. 陆志谦、胡家福主编：《当代中国未成年人违法犯罪问题研究》，中国人民公安大学出版社 2005 年版。

26. 路琦、席小华：《未成年人刑事案件社会调查理论与实务》，中国人民公安大学出版社2012年版。

27. 马静华、苏镜祥、肖仕卫、黎莎：《刑事和解理论基础与中国模式》，中国政法大学出版社2011年版。

28.〔美〕玛格丽特·K. 罗森海姆、富兰克林·E. 齐姆林、戴维·S. 坦嫩豪斯、伯纳德·多恩：《少年司法的一个世纪》，高维俭译，商务印书馆2008年版。

29.〔英〕麦高伟、杰弗里·威尔逊主编：《英国刑事司法程序》，姚永吉等译，法律出版社2003年版。

30. 莫洪宪主编：《刑事被害救济理论与实务》，武汉大学出版社2004年版。

31.〔加拿大〕欧文·沃勒：《被遗忘的犯罪被害人权利——回归公平与正义》，曹菁译，群众出版社2017年版。

32. 沈志先主编：《未成年人审判精要》，法律出版社2012年版。

33. 史立梅等：《刑事诉讼审前羁押替代措施研究》，中国政法大学出版社2015年版。

34. 宋英辉、何挺、王贞会等：《未成年人刑事司法改革研究》，北京大学出版社2013年版。

35. 宋英辉、甄贞主编：《未成年人犯罪诉讼程序研究》，北京师范大学出版社2011年版。

36.〔日〕田口守一：《刑事诉讼法》，刘迪等译，法律出版社2000年版。

37. 佟丽华主编：《未成年人法学（司法保护卷）》，法律出版社2007年版。

38.〔德〕托马斯·魏根特：《德国刑事诉讼程序》，岳礼玲、温小洁译，中国政法大学出版社2004年版。

39. 万春、黄建波主编：《未成年人刑事检察论纲》，中国检察出版社2013年版。

40. 王秋良主编：《少年审判理念与方法》，法律出版社2014年版。

41. 王耀世、侯东亮：《未成年人刑事案件社会·司法模式研究》，中国检察出版社2015年版。

42. 温小洁：《我国未成年人刑事案件诉讼程序研究》，中国人民公安大学出版社2003年版。

43. 翁跃强、雷小政：《未成年人刑事司法程序研究》，中国检察出版社2010年版。

44. 吴燕主编：《未成年人刑事检察实务教程》，法律出版社2016年版。

45. 谢安平、郭华主编：《未成年人刑事诉讼程序探究》，中国政法大学出版社2015年版。

46. 徐建主编：《青少年法学新视野（上）》，中国人民公安大学出版社2005年版。

47. 徐美君：《未成年人刑事诉讼特别程序研究——基于实证和比较的分析》，法律出版社2007年版。

48. 杨春洗、康树华、杨殿升主编：《北京大学法学百科全书·刑法学||犯罪学||监狱法学》，北京大学出版社2001年版。

49. 杨飞雪主编：《未成年人司法制度探索研究》，法律出版社2014年版。

50. 姚建龙：《长大成人：少年司法制度的建构》，中国人民公安大学出版社2003年版。

51. 姚建龙：《权力的细微关怀——“合适成年人”参与未成年人刑事诉讼制度的移植与本土化》，北京大学出版社2010年版。

52. 姚建龙：《少年刑法与刑法变革》，中国人民公安大学出版社2005年版。

53. 叶青主编：《刑事诉讼法学（第三版）》，上海人民出版社、北京大学出版社2013年版。

54. 尹琳：《日本少年法研究》，中国人民公安大学出版社2005年版。

55. 于志刚：《刑罚消灭制度研究》，法律出版社2002年版。

56. 〔英〕约翰·斯普莱克：《英国刑事诉讼程序》，徐美君、杨立涛译，中国人民大学出版社 2006 年版。

57. 张鸿巍：《少年司法通论》，人民出版社 2011 年版。

58. 张利兆主编：《检察视野中的未成年人维权》，中国检察出版社 2004 年版。

59. 张利兆主编：《未成年人犯罪刑事政策研究》，中国检察出版社 2006 年版。

60. 赵国玲主编：《未成年人司法制度改革研究》，北京大学出版社 2011 年版。

二、论文

1. Charles S. Potts, Right to Counsel in Criminal Cases: Legal Aid or Public Defender, 28 *Tex. L. Rev.* 491 (1949-1950).

2. 陈光中：《刑事和解的理论基础与司法适用》，载《人民检察》2006 年第 10 期。

3. 陈光中：《刑事诉讼法修改与未成年人刑事案件诉讼程序的创建》，载《预防青少年犯罪研究》2012 年第 5 期。

4. 陈光中、张建伟：《附条件不起诉：检察裁量权的新发展》，载《人民检察》2006 年第 7 期。

5. 陈立毅：《我国未成年人刑事案件社会调查制度研究》，载《中国刑事法杂志》2012 年第 6 期。

6. 陈思贤：《未成年人假释制度的理论解析及法律完善》，载《青少年犯罪问题》2013 年第 5 期。

7. 程功：《共同犯罪中未成年人分案起诉的原则与标准探析》，载《人民检察》2007 年第 4 期。

8. 程捷：《未成年人作证规则之检讨——以刑事证据法为视角》，载《中国青年政治学院学报》2013 年第 3 期。

9. 程晓璐：《附条件不起诉制度的适用》，载《国家检察官学院学报》2013

年第 6 期。

10. 丁乐:《两岸未成年人观护制度的比较与借鉴》,载《暨南学报(哲学社会科学版)》2017 年第 5 期。

11. 高维俭:《论我国少年法院的理想模式》,载《青少年犯罪问题》2001 年第 1 期。

12. 高一飞、张绍松:《被打折的权利——未决在押人员亲属会见权现状与反思》,载《昆明理工大学学报(社会科学版)》2014 年第 5 期。

13. 古芳:《从物质补偿到精神层面的谅解与恢复——我国未成年人刑事案件和解制度的发展方向》,载《人民检察》2015 年第 7 期。

14. 管元梓:《未成年人与成年人共同犯罪案件分案审理制度研究——以分案审理模式为视角》,载《预防青少年犯罪研究》2015 年第 2 期。

15. 桂林市中级人民法院课题组:《社会调查报告收集和审查机制的实证研究——以桂林市两级法院未成年人刑事案件为研究对象》,载《中国应用法学》2017 年第 6 期。

16. 郭斐飞:《附条件不起诉制度的完善》,载《中国刑事法杂志》2012 年第 2 期。

17. 郭烁:《徘徊中前行:新刑诉法背景下的高羁押率分析》,载《法学家》2014 年第 4 期。

18. 何杰:《英国儿童证人制度对我国未成年人作证之借鉴》,载《昆明学院学报》2010 年第 1 期。

19. 何挺:《"合适成年人"参与未成年人刑事诉讼程序实证研究》,载《中国法学》2012 年第 6 期。

20. 侯东亮:《未成年人羁押必要性审查模式研究》,载《法学杂志》2015 年第 9 期。

21. 胡巧绒:《分案起诉制度的实体与程序规制——基于上海市 b 区基层检察院适用分案起诉的实践》,载《江西警察学院学报》2015 年第 1 期。

22. 康均心:《我国少年司法制度的现实困境与改革出路》,载《中国青年研究》2008 年第 3 期。

23. 柯良栋:《两岸四地少年警察制度初探》，载《青少年犯罪问题》2010 年第 3 期。

24. 兰跃军:《未成年被害人权利保护》，载《中国青年政治学院学报》2014 年第 1 期。

25. 黎立:《未成年被害人权益保障的问题与路径》，载《中国检察官》2018 年第 6 期。

26. 李飞:《“亲情会见”之利弊谈》，载《政法论丛》2006 年第 2 期。

27. 李洁晖:《论刑事未成年被害人的司法保护》，载《天津大学学报（社会科学版)》2016 年第 6 期。

28. 李笑楠:《未成年人犯罪逮捕适用条件应予细化》，载《人民检察》2014 年第 14 期。

29. 李学斌:《论〈利雅得准则〉的基本原则》，载《青少年犯罪问题》1997 年第 3 期。

30. 李颖峰:《构建我国未成年人前科消灭制度的若干思考》，载《河南大学学报（社会科学版)》2018 年第 4 期。

31. 廖明:《未成年人犯罪案件侦查主体之专门化研究》，载《青少年犯罪问题》2009 年第 3 期。

32. 林宛平、包旭娟:《未成年人刑事案件取保候审措施的适用》，载《人民检察》2010 年第 9 期。

33. 刘东根、王砚图:《我国未成年人刑事司法中的合适成年人参与制度之完善》，载《中国人民公安大学学报（社会科学版)》2010 年第 5 期。

34. 刘广三、张敬博:《试论未成年人犯罪逮捕必要性证明中案例指导的作用》，载《青少年犯罪问题》2011 年第 6 期。

35. 刘立杰:《〈关于依法惩治性侵害未成年人犯罪的意见〉解析》，载《人民司法》2014 年第 3 期。

36. 刘学敏:《检察机关附条件不起诉裁量权运用之探讨》，载《中国法学》

2014 年第 6 期。

37. 路琦、牛凯、刘慧娟、王志超：《2014 年我国未成年人犯罪研究报告——基于行为规范量表的分析》，载《中国青年社会科学》2015 年第 3 期。

38. 阮雪芹：《未成年人刑事案件分案起诉制度实证研究——以基层检察工作实践为视角》，载《海峡法学》2015 年第 1 期。

39. 〔美〕桑德斯·J. 福克斯：《美国少年法院的过去、现状与未来》，姜永琳译，载《国外法学》1988 年第 1 期。

40. 施鹏鹏：《法国未成年人刑事程序法述评：制度与演进》，载《青少年犯罪问题》2012 年第 2 期。

41. 宋苗：《未成年人专业化刑事审判机制实证研究——以四川省泸州市 2015 年数据为样本》，载《湖北警官学院学报》2017 年第 4 期。

42. 宋洨沙：《法国未成年人刑事司法制度评介》，载《中国刑事法杂志》2011 年第 11 期。

43. 宋英辉：《未成年人刑事司法的模式选择与制度构建》，载《人民检察》2011 年第 12 期。

44. 宋英辉、张寒玉、王英：《特别程序下逮捕未成年人制度初探》，载《青少年犯罪问题》2016 年第 5 期。

45. 苏镜祥、马静华：《论我国未成年人刑事和解之转型——基于实践的理论分析》，载《当代法学》2013 年第 4 期。

46. 苏青：《未成年人犯罪“教育为主、惩罚为辅”刑事政策重述》，载《青少年犯罪问题》2018 年第 4 期。

47. 孙谦：《关于建立中国少年司法制度的思考》，载《国家检察官学院学报》2017 年第 4 期。

48. 孙咏梅：《对未成年犯教育改造新举措的研究》，载《犯罪与改造研究》2017 年第 7 期。

49. 田宏杰、温长军：《超越与突破：未成年人刑事检察工作机制研究——兼及未成年人刑事案件公诉体系的构建》，载《法学杂志》2012 年第 11 期。

50. 王江淮：《未成年人审前羁押制度比较与借鉴》，载《预防青少年犯罪研究》2014 年第 6 期。

51. 王进喜、高欣：《未成年证人基本问题研究》，载《政法论丛》2016 年第 2 期。

52. 王临平、赵霍娜：《防止未成年被害人恶逆变》，载《青少年犯罪问题》2001 年第 3 期。

53. 王敏远等：《未成年人刑事司法与矫正的域外比较》，载《国家检察官学院学报》2011 年第 4 期。

54. 王敏远：《论未成年人刑事诉讼程序》，载《中国法学》2011 年第 6 期。

55. 王娜：《法国未成年人司法制度的变迁———兼论对中国未成年人司法制度完善的启示》，载《青少年犯罪问题》2013 年第 3 期。

56. 王勇民：《儿童权利保护的国际法研究》，华东政法大学 2009 年博士学位论文。

57. 王玉民：《台港地区非行少年之处遇研究——司法程序与社会工作途径之对比》，载《青少年犯罪问题》2013 年第 6 期。

58. 吴孟栓、张寒玉、王佳：《〈人民检察院办理未成年人刑事案件的规定〉解读》，载《人民检察》2014 年第 3 期。

59. 吴羽：《论未成年人逮捕制度》，载《青少年犯罪问题》2018 年第 2 期。

60. 夏艳：《未成年人犯罪非监禁刑适用的实证分析与展望——以 S 市 A 区人民法院 2011—2015 年审判实践为样本》，载《青少年犯罪问题》2016 年第 4 期。

61. 肖伟：《刑事和解的理论与实践——一个以青少年犯罪处置为中心的考察》，载《青少年犯罪研究》2007 年第 3 期。

62. 肖中华、李耀杰：《未成年人附条件不起诉相关制度比较》，载《国家检察官学院学报》2015 年第 2 期。

63. 肖中华：《论我国未成年人犯罪记录封存制度的适用》，载《法治研究》2014 年第 1 期。

64. 谢佑平、陈盈盈：《未成年人作证的若干问题研究》，载《青少年犯罪问题》2012 年第 1 期。

65. 杨飞雪：《刑事案件社会调查制度——以未成年人刑事案件为例》，载《人民司法》2009 年第 3 期。

66. 杨庆玲、曾赛刚：《未成年犯罪人自由刑适用研究》，载《大庆师范学院学报》2013 年第 2 期。

67. 杨伟伟、罗大华：《国外心理学关于证人证言的研究及其启示》，载《证据科学》2007 年第 Z1 期。

68. 杨晓静、袁方、朱德良：《未成年刑事被害人诉讼权利保护初论》，载《青少年犯罪问题》2015 年第 1 期。

69. 杨兴培：《刑事和解制度在中国的构建》，载《法学》2006 年第 8 期。

70. 姚兵：《未成年犯假释制度的完善》，载《国家检察官学院学报》2012 年第 6 期。

71. 姚建龙等：《中国未成年人刑事司法制度的完善》，载《国家检察官学院学报》2011 年第 4 期。

72. 姚建龙：《国家亲权理论与少年司法——以美国少年司法为中心的研究》，载《法学杂志》2008 年第 3 期。

73. 姚建龙：《少年司法制度基本原则论》，载《青年探索》2003 年第 1 期。

74. 姚建龙：《未成年人犯罪非监禁化理念与实现》，载《政法学刊》2004 年第 5 期。

75. 姚建龙：《未成年人审前羁押制度检讨与改进建议》，载《中国刑事法杂志》2011 年第 4 期。

76. 姚建龙、吴燕、张宇、钟姝琴：《未成年人取保候审制度的改革与完善——以合适保证人制度构建为视角》，载《预防青少年犯罪研究》2016 年第 6 期。

77. 姚建龙：《刑事诉讼法修订与少年司法的法典化》，载《预防青少年犯罪研究》2012 年第 5 期。

78. 姚建龙：《英国适当成年人介入制度及其在中国的引入》，载《中国刑事法杂志》2004 年第 4 期。

79. 姚莉：《未成年人司法模式转型下的制度变革与措施优化》，载《法学评论》2016 年第 1 期。

80. 叶青：《未成年人刑事法律援助的实践与新发展》，载《青少年犯罪问题》2013 年第 1 期。

81. 叶青：《中英未成年犯罪嫌疑人、被告人适用保释之比较研究》，载《青少年犯罪问题》2002 年第 3 期。

82. 于改之：《恢复性司法理论及其引入与借鉴》，载《政治与法律》2007 年第 4 期。

83. 张德军：《从理念重塑到制度构建——我国未成年人社区矫正的现实困境与完善路径》，载《山东社会科学》2016 年第 10 期。

84. 张栋：《未成年人案件羁押率高低的反思》，载《中外法学》2015 年第 3 期。

85. 张寒玉：《“未成年人刑事案件诉讼程序”理解与执行》，载《中国检察官》2016 年第 15 期。

86. 张鸿巍：《未成年人审前拘留刍议》，载《比较法研究》2012 年第 6 期。

87. 张鸿巍、翟广恒、闫晓玥：《恢复性司法视野下的未成年人犯罪刑事和解探析》，载《广西大学学报（哲学社会科学版）》2014 年第 3 期。

88. 张吉喜：《论脆弱证人作证制度》，载《比较法研究》2016 年第 3 期。

89. 张青聚：《双向保护原则的价值冲突与平衡》，载《福建法学》2014 年第 1 期。

90. 张勇：《犯罪记录的负效应与功能限定》，载《青少年犯罪问题》2012 年第 6 期。

91. 周长军：《刑事和解和量刑平衡》，载《法律适用》2010 年第 4 期。

92. 周小萍、曾宁：《略论未成年人刑事诉讼中的分案起诉制度》，载《青少年犯罪问题》2000 年第 5 期。

后　记

未成年人或因家庭、或因社会、或因成人、或因网络、或因经济、或因自身等原因而犯罪，这已成为世界性的问题，对未成年人犯罪的预防与惩治也受到联合国的高度重视。为此，联合国制定发布了多个有关国际公约，积极倡导与宣传对未成年人合法权益的保护与关爱，并强调要求各国政府必须致力于消除未成年人违法犯罪现象和构建区别于成年犯罪人的司法保护系统与诉讼机制。可以说，对未成年人违法犯罪问题的研究不仅是世界各国政府关注的大问题，也是各国法学界、司法实务界人士共同研究的显学。少年是祖国的未来，是中华民族的希望。习近平总书记曾在2015年新年贺词中说道："我真诚希望，世界各国人民共同努力，让所有的人民免于饥寒的煎熬，让所有的家庭免于战火的威胁，让所有的孩子都能在和平的阳光下茁壮成长。"

自20世纪80年代初以来，华东政法大学成立了国内最早的实体化运行的"青少年犯罪研究所"，同时创办了第一本双月刊《青少年犯罪问题》，撰写出版了第一本《中国青少年犯罪学》专著，最早在二级学科刑法学下设置了"青少年犯罪学"方向，培养硕士研究生。开展对青少年违法犯罪问题的实体法与程序法研究与教学，一直是我校学科建设与专业建设的一大特色，为社会和政法院校的同仁们称道与肯定。我们以习近平新时代中国特色社会主义思想为指引，本着继承传统、彰显特色的宗旨，坚持中国问题、世界眼光的学术原则，历时近一年的时间，完成了《未成年人刑事诉讼法学》一书，全书共分为十二章，全面而系统地就我国未成年人刑事诉讼理念与制度进行了较为深入的研究与阐述，同时对域外未成年人刑事司法制度与司法实践也作了梳理与评述。正像我国著名的刑事诉讼法学家宋英辉教授在序中所写的那样，本书的“写作目的即力图完整地构建我国未成年人刑事诉讼法的基本框架与主要内容，并使之学术化”，当然，是否真正做到了，还需广大读者予以评说。

全书由我策划并担任主编，由华东政法大学刑事司法学院吴羽副教授、上海社会科学院法学研究所陈海锋副研究员、华东政法大学法律学院王晓华博士和中南林业科技大学政法学院方臻讲师担任副主编。具体撰稿人按照本书章节为序，分别是叶青教授（撰写绪论），王小光博士生（撰写第一章），吴羽副教授（撰写第二章，第六章第一、二、三、四节），蔡艺博士生（撰写第三章），程衍博士（撰写第四章），王晓华博士（撰写第五章），孔祥伟博士生（撰写第六章第五节、第十一章），周馨雨硕士、孙宇博士生（撰写第七章），方臻讲师、孙波讲师、陈海锋副研究员（撰写第八章），彭建波博士生（撰写第九章），吴思远博士（撰写第十章），卢莹博士生（撰写第十二章）。全书由主编负责拟定编写提纲、体例和统稿，吴羽副主编协助主编做了大量的编务工作，其他三位副主编参与了部分章节的统稿、校注工作。

本书以现在的面貌呈现在诸位读者、同仁面前，我们要感谢所有为本书的撰写、出版提供专题调研、资料收集、编辑、装帧设计的同志们。特别要感谢北京师范大学刑事科学研究院副院长宋英辉教授在百忙中为本书作序，既对我的团队就未成年人刑事诉讼问题研究成果给予了充分肯定，同时也为本书作了很好的学术推荐。当然，我们深感自身学术水平有限，专题调研的面也有限，研究与思考的深度还不够，书中难免有谬误之处，还恳望广大读者、同仁们不吝赐教，我们日后有机会再改正。

叶 青

2019 年 2 月 12 日于华政园